U0448196

同济·法哲学文库

法哲学与政治哲学评论
第7辑

富勒法哲学

吴彦 主编

商务印书馆
The Commercial Press
创于1897

《法哲学与政治哲学评论》编委会

主 编

吴 彦 黄 涛

编委会成员

（以姓氏笔画为序）

马华灵	王 涛	王江涛	冯 威	朱 振
朱明哲	刘振宇	汤沛丰	李明坤	杨天江
汪 雄	周国兴	郑 琪	郑玉双	姚 远
钱一栋	徐震宇	韩 毅	童海浩	雷 磊

主办方

同济大学法学院法哲学研究中心

目 录

主题论文:富勒法哲学

3　　人类互动与法　　/ 朗·富勒

43　　裁决的形式与界限　　/ 朗·富勒

99　　立法的内在法则　　/ 朗·富勒

110　美国法律现实主义　　/ 朗·富勒

147　人类目的与自然法　　/ 朗·富勒

157　法学院对于法律人的成长能够贡献什么　　/ 朗·富勒

175　政治与审判　　/ 凯斯·R.桑斯坦

国外论文

189　自然法思维的两个层次　　/ 卡尔·奥利弗科罗纳

223　自然权利、自然法与美国宪法　　/ 菲利普·A.汉伯格

282　全球化、帝国与自然法　　/ 哈罗德·詹姆斯

302　正义　　/ 大卫·米勒

国内论文

347 双重效果原则的道德意义及证成——以战争中的攻击行为为例　/ 夏子羿

365 第二人称观点、权威正当化与依赖性命题——为服务性权威观辩护　/ 吴佳训

资料

397 政治丛书提要　/ 载泽

书评

447 法权的理性奠基——评《良好的自由秩序》　/ 张大卫

附录

457 富勒著作及研究文献目录　/ 赵亚文

472 稿约和体例

主题论文:富勒法哲学

人类互动与法*

朗·富勒 著
丁建峰** 译

　　正如本文题目所示，我认为"法"这个字，其含义可做至为宽泛之理解。我想说的是：此"法"字不仅包含诸邦、国（states and nations）中的法律系统，且应包含更为具体的系统——至少应囊括那些于结构功能上类似于法律（law-like）的系统——例如工会、职业联合体、俱乐部、教会以及大学的规则系统。这些具体而微的法律系统，自然关系到该组织成员的各种义务与法授权利（entitlements）。当犯下错误的成员被传唤受审，并因为触犯规则而遭到规训或驱逐之时，这些准法律系统便戏剧性地凸显出来。

　　当法的概念的涵盖面如此广泛之时，显而易见，当今的许多中心问题，在这个拓展了的意义上，具有了"法"的属性。当前困境所带来的压力推动着我们——我们已经在很长一段时间里没有受到过这种推动了——努力去寻求理解。我们必须广泛地感知和理解那些深藏在法律之下的道德与心理力量，并且于人类的事务中检验其成效。

---

* 本文是一篇演讲稿，于 1969 年 9 月 26 日提交给《美国法理学杂志》（*The American Journal of Jurisprudence*）编辑委员会第十三次年会。
** 丁建峰，中山大学法学院副教授。

一、习惯法的性质及其重要性

假如在法理学的诸多论著中探究对于法律的理解，那么我们将会发现，一般而言，这些著作在开头都会区分两种法律。一方面，存在着被制定（enacted）或被权威公布（declared）的法律——这些可以被称为"实定法"；另一方面，也存在着所谓的"习惯法"（customary law）。习惯法不是官方颁布的"制成品"，但也从如下事实中获得效力：人们以彼此之间的行动给予它直接的表达。

在这两种法律之中，那些著作一般都会把它们全部的注意力放在正式制定或公布的法律之上，亦即那些可以在法条、司法判决、细则和行政法令中有所体现的法律。对于习惯法的讨论，大致便局限在这个问题内：为什么它居然会被认为是法律？（学者们）沿着这一脉络做了若干讨论，并且有若干研究探讨了习惯法在原始社会中的功能。在这之后，习惯法便经常被贬低，被认为与发达文明几乎不相干。它常被认为是博物馆里的事物，只有那些好奇原始部落生活方式的人类学家才会拿它来做严肃的研究。

我认为，这样一种对习惯法的轻视或忽视现象，对我们一般性地思考法律问题大有害处。即便我们接受了上述论著中对这一主题所做的相当随意的分殊，如下的命题仍然真实且正确：恰当理解习惯法对当今世界依然具有极大的重要意义。首先，大部分的国际法，或者说国际法中最重要的部分，实质上都是习惯法。世界和平仰赖于这部分法律的成功实施。其次，当今世界的许多地区，其内部仍然被习惯法所统治。那些新造之国（举其最著名者：印度、非洲和太平洋诸国）正在经历着一场艰巨的转型，即从习惯法系统转型为制定法系统。这种转型的代价，无论对它们还是对我们都实在是巨大的。故而，仅仅是这个事实——我们不采用习惯法来规制我们同胞的行为——并不意味着习惯法是无足轻重的，因为我们同时也是世界公民。

然而，我要在此论述的主题，并不是仅仅坚持强调习惯法在当今世界的重要性，而是某些更为根本的问题。我想论证的是：除非我们首先理解了所谓的习惯法，否则我们不可能理解那些"一般的"法律(亦即官方制定或公布的法律)。

　　在开始我的阐述之前，我必须坦承：在这里，我遇到了一个重大的障碍。这个障碍源于"习惯法"这一术语本身。它是一个出现在主题和索引里的术语，如果你想要比较我在这里想要说的和其他人已经论述过的此类内容，查阅这一标题即可。同时，"习惯法"这个表达，几乎无可救药地模糊了它试图指称的现象的性质。与其说它是一个中性的指代词，不如说它预先判断了所指称的对象——它断言我们所说的"习惯法"的效力和意义纯粹源于习性(habit)或习用(usage)。

　　与上述观点不同，我将论证，我们称之为"习惯法"的现象最适合被描述为一种互动的语言(*a language of interaction*)。为了有意义地互动，人们需要一种社会配置(social setting)，在此配置中，参与者之行动能够落入某种可预测的模式之中。为了形成有效的社会行为，人们的预期需要严丝合缝、相互支持，由此知道自己的搭档要做些什么，或至少要让他们估计到自己的行为引起他人反应的大致范围。我们有时说：习惯法提供了不成文的"行为规条"(code of conduct)。"规条"这个词在这里是恰当的，因为这里所涉及的不仅仅是一个简单的否定，不仅仅是对于特定的不适当行为的禁止，而且是否定性行为的对立面。这意味着它揭示了那些可以预知的适当行为，由此为持续的互动反应提供了指引。帕森斯教授和席尔斯教授曾在论述社会行为时谈到这个功能，并称其为"互补性预期"(complementary expectations)①。"互补性预期"这个术语准确地标示了我在这里归结的法的功能，这种法从人类互动中产生，我们必须称呼这种法律的形式——在字典和著作标题中——为习惯法。

　　我们可以将其与语言做个对比。假设我们正要打开一本语言学的论著，并且在这本书的第一段看到如下陈述：

---

① Talcott Parsons and Edward Shils, *Toward a General Theory of Action* (1951), p. 64.(读者可以注意到，这里的脚注格式多少遵循了美国出版物的标准格式系统。——原编者注)

一种口头语言包含着人从嘴里发出的特定的声音模式。这种声音模式的形式是被习惯和传统所设定的。这就是习性的力量：在任何给定的文化中，人们总是会发出和他们的祖先大体相同的声音组合，最多不过做出微小的调整和增饰。

确确实实地，我们会这么回应——这简直是最为古怪的讨论语言的方式。我们将会倾向于这么评论：

但是这个说法没告诉我们语言是为了什么而存在的。坦言之，语言存在的目的就是交流。如果这就是它的目的，那么为什么人们一定要遵循父辈留下来的一套声音系统，并且和邻人保持一致呢？他们这么做的原因仅仅是想使自己的话被别人理解。

然而，上述对于语言学的异想天开式的介绍，与我们在法理学论著中所见到的对于习惯法的介绍，无论是在精神上还是思想上，都相去不远。现在我们可以适时地引入对于习惯法的一些简短评论，这些评论都出自现有的文献。

一个经常被引用的讨论可以在霍兰德的《法理学原理》中找到。他断言，习惯法的标志性特征在于，它是"一个长期的、可以被普遍观察到的行为过程"（a long and generally observed course of conduct）。他继续解释说：

没有人能够有意识地出现在这一行为过程的开端，但是我们确然少有怀疑的是：它一般而言产生于在两个行动（acts）中有意识地选择更为方便的那一个，尽管毫无疑问，有时人们也只是在两个不同的备选项中随机地选择了一个；无论是何种情况，这个选择被刻意地或偶然地加以重复，直到瓜熟蒂落，形成了习性。

这一习惯性行动形成过程的最佳例证，是公共地中小径的形成过程。一个人从公共地上走过，或者是循着他心目中的路径前进，或者只是漫无目的地信步。如果他人循着他的足迹前行——倘若地上真的被踩出了一条道路的话,人们是很容易这么做的。走的人多了,也便成了路。

在习惯形成之前,没有什么法理学上的理由来确定它向着这个方向或那个方向去发展,尽管毫无疑问会有若干出于便利、出于宗教信条或者出于随机选择的理由。习惯性的行动过程一旦形成,年复一年,就会被赋予力量和神圣性。它是一个所有人都惯于遵守的行动过程:多数人都会认为它有益,而所有对它的偏离都会被认为是不正常、不道德的。它从来就没有被有组织的国家权威所接纳,但确然无疑地被组成国家的那些个体所遵守。①

我引用的这个段落文义清楚明白。现在我们可以从中看出,整个段落没有一丝暗示,指出习惯法源于互动,或者它是为了组织和促进互动而产生的。实际上,那个孤独的开路者的例子似乎是精心选择的,它排除了人们试图在行动中达成的互惠倾向,以及由此涉及的复杂问题。

《社会科学百科全书》第一版中的"习惯法"条目以引用霍兰德的著作开篇,借用了他的"孤独开路者"的比喻;第一段的结尾则解释了习惯法在原始社会中的作用,认为它来源于"习与性成的力量",而这一力量"广泛影响了整个人类的早期历史"。②

现在让我简短地引用另一位学者的话,他大概比我刚刚引用的那段话的作者对习惯法更感兴趣——而且,应当说是有更深的理解。萨蒙德在他的《法理学》中讨论了这样一个问题:一个法庭出于何种理由采纳习惯性实践作为标准判决的一部分?在诸多理由当中,他认为这个事实值得注意:

习惯是这样一些原则的具体化,这些原则起始于民众的良知,此良

---

① Thomas Holland, *Elements of Jurisprudence*, 8th ed.(1896), pp.50-51.
② *Encyclopedia of Social Sciences* (1930), IV, p.662. 在这一百科全书的第二版中,不再设有"习惯法"的词条。

知乃是真理、正义和社会福祉的原则所在。任何规则都已经得到了习惯的认可,这一事实带来了一个假设,那就是习惯也足以得到法律的认可……概而言之,正义的法庭在寻求他们应义不容辞地执行的正当规则的时候,应当心满意足地接受那些长时间为民众所认同的、具有尊严和权威的规则,而不是去冒更大的风险,在自然之光的照耀下,自作主张地创制一套规则。①

当然,上述评论充满了智慧——同时,也蕴含着强烈的保守主义色彩。但是当我们接触到习惯法的本性之时,这个被表达出的概念似乎指向这样一点:正如一个社会可能拥有自上而下强加的规则一样,它同样也可能经由一种默然达成的集体偏好而形成某些规则。人们以一种沉默的方式,用法则来指导他们的互动,法则告诉他们什么是公正的、恰当的。这里所省略的是,法律在探究现实社会的过程中形成并得以存续。

我也许应当从法理学文献之中再额外引用更多的段落,但它们不会给我刚才的讨论带来更多实质性的变化,既不会影响其语气,也不会影响其主旨。无论如何,此处我希望论述的要点,与前述学者对习惯法的论述大体并无雷同,我说了他们未能说出的话。他们对习惯法提出了几乎所有的问题,但却没有问这样一个问题:这些规则是通过什么过程被创生出来的?他们所问的问题是:我们怎么对待那些沿袭已久的习惯法?但是没有问:对那些把习惯法带到这世界上来的人而言,习惯法究竟承担着什么样的功能?同样的功能性需求在我们的社会中也同样存在吗?如果存在,我们又是怎样满足这些需求的?在我们的身边,也有类似于在国家制定法之前所发生的那种形成习惯法的过程吗?

我稍后还要回到上述这些问题。同时,我将考虑一些特定的反对意见,这些意见反对的是把习惯法看作一种互动的语言的观点。在回应这些反对意见的过程中,我还会继续对我所捍卫的观点做出澄清。

---

① John W. Salmond, *Jurisprudence*, 7th ed. (1924), pp. 208-209.

第一个反对意见是,原始社会中的习惯法或许规定了与人类互动无关的规则。存在着关于冒犯神灵的规则:触犯了禁忌的人,即使在他行动时没有其他人在场,也可能会受到惩罚。我对这个问题的回应是,泛灵论的自然观会把一个人行为的影响扩大,就仿佛它影响了他人一般。沃尔特·白芝浩的一段话,用在这里极为贴切。白芝浩评论说:"A 信奉异教这件事,无论何时,都不会影响 B 的福祉,这是一个比较古怪的现代观念。"①一个人的信念和行动对他的同伴们的影响程度,取决于人们如何视他们为彼此间的一员,也取决于他们对于将其联合在一起的那种无形力量的信念。与我们的社会相比,具有扩展家庭(extended family)的社会对利他行为和利己行为的区分将具有非常不同的意义,因为我们的社会大体上是由陌生人组成的,而且毫不相信存在什么超自然现象。

对于将习惯法视为互动语言的观念,一个更进一步的反对意见可以这样表述:任何这类观念都太理性化了,给习惯法赋予了一种功能上的便利性,可以简单直接地达到目标,这与原始社会的真实情形大相径庭。习惯法充满了仪式性的惯例和毫无目的的礼仪,这些或许是为了投合特定的戏剧表演的直觉,但它们很难说是为了服务于有效的交流,或者服务于那些组织和协调互动的稳定预期的发展。

为回应这一疑问,我将坚持认为,与之相反,仪式的一个重要功能恰恰是交流,恰恰是要将行动贴上标签,以便人们正解地识别其意义。对此,埃里克·埃里克森有过一段精彩的讨论,他从母亲如何与她的婴儿互动来讨论仪式化(ritualism)的形成:

> 醒来的婴儿给妈妈一个信息,立刻就把她在情绪上的、语言上的、动作行为上的整个蕴蓄调动起来。她靠近他,带着微笑或关切的神情,欢快地或者焦急地叫着他的名字,并且开始行动:注视、抚摸、嗅闻……她找出使婴儿不舒适的源头,并开始照料婴儿,调整婴儿的生活条件,

---

① Walter Bagehot, *Physics and Politics*(1872). 引文出自毕肯出版社(Beacon Press)1956 年版,第 117 页。

比如准备食物、把他抱起来等等。如果我们一连观察几天(特别是如果我们不在自己的文化环境中),那么就会明白无误地发现,这些日常事件是高度程式化的。母亲看起来是千依百顺(而且并不以此为乐)地重复着能够带来婴儿可预期反应的行动,而婴儿的反应又促使她进一步行动。①

埃里克森还观察到:对于这种程式化的行动,以及其中蕴含的仪式性要素,身在其中的人浑然不觉,而身处孕育这些程式化行动的家庭、阶层和文化之外的人会更容易地感知到。他总结自己的讨论,认为这种行动的目的就在于表达一种承认的相互性(mutuality of recognition);换言之,它的根本功能在于交流。他引述那些对于动物中的仪式性行为的研究,这些研究表明,这类行为之所以出现,是为了"提供一套明确无误的信号,以避免致命的误解",并且总结道,对于人类而言,"仪式化……的重要目标,是避免情绪上的举棋不定"。② 在那些没有国家颁发的结婚证书以确定谁与谁是夫妻的人群中,遵循传统举行的盛大婚礼,无疑正是为了让人们更好地交流并确定关系。

为了更好地阐述上述关于仪式化的论点,并且更一般地考虑习惯性实践的交流功能,我将简要引述俄国和美国外交关系的一点新进展。我们或许已经注意到某些类似于习惯法的东西正在形成。在撤离外交代表这个问题上,两国之间似乎已经形成了一种交互关系。比如,假如美国政府认为一个俄国大使馆的工作人员在从事谍报活动,它就会宣布此人为"不受欢迎的人"并且勒令他离开美国。从以前的经验就可以预期,俄国会默然同意这一处分,但会立刻针锋相对地要求一个同等级别的美国外交人员离开俄国。与此相应地,假如俄国驱逐了一个美国间谍,美国也同样会对某个俄国外交

---

① Erik Erikson, "Ontogeny of Ritualization, in Loewenstein", *Psychoanalysis—A General Psychology-Essays in Honor of Heinz Hartmann* (1966), p. 603. [我要感谢我的同事阿兰·斯通(Alan Stone)提供了这条资料。]
② 同上书,第 605 页。

官下"逐客令"。

在这里,我们看到了一个相当稳定的互动关系,至少暂时看来是如此。这类事件涉及的每个当事国,均能相当确定地预料到对方将如何反应。这意味着其决策时会极为精准地预估行动成本。我们知道,如果我们逐出了一个他们的人,他们也会逐出一个我们的人。

应当注意到的是:这种行为已经惯例化了,而且包含着(至少最近是如此)仪式性和象征性的成分。例如,假设美国政府面临着这样一个难题:俄国宣布驻莫斯科的美国大使馆的一位高官是"不受欢迎的人",而美国却找不到一个合适的可以被驱逐的俄国高级外交官。例如,我们或许可以设想这样的情形:与被驱逐的美国官员同级别的俄国外交官,恰恰是美国政府所喜欢的人,美国政府想要把他留在美国。在这一困境中,那些相关决策的负责人或许会有这样一个一闪而过的念头:为了保持适当的平衡,驱逐5个低级别外交官回俄国,或者甚至驱逐10个办事员,是最为恰当的反应。

现在我可以说,任何负责任的官员都会对是否采取上述办法而考虑再三。上述办法的危险性在于:它损坏了这种1∶1的非常简洁的符号化机制,搅乱了目前双方共同默许的有意义的行为。这是一个双方都有充分理由去遵守的机制,是一个双方都熟悉的仪式,假如偏离了它,稳定互动模式带来的利益将化为乌有。

反对者也许会说,刚才讨论的这个例子看上去不够恰当,因为它只代表一种内容贫乏的习惯法,这一法则并未带来双方的互惠互利,而是交互地表达了敌意。但是,我们应当可以回想起,原始人的习惯法大多也承担着同样的功能。随着时间的流逝,部落间的敌意由公开而无限制的,转变为隐秘而受到形式限制的,或许到了最后,仅仅在仪式化的模拟战争(mock battle)[①]中存在。更进一步地,在我刚才描述的外交实践中,或许还存在着比表面看

[①] 它首次出现在保罗·柏汉农(Paul Bohannon)的选本《法律与战争——冲突人类学研究》[Law and Warfare—Studies in the Anthropology of Conflict (1967)]中,(读了我的上述解释)它或许就不像初看上去那么难以理解了。

上去更为丰富的交互行为。在普韦布洛事件（Pueblo incident）中，俄国和美国都派遣间谍到对方国家，秘密刺探到了对方的若干情报。我们不希望俄国人刺探到我们美国的军事机密，但是我们希望他们知道并且充分相信这样的信息，那就是我们绝无对其发动突然袭击的计划。这种共同利益，或许构成了一种背景，使得两国开始发展起一种仪式化且模式化的方式，在外交上对等交互地两相抗衡。

在这里的讨论中，对于使用"习惯法"这个词，我已经多次表示了我的疑虑。这个词组的两个部分，无论是定语"习惯"还是主语"法"，都带来了困难。我稍后还要讨论"法"这个名词造成的困境。同时，比之于前文中的讨论，我们还要更为仔细地考察，如果寻找一个令人满意的词来替代"习惯"一词，将会带来哪些困难。正如我已经评论的那样，对于这个词的主要反对意见在于：它暗示了只要 A 重复做某样事情，A 似乎就对他人有了一种权利，这种权利让他可以重复去做此事，并且这里增加了一个暗示——这一宣告的强度变化甚大，直接取决于 A 的重复性行为的时间长度。当然，没有任何习惯法的理论家会在实际上同意这种奇谈怪论，无论我们使用的语言多么强烈地暗示着相反的方向。我的邻居也许长年累月地 8 点钟准时起床，但不会有人认为这个固定的行动会对我创设任何义务，除非这里涉及彼此行为的协调问题，比如，我需要他开车送我上班。故而，与此相反，与其模糊糊地说某个义务是仅仅经由"习惯"或重复而产生的，不如说稳定的互动性预期（interactional expectancy）带来了义务感（sense of obligation），当此之时，各方都靠着这些预期指引着彼此之间的行为。

然而，"互动性预期"这个词本身也会带来困难。例如，如果我们假设相关的预期或期望必须显明地进入我们的意识层面，那么我们就会被误导。实际上，那些毫不含糊地形塑着我们行为的期望，以及那些对于他人行为的态度，往往正在起着作用，而我们却对之习焉不察。我们不妨举个具体而微的例子。实验显示，人们进行日常谈话时站立的距离，随着文化的不同和个体的不同而有规律地变化着。但在此时，假如不做预先提示，多数人不会注意到这一点，他们只是对于正常的谈话距离习以为常罢了。我不能定义离我多远是合适的距离,但是,假如某人毫无顾忌地将脸逼近我,我仍然会感到受了侵犯;假如一个人一边跟我说话一边倒退,以至退出了说话的正常距离,我也会倍感困惑或者沮丧。换言之,我们向他人施加的行为,以及我们对他人向自己施加的行为的解释,并不是有意识地进入我们的思考过程的。那个关于语言的类比再次派上了用场。如果有人说话不合语法,我们会注意到语法规则的存在,这种对语法规则的违反让我们第一次清楚地表述出了规则。我们虽然平时说话遵循语法,但对其无知无觉。

任何对于"互动性预期"这个术语的分析,必然面临这样的问题,那就是有或多或少属于外部群体的人将要进入这个群体,组织他们的生活。他们或许完完全全是外部人,例如,远道而来卖东西给部落民众的商人。或者,他们虽然在这个群体内出生和长大,但却被"疏离化"(alienated)了。他们无法知觉和理解这个体系,或者虽然理解但无法接受该群体中的荒谬反常的规则。当然,我们在这里无法对这个问题进行任何合适的分析,但一个不甚拿得准的猜测是:侵入一个群体的真正的外来者——在西美尔那篇名作中被称为"陌生人"①——不仅带来了经济贸易,也让人们发现,他们可以采用明示合同(explicit contract)的方式在彼此之间确立关系。

现在我们可以讨论"习惯法"中"法"这个名词所带来的困难了。如果我们认为论著中出现的"习惯法"更合适被称作"稳定的交互预期系统",那么我们就会遇到这样的困境:许多这类预期与法律语境似乎相去甚远。例如,礼仪规则完全符合刚才提到的定义,然而很少有人会倾向于把这类规则称为法律。

这就带来了如下问题:在我们称之为习惯法的东西之中,有多少可以被冠以"法律"的名号?人类学家对这一问题给予了相当的注意,②并且产生了不同的回应意见:有些看法认为这个问题本身就未经深思熟虑,因为你不可能把习惯法的概念与被明令颁布的法律的概念混杂在一起,习惯法产生

---

① *The Sociology of Georg Simmel*, Wolff ed. (1950), pp. 402-408.
② 关于这一主题的大部分文献,可以查阅 Max Gluckman, *The Judicial Process among the Barotse of Northern Rhodesia*, 2nd ed. (1967), chs. V and IX。

于这样的社会背景,在那里行为规则无须立法者出手就可以自行产生。在认真考虑这一问题的人当中,霍贝尔给出的答案或许影响最大,故而,我们需要对之认真考虑一番。霍贝尔认为,对于那些未形成国家的社会或原始社会而言:

> ……法律或许可以用如下的术语来定义:一个社会规范是法律,如果人们忽视或违反了它,就会受到威胁,或者实质上受到肉体惩罚,而那些施加惩罚的个体或群体拥有为社会所承认的做出此类行为的特权。①

我认为,这个解决方案存在一系列问题。首先,它对"法"的定义看上去不够完美。如果法律的功能是在社会成员之间创建一种有秩序的关系,那么,假如一个系统运作得如此平顺,以至于在任何情形下都无须诉诸强力或以强力相威胁,就可以让其规范变得有效,此时我们该当如何评论?难道这一系统的成功运行,却恰恰使它的规则不能被冠以"法"的尊贵名号吗?

我们还要问:违反了某些特定规范的人,总是能预先知道他们会被强力所惩罚吗?违反任何规则的严重性,在某种程度上,总是取决于社会背景的。人们可能会模模糊糊地推测,大概很少有社会经常给予那些未遵礼仪的人以肉体惩罚。但是,假设两个部落正处于战争的边缘,而双方均派出了使团来开会议和,一个议和使团的成员在称呼与之对应的彼方成员时,直呼其侮辱性的诨名,其结果会是一场腥风血雨的灾难性战争。他的部落同伴们会考虑是否给这个冒犯者以适当程度的社会惩戒。如果这个例子显得过于造作,我们或许可以设想:在我们的自由社会里,一个人对别人的智力或品德方面的问题恶语相加,不会带来法律上的责任,这已经是一个众所周知的法律原则了。但是,如果一个正在出庭的律师也想使用这种自由,并当堂辱骂法官,那么他很快就会被带出法庭,并因藐视法庭罪而受牢狱之灾。

---

① E. Adamson Hoebel, *The Law of Primitive Man* (1954), p.28.

也许对于霍贝尔的提法的基本反对意见在于：它忽略了原始社会法的系统性特质(systematic quality)。部落或扩展家庭中的法不是一个"该做什么"和"不该做什么"的表格，而是一个共同生活的方案。这一方案的某些部分或许可以被清晰地表述出来，成为施加特定"制裁"的明确"规范"。但是，习惯法的基本逻辑仍然隐含在这一系统的整体之中。列维-斯特劳斯有时候或许将原始社会的这种特点推到了漫画式的程度，①但即使如此，他的努力依然提供了一个整体性的"解毒剂"以破解以下的倾向，那就是假设任何习惯系统都可以化约成一个有着编号段落的代码本，每个被编号的段落代表着一小条完整自足的法律。

近来人类学家中的一个争议，也值得在这里讨论。马克斯·格拉克曼在他的名著《北罗得西亚之巴罗策族中的司法过程》中，认为巴罗策人的法律推理中的一个重要因素，在于"理性人"(the reasonable man)这个概念。这个概念在更加"发达"的系统里依然发挥着作用，故而，格拉克曼得出结论说：法律推理在所有地方都具有某种程度的统一性。这个结论被他的若干同行十分干脆了当地否定了。②

或许，考虑一下"法治"这个众所周知的概念有助于澄清问题，至少，这个概念一开始也是由习惯而来的。假如所有人开车时都从右侧越过对面开来的车辆(世界上多数地方如此)，我也可以称之为"路治"(the rule of the road)。在这个情境下，引入类似"理性人"这样的概念看起来好像是多余的甚至荒谬的。我沿右侧通行，并不是因为我是个理性人，而是因为规则就是如此。但是，假设在某些情况下这个规则不再管用，例如，某人开车到没有标线(marked lanes)的停车场里，此地车来车往、穿梭不绝；或者，在一条普通的高速公路上，某人遇到一辆歪歪斜斜开着的车，忽而往前，忽而往后，很显然是失去了控制。在这些情况下，显然需要某种"理性人"的判断和注意。在这些情境下，"路治"至少可以提供一种推测性的指引。即使此情境中的

---

① 参阅 Claude Lévy-Strauss, *The Savage Mind* (1962, English trans. 1966).
② Max Gluckman, *The Judicial Process among the Barotse of Northern Rhodesia*, 2nd ed. (1967), pp.82-162, 387-398. (在后一段引述中，可以找到格拉克曼对批评者的回复。)

其他因素没有清楚地告诉我们解决方案,我们也能知道如何行动。

就像车辆交通一样,原始社会处在一个有着互相关联的多种角色的体制中。如果一个人越出了其角色的边界,或者在某种情形下,一个熟悉角色放弃了其自身的部分或全部意义,那么就必须做出调整。没有什么公式可以用来指导这些调整,除了"理性"(reasonableness)——它的运用,乃是从整体上回应这个体制的需求。故而,毫不奇怪,在观察到他所指称为"偏心父亲案"(The Case of the Biassed Father)的案例后,格拉克曼认为他首次感知到了"理性人"在巴罗策法律中的重要性。①

在我们进入对其他内容的讨论之前,我认为继续讨论一下那个关于原始社会和交通规则的类比是有益处的。为此,或许读者可以扩展一下想象力,让它无拘无束地逸入奇思妙想之境。我们首先假设一个地球人正在接受外星人的采访。这个外星人在自己母星上的职业是法律人类学家。在进行专业研究时,他对地球上的交通规则产生了浓厚兴趣,这是一个他完全不熟悉的主题,因为在他的星球上,物品和活物的移动都在计算中心的指挥下自动完成。他开始问这个问题:两辆车从相反方向开来时,它们将遵守何种规则?每个驾车者的反应都是"沿右侧开"。外星访客会问:"为什么是右边而不是左边?"地球人会回答说:其实到底沿着哪一侧开并没有特殊的理由,其他一些地方的行车文化是保持沿左侧开。(这时,那个人类学家在笔记本上写下:地球人看上去很奇怪,他们对其法律系统的基本原则漠不关心,只要他们被告知应当遵守什么规则,他们就会满足于简单地遵守这些规则。)

采访在继续,人类学家问道:"当你超车时,规则又是什么呢?我猜规则应当是一样的,也就是说,你将从右侧超车,这样的话法律就会简单明了,而且易于理解。"但让这位外星访客大为惊异的是,地球人说这时应当从左侧超车。(外星人问:)为什么这么反常?地球人回答说:这一点也不反常,这是你从右侧越过相对而来的车的逻辑推论。此时,这个人类学家开始失去耐心了,他开始要求地球人给出某些简单的、易于理解的理由来论证为什么

---

① Max Gluckman, *The Judicial Process among the Barotse of Northern Rhodesia*, 2nd ed. (1967), pp.37-45.

从左侧超车是一个合适的规则,为什么它能和"从右侧越过对面开来的车辆"协调一致。那些感觉到我们很难迅速地对这一要求给出应对答案的人,应当可以得到某些安慰。如果我们意识到自己的这种无能为力可以帮助我们理解本地人有时会感到很难向外部世界的人解释其法律秩序中的内在逻辑,特别是在处理涉及权衡亲属关系的复杂系统这一实际状况时。

某些涉及交通规制问题的思考,或许在另一个具有联系的方面仍然有用,亦即帮助我们理解"社会变迁"——例如,城市化和工业化——对于人们惯于采用习惯法来调整生活方式的冲击力量。如同任何一位有经验的司机所知,为了适应现代高速公路的路况,旧的简单规则"对面来往右侧开,超车则往左侧开"已经有了实质性的改变。这些改变反映在那些倍加冗长而不堪卒读的交通法规里面。例如,有些情况下右侧超车是允许的——如果超车是在多车道相隔离的高速公路上,或者在单行线的市政公路上,又或者前面的驾车者发出左转的信号。但这些更细的规定带来了自身特殊的不确定性。在一条非常宽阔但并未分隔成两条专向车道的多车道高速公路上,你能从右侧超车吗?此外,如果前面的驾车者发出了左转信号,你开始从右侧超过他,此时却(在他之前)发现此人其实并不被允许向左转弯。或者,在一条单向车道上行驶时,你正试图运用可以右侧超车的规则,此时忽然意识到此车道即将变为双向车道。当美国驾驶者对这些情形感到困惑时,他们就站在一个更容易理解非洲部落民的位置上了。非洲部落民生活的乡镇里有一套规则,城里又有一套规则,他们只得小心翼翼,并且还时不时地由于不能区分开这两套规则而遇到一些麻烦。

二、合同法的互动基础

接下来将要简短地讨论一下合同法,这将给习惯法带来一些启示,因为习惯法经常被恰当地说成是包含着"合意因素"的。在这个共同点之上,合同法和习惯法真可以说是"近亲"或"兄弟",对于其中一个的研究会帮助我们理解另一个。在接下来的分析中,我将从一个多少有些不同的视角重新考察我们已经讨论过的一些问题，特别是关于我们如何确定在何时特定的互动行为模式可以被恰当地说成"创立了一个维持它的义务"。

为了继续保持探讨刚才列出的一般性目标，在这里，我们应当关注的是合同可以作为社会秩序的来源，成为建立"稳定的互动性预期"的手段。故而，正如在本节题目中所说的，"合同法"这个术语主要不是指那些属于或关于合同的法律，而是关于合同本身如何形成"法"。当然，此处对于"法"这个词的这种用法，表征着我们会偏离传统的、我们惯常依循的对于这个词的用法。

我们不愿意用"法"这个词去指合同所设立的义务，然而，在很多方面这很反常。在执行合同时，法院希望从诉讼当事人的合意中演绎出法律权利和法律义务，就像适用法条那样。至少在某些情境下，罗马人毫不犹豫地把合同条款称为"法"(lex)，法的拉丁文似乎也的确源于合同。今天的国际律师们把条约列为其法律领域中的一级法源。尽管"习惯法"这个术语被某些法学理论家视为语言的滥用，但今天的多数作者使用起这个术语来，似乎也不再犹豫；对于"习惯法"的接受和对于"合同所造之法"(contractual law)的拒斥也愈加显得别具一格，因为那些与"法"这个词相关的词汇，都与某种明示的立法过程有关，相较而言，合同的订立更接近前述模式，而习惯法的产生过程则是默然无声的。最后，作为证据，律师拒斥"合同中的法"(law of the contract)这种说法，并不是因为它与任何法律逻辑的基本要求有冲突。只要改头换面地说得更体面些，换个说法，他们就随时可以接受这个说法中包含的思想。故而，我不相信任何律师会对《法国民法典》的第1134条感到特别困惑(尽管他可能会感到有点复杂)，该法条认为合同在缔约的各当事人之间"相当于法律"["依法成立的合同，在缔结合同的当事人间有相当于法律的效力"(Les conventions légalment formées tiennet lieu de loi à ceux qui les ont faites)]。

如果我们接受这样的想法，即认为"合同法"就是缔约各方在达成合意时所产生的"法"，那么，从习惯法到合同法的过渡和转变也就变得易于理解了。这里的难点并不在于将这两种法归入一类，而在于如何在两者之间画出一条清晰的界线。当然,我们或许会(以我在这里折磨着读者的那种术语行话)说,在一种情况下,相关的互动性预期是由语言创造的;而在另一种情况下,则是由行动创造的。

但是这或许将事情看得过于简单了。当我们使用语言时,就必须做出解释。当合同进入某些反复交易的领域时,经常会出现一种叫"实务标准"(standard practice)的东西,语言上的模糊之处通过它而得以解决。实际上,在这里,合同之外的领域的互动常规(interactional regularities)是在解释的过程中被写入合同的。在商法中,通常很难知晓在一个特定的实务领域内,各方是否受到作为治理主体(governing body)的习惯法的约束,或者说他们心照不宣地达成了协议,把实务标准也融入了合同条款之中。

合同的含义不仅被合同所在领域的实务所确定,并且被缔约各方自身在达成合意之后的互动所确定。如果合同被执行了一段时间,各方经常会把自己的行为当作举证材料,这有时被法庭称为协议的"实践建构"(practical construction),这种基于行为的解释或许会支配对合同条款意义的解释,这些条款的意义通常是存在于合同文本之中的。如果各方行为与其协议文本之间的分歧是如此之大,以至于法庭无法诉诸"实践建构",那么他们或许会坚持认为,从达成协议以来,各方通过和对方之间的交互行动的方式,已经暗自更改了合同,甚至是解除了合同。

大体而言,我们或许可以说,在友好的各方实际执行复杂协议的过程中,成文合同提供的只是某种使关系持续进行的大框架,而不是对此关系的精确定义。关于双方关系的定义,我们也许可以从隐含在行动里的双边习惯法(two-party customary law)中找到,而不是从合同的文本条款中找到,假如那些最终被带上法庭的合同也有这个特点,对于那些在缔约时根本没有考虑过诉讼问题的大量的一般合同来说,就更是如此。

如果一个合同的文本必须在它们的互动语境中被解释,或者必须被各方在该合同之下所采取的行动而确定,那些使习惯法产生的行动也应当被引为解释的依据,有时,它们几乎就如同文本一样。这一解释问题一度成为习惯法的最关键但又最容易被忽视的问题;这一问题有其内在的难度,那些关于习惯法本质的蠢笨理论——诸如认为习惯法只是"支配着族群早期历史的""习性力量"的表达——又把难度给加大了。

习惯法"解释"的核心问题是什么时候以行动为解释依据,或者说,以重复性行动的模式为依据。这是一种义务感,有时也会附加在承诺上,明示于文本中。各方都会承认:一个人、一个部落或者一个民族都不会仅仅由于他或它的一个可辨认行动的重复模式而引来一个义务——"法律的"或"道德的"。各方或许也都会承认:创立习惯法的行动必须是进入互动的行动,尽管也会有一些更复杂的情况,比如我们可以回想起,在某些情形下,不作为可以在性质上相当于行动,假如它可以恰当地被称为"默许"(acquiescence)或"可宽容"(forbearance)。超出这个范围,我们就如同遭遇到理念的真空一样无从置喙了。

在这个真空状态下,有人提出至少有一种清晰的方式,可以尝试着去构建一个测试。这出自"必要意见"(opinio necessitatis)的原则。根据这一原则(它至今还在国际法中享有若干尊重),习惯法源于重复行动,当且仅当这些行动是被义务感所驱使的,换言之,当人们做他们做着的事,而不是做他们想做的事,或者说他们在行动时毫无反思意识,而仅仅相信他们必须做他们做着的事。这看起来是一个相当古怪的愚蠢答案。如果习惯法已经被清晰地确立起来,这说法就是同义反复(tautology);假如习惯法还在形成的过程之中,这说法就无从成立。

人们也许会认为,可以在美国法律学会(American Law Institute)所作的《合同法重述》(Restatement of Contracts)第90条中找到一个更好的途径。为了解决上述问题,这一原则沿着如下思路(不巧的是,实际情况会更加复杂)进行:A若有行动施加于B,A(无论他的真实意图本来如何)给予了B理由去认为他(即A)在未来的类似情形下还会按照类似的方式行动,而B以某种实质性的方式明智地调整了自己的事务,预期着A将在未来按照这个预期行动。此时,A就被他过去施加于B的行动所约束。这就创立了A对于B的义务。如果这个被A和B所遵循的互动模式扩张到相关的社群,一个一般性的习惯法就由此产生了。这一规则一般会成为更大系统的一部分,这一系统将包含一个复杂的交互性预期(reciprocal expectations)①的网络。将新的规则吸收进更大的系统,这一吸纳过程必定会比较顺利,因为产生新规则的互动正是在该系统设定的范围内发生的,并且可以从一个更广泛的、生成于斯的互动背景中引出新规则对于各方的意义。

对于习惯法从一个社会情境到另一个社会情境的扩张现象,人们已经耳熟能详。这引发了一个更深入的关于习惯法和合同法的区分问题,这里有必要予以批判性的考察。有人会说,合同仅仅约束缔约各方,而习惯法通常会扩张到较大群体,有时在某种程度上暗暗规范着整个社群。首先我们可以评论的是:尽管习惯法的这种扩张经常出现,但并不是必然现象。某些可以被称为"双边习惯法"的规则能够存在,并且确实存在。再一次强调,这只是一个语言上的偏见,它让我们犹豫是不是该使用"法"这个词。

在习惯法确实发生了扩张的那些地方,关于它究竟是依循何种过程而扩张的,我们必须不受误导。有时人们会认为它似乎是一种不言而喻的集体意志的表达:组群 B 的成员察觉到组群 A 受到某些规则的治理,而这些规则也可以充当他们自己的合适法律;故而,他们搬用了这些规则,采用的是一种默示集体采纳(tacit collective adoption)的方式。这种类型的解释是从习惯法背后的互动过程中抽象出来的,它忽略了人与人之间恒常存在的交往层面。举例而言,对于来访的国家元首鸣 21 响礼炮致礼,乃是国际关系实务领域中的常例。经过一个模仿的过程,这一做法似乎已经成为国家间司空见惯的通例。有人或许会轻率地说,这种做法的吸引力,只是源于用响亮的大炮轰鸣声传递贵宾到来的信号。但为什么是 21 响礼炮,而不是 16 响或 25 响?显然,一旦 21 响的模式为人所熟知,所有对它的偏离都会招致误解,观礼者不再聆听大炮轰鸣,感受那种庄严,而是把时间花在计算响炮的次数,比较它和上次响炮规格的不同上,有意无意地猜测其间的各种含义。大致而言,我们或许可以说,如果 A 和 B 对 C 与 D 之间进行的某种行为模式十分熟悉,A 就很可能在他与 B 的互动中采用这种模式,并不是说

---

① reciprocal 一词,既包含互利互惠,也包含"以牙还牙"式的互相仇恨,因此本文通常译为"交互性",但为使译文更通顺,在某些表示互利互惠的地方,也译作"互惠"。——译注

这种模式就直截了当地、必然地适合他们的情形,而是因为他知道 B 会理解他的行为的含义,并懂得如何做出回应。

有个说法认为,合同只约束那些缔结了合同并且主动、知情地同意了合同条款的人。对于此种看法,只要对现代合同实践稍加注意,便足以知道它多么不切实际和纯粹流于形式。今天,只有极小一部分"合同"是真的经由谈判产生的,并且是各方相关利益相互调适的明确结果。甚至那些由律师起草的合同,亦即那些理论上比照各方情境而量身定做的合同,也经常充斥着传统的或"标准"的、借用自其他合同和援引自一般实务的条款。有各种各样的理由促使我们采用这些条款——因为律师太忙,或者因为他从先例中知道法庭会如何解释这些合同,或者相关利益不大,抵不上认真起草、反复推敲字句所花的成本。

但是,只要我们考察一下标准条款,就可以发现合同实务的现实与"合意"(meeting the minds)的图画之间的距离可谓遥远。实际上,绝大多数合同都是预先打印好的,合同一方准备了这些合同来服务于自己的利益,并把另一方置于"要么接受要么放弃"的境地。近年来,美国法庭在处理这些合同问题时,越来越多地动用权力去删除那些它们认为是压制性的或是显失公平的条款。这一做法与普通法的母国①的做法可谓大相径庭,彼处的法庭在这种事情上更为保守,总体而言倾向于"按文本"去执行合同,亦即按字面意思一板一眼地执行。具有讽刺意味的是:从英国的柯克大法官(Lord Coke)的时代开始,英国法庭就公然宣称它有权拒绝适用习惯法,如果其认为该习惯法是不合理性的,或在一般的公平感看来是"令人恶心的"(repugnant)。如果我们在现代社会中寻找那些遗留自柯克时代的"令人恶心的"习惯法,所能找到的恰恰就是那些标准化了的格式合同,这些合同由一方起草,另一方不用阅读即行签署。

这里需要继续讨论关于合同法和习惯法的进一步的区分。这个区分基于如下理念:合同是即时生效的,或者,当缔约各方认为它生效时它即生效;

---

① 指英国。——译注

而习惯则只能经由一个相当长时段的反复运用和遵循,才能变成法律。

上述意见又一次过分简化了事实。那种关于习惯法是逐渐取得效力的观念,以及它只能经过一个相当长的时段才诞生的看法之所以会产生,部分原因在于错误地理解了"习惯"这个词的内涵,部分原因在于通常交互性的互动性预期的确需要一段时间来"凝结"。但是仍然存在一些情形,在这些情形下,习惯法(或者,我们难以名之的现象)可以在一夜之间发展起来。如同一个国际法权威人士所观察到的:

> 基于国家间行为的国际习惯法的新规则可以非常迅速地产生,甚至几乎是突然产生的,如果新的局面发生,并且迫切需要规制(regulation)的话——尽管时间因素永远都不是完全无关的。①

[我们有时会遇到这样的论断,即那些被接受为法律的习惯,应当是"自古以来"(from time immemorial)就一直存在的。这导致了一个很特殊的问题:习惯在什么时候会被认为可以推翻一般法律条款?很显然,这个问题与习惯什么时候可以决定一件从未被法律所规定的事情的问题,是大不相同的。

"必要意见"原则或许就是在与此相同的背景下产生的,因为很容易理解,当一个人出于这样的信念而行为时,亦即某个特定的或地方性的法律迫使他按照他的行为方式而行为时,他不应当被认为违反了至少某些一般性的法律。]

至于说合同是即时生效的,而且在任何行动开始之前就生效了,这也是一个有误导性的简单说法,特别是如果从历史角度来看的话。当然,试图去概括所有社会的法律发展的历史过程是危险的。然而,相对合理可靠地说,合同的法律实施最早产生于两种社会背景。第一种是在宗教仪式上的承诺,这一承诺与某些传统的誓言相伴,或者背诵一套诸如口头盟约之类的东

---

① Judge Fitzmaurice, quoted in Clive Parry, *The Sources and Evidences of International Law* (1965), p.60, n.2.

西。在这里，实际上，合同是即时生效的，不需要其下的行动为之证明。但这一"约束"的过程具有特别的形式性，或者说，对于合约的严格坚持隐含着一种不信任。无疑，这限制了它的用途，在现代与之同等对应的情形中，这一点也仍然有效。

第二种对于这一合同法原则的早期展示，涉及交易进行了一半的情形。例如，A 向 B 送鱼，并且期待着能得到 B 的一篮蔬菜作为回馈。B 留下了鱼，但拒绝送给 A 蔬菜。这一事实平淡无奇，自古以来就可以获得法律救济。然而，应当注意的是：这里的义务并不仅仅建立在文辞的基础上，而主要建立在文辞之后的行动（以及不作为）的基础上。

同样地，在所有的法律系统中，对于双边合同的强制执行是一个相当晚近的发展。让我们继续以"鱼换蔬菜"为例。如果 A 和 B 同意进行交易，当 A 将鱼送到 B 处时，B 拒绝了他的供应而且撕毁了协议。那种认为 A 在此种情况下具有法律上的请求权的看法，大致而言，是与市场经济之类的制度同时产生的。但是在这种环境中，至少在宽松的意义上，仍然会有行动，并且以此种方式来缔结合同。A 为了用他的鱼换到蔬菜，与 B 进行谈判，并且放弃了与 C、D 和 E 进行同样交易的机会。因此，这个例子再一次地说明了，协议之所以是可执行的，是因为它的文辞自始以来就被依赖，并因此而得到强化——在这个案例里，我们可以推出，一旦这一合同被终止，那么其他的交易机会就被忽视或耽误了。

最后，应当议及的是：那种对于重礼的承诺（the promise of an outright gift），直到今天仍然具有某种不确定的法律地位。存在着大量的法律形式，可以让这类承诺变得可执行。法庭有时也显示出惊人的才能，它能从一个纯粹的表面上仁慈施惠的表达中，找到默示的交易因素。在美国，出现了这样一个原则[现在一般称之为第九十条原则（Section Ninety Principle）]：当承诺者已经郑重其事且合乎理性地考虑到这个承诺的预期效果，并依据这个承诺来安排他自己的生活时，这个承诺就是可执行的。正如我在前面暗示的，这一原则与支配习惯法的那些原则之间的差别不是太大。

三、制定法的互动基础

在本文的开头我就申明了我的意图是希望提交一篇论文:"我要在此论述的主题,并不是仅仅坚持强调习惯法在当今世界的重要性,而是某些更为根本的问题。我想论证的是:除非我们首先理解了所谓的习惯法,否则我们不可能理解那些'一般的'法律(亦即官方制定或公布的法律)。"现在时机已经成熟,我可以试图实现我在这段话中所做出的承诺了。

在前面的论述中,我把习惯法和合同法都看成是互动现象。我把它们看作是从互动中产生,并且服务于互动,为互动提供便利的。典型的制定法——例如成文法规——也具有这样的特点吗?我们能够把制定法本身看作是立法者(lawgiver)和民众(subject)之间的"稳定的互动性预期"的产物吗?制定法同样也服务于这样的目标,亦即使公民之间的互动更加有秩序、更加便利吗?

我们不能认为这些思想在文献当中没有一点端倪,但应当说,要找到它们需要费一番工夫。关于制定法的一般目标,法理学和社会学的标准理论是"法律充当着社会控制的工具"。有时这一理念与如下观念相伴相随:法律的必要性源于人类有缺陷的道德品质,如果人人都遵循道德,法律就是不必要的了。至于法律的产生,那是权威作用的结果,而不是由类似于交互性预期的相互作用(an interplay of reciprocal expectations)这类东西产生的。法律并没有邀请公民去与它互动,它直接施加于公民之上。

让我们检验一下这个问题:制定法是否充当着为人类互动提供秩序和方便的功能?检验的方式是考察这个命题能否运用于某些实际法律部门。首先,考虑下面这类法律:合同法、代理法、婚姻与离婚法、财产法(包括公产和私产),以及法庭的程序规则。所有这些关键性法律部门的首要功能是设定人类相互关系的条件,它们为人类互动提供着便利,就如同修筑道路和设定指示信号为交通提供便利一样。那种认为如果人之品行皆倾向于有德,这些部门法就没必要存在的看法,就如同认为如果人足够聪慧,那就可以抛弃语言,采取心照不宣的方式进行沟通一样。上面列出的部门法包含了对行为的禁止和授权的条款,但这毫不妨碍它们具有使互动更便利的本质。这里并没有自相矛盾之处,正如高速公路上也有着各种标志——"禁止左转""暂停,然后进入",诸如此类的标志恰恰便利了交通。

然而,如果仅仅合适地被应用于特定的部门法,例如合同法、财产法、代理法或婚姻权利法,法律的互动理论或许很难声称自己得到了接受。例如,刑法就展示了一个非常不同的经验,在这里,法律的互动观遭遇到一个与其理论基础南辕北辙的环境。例如,把惩治谋杀的法律规则的目的解释为"通过形成人类对于自相残杀的恐惧而促进人类互动",是十分可笑的。我们更倾向于认为,谋杀之所以被禁止,是因为它本来就是错的,而不是因为它威胁到人们与自己的伙伴结成各种潜在的丰富关系。

然而从历史的角度看,这件事便展现出一个极为不同的层面。学习过原始社会知识的学生会注意到,法律理念自身就源于对血族复仇的限制。在原始社会中,假如家族 A 的一个成员杀死了家族 B 的一个成员,一个自然的反应是,让家族 B 的成员去向家族 A 复仇。如果这种复仇毫无限制,那将会引发战争,最后以两个家族的毁灭而告终。于是,许多原始社会相应地产生一种规则,具体到上述案例,该规则即为家族 B 的血族复仇只能限制在杀死一人,尽管受害者家庭会被认为是有权采取此种程度的复仇行为的。此后的一个发展是:不再允许血族复仇,而是要求以"血酬"(blood money)的形式对死者失去生命进行补偿。坦而言之,这里关于谋杀的法律起到了规制交互行为的作用,也可以说促进了交互行为发展到一个新的水平上,此时它对于所有相关方而言,比相互仇杀、冤冤相报更有益处。

今天惩治谋杀的法律,从表面上看已经完全远离了它的互动起源。它看起来是在向着社会上的芸芸众生发号施令——"汝不得杀人"(thou shalt not kill),并未考虑人们之间的互动。虽然实际上曾一度居于核心位置的互动议题,在法律与道德发展的进程中,被推到了边缘处,但它们依然生动,一如往昔。最为显明的例子是关于个人防卫的抗辩(the plea of self-defense):一个人仍然有杀死暴力侵犯者的特权,假如这样做对于保卫自己的生命是必需的。但是,首先,我们如何解释这种情况下的"必需"一词?我们将在何种程度上预期一个人为了避免剥夺别人的生命,而甘冒失去自己生命的风险?其次,还有一个问题是,我们会减轻"热血"杀人者的罪责,是因为处于"热血"状态的犯罪者就像考虑与他的妻子做爱一样(不受理性控制)。最后,对于以杀人的方式来制止重罪或追击重罪逃犯,也存在着激烈的争议。在所有这些被激烈争论的情形里,惩治杀人者的规则或许要被修改,或者依据问题的性质,杀人者的罪责会被减轻。那么,在这些互动情境中,我们应当如何合理地预期一个人的行为?

我确信,显而易见的是,我在这篇文章里并不是要宣扬法律在它实际的形成和执行过程中永远都只服务于为人类互动提供秩序和便利的目标。可以肯定的是,存在着某些法律的表现形式,它们无法被轻易地纳入这个思考框架之中。或许这些反例中最为显而易见的就是刑法中所谓的"无受害人的犯罪"。法律禁止诸如售卖上瘾品和避孕用具、使用大麻、同性恋行为、卖淫和赌博。① 假设参加赌博的人都精神健康,赌局中也没有欺诈——例如,轮盘的转动没有被操纵——上述法律非但没有使互动更为便利,其意图反而是阻止某些形式的互动。参与者希望参与这些互动,而这些互动也不是直接地为了伤害他人而设计出来的。

我认为,毫不意外的是,在这个领域——此领域的法律规定貌似毫无疑问地是"社会控制的工具"——法律可以说是全面溃败的。腐败、选择性和随意性执法、敲诈以及对违法行为公开的视而不见,构成了这个领域的特色。这一部分的法律应当被详加批判、深刻反思。关于这一点,这里不再详论。问题的关键在于应当以什么样的指导原则去指引这种反思。

开宗明义,我们应当自问一个问题:在"无受害人的犯罪"的宽广领域之中,为什么法律失败得如此惨重?通常的答案是:你不能采用法律让人们遵循道德。但实际并非如此。信守承诺或许是一个道德义务,然而法律却能够而且的确成功地约束了人们,使人们信守承诺。不仅如此,而且对于承诺

---

① 此系 20 世纪中期美国的情形,现在与之不同。——译注

的法律实施非但没有减弱那种道德义务感,反而加强了它。例如,假设许多人联合起来运营一个工商企业,他们在讨论应不应当执行一个对自己不利的合同(disadvantageous contract)。那些认为他们在道德上有义务执行承诺的人,就要去说服那些原则性不那么强的伙伴,提醒他们如果拒不执行合同,他们就要被带上法庭,此时,不但有(诉讼上的)成本,而且还得不到有利判决。因此,存在着某些人类关心的领域,在这些领域,"你不能采用法律手段让人们遵循道德"这句老话并不适用。我认为,这些领域恰恰就是那些法律规定加强了互动性预期,并且促使人们尊重互动性预期的领域。

在考虑原始社会的系统时,人们有时会区分"错误"(wrongs)和"罪孽"(sins)。① 错误是指给社会关系的机体造成了一个容易觉察到的损害的行为;罪孽则被认为是通过散布某种邪恶而带来了更为宽泛的损害。在典型的原始社会中,通常以不同的标准和不同的程序来处理错误与罪恶,形式化的"正当程序"(due process)在罪孽的情形下一般不会得到格外宽减。对于"无受害人的犯罪"这类现代罪孽,我自然不会建议诉诸巫术或放逐这样的法子。我认为,我们或许可以卓有成效地从原始社会那里借鉴一些智慧,这些智慧展现在他们对错误和罪孽的区分之中。或许我们可以用如下洞见来增进这一智慧:至少对于某些现代罪孽而言,法律的最佳处理方式就是放手不管。

在这一对于"制定法的互动基础"的讨论中,到目前为止,我还只是主要地关注到这样的问题:制定法可否被恰当地认为是在为人类互动提供秩序和便利? 现在是时候转而讨论一个看上去更为基础的问题了:制定法自身的存在,是否也依赖于立法者和民众的"稳定的互动性预期"的发展呢?

为了给这一问题一个确切答案,在这里,我将与一个在法理学和社会学中被广泛接受的假设背道而驰。此一假设是法律的根本特征仅仅在于它乃权威之运用。但是我们必须要问:这是做什么的权威? 许多人享有权威,但并不具有立法的权能。军队里的上校或者政府打印室的主任都具有"权

---

① 例如,参见 Henry Maine, *Ancient Law*, 10th ed. (1884), pp.359-361。

威",对于他们有权指导的属下,他们可以理直气壮地发号施令。然而,他们并不拥有立法权。此时,我们如何区分比如说一个老板和一个立法者所承担的功能呢?这两个人物分别代表着不同类型的"社会控制"。但是我们如何界定他们之间的差别呢?

对于这个问题的古老回答——它在当代的讨论中已经踪影全无——乃是:法律的最根本特征在于它的普遍性(generality)。法律给出了普遍的规则。管理指令或许给出了特定的命令:"在这里,做这个""A,你和B互换位置"或者"明天八点半做汇报"。这里的难点在于,管理指令也经常是以普遍性规则或者"常设命令"(standing orders)的方式做出的。假若一个管理主任非常聪明,富于远见,有能力给出一套通用性的命令,而不是事事加以具体指导,那他是否就可以被冠以立法者之名?

为了认识到负有管理职务的老板和立法者的区别,我们必须深入考察各种普遍性的质量如何,并且问一问:为什么法律必须采用普遍性规则这样一种形式?答案很简单:法律并没有告诉一个人必须做些什么,以实现立法者的特定目标;它只是提供了他如何安排自己和同伴生活的底线要求。触犯这些底线会给公民带来严重后果——他甚至会被绞死——但这些底线并不是运用管理指令的方式确定的。法律为公民提供了一个框架,公民在此间过着自己的生活。然而,确然无疑的是,仍然存在着若干情势,在此等情势下,法律的框架既可能松弛无力,也有可能过分宽泛或严厉,以至于民众或许认为,直截了当的管理指令或许更佳。

如果我们接受了这一观点,认为法律的核心目标是提供人类互动的底线,那么,对于为什么制定法成为一个有效运行的系统要依赖于立法者和民众之间的稳定的互动性预期的建立这个问题,其答案就是显而易见的了。一方面,立法者必须能够预期到总体上公民将接受该法律,并普遍遵循他所订立的规则。另一方面,法律之下的民众必须预期到,政府自己会遵守自己颁布的法律,依此裁断公民的行为,例如,判断他是否犯罪,或是否依一个有效的行为而享有请求权。这两个预期——政府对民众的预期以及民众对政府的预期——无论哪一个被严重违反,都会带来这样的后果,那就是无论多么精心拟定的法令,都无法作为法律系统的一部分而起作用。

在历史上有一个奇特的事实:"法律意味着普遍性规则"这一原则充斥于前贤旧著的字里行间,我们却几乎找不到这样的明显断言,即假如政府认为自己可以随心所欲,任意无视那些给人们带来便利的规则,那么它所颁布的普遍性规则就会变得毫无意义。以我们在前面已经讨论过的一个现象作为例子[1],在此例子中,最为有力地指引着我们行为的预期却经常恰恰是我们没有意识到的。这些预期就像语法规则一样,我们说话时遵循它们,但并不会清晰地意识到它们,除非它们被明显地违反了。这里或许也存在一个容易引起误解之处,亦即我们都知道,立法者通常可以改变他们所制定的任何一个法条,他们简单地撤销旧法,并颁布一个迥然不同的新法,以规范此后发生的事情。这看上去很是奇怪:当局可以重写整部法典,但却被认为必须尊重其制定法中最无关紧要的条文,只要它判决的事件发生在该法律的有效期内。这里存在着自相矛盾之处,用西美尔的话来说,乃是关于"一个明显的单方的、被动性服从关系中的互动"[2]。然而若没有这个悖论,制定"法"这个概念将会变得空泛而无意义。

这两个相互依存的要求,亦即法律必须以普遍性规则的方式表达,以及政府对公民采取某些行动时必须遵守它自己制定的法律,具有什么实践上的含义?简言之,这些含义微妙且复杂,在现有的语境之内,无法深探细论。这里肯定不会有这个意思——要求普通公民随身带着一本法律书,时刻对照该书检查政府是否遵循它自己制定的规则。一般而言,总体上公民必须具备这样的信念,即相信政府的法律运行是公正的。然而,正是因为信念在法律系统的有效运行中起着如此重要的作用,单独一个戏剧性的负面事件,或者不那么明显但却持续不断地对整个法律部门的合法性(legality)的轻视,都会损害法律秩序的道德基础,无论对于受法律约束的人还是对于执行法律的人都是如此。

---

[1] 见第9页。(第9页是指原文第9页,非本书第9页,即关于人们在无意识间调整彼此谈话距离的例子,对应本书第13页。——译注)
[2] *The Sociology of Georg Simmel*, Wolf ed. (1950), p.186.

此处我们讨论到了问题的道德层面,但我们无意暗示,对于合法性的维系,只需要良好的动机,而不需要智慧。例如,立法机构通过了一部授权在泽尼斯(Zenith)①城修建公园的法案。这一制定法是否违反了法律的形式普遍性这一原则?我们或许会认为这个问题无足轻重,因为它不过是对"法"这个词的咬文嚼字而已。但在其他情形中,由于政府总体而言既承担着管理和行政功能,又承担着立法功能,这一问题就变得更加扑朔迷离了。让我们再一次地假设这样一个荒谬的情境——政府只在法典里规定了一条法律:"当行善事,不可为恶。"这里的规则是"普遍性"的,但却比任何"特殊"的法律更彻底地毁掉了合法性。这些例子只能说是暗示着在实际实现法治(the rule of law)的过程中随之而来的某些复杂性。②当我们考虑这些复杂性时,创建和管理一个法律系统的任务就应当被看成一种相当独特的事业。这种看法显然不同于简单认为法律就是运用"权威"以完成"社会控制"任务的看法。

在分析的最后,我们要考察三种不同类型的法律:习惯法、合同法和制定法。这一清单省略了第四个法律部门,亦即典型出现在盎格鲁-美利坚"普通法"系统内的"判例法"(adjudicative law)。把"普通法"简单看作一种形式的制定法,这样的观念在当今蔚为时髦。普通法不同于成文法(statutory law),成文法由立法机构颁布,而普通法的规则是由法庭宣布的。这一观念忽略了普通法的特殊性质,这些性质使得普通法一度被人们——以充分的理由——说成是一种形式的习惯法。普通法的造法过程是逐案逐案不断进行的,这使它比成文法更加深入地植根于人类的互动。然而,普通法在它的发源地却看起来似乎失去了使自己独树一帜的根本特色。这大概是因为法官最终还是让他们的实践循规蹈矩,从而落入了长达一个多世纪的法学理论的窠臼。

如果我们把法律看作服务于为人类互动提供秩序与便利的目标,很显

---

① 美国佐治亚州确有一小镇名 Zenith,但此处 Zenith 应该为作者虚构之城市名。——译注
② 我试图在我的著作《法律的道德性》中处理这些复杂性。参见 *The Morality of Law*, rev. ed. (1969),特别是第二章和第五章。

然,造法的过程也会存在这样的风险,即我们无法事先预料到千变万化的互动性情境,而试图用预先设定了范围的规则来规范它们。一个法案或许不适用于后来呈报法庭的事实——法案的言辞或许能大致涵盖这些情形,但起草者显然误解或未能预期到具体问题——很显然,这样的法案虽然意思清楚明白并被预先颁布,但它当然没有获得表扬的资格。普通法的优点在于,由于是逐案逐案地造法,它可以顺着生活的本然理路的要求,根据诉讼中出现的情况,不断对法律规定进行调整、再调整。普通法没有清晰的预先构建,这是它所缺乏的,但由于它能依据真实情况的启发,在判决中不断调整,不断重塑其规则,因此仍然是得大于失的。

故而,普通法展示出一种立法形式的复杂融合,它将明示立法与习惯法特有的默默调整的特点结合起来,时常呈现出两大体系之精华,但偶尔也会呈现出两大体系的最坏特点。①

四、法律与其社会背景的互动

在这篇文章之前的论著,都隐含地认为法律和它的社会环境处于一种交互性关系之中,任何给定形式的法律并不仅仅施加作用于环境,而且受到已成为社会大背景(social milieu)的根深蒂固的互动形式的影响和塑造。这意味着,对于每种给定的社会背景,某种形式的法或许比另一种更合时宜,同时,将特定形式的法令强力推行于它所不适应的社会环境中的企图必然失败,并带来损害性的后果。

这就带来了以下问题:怎样定义和区分不同种类的社会背景?对于这个问题,社会学的文献给我们提供了一个繁复冗长的术语清单——礼俗社会(Gemeinschaft)和法理社会(Gesellschaft),有机和机械团结(organic and mechanical solidarity),社会空间,社会距离,家庭主义、契约主义和义务主义

---

① 在我的著作《法律剖析》[Anatomy of the Law (1968, paperback 1969)]中,关于普通法体系的特殊美德和缺陷,我进行了一个分析。参见该书第 84—112 页(1968 年版)或第 133—174 页(1969 年版)。

关系,城乡连续体(folk-urban continuum),初级群体(primary group),以及其他许许多多相互关联的术语,以描述社会组织呈现出来的千变万化的结构、模式和紧密程度。①

为了目前的研究计划,我将只简单地运用一下这样的概念,即社会关系的程度之谱系。在它的一端是亲密关系,在另一端是敌对关系;在中间段停留栖居着的关系,可以被称作友好的陌生人,在他们之间,互动性预期大体上保持着开放和未定型的状态。至于典型的亲密关系,可以举美国普通家庭为例:没有仆人,家有小孩,夫妻分担家务,家庭成员之间通情达理、互敬互爱。在这个谱系的另一端,我头脑中想象到的,不是两个敌对的个人,而是两个敌对的国家,没有更高的政治力量能控制它们或阻遏它们公然采取敌对行动的趋势。

为了尝试验证在不同的社会情境中必须采纳不同形式的法,我将首先讨论"合同所造之法"。读者将会回忆起,我所说的是合同本身规定的"法",而不是国家制定的属于或关于合同的法律。以合同所造之法作为起始点的原因在于,在某种程度上,它处于习惯法和制定法的中间点上,具有两者的共同点。一方面,合同所造之法就像习惯法一样,其规定并非是外在权威的强加,而是当事人自己制定的。另一方面,合同所造之法又与立法相似,它涉及明确的文字规定的创制,以此来规约各方的关系。

如果我们从社会关系程度谱系的亲密关系这一端开始来看,很显然,在正常运作的家庭关系中,不适宜使用合同的方式来规定其秩序。我们或许会用爱的语言来完成此任务,并认为,互相关爱的人们很难唇枪舌剑地与对方谈判,任何这样做的企图都会打破家中的和谐。但是,这里也存在着所谓操作层面上的问题,家庭责任的分担经常会因为变化无常且无法预测的突发事件而被打乱:某人病了,一个孩子功课落后了,父亲要离家出差一段时间……人们在订立合同时,不可能有如此之强的预见力,无从预先处理所有这些家庭内部事务中的复杂性。

---

① 关于社会学家是如何试图区分不同形式的社会联结的,一个十分有用的概要总结可以参见 Ferdinand Tönnies, *Community and Society* (1957), pp. 12-29。

可以很有把握地说，试图以明示合同的方式处理家庭内部事务的夫妻必定为数不多。在为数不多的司法执行这类合同的案例中，法庭一般会拒绝给予救济。其中一个法庭认为："对于诸如夫妻内部事务的司法探究，将会充斥着无法弥补的伤害。"[1]另一个法庭评论说，如果各方使用一个约束性的合同来规范内部关系，将会"开启无穷无尽的争议和吵闹，并且会破坏针对新情况做出调整的灵活性……"[2]

如果我们移动到这个谱系的另一端，来考虑我称之为处于社会敌对关系的两方的合同，可以发现，合同所规定的那些约束同样难以通过谈判达到。不仅如此，它也很难达成其意图达到的那些目标。之所以会出现这种状况，原因很简单——相互敌对的双方彼此是互不信任的，而相互信任是谈判和执行合同的关键。但是同样地，这个问题也有着所谓操作性的层面。无论合同的复杂程度如何，其谈判过程必定包含着不同利益的相互磨合。这就继而要求在谈判过程中——在各方守卫自己的立场并求得妥协的过程中——每一方都不得不披露某些自身内部的信息。这种披露或许对本方不利，特别是在谈判破裂的情况下。我们可以设想两个相互敌对的国家进行裁减军备的谈判，出乎B国的意料，A国忽然同意对于X武器的生产和使用进行广泛的限制。B国开始问自己这样的问题："这是为什么？他们是不是知道了X武器在效能上的一些缺陷，而这些缺陷是我们不知道的？抑或是他们想让我们放弃他们素所畏惧的X武器的生产，把资源都放在生产Y武器上，而对于Y武器他们已经开发出了防御技术？"为了各方之间多元利益的成功磨合，披露某些信息是必不可少的，但这样又阻碍了合作。这种现象并不仅仅存在于国际关系领域，也同样存在于其他领域，有时甚至在商业领域亦如此。或许最终的疗救之道在于渐进而耐心地培育各方之间多层次

---

[1] Miller v. Miller, 78 Iowa 177, 182, 42 N. W. 641, 642 (1889).
[2] Graham v. Graham, 33 Fed. Supp. 936, 938 (E. D. Mich. 1940). See generally, Foote, Levy and Sander, *Cases and Materials on Family Law* (1966), ch. 2, pt. II, pp. 297-366; Note, "Litigation between Husband and Wife", *Harvard Law Review*, 79 (1966), pp. 1650-1665; McDowell, "Contracts in the Family", *Boston University Law Review*, 45 (1965), pp. 43-62.

的合作纽带,使它们之间的社会联结不再仅仅集中于一次谈判或一纸文件之上。然而,如果这样的现象发生,那也就意味着各方关系的组织原则不再是合同化的,而变成实质上是习惯法的原则了。

现在我将转向这个社会关系谱系的中间地带,也就是我前面描述为"友好的陌生人,在他们之间,互动性预期大体上保持着开放和未定型的状态"的情形。在这一领域,合同所造之法最为合宜,也最为有效;确然无疑,也正是在这个领域,最先诞生了明示合同这一概念。

我们倾向于认为,离亲密关系越远,我们的表达和行动自由就越受限制。和陌生人在一起时,我们会感到束手束脚;只有在与密友相伴时,我们才会自由自在地说出所思所想,谈论未来的作为。但是实际上,在与亲密之人相处时,我们常常是不自知地被一整套不言自明的预期所约束——甚至是强制性地,按照我们在此前的交往中被暗暗赋予的角色来行动。正如西美尔所指出的,常常正是面对陌生人时,"人们展示出惊人的开放性——假若是对一个关系更近的人,他们反而会更为小心,对其不那么信任"[1]。正是这种陌生人之间的"开放性",促进了谈判的发生,这种谈判在家庭这类亲密关系群体中是不可能发生的(或许也是不明智的)。

纵观全世界,扩展家庭、部落、乡村之中的这种亲密性,已经被证实对于建立在商业基础上的交易来说是一种障碍。例如,我们很难让一个亲戚或密友即刻支付他们的欠账。迈尔报告了一个普遍存在的人类学观察结果:"在自己家乡开小店的人,往往碍于情面,让乡亲赊账太多,以致无法在商业上成功。"[2]当华盛顿州的一个很有经营能力的美洲印第安部落试图在印第安人保留地开展商业活动时,也遇到了同样的挫折。[3] 关于这类事情的最有趣的观察,或许已经记载于康拉德·艾伦斯堡的《爱尔兰乡民》之中。艾伦斯堡写道,在爱尔兰乡村地区,顾客几乎从来不会给小店老板足额付账。

---

[1] *The Socrology of Georg Simmel*, Wolf ed. (1950), p. 404.
[2] Lucy Mair, *An Introduction to Social Anthropology* (1965), p. 181.
[3] 格拉克曼记述了寇尔森(Colson)的研究,参见 Max Gluckman, *Politics, Law and Ritual in Tribal Society* (1965), pp. 296-299。

事实上，他只有在感到气愤时才这么做。这种日积月累的赊账记录，再加上时不时地一点点还账、销账的经历，被认为象征着一种相互信任的纽带——顾客时时光顾，商家也增加了声誉。① 许多美国人也会观察到类似的现象。当一个人在本地店铺买了东西之后，假如不是像他平时那样用信用卡结算，而是直接付现金，那么他将会被店老板憎恨。这种对于完全非人格化的商业关系的回避十分普遍，假如我们注意到这一点，就不会惊讶于这一事实：世界各地占据鳌头的商人和交易家历来都是"外乡人"——欧洲的犹太人、印度的帕西人（Parsee）②、太平洋沿岸的中国人，或许我们也可以把北美早期的扬基人（Yankee）也算进去。正如这个清单上的某些民族所显示的，或许，信奉不同的宗教也会扩大社会距离，从而促进纯粹合同关系的形成。

值得在这里评论一笔的是，有时候，合同关系的成功本身会带来这样的效果——合同会被类似双边习惯法的东西所代替。那些年复一年续签合同的人，将会因此而成为"熟人"，他们很可能愈发明显地感到，他们越来越难以像过去那样明刀明枪地讨价还价；过去的经历塑造了他们的预期，而他们则变成了这种预期的囚徒。在各方都很难找到满足他们要求的替代性资源，亦即接近于所谓"双边垄断"（bilateral monopoly）的情况下，这种状况就极易发生。③

我们已经用很大篇幅讨论了合同所造之法及其与社会背景之间的互动关系。现在我们将转向对习惯法的讨论。首先我们要论述：这种形式的法律在社会背景的整个谱系之上都能应付裕如，横跨了最为亲密的关系和公开敌对的关系。家庭无法通过公开谈判的过程组织起来，但这并不意味着它不会随着交互性预期而成长起来。这种交互性预期，在一个更为正式的

---

① Conrad Arensberg, *The Irish Countryman* (1968), pp. 155-162.
② 帕西人是来自波斯而居于印度从事商贸的袄教徒。——译注
③ 弗里德曼的《美国的合同》[Friedman, *Contract in America* (1965)]研究了这一主题，或许我们可以把它称为"合同关系自身转化为某种类似习惯法之物的趋势"。然而，在我看来，弗里德曼的研究并未充分考虑到造成此现象的特殊的经济背景；这本书实在应当叫作"威斯康星的合同"而不是"美国的合同"。另外一个有价值的研究，可参看 Stewart Macaulay, "Non-Contractual Relation in Business: A Preliminary Study", *American Sociological Review*, 28 (1963), pp. 55-67.

层次上,就可被称为"习惯法"。实际上,要是离开这种心照不宣的互动指引,家庭就根本无法运行。如果所有的互动都必须从头开始或者临时安排(ad hoc),家庭这样的群体就无法成功地分配它的共同任务。我们必须注意到,在这个谱系的中段,正是在商业交易的领域里,习惯法在现代社会实现了最为活跃和最为显著的发展。最后,仇敌之间或许很难坐下来谈判,但他们能够并且经常以行动的方式进行有成效的"准谈判"(half-bargain)。一反常态的是,比之长期僵持的敌对局面,仇敌之间更有可能在持续的战争中心照不宣地发展出习惯法的约束,在这个意义上,相互作战本身就是一种社会关系,因为它包含着交流。

如前所述,习惯法横跨了整个社会背景的谱系而应付裕如,但这并不意味着在任何地方它都保持着同样的性质。与此相反,从谱系的一端到另一端,它在性质上是变化多端的。在亲密关系的一端,习惯法的主要任务不是规定行为,而是确定角色和功能。家庭的内在运行、亲属群体,甚至是部落,其要求或许并不是简单刻板地遵循规则,而是分配其权威,形成一种对于决策者和指导者的信任感。在谱系的中间区域,典型的是友好距离为一臂之长的商业交易(arm's length commercial deals),习惯法开始不再考虑特定人员的性情和气质,而是特别着重于规定外在行为的那些能够被恰当清晰定义的后果。最后,在敌对关系的领域,习惯法的一般"味道"也会发生显著的变化。这里最主要的决定因素是通过行动——自然不是语言——而达成的,只能通过有限且负面的输入来完成显著的信息交换,与此相应,象征和仪式是大量而集中地存在着的。

我认为,在评估不同的人类学家之间相互冲突的观点时,必须时刻谨记社会背景的影响。在这一点上,比较两部经典名作是饶有趣味的。它们是马林诺夫斯基的《初民社会的犯罪与习俗》(Malinowski, *Crime and Custom in Savage Society*, 1926)、格拉克曼的《北罗得西亚之巴罗策族中的司法过程》(1955年第一版,1967年第二版)。

马林诺夫斯基认为,习惯法的核心原则是利益传递的互惠性。在某些时候,他甚至不那么严谨地暗示:习惯法中那些保障人们服从规则的制裁,源于一种不言自明的威胁,即如果某人不做出他的贡献,其他人也会不再做出贡献。尽管格拉克曼在多数时候十分谨慎,把他的概括限制在他所研究的特殊社群之中,但他似乎也认为,习惯法的核心概念大致应当是"理性人"。对于格拉克曼来说,"理性人"是一个知道自己的位置和责任,并且恰当地对集体生活的需求做出回应的人。我们或许可以多少有些简单化地说,马林诺夫斯基著作里的核心人物实质上是个交易者,尽管他大致是依据传统设定规矩来交易,而不是通过谈判来交易的;格拉克曼眼中的核心人物则是有良心的部落民,他们为了群体的福利而相互信任。

然而,当我们观察二人所述的这两个社会内部的经济结构和亲缘关系时,就可以知道为什么这两位学者对于习惯法中的典型人格得出了如此迥然不同的看法。马林诺夫斯基著作的开篇立论,乃是基于他对其研究对象的观察:这些人生活在分散的岛屿上,"热衷于贸易与交换"。他讨论的第一个具体情境涉及居住在同一个岛屿上的两个村落社群,这两个社群相隔一段距离,一个位于海岸边,另一个则在内陆。根据双方之间的"日常惯例",海岸村落有规律地为内陆村落供应鱼,同时获得蔬菜作为回报。两者之间的"交易"当然不是源于明确的谈判,实际上,这些村落并不试图在交易中短斤少两,而是通过加大供应量来让对方蒙羞。

与此相异,在格拉克曼研究的巴罗策人中,经济上的生产和消费大部分都是在亲缘关系的基础上组织的。在"库塔"(kuta)案例之前,格拉克曼主要研究的案例可以概括为一个扩展家庭的内部事务,尽管这些事务涉及某些财产纠纷。我们通过列举格拉克曼所拟的题目,就可以看出这些案例的范围:"表兄妹通奸案""妻子的谷仓案""撒尿的丈夫案""酋长的渔坝案,或者酋长的狗案"。格拉克曼十分生动地描述了这些争论与决策的氛围,让我们感受到了在那种处理家庭内部事务的法庭上可以想见的氛围:在纷乱如麻的家务事中排解纠纷,时不时地、不得已地借助于司法命令而行使直接裁断的权力。

坦言之,马林诺夫斯基研究的习惯法系统和格拉克曼研究的习惯法系统,是在迥然不同的社会背景下运行的,尽管这并不意味着假如马林诺夫斯基去研究巴罗策人,就不会找到交互性的成分,或者假如格拉克曼去研究特罗布里安德人(Trobriander),就不会应用"理性人"的概念。我认为,大致而言,如果我们希望从不同的习惯法系统中寻找一致性,就会发现它们都是在互动过程中形成的,但该过程的具体产物则必然反映了历史和情境的要求。进一步地,我认为如果我们更深入地去观察自身社会中各种各样的社会情境,我们就会看到几乎所有的被认为是典型的"原始社会法"的现象。

让我们继续分析:社会背景作用于不同形式的法律,引致不同的效果,这里尚须考虑以法律条文形式表现的制定法。我认为,一开始分析时,显而易见,制定法的"主场"与我们已经发现的最适宜于合同法的组织原则大体重合,此时它规约的是社会关系程度谱系的中间段——那个被友好的陌生人所占据的区域,这些人彼此之间的关系保持着开放的态势,既不受亲属关系的预先框定,也不因相互敌对而彼此仇视。

如果说制定法和合同所造之法在社会关系程度谱系中都同样特别适合中间段的部分,那么它们也同样不适合进行家庭关系的内部调整。如果说各方签署的合同是调整家庭关系的粗笨工具,那么同样的话也可以用来形容国家强加的调整婚姻和亲子关系的具体琐细的规定。[1]

然而,正如我在这里观察到的,大多数习惯法承担着——经常是很好地承担着——给亲属关系带来秩序的功能。如何解释习惯法在处理家庭事务上的这种特殊性质?我认为可以从这一事实中得出答案:习惯法不仅仅将自身局限于规定或禁止特定的行为上,而且指定了角色和功能,然后,当发生事情时,就依照分配好的角色和功能担负起相应的行为。这一理念与本文最初对习惯法的分析并不矛盾。稳定的互动性预期是依照角色和功能以及特定的行为而产生的,互动的"语言"不仅包含着关于行动的"词汇",也包含着一种基本"语法",它将行为组织成了有意义的模式。

制定法的若干特质使它无法合宜地调整亲密关系,但正是这些特质给了它特殊的能力,让它给更大的、非人格化的社群中的人类互动提供秩序。

---

[1] 当然,我在这里还没提到这类问题,例如虐待儿童、义务教育……

这一看法十分重要。在这个更宽广的社会背景下施加规则,设定人们在彼此互动中必须遵守的限制,使之在这些限制之内自由自在地追求自己的目标,就变成了基本的必需之物。相应地,这就意味着法律所处理的必须是有明确定义的行为,而不是意志的结构或者心灵的态度。法治所衡量的,是一个人违反法律的行为,而不是他自身违反了法律条文背后的目标的程度。

这里涉及的事务或许可以被称为"对人的判断"还是"对行为的判断"。① 在生活中的一般事务上,这两种判断处于不断的互动之中。我们通过一个人的所作所为来判断其人,我们也认为他的行为是人品的表现。我们知道有时某人不得不做他所做之事,"因为他就是那种人";我们也知道,在一个人的一生中,至少在某种程度上,通过一系列在特定情境下如何行动的决策,他成了自己想要成为的那种人。

原初的法律系统,包括早期的英国普通法,毫不犹豫地接受了这个常识性的看法,它对于保留人和行为之间的差异这个问题只表现出极少的关注。陪审团成员一开始是从案件所在地附近选任的,这样他们就可能认识诉讼当事人,甚至可能熟悉纠纷本身的事实。这也包括刑法当中的"身份犯"(crimes of status)——例如,那种"成为共同谴责对象"(being a common scold)的犯罪。

自然地,以上这些情形经历了沧海桑田般的变化。在今天的刑事审判中,被告人私下的熟人通常会被排除出陪审团,过去的不端行为也不被接受为证据,无论证人多么熟悉被告人,法庭也不会允许他告诉陪审团其对被告人人品的判断。② 陪审团的任务是尽其所能地确定被告人做出的一个或多个行为,然后对照法律规定去衡量这些行为。

这一单调贫乏的正义图景,刻意地把它凝视的目光从人本身移开。然

---

① 我曾经试图运用这一区分的某些含义来处理自愿联合中的内在法律系统,可参见我的文章《人类联合的两个原则》["Two Principles of Human Association", *Nomos* 11 (*Voluntary Associations*) (1969), pp. 3-23, esp. pp. 17-19]。
② 在这里,我当然不是试图讨论关于被告人神志是否清醒的专家证词。但或许可以认为,如果用"人与行为的二分法"来看待现代司法对于精神病学的运用,就会发现若干难以解决的问题。

而，如果我们考虑在公开的法庭对抗发生之前或之后的种种事情，这一图景就变得晦暗不明了。在案件呈送法庭之前，被告人必须被逮捕。也就是说，如果一个警察毫不考虑违法的性质及其发生的情势，那他就会逮捕任何他认为是犯了罪的人。当然，在处理轻微违法的时候，警察运用并且被期望运用"判断力"，这种判断力不可避免地被他对于嫌犯看上去是个什么样的人的认知所影响。当这个案件被呈送给检察官时，在某种程度上，检察官也会很类似地被"是否偏好控告"这类的考虑所影响。当他拿到待审案件时，对许多常规案件可以启动一个被称为"辩诉交易"的过程。在这个程序中，检察官和被告人律师在法庭的允许下试图达成一个让被告人认罪的协议，以换取一个相对于国家规定的刑期而言较少刑期的指控。如果这个案件已经被呈送至法庭，被告人也被判定有罪，问题就变成了如何确定适当的刑期。在决定这个问题时，法官将综合考虑所有关于此被告人的信息——他的过去、他在未来可能具有的倾向等等。当然，在决定是否给予罪犯假释或赦免之时，法官也会有同样的考虑。最后，我们开始考虑大约不到十分之一的被提交审判的刑事指控。在公开法庭上，重点是被告人的行为而不是人品。于是，"裁断行为而非人品"这个原则就被大大缩减了，以至于它仿佛仅是礼仪象征而已。

然而，这种象征却至关重要。假如它完全彻底地丧失了合法性原则——法治，那它就变成了败絮其中的假货。在整个刑事程序中，表面上的矛盾是可以容忍的，因为它为大众所接受，特别是被直接参与人所接受。那些负责逮捕、起诉、辩护、审判、量刑、假释、豁免和赦免的人们，扮演着独特的制度性角色——所有这些角色分工协作、各司其职。这些区分是否总是为公众或被告人所认识到，我对这一问题或有怀疑。然而，毫无疑问的是，任何如此精细的分工协作在一个熟人社会是不可能出现的，因为它预设了大规模的非人格化的过程。

当我们从这个角度看问题时，那么，以下结论就昭然若揭了：复杂的现代社会中的制定法以及内隐于习惯法中的组织原则，就不能简单地被看作是使人类互动有序化的相互替代的方式，而毋宁说是通过一种自然的劳动分工的方式相互补充。总体而言,我们或许可以说:如果复杂的相互依赖的关系不能依照一套既定的义务和法授权利的规则组织起来,那么制定法也会变得无效;发生这种现象的情形包括但不限于我们所说的情感意义上的"亲密"关系。① 不能通过法条形式的制定法来调整它们的秩序,并不意味着在我们的社会中它们不能并且尚未得到有效的秩序化,这种秩序化是通过一种潜移默化的过程而实现的,它自原始社会就有所显现,我们可以称之为"习惯法"。

今天的许多著作似乎假设了:我们的庞大社会之所以能够运行,有赖于个人道德感和社会控制的结合,而这种社会控制又是以国家制定法带有威胁性的制裁为后盾的。我们需要提醒自己,我们不断地用以指导自己行为的"路标",既不是由任何通常意义上的"道德"设定的,也不是由法典条文决定的。如果这篇文章重新点燃了读者对于这一事实的欣赏热情,那么,我将至为欣慰。

---

① 我曾经试图展示正式的法律规则和裁判程序在解决"多中心"问题上的不适宜性。参见"Collective Bargaining and the Arbitrator", *Wisconsin Law Review*, 3(1963), pp. 18-42,以及"Irrigation and Tyranny", *Stanford Law Review*, 17 (1965), pp. 1021-1042。

裁决的形式与界限*

朗·富勒** 著
邹立君*** 译

编者按

《裁决的形式与界限》的最初版本于1957年分发给哈佛法学院法哲学讨论小组的成员。1959年编写了一份经修订和扩充的版本,供富勒先生的法理学课程使用,并供美国法学院协会1959年年会法理学圆桌会议讨论。对它的进一步精炼形成了1961年富勒先生在教学中使用的第三个版本,我在这里所采用的就是这一版本。

本文的编辑主要包括少量语法更正和标点符号的更改;在第六部分第二节中增加了几个段落(见注释22);以及在可能之处,识别重要参考文献和来源,并插入括号中。我非常感谢马乔里·富勒(Marjorie Fuller)夫人,是她使我得以查阅她已故丈夫的藏书和私人手稿。

本文的完整版本此前从未刊出过,但是它的部分内容包含在富勒先生的两篇文章中:《裁决与法治》["Adjudication and the Rule of Law", 54 *Proc.*

---

* Lon L. Fuller, "The Forms and Limits of Adjudication", *Harvard Law Review*, Volume 92, December 1978, Number 2, pp. 353-409.
** 哈佛大学法学院一般法理学卡特讲座教授。1924年取得斯坦福文学学士学位,1926年取得法学博士学位。
*** 邹立君,南京大学法学院副教授,法学博士。本文系国家社科基金一般项目"制度激励视角下的法官职业伦理研究"(项目编号:19BFX015)的研究成果。

Am. Soc'y Int'l L. 1（1960）]和《集体谈判与仲裁员》(1963 Wis. L. Rev. 3)。富勒先生也曾慷慨地允许在《美国法院系统：司法过程与行为解读》（American Court Systems: Readings in Judicial Process and Behavior，S. Goldman & A. Sarat eds. 1978）中刊印本文的大部分内容。我相信富勒先生从未以完整版本发表过（本文），是因为他在1958年或1959年制订了一项计划，即将本文扩展成一本同名著作。到1960年，预计出版的专著已经变成了《社会秩序原则》，这是一篇有关良好秩序（eunomics）的文章——用富勒先生的话来说，就是"良好秩序和可行安排的理论"。尽管富勒先生后来背离了这一计划，但本文包含了人们可以回顾性地看到富勒先生20世纪60年代和70年代早期作品的中心关注点。

肯尼斯·I. 温斯顿（Kenneth I. Winston）*

一、本文将要讨论的问题

这篇文章的主题是最广泛意义上的裁决（adjudication）①。这里使用的这个词包括一位父亲试图在孩子之间就玩具的占有发生的纠纷中尽力去充当法官的角色。在另一个极端，该词包括最正式的甚至是最令人敬畏的裁决权行使：参议院试图弹劾总统，最高法院参与对包括其自身在内的政府权力的裁断，国际法庭裁决两个国家之间的争端，法律全体人员——在前几个世纪——承担对国王和教皇之间互相竞争主张的判断，罗马天主教会礼拜式的教徒在追封圣者的程序中倾听赞成和反对的论点。

---

* 惠顿学院（马萨诸塞州）哲学副教授；哈佛大学教育学讲师。
① 对本文中"adjudication"译法的说明如下：本文译者将"adjudication"译作"裁决"，主要是考虑到富勒先生不止一次提到他是在最广泛的意义上或者从最广泛的角度来看待"adjudication"的，"adjudication"不仅包括法院的工作，而且还包括劳动、商事和国际关系仲裁员的工作，如果将"adjudication"译作"司法"或"司法裁判"等，相较于富勒先生的本意来讲则略显偏狭。——译注

由于本文使用了"裁决"一词,其适用范围不限于作为既定政府一部分运作的法庭。它还包括一些裁决机构,它们的权力源于诉讼当事人在提交协议中表示的同意,就像在劳工关系和国际法中那样。它也包括在既没有当事人同意也没有上级政府权力批准的情况下行使审判权的法庭,最著名的例子是参加纽伦堡审判的法庭。

本文所关注的问题是由标题的两个词汇所引发的那些问题,即裁决的形式和界限。谈及裁决的界限,我是想提出如下这些问题:何种类型的社会任务能够被分派给法院和其他裁决机构?将这些任务与需要行使行政权力或必须委托给规划委员会或公营公司的任务区分开来的分界线在哪里?支撑这一信念——某些问题依其本性不适合司法处理并应该被留给立法机构——的不言而喻的假设是什么?更一般地讲,借用罗斯科·庞德(Roscoe Pound)一篇著名文章的标题,有效法律行动的界限是什么?① ——牢记立法决定通常只有在其性质适合司法解释和执行时才能生效。

谈及裁决的形式,我意指组织和引导裁决的方式。例如,在劳工关系和国际法中存在被称为"三方仲裁"的混合形式,其中"公共的"或"公正的"仲裁员位居当中,两侧分别是由利害关系人指定的仲裁员。这种对普通裁决组织的偏离提出了这样的问题:它的适当用途是什么,如果存在这种用途的话?它的特殊局限和危险是什么?其他的一些偏离形式提出了更易察觉的问题,例如勃利德古斯(Bridlegoose)法官通过掷骰子来做判决。② 一般而言,需要考虑的问题是:裁决形式允许的变化有哪些?什么时候它的性质发生了如此大的改变,以至于我们不得不谈论裁决过程的"滥用"或"扭曲"?

裁决的容许形式与适当界限问题可能自从相当于司法权(judicial power)的某种东西最初在原始社会出现时起,就一直处于不断的讨论之中。在我们自己的历史中,最高法院很早就将某些被指定为"政治的"议题排除在其管辖范围之外。这种排除很难说是基于宪法中明确规定的任何原则;

---

① Pound, "The Limits of Effective Legal Acton", 3 *A. B. A. J.* 55 (1917).
② 3 F. Rabelais, *The Histories of Gargantua and Pantagruel* ch. 39 (J. M. Cohen trans. 1955).

这是基于一种信念,即某些问题的内在性质超出了裁决的适当范围,尽管如何界定这些问题直到今天仍然是有争议的话题。在国际法中,最重要的问题之一在于"可裁判性"(justiciability)概念。类似的问题在劳动关系中反复出现,仲裁员的适当作用一直以来就处于激烈争论当中。

正是在行政法领域,本文所探讨的问题变得最为尖锐。一位负责分配电视频道的官员想了解一位申请人"他到底是个什么样的人",并接受了在午餐桌旁闲聊的邀请。这次会面的事实被一位投身正义运动的立法者披露出来。这位官员被指控滥用司法职权。控诉和反控诉铺天盖地而来,在辩论结束之前,几乎所有与该机构运作有关的人员似乎都在某种程度上违反了履行司法职能的规矩。在这场模糊的争论中,很少有人好奇地问,分配给联邦通信委员会(FCC)和民用航空局(CAB)等机构的任务是否真的适合于裁决性决定,换句话说,它们是否在裁决的适当范围内。似乎没有人愿意接受詹姆斯·M.兰迪斯(James M. Landis)的一句评论所提出的思路,即 CAB 负责的本质上是一项管理工作,不适合裁决性决定或司法审查。[1]

本文的目的是提供一种分析,这可能有助于回答前面段落中提出的问题。现在很明显,任何这类分析,超越了如此多的传统界限,如果它不建立在某种等同于"真正的裁决"的概念基础上,将是毫无意义的。因为如果没有"真正的司法"这样的东西,那么就不可能区分司法的使用和滥用。然而,不幸的是,任何对于"真正的裁决"这样的概念的建议都与现代思想格格不入。今天,认识到没有并且也不可能有"真正的科学""真正的宗教""真正的教育"或"真正的裁决"这样的东西是智识解放的一个标志。"它不过是一个界定的问题。"现代专业大学的哲学家对任何暗示本质主义的东西都特别敏感,当某个论者谈及"艺术的本质"或"民主的本质"时,他们会将其作为该论者在哲学上无知的一个明确标记。

---

[1] See J. M. Landis, "Report on Regulatory Agencies to the President-Elect 41-45" (December 1960), reprinted in Subcomm. On Administrative Practice and Procedure, Senate Comm. On the Judiciary, 81st Cong., 2d Sess., "Report on Regulatory Agencies to the President-Elect 41-45" (Comm. Print 1960).

然而,我们必须批判性地审视这一拒绝的影响。例如,它是否意味着当国际法律师讨论国家之间何种类型的争议适合由法庭来做决断的问题时,他们是在胡说八道?当劳动关系专业的学生询问应当如何进行仲裁以及仲裁员适合裁断何种类型的问题时,是否只是在口头上打太极拳?那些参与这类讨论的人是否自欺欺人地认为他们正在进行理性的调查?确实,如果裁决在特殊语境下受到理性分析的制约,那么就没有先验的理由(priori reason)假设语境不能被扩展至使裁决成为更一般的分析对象。

林赛(A. D. Lindsay)曾经观察到,如果不承认社会制度的存在是因为人们追求某些目标或理想,那么就很难明智地谈论社会制度。① 使社会制度保持活力和运作的诸多理想从未被完全清楚地觉察到,以至于即便良好意图没有失效,既存的制度也将永远不会彻底成为——如果它没有得到对其指导原则的更清晰理解的支持——它可能早已成为的样子。正如林赛所评论的那样,引用查理·洛马克斯(Charley Lomax)在肖的《巴巴拉少校》(Major Barbara)中的表述,存在一定数量的有关救世军的废话(tosh)。确实,在裁决过程中存在着大量的废话——也就是说,多余的仪式、没有清楚目的的程序规则、靠习惯保留的不必要的预防措施——正如我们在这个国家所注意到的那样。我们的任务是将垃圾与必需品分开。如果我们在执行这项任务时违背了一种根深蒂固的现代信念,即社会或人与人之间的关系没有什么是必要的,一切事物实质上都是废话,那么这就是我们不得不为实现我们的目标而付出的代价。当然,在一个避免付出代价的程序中,没有什么是值得赞扬的,因为它将讨论保持在一个似是而非的特殊层面上,其更广泛的影响不会引起任何问题,因为它们不是可以被察觉到的。

因此,我将不得不以界定"真正的裁决",或者事实上可能的裁决——如果支撑裁决的理想被充分认识到的话——这一努力来开始我们的探究。在此过程中,我将不可避免地描述某个从未完全存在过的东西。然而,只有借助对这个不存在的事物的描述,我们才能对裁决的实际成就做出明智的判

---

① A. D. Lindsay, 1 *The Modern Democratic State* 42 (1943).

断。事实上，只有在这一描述的帮助下，我们才能将作为既存制度的裁决与可能做出决定的其他社会制度和程序区分开来。

二、社会秩序化的两种基本形式

人们习惯上将裁决视作解决争端或争议的一种手段。当然，这是其最显著的方面。诉诸裁决的正式场合是当双方当事人彼此争执不下时，而且往往是当双方的争执达到了破坏社会秩序的程度时。

然而，更为根本的是，裁决应该被看作社会秩序化（ordering）的一种形式，即应该被看作治理和规制人与人之间关系的一种方式。即使在没有任何正式的遵循先例或既判力原则的情况下，裁决性决定通常也会在某种程度上进入诉讼当事人的未来关系以及其他将自己视为同一法庭上可能的诉讼当事人的人的未来关系。即使法庭没有陈述其决定的理由，人们也会察觉或猜测某些理由，而当事人往往会据此来规范自己的行为。

那么，如果裁决是社会秩序化的一种形式，为了更充分地理解它，我们必须从它与其他社会秩序化形式的关系来看待它。人们认为，存在着两种基本的社会秩序化形式：共同目标组织和互惠组织。如果没有这两者之一，任何类似社会的东西都不可能存在。

这两种秩序化形式代表了人们可以通过共同创造为所有参与者确保优势的两种基本方式。我们可以非常简单地通过如下假设来说明这些形式，首先，两个人有一个共同的目标，如果没有对方的帮助，他们二人谁也无法实现，或无法轻易实现。一条小路将两个农场与高速公路连接起来，但它被一块巨石挡住了。两个农民都没有强壮到可以凭自己一人之力移开这块巨石。当这两个人合力搬走巨石时，很显然，他们就有了共同目标的组织或联合。现在让我们假设，我们的两个农民在很大程度上从事"自给自足"的耕作，其中一个种了大量的洋葱，另一个种了大量的马铃薯。买卖各自作物的一部分可能使双方更加富裕：对于种植马铃薯的农民来说，"最后一个"马铃薯不如"第一个"洋葱那么值钱，当然，过量的洋葱会使另一个农民处于颠倒过来的境地。在这里,我们以最粗糙和最明显的形式说明了互惠的组织或联合。

应该注意的是,使这两个秩序化原则生效的条件是相互对立的。为了使互惠组织有效,参与者必须想要不同的东西;而共同目标组织需要参与者想要相同的东西。

为了使这两种秩序化形式与裁决产生更紧密的联系,现在让我们简要地考虑一下它们的形式和界限。就互惠而言,这种关系的形式可能从默然地认识到一种联合的好处——几乎没有上升到意识,一直到高度正式的书面合同或条约。两个人在彼此的陪伴中找到快乐,却没有意识到这种快乐的源泉在于他们具有互补的品质,因此每个人都需要对方必须给予的东西。在婚姻中可能很少有配偶的关系在某种程度上不是由互惠原则组织或指导的。然而,人们不愿明确承认这一原则——这也可以理解,这种关系的公认基础可能更接近于所有目标都是共同目标的虚构。实际上,这可能是一个有益的虚构;并不是所有人际关系的废话都是有害的。无论如何,无论任何特定婚姻背后有什么互惠关系,它都以最默契和非正式的表达方式说明了互惠原则。在这一标尺的另一端,我们可以举集体劳动协议的例子,协议中的每一句话都是长期和明确谈判的结果。

基于共同目标的联合,其正式(formality)程度在很大范围内变动。在这一谱系的一端是一个小团体,其成员都积极分享并理解相同的目标。上文中两个农民联合起来清除路障就是这种情况。在这一正式标尺的居间点上,有志愿协会、政党、工会和慈善协会。在这里,一些总体目标通常会被大多数理解力强的成员积极共享;其他目标将由领导人颁布,大多数成员不会真正理解或分享这些目标;最后,一些目标将由领导人以协会的名义来实现,而这些目标在一个小圈子之外甚至不为人所知。在考虑这一系列目标时,不应忘记,从长远来看,正是这些积极共享的并至少被模糊理解的目标为联合提供了动力。沿着越来越正式的等级向上攀升,我们最终在谱系的另一端遇到了民族或国家。在这里,有一个可以真正称为非自愿的联合,因为没有现成的程序可以让其成员隐退或有效地放弃其成员资格。同时,他受到为确保某些目标而制定的规则的约束，无论他是否赞同甚或是否理解这些目标。他和其他公民积极分享其政府追求的目标的程度因国家而异，并且随着时间的推移在特定国家内会有所不同。在战争时期，积极分享目标的范围通常会极大地扩张。在其他时候，共享目标的范围可能缩小到只包含避免革命破坏、维持不令人满意的现状的消极目标的程度。在极端情况下，即使是这一平庸低下的目标，也可能只有极少数公民分享，这些成员被充分地组织起来以将其意志强加给大多数人。与此同时，重要的是要牢记，如果没有某些实际共享的目标得到肯定的认可，无论目标多么乏善可陈，无论共享如何受到限制，政府都是不可能存在的。正是由于这个原因，这里的政府被视为具有共同目标的高度正式化的各种组织。

至于两种基本社会秩序化形式的界限或适当范围的问题，上文所述足以处理由共同目标组成的组织。在互惠组织的情况下，很明显，当交换或与之相当的东西可以使双方都受益时，它可以适当地发挥作用。它适当发挥作用的领域是存在不同人类目标的地方。在我们这个复杂的社会中，这一简单的事实被遮蔽了。在这个社会中，人们和组织有意进行专业化，从而为进入互惠关系做好准备。例如，一家工厂通过创造高度专业化的组成部门来增加其收入并限定其市场。如果说一块面包的销售呈现出一种"不同目标"的情况，即我对于面包的需要胜过我支付的 20 美分，而杂货商想要我的 20 美分胜过对面包的需要，这似乎很愚蠢。然而，这笔交易以任何其他术语来表达都是无意义的。其中所包含的任何自相矛盾不过是一般性的，即我们根据与它们的表现相伴随的真实心理状态不能真实地理解程式化的和习惯性的行为。

最后一个观察提出了一种更普遍的批评，可能针对这里提出的整个分析，即它严重夸大了理性计算在人类事务中的作用。它忘记了人们的行为常常是盲目地遵从习俗，被动地默许权威，并且——至少有时——对难以表达的利他主义冲动做出反应。不过，我在这里无意否认人类行为的动机是多种多样的，而且常常是晦涩难懂的。

本分析所假设的并不是人类在任何时候都会理性行事，而是人类制度的理性核心可以使这些制度保持活力和合理性,可以防止它们变质,可以使它们在暂时迷失方向后重新回到正轨。一般来说,我所说的废话是必须在特别基础上衡量和识别的东西。它通常是由某些地方性情境、某些历史力量的特殊结合、某些对立利益的特别调和所决定的。如果我们希望在任何社会制度的特殊背景下对其做出真实的判断,我们必须考虑到这种废话的累积。许多善意的改革都失败了,因为它们忽视了这一点。但是,将废话提升至作为社会秩序的基本来源的地位,就等于放弃了有希望进行任何富有成效的分析的希望。

我曾经说过,关于制度积累起来的废话,是在一些局部和非经常性的环境组合中发展起来的——换句话说,是一种不遵循一般规律的现象。这可能是夸大其词。在一定环境下给定限度内的预见是可能的,或者在一个发展的给定阶段,一种制度将获得特定类型的废话。如果事实是这样,那么本文的论题可能需要某种更正。但是某种这类更正可能被证实是必要的,这本身肯定不是放弃分析社会组织中固有的理性因素的所有努力的理由。

在尝试推断出给予我们的制度以方向性和持衡性的"理性内核"的努力中,我们应该注意一个默认的假设,即将理性行为与自我的计算发展相等同并将人类本性中所有高尚的东西视作实质上的非理性。当在我所说的两种基本社会秩序化形式之间进行比较时,这个假设很容易变得特别有效。互惠原则——以其最粗俗的形式——经济贸易或"交易"为象征——被认为是人性最自私、最精打细算的表现。当一个人放弃计算时,即屈服于比他自己更大的目标,而他并不完全理解这些目标时,换句话说,当他与其同伴之间的关系完全由共同的或"社会的"目标原则所支配时,他就被认为是个十足的好人。

我认为,这是关于人性和决定人类与其同伴关系的合理组织原则的危险观点。首先,互惠关系可能是出于利他的理由。例如,两个人签订了建造孤儿院的合同。要建孤儿院的人是一个有钱人,他期望把他所有的财富都投入到为孤儿们准备的孤儿院上。承包商签订了同一协议,以获得资金,让有天赋的侄子上大学。双方都把他们自己看作——当然有某种理由——是为了增进他人的利益而行事,尽管他们的关系是一种互惠关系。

其次,没有一个社会组织是效率极低的好组织。目前,在共产主义国家,特别是波兰和苏联,人们对商品定价和成本计算的"合理化"有着积极的兴趣。显然,这需要一种接受市场原则的经济组织,在这种经济组织中,各产业单位通过互惠原则组织彼此之间的关系。对于独裁者来说,有时让那些已经失去计算习惯的顺从的臣民听从他的命令可能是很方便的。但如果他希望有效地表达自己对社会的善意(甚或恶意),他必须知道自己在做什么,并且必须知道没有哪种衡量经济成本的方法是他做不到的。这反过来意味着,至少与经济活动有关的高层必须根据互惠原则组织他们的关系。

最后——这是最基本的一点——我们必须更仔细地观察,看看这两种基本的秩序化形式实际上将人性的哪些方面展现出来。当然,在互惠关系中,每一方都被期望代表他自己,这是事实;实际上,如果要获得这种形式的联合的全部好处,这是必需的。同时,必须认识到,这种关系要求每一方尽可能充分地理解另一方是什么样的,他想要什么。在一个以共同目标原则为主导的组织中,没有什么比陷入这样的假设更容易的了:对方想要我们想要的东西,或者当他的感知发展到我们自己的水平时,他也会想要同样的东西。对于这种错误,不存在自动的矫正措施,它可能与人们犯下的其他任何错误一样普通。

然而,在互惠的关系中,我们必须知道对方想要什么,如果我们要得到我们想要的。诚然,就像汤姆·索亚(Tom Sawyer)辞去漆栅栏的工作一样,我们可能说服其他人他想要他实际上并不真正想要的东西,或者像现代广告商一样,我们可以将这种说服提升到巧妙操纵大众意见的水平。但即使在这种操纵中,也潜藏着对人类尊严的某种尊重;我们至少要设法改造那家伙,这样他就会想要我们给他的东西。我们不仅仅是把什么东西强加给他,然后说:"给你。"现已被唾弃的苏联法哲学家帕舒卡尼斯(Pashukanis)洞悉到在由康德所宣布的伦理原则中资本主义道德的精髓,即我们应当将我们的同胞本身当作目的来对待,并且永远不能将他仅仅当作手段。帕舒卡尼斯认为,只有在一个以交换原则(principle of exchange)为主导的社会中,这样的戒律才是有吸引力的,甚或是可行的。① 在一个由共同目标原则塑造的社会中,所有人都将成为社会和彼此的手段;没有人会被视为以自身为目的。就帕舒卡尼斯而言,互惠关系的分析实际上可以定义为每个参与者都被对方作为目的本身来对待的关系。

在判断两种基本社会秩序化形式的相对缺点和优点时——因为每一种都有缺点和优点——我们不妨回忆一下杰里米·边沁的讽刺评论,即如果夏娃的每一个行为都是为了亚当,亚当的每一个行为都是为了夏娃,那么他们都会饿死。② 人们同样应该记得,两种现代形式的极权主义都蔑视"交易道德",并假装指导每一项个人活动都是"为了所有人的利益"。最后,不妨指出,"黄金法则"中隐含着互惠原则。

这些评论似乎有点脱离了裁决这一主题。但是,由于本文中的分析洞悉到了裁决与我所说的两种基本社会秩序化形式之间的密切联系,因此,至少在一开始就避免在讨论过程中可能产生的更明显的误解是明智的。然而,现在是将裁决置于它与社会组织的两种基本形式的适当关系中去(考察)的时候了。

三、作为社会秩序化形式的裁决

在讨论互惠和基于共同目标的组织时,我指出这两种社会秩序化形式呈现出不同的形式明确性。在某种程度上,裁决也是如此。例如,我们谈到"将我们的案件带到公共意见的论坛上去"。或者两个人可能在第三人在场的情况下带着一种默许的希望进行争论,希望第三人能决定哪一方是正确的,但是没有任何将他们的争论交于他裁断的明确服从(表示)。

然而,在非常非正式的层面上,社会秩序化的形式过于复杂和模棱两可,无法进行富有成效的比较。只有当一种特定的秩序化形式明确地控制

---

① See Fuller, "Pashukanis and Vyshinsky: A Study in the Development of Marxian Legal Theory", 47 *Mich. L. Rev.* 1157 (1949).
② See L. Stephen, I *The English Utilitarians* 312 (1900).

一种关系时,它才能与另一种秩序化形式清楚地区分开来。出于这个原因,我在这里使用合同来代表正式的和明确表达的互惠。我将把选举看作是最为人熟知的基于共同目标进行的组织形式化。

裁决、合同和选举是达成决定、解决争端和确定人与人之间关系的三种方式。现在我认为,每一种社会秩序化形式的特征都在于受影响方参与决策的方式。这可以被示意如下:

社会秩序化形式	受影响方参与的方式
合同	协商
选举	投票
裁决	提出证据和合理的论证

这三种处理人与人之间关系的方式的特点是,尽管它们会发生变化——它们以不同的"形式"出现——但每种方式都包含着某些内在的要求,这些要求必须得到满足才能正常运作。我们可以大致区分"最佳条件"(optimum conditions)和"必要条件"(essential conditions),前者可以将特定形式的秩序提升到其最高表现形式,而如果没有后者,秩序形式在任何意义上都不再发挥作用。

就合同原则而言,对最佳条件和必要条件的分析将是极其复杂的,并且需要分析市场经济的要求、寡头垄断情况下谈判的特殊性质等。然而,我们可以观察到,合同制度的前提是不存在某些类型的胁迫,在枪口下签订的合同在任何意义上都算不上合同。然而,如果我们把注意力集中在选举与裁决的比较上,那就简单多了。

选举有多种形式:从镇民大会到"是否"(ja-nein)公民投票,等等。投票可以以多种方式组织:简单的多数票、比例代表制(PR)、简单的可转换票(STV),以及多种多样复杂混合的形式。[1] 同时,所有这些政治民主的表达方式都有一个共同点,即它们使受决定影响的人能够以一种特殊形式参与该决定,即某种形式的投票。赋予这种参与最充分意义的最佳条件包括选

---

[1] See W. J. M. Mackenzie, *Free Elections: An Elementary Textbook* (1958).

民明智且充分知情、选民对诸议题有积极兴趣、参与公共辩论的人坦率地讨论这些议题——毋庸说,这些条件在实践中几乎从未实现过。另一方面,存在某些必要条件,没有它们,选民的参与就完全失去了意义。这些措施包括诚实地计算选票、投票箱没有被"塞满"、不存在某些类型的恐吓,等等。

现在,这篇文章的大部分内容将致力于对裁决运作的最佳条件和必要条件进行类似的分析。整个分析将源自一个简单的命题,也就是说,裁决的显著特征在于,它赋予受影响的一方参与判决的特殊形式,即为有利于他的判决提供证据和合理的论证。无论是什么提高了这种参与的重要性,都会使裁决朝着最佳表达的方向发展。任何破坏参与意义的东西都会破坏裁决本身的完整性。因此,如果争端的仲裁人因为精神错乱、被贿赂或毫无希望地受到偏见影响而无法达到理智(的程度),那么通过合理论证的参与就失去了意义。本文的目的是发现"裁决的显著特征在于它给予受判决影响的一方的参与模式"这一命题的一些不太明显的含义。

但是,首先有必要处理可能针对我的出发点提出的某些反对意见,即反对裁决的"本质"在于它给予受影响方的参与模式这一命题。

四、裁决与合理性

有人可能会说,裁决的本质不在于受影响方参与判决的方式,而在于法官的职责。如果法官有机会出庭,那么诉讼当事人是否选择提供证据或合理的论证就无关紧要了。如果他认为合适的话,他可以不提出任何论证,或者完全在情感层面上提出诉求,甚至表示他愿意让法官以掷骰子的方式决定案件。那么,我们的分析似乎应该以法官职责为出发点。从法官职责出发可以推导出某些要求,例如,公正的要求,因为"真正"的法官必须是公正的。然后,下一步,如果他要保持公正,他就必须愿意听取双方的意见,等等。

与此相关的一个难题是,有些人被称为"法官"(judges),他们担任官方职务并被期望保持公正,但他们并不参与和本文主题直接相关的任何意义上的裁决。农业博览会或艺术展览上的鉴定人(judges)就是例子。同样,一个棒球裁判员,虽然他不被称为法官,但应该做出公正的裁决。这些官员的不同之处不在于他们不担任政府职务,因为如果他们是农业部的官员,牲畜交易会上鉴定人的职责几乎不会改变。他们与法院、行政法庭和仲裁委员会的区别在于,他们的决定不是在旨在确保争议方有机会提出证据和合理论证的体制框架内做出的。牲畜的鉴定人可能允许也可能不允许这样的陈述;允许和处理这件事不是他职责的一个不可或缺的部分。

另一方面,如果我们从一个判决过程的概念开始,在这个过程中,受影响方的参与包括提供证据和合理论证的机会,那么法官或仲裁人的职责和公正性要求将作为必要的含义。逻辑学家弗雷格(Frege)曾将"我控告"一词视为最普通语言中包含复杂含义的例证。我们可以说,动词"控告"预设了五个要素:(1)控告者,(2)被控告者,(3)控告得以被提交之人,(4)控告被控告人的行为,以及(5)该行为可能被谴责所依据的原则。① 这与本文所提供的分析的相似性显而易见。应该指出的是,第五项要素对应于合理的论证概念。当然,弗雷格所关心的仅仅是一个短语中所包含的含义,而不是像我们现在这样,关注建立和维持一个能够实现这些含义的社会制度的问题。

有论者可能会以如下观点来反驳上述论点,即"合理的论证"说到底并不是法院诉讼所独有的。政治的演说也可以采取向全体选民合理诉求的形式。诚然,它通常采取其他形式,但在法庭上的演讲可能也是如此。这一反对意见没有考虑到作为本文所提出的整个分析基础的一个概念,即一种参与判决的形式的概念,这种参与判决的形式是在制度上得到界定和保证的。

当我与他人签订合同时,我可能会向他提供证据和论证,但通常我没有这个机会,或者没有如果我提出这些论证,他会听取我的论点的正式保证。

---

① 这一分析是从一篇匿名的评论中摘录的,"Translations from the Philosophical Writings of Gottlob Frege"(P. Geach & M. Black eds, 1952),载于 *The Times*(*London*)*Literary Supplement* 553 col. 1. 评论者提供分析来说明"功能表达"的概念。富勒先生补充了第五个要素。

（也许这种概括的唯一例外在于劳动关系中"诚意讨价还价"这一稍微有点反常的法律义务。）在选举期间，我可能会积极为一方进行竞选活动，而且也可能向选民提出我认为是"合理的论证"。如果我是一名有战斗力的竞选活动家，那么参与最终达成的决定的重要性可能大大超过我自己投出的单张选票。同时，只有后一种参与形式才是肯定性制度保障的对象。给予我向选民提出论证的权利的保护几乎完全是间接和消极的。道路会为我保持畅通，但我必须自己铺平道路。即使我获得了肯定性权利（例如，根据 FCC 的"平等时间"规则），我也没有得到有人会听取我诉求的正式保证。在电视机前睡觉的选民肯定不会像在律师辩论中睡觉的法官那样受到同样的谴责。

因此，裁决是一种对合理论证在人类事务中的影响进行正式的和制度上表达的手段。这样看来，它承担了任何其他的社会秩序化形式都无法承担的理性负担。作为合理论证产物的决定本身必须准备好经受理性的检验。我们要求司法判决具有合理性，我们并不期望合同或选举的结果也是这样的。这种对理性的更高责任是裁决作为一种社会秩序化形式的优势，同时也是其劣势。

在签订合同时，人们当然会在某种程度上受到理性考虑的引导。一个自给自足的农民，有过量的马铃薯，但只有一把洋葱，当他用马铃薯换洋葱时，他的行为是合理的。但是，从当事人的利益出发抽象地考虑时，没有适用于交易结果的合理性标准。实际上，用马铃薯换洋葱——被交易的一方看作是理性的行为，如果完全从他的对方——他拥有一整间储藏室的洋葱但仅有一蒲式耳的马铃薯——来考虑的话，可能被认为是不理性的。如果我们询问合约的一方："你能够为那个合同提供辩护吗？"他也许回答："为什么不能呢？我能。这个合同对我来说是好的，对他来说也是好的。"如果我们接着追问："但是那不是我们的意思。我们的意思是，你能以一般性的根据为它辩护吗？"他可能审慎地回答他并不知道我们在说什么。然而，这正是我们通常针对法官或仲裁人的决定提出的问题。因而，裁决产生的结果受制于与强加于交换结果不同的理性标准。

我相信，将裁决与选举进行比较时，同样的观察结果也成立。再说一次,区别的关键在于受影响方参与决策的模式。如果像在裁决中一样,唯一的参与模式是提供证据和论证的机会,那么这种参与的目的就落空了,整个过程就变成了一场闹剧,形成的决定无论怎样都不应当以理性为借口。对于所谓的选举这一参与模式则不会出现同样的情况。我们可能假定投票者的偏好从根本上来说是情绪化的、无法清楚表达的,并且不受理性辩护的约束。同时,也需要社会秩序,并且可以假设,当秩序建立在尽可能广泛的民众支持基础上时,这种需求才能得到最好的满足。在此基础上,对民主的消极辩护是可能的;多数人的意志起控制作用,不是因为它是正确的,而是——嗯,因为这是多数人的意志。这当然是一个贫乏的民主概念,但它至少表达了任何民主哲学的一个组成部分,而且它表明了我们为什么要求裁决具有某种合理性,却并不期望选举也这样的原因。

在一定程度上,我们能够间接通过追问"一项权利"或"一项权利的主张"暗示着什么这一不同的进路来着手解决这个问题。如果我对某人说"给我那个!",我并不一定在主张一项权利。我可能在乞求一个施舍的行为,或者我可能以武力相胁要取得某个我承认没有权利的东西。另一方面,如果我说"把那个给我,我有权得到它",我必然会断言存在某种可以检验我的"权利"的原则或标准。

可以肯定的是,这个原则或标准可能并没有早于我的主张。如果一个男孩对另一个男孩说"给我那个接球手的棒球手套",并且通过表明"因为我是球队中最好的接球手"来回答另一男孩"为什么?"的问题,他就主张了一项原则,根据这项原则,该球队的装备应当按照使用能力进行分配。他必然暗示,如果两个男孩各自的能力发生逆转,手套应该保持原样。但是,他并没有通过必要的暗示,断言他支持自己主张的原则是一个已确立的原则。事实上,在这个主张提出之前,成为接球手的权利可能并不取决于接球手的能力,而是取决于接球手手套的所有权。在这种情况下,基于新的能力原则的主张实际上可能会带来球队组织方面的变革。与此同时,这一主张也必然意味着一项原则,这项原则可以使同样情况得到同样对待的要求具有意义。

现在,如果我们自问什么类型的问题通常由法官和仲裁人来决定,适当的答案也许是"权利主张"。事实上,在更早期的文献中(尤其包括约翰·奇普曼·格雷极负盛名的《法律的性质与渊源》),法院经常被与行政的或执行的机构区分开来,区分的依据是法院的职能是"宣布权利"。① 于是,如果我们试图界定"裁决的界限",一个颇具吸引力的答案将会是,法院的适当管辖范围仅限于主张权利的案件。经过深思熟虑,我们可能会将其扩大到包括指控过失或罪行的案件(广义上称为"指控审判"),因为在许多案件中,将原告(可能是地方检察官)视为主张权利是人为的。尽管将违法者视为侵犯国家"权利"的观点并不特别矫情,但如果说国家在起诉违法者时声称对其拥有补救"权利",似乎反映了一种误导性的冲动,即强制在民事和刑事补救措施之间实现对称。为了避免对自然思维模式的任何此类操纵,让我们将前面建议的标准修改如下:裁决的适当范围是对权利主张和有罪指控提出的问题做出权威性的决定。

这是描述"裁决的界限"的一种重要方式吗?我不这么认为。事实上,这里所谓的独特主张只是暗示了这样一个事实,即裁决是一种决定形式,它将受影响方的参与定义为提供证据和合理论证。裁决者仅决定权利主张或指控所提出的问题并不重要。关键在于,无论他们做出什么决定,或者提交给他们决定的无论任何事情,都倾向于转化为权利主张或者对错误或罪行的指控。这一转换是经由制度性框架——在其中,诉讼当事人和裁决者同时起作用——实现的。

让我极其细致地阐明论证的步骤,以说明为什么会这样。(1)裁决是给予受影响方一种参与形式的决策过程,该形式包括提供证据和合理论证的机会。(2)因此,如果诉讼当事人的参与是有意义的,则必须坚持某个原则或某些原则,以使其论证合理且证据相关。(3)赤裸裸的要求与权利主张的区别在于,后者是由原则支持的要求;同样,仅仅表达不满或怨恨与指控不同,因为后者基于某项原则。(4)因此,由裁决者所审理的议题往往成为权利主张或过错指控。

---

① J. C. Gray, *The Nature and Sources of the Law* 115 (2d ed. 1921).

我们可以在雇员期望加薪的情形中来考察这一转换过程。如果他要求他的老板加薪——当然,他可能会主张加薪的"权利"——他可能争论平等对待的公平原则并且提请注意这一事实,即乔并不比他出色,却经常得到加薪。但是他并不必须将其主张奠定在任何这类根据之上。他也许通过极力主张其家庭的各种需要而仅仅乞求老板对他慷慨些。或者他也许提议一种交易,即如果他得到加薪,他将承担分外的任务。然而,如果他将他的事情提交给仲裁员处理,则他不能——至少明确的意义上——经由欲求仁慈或提议交易来支持他的案件。他将不得不通过某类原则来支持其要求,而且由原则支持的要求与权利主张是一回事。因此,当他要求他的老板加薪时,他可能有或者没有做出一项权利主张;当他向仲裁员提出他的要求时,他必须做出一项权利主张。(我并没有忽视仲裁员向双方建议进行一种"交易"的可能性,通过该交易,雇员将获得加薪,但承担额外的责任。但很明显,在这种情况下,仲裁员不再扮演仲裁员的角色,而是扮演调解人的角色。这种情况提出了秩序化"混合形式"问题,稍后将详细讨论。可以发现,美国仲裁协会努力防止其仲裁员承担调解人的角色。无论这项政策有多明智,很明显,它是建立在适当的裁决范围的概念之上的,并提出了本文所要解决的问题。)

如果这里提出的分析是正确的,那么似乎表现出不同品质的裁决的三个方面实际上都是单一品质的表达:(1)受影响方参与决策的特殊模式;(2)裁决过程必须准备好满足对理性的特别迫切的要求;(3)裁决在判断权利主张和过错指控时找到了正常和"自然"的范围。因此,当我们说签订合同或在选举中投票的一方对任何特定结果都没有"权利"时,我们所描述的是裁决必须满足合理性或不适用于合同和选举的"原则"标准时所提到的同一个基本事实。

在这方面,值得一提的是,兰德尔(Langdell)曾指出,尽管法律上有权利,但不存在"衡平法上的权利"这一概念。[①] 这是因为他认为,法院受规则

---

① Langdell, "Classifications of Rights and Wrongs (pt. II)", 13 *Harv. L. Rev.* 659, 607-71 (1900), reprinted in C. C. Langdell, *A Brief Survey of Equity Jurisdiction* 239, 251-52 (1905).

约束,而衡平法法院则根据自由裁量权行事。行政机构的规章制度是否创造了"权利"的问题,以及某个机构权力范围内的某些特许权是"权利"还是"特权"这一常见说辞,也提出了一个类似的问题。例如,当有人说进入法律职业是特权问题而不是权利问题时,重要的是要看到,这一说法真正断言的是拒绝授予律师执业许可的决定不需要任何一般原则的支持。

我已经提出,说裁决的适当范围在于主张权利或指控过错,并不是对裁决的界限的重要描述,因为这样的陈述涉及循环推理(circle of reasoning)。然而,如果我们把权利或过错的正式界定视为裁决过程几乎不可避免的产物,我们就可能得出对适当裁决范围的所有限制中最重要的限制。如果根据正式定义的"权利"和"过错"进行组织,那么在人类联合的有效性将被破坏的那些领域中,裁决并不是一种适当的社会秩序化形式。例如,法院相当经常地拒绝执行夫妻之间影响家庭生活内部组织的协议。在其他更广泛的领域,"法律机制"的侵入同样是不恰当的。一个司法裁决委员会很可能会在三个索赔者之间分配一千吨煤炭,但它却几乎不能以裁决的形式处理甚至最简单的煤炭开采事业。如果成功的人类联合依赖于自发和非正式的合作,随着手头的任务而改变其形式,那么裁决就不合适了,除非它可能宣布适用于各种各样活动的某些基本规则。

这些观察是模糊的,也许是陈词滥调。在本文的后面部分,我将尝试使它们更加突出,特别是在讨论裁决相对无能力解决"多中心"问题时。与此同时,我要强调的一点是,人类活动的某一特定领域无法承受普遍的权利和过错划分,这也是衡量其无法对过于迫切的理性做出回应的一种标准,这种理性要求为采取的每一步都提供直接和明确的理由。这两种无能为力的背后都有一个基本事实,即某些类型的人际关系不适合作为如下决策过程的原材料,即该决策过程在制度上致力于根据合理的论证采取行动。

(在这里,我们可以附带地讨论一两个可能带来困难的小问题。当我们说裁决意味着通过提供证据和论证参与判决的制度保障时,并不意味着诉讼当事人必须始终利用其参与判决的权利。案件事实可以由双方当事人约定,免去法庭举证的必要。再者,一方或双方当事人可能放弃争论。这里不存在真正的难点,正如选举提供了许多有资格投票的人没有利用的参与机会这一事实一样。稍微棘手的一点是有一些例外情况,争议双方之间的决定从未考虑过争论,因为这是多余的。一个例子是纺织品的卖方和买方之间出现关于"是否符合样品"的争议,双方都同意遵守实验室的决定。这样一个决策过程是否应该被称为"裁决"并不是一个真正重要的问题,因为它的简单性排除了本文所分析的那些问题。)

五、裁决与法治

到目前为止,本文的讨论还没有到达一个至关重要和困难的节点。有人一再声称,裁决在制度上致力于做出"合理的"决定,一项基于"原则"的决定。但是,辩论和判决案件所依据的"原则"的来源是什么?当事人和裁决者从何处获得各自的"理由"呢?

最近关于"法治"的讨论揭示了——或者我应该说,在很大程度上遮蔽了——在原则来源问题上的一个非常根本的意见分歧。目前正在开展一项非常积极的运动,旨在将法治扩大到国际关系中,并协助从未有过稳定宪制的人民在国内实现一种被称为法治的条件。由此产生的许多讨论都是在鼓舞人心的修辞层面上进行的,不允许潜在的困难浮出水面。然而,当坦诚地面对这些困难时,出现了一个严重的问题,这个问题可以表述如下,尽管这样表述有点过于简单了:先有法院还是先有规则?

所有人都同意法院对"法治"来说至关重要。法治的目的是要以和平方式解决争端,取代暴力。显然,和平不能仅仅靠条约、协议和立法来保证。必须有某种机构能够在具体的争议情况下确定当事人的权利。然而,除此之外,分歧出现了。

一方面,主张"先法院,后规则"的人将裁决视为和平秩序的主要来源。法治的本质在于保证公民在法院的出庭日和出庭权。可以指望法院通过适用制定法或条约,或在没有这些渊源的情况下,根据公平和公正的一般原则,制定适合其所审理案件的规则,对争议做出合理的处理。

这一观点的批评者断言,它损害了一个伟大而有效的理想。它回避了"可裁判性"(justiciability)的整个问题,并假设不存在超出裁决范围的问题或争议。它用一种对善意的天真信任取代批判性的判断。它忘记了在道德和法律真空中不可能存在公平。它忽视了一个事实,即如果没有上级权威强加的或争议方自愿接受的某种判决标准,裁决就无法发挥作用。如果没有某种判决标准,对法官公正性的要求就变得毫无意义。同样,如果没有这样一个标准,诉讼当事人通过理性论证的参与就失去了意义。沟通和说服需要以某种共享的原则语境为前提。

此外,这些批评者说,认为合同和条约可以填补空白是徒劳的。如果协议的文字含义明确,舆论通常会提供足够的制裁以确保其履行。诉诸裁决的必要性正是在合同的正确含义存在争议的情况下产生的。国际条约常常充满有目的的含糊不清;有些问题实在太过敏感,无法通过协议解决。当此后围绕这些问题发生争议时,该协议不提供任何指导。要求法院"公正地"解决这些问题,就是要求法院对双方当事人自身无法达成一致且不存在标准的事项做出决定。此外,条约产生的最棘手的问题往往涉及当事各方所依据的原始情况已被事件所取代的情况,因此协议的事实基础已被删除。在这种情况下,法院要么必须宣布协议不再有效,从而使其自身和双方当事人都没有任何决策标准,要么必须对合同进行大幅修改,这同样没有任何明确标准的指导。

对于所有这些论点,持反对意见的一方按照以下方式进行反驳:刚刚表述的这些观点都建立在对历史的严重无知之上。当今主导世界的两大法系——普通法和大陆法——起源于原理(doctrine)的逐案演变。即使在今天,当普通法发生发展时,通常只有在一系列案件结束时,指导原则才会变得清晰。在大陆法系国家,法院声称从中推演出其原则的法典通常仅提供用于阐述法律结果的词汇表。它们充满了"诚信""衡平""公平惯例"等条款——任何法院都可以在不借助法典的情况下适用这些标准。《瑞士义务法典》(Swiss Code of Obligations)是现代法典中最优秀的一部,它本身规定的规则和内容很少,主要是划定司法自由裁量权的范围,并列出可能被称为一览表的内容,供法官参考,以确保他没有忽视任何与行使自由裁量权有关的因素。

对于这一论点,最后的答复大概是这样的:刚才表达的观点只是暴露了对历史的深刻无知。相关的发展发生在法律之外已经有强烈的社区意识的情况下,在这种情况下,对是非有着普遍的共享观念,可以逐渐具体化为法律原理。在一个商人群体中,"公平惯例"等明显模糊的短语具有明确的含义,这在国际关系或刚刚摆脱原始封建主义的人们当中是不可能的。在裁决过程中演变出法律规则的地方,法律实际上是建立在社区基础之上的。不加批判地支持扩大法治的人提议在法律基础上建设社区。这是不可能做到的。

弗里德里希·A.哈耶克（Friedrich A. Hayek）将给出一个不那么妥协的答复,他是"先法律,后法院"学派的真正拥护者。他在讲座《法治的政治理想》中宣称,他坚信普通法的逐案方法与法治理想不符。① 令人震惊的结论似乎是,恰恰是那些最常被奉为和平与公正内部秩序理想的国家的裁决体系违反了法治。哈耶克进一步将欧洲自由国家的衰落和极权主义哲学的兴起与越来越多地在法典中使用模糊条款联系在一起,比如那些要求"诚信"和"公平惯例"而没有进一步说明预期的行为类型的规定。②

现在在我看来很清楚的是,如果我们将哈耶克的极端观点排除在外,对于上述争议的两方都有很多可以评论之处。我相信,我们需要牢记这样两个重要事实:(1)有时可以在没有明确规则的情况下有效地启动裁决,在这种情况下,经常会发生法律原则的逐案演变。(2)这种演变并不总是发生,我们需要比一般情况更清楚地分析是什么条件促进或阻碍了它。

我们的许多监管机构成立的目的都是希望以逐案的方式获得知识,会出现一套所有相关人员都能理解的原则,并使他们的裁决性决定符合法治。在某些情况下,这种希望至少得到了部分证实;在其他方面,它几乎彻底令人失望了。这是一个尚未充分利用的经验库。顺便说明一下,可能会有人

---

① F. A. Hayek, *The Political Ideal of the Rule of Law* 19 (1955).
② Id. at 35, 39-42.

提出,监管机构经常提到的倾向是认同他们所监管的行业的利益,这可能源于一个更深层次的原因,而不仅仅源于我们熟悉的相互摩擦,或是监管者想要讨好某一行业,而这一行业有朝一日可能会让他成为该行业的雇员。我认为,原因可能在于监管者希望逃避在一种无法提供判决标准的情况下试图充当法官的挫败感。为了摆脱道德真空,一个人必须认同某种东西,而最明显的认同对象是受监管的行业。

在这一点上,考虑一种法律原理逐案发展的范例是有益的。我正打算介绍的模式或实例是从我之前的一篇文章中借用的。① 这些案例当然是示意性的并且是假定的。我将根据它们被设想的年代顺序来介绍它们。在每一个案例中,双方当事人都是不同的人,但为了便于比较,用于指定双方的符号将始终相同,并将表明特定一方发挥的作用。因此,在所有五个案例中,O 将指代马——经由欺骗或偷盗被转入 T 的手中——的原所有人。

案例 1:T 偷了 O 的马并将马卖给了 G,G 全额支付了马的价款,并且 G 没有任何理由知道该马是从 O 那里偷来的。马的所有权被判给 O。对偷盗的一个威慑是提高小偷处理所偷盗物品的难度。如果像 G 这样的购买者能够摆脱物品的真正所有人的主张而取得物品,处理偷盗物品的市场将被创造出来并因此成为偷盗的动机。在任何情况下,对于 T 这个对马没有任何正当权利的盗贼来说,都不可能将任何权利转移给 G;不拥有任何物品的人就无法给出任何东西。

案例 2:T 从 O 那里用以 X 为付款人的假支票买到一匹马。T 知道该支票是假的。在将马移交给 T 之后,O 发现他被骗了。他提起了针对 T 的诉讼,要求 T 归还马匹。代表 T 的一方争辩说,O 将马移交给他是具有授予所有权意图的;解决该马现在是 T 的还是 O 这一问题的唯一办法是提起索要价款的诉讼。马的所有权被判给 O。所有权的转移被 T 的欺骗损害了;权利自始至终都保留在 O 那里。

案例 3:该案与案例 2 相类似,只是在得到马匹之后,T 把它卖给了 G,

---

① Fuller, "A Rejoinder to Professor Nagel", 3 *Nat. L. F.* 83, 96-98 (1958).

G 知道 T 从 O 那里买来了那匹马，但是没有任何理由知道 T 对 O 施加了任何欺骗。O 提起了针对 G 的诉讼，要求他归还马匹。O 的代理人声称根据由案例 2 所确立的原则，权利仍然保留在 O 那里。既然 T 没有任何权利，他就不能向 G 转移任何东西。马匹被判定归 G。如果财产的购买者被迫要去检查以前的所有人自愿地将财产转交给现在的财产售卖者这一交易的所有细节的话，那么对商品的买卖必定造成无法容忍的负担。欺骗具有多样而且复杂的形式；如果受骗者不能识别它，那么要求一个该交易的局外人查明该交易是否存在是不合理的。至于案例 2，它所说的都是关于所有人与欺诈者之间的法律关系；法院的想法并没有被引向像 G 这样的后续购买者可能进行干预的可能性。我们现在适用的原则是如果马匹在 T 或知道其欺诈行为的人手中，马匹可能被归还给 O。如果马匹在像 G 这样的善意购买者手中，马匹不可以被归还给 O，理由我们前面已经简要地说明了。

案例 4：本案与案例 3 类似，除了从 T 那里买到马匹之后，G 将它卖给了 K，而在 K 购买该马匹之前已经被别人告知了 T 对 O 所进行的欺骗。O 起诉 K 归还马匹。该案被站在 O 的立场上进行辩护——K 并不是善意的购买者，因为他购买马匹的时候已经知道了 T 的欺骗。为了遵循由案例 3 所确立的原则，当马匹被转交到 K 手中之时，O 重新获得了所有权。法院判定支持 K。如果由 O 所做出的论辩被接受的话，那么处于 O 位置的人就可以通过简单地公开宣传 T 通过欺诈诱使出售的事实来破坏 G 获得的所有权的价值。这样一来，保护善意购买者 G 的目标必将受挫，因为他的财产必定变得滞销了。当在案例 3 中法庭说 O 能够从任何知道 T 的欺骗的人那里重新获得马的所有权时，它并没有考虑到马可能先前已经经过像 G 这样的善意购买者之手被转让过了。当马被 G 从 T 那里买过来时，马的所有权是完全的并且不再能够受到 O 的攻击。G 从那时起具有将它卖给任何他认为合适之人的自由。

案例 5：该案件与案例 4 类似，除了 K 不仅知道 T 的欺骗，而且已经参与其中——通过在由 T 付给 O 买马的支票上伪造了 X 的签名。O 起诉 K，要求 K 返还该马匹。K 将他的抗辩建立在案例 4 的推理基础上——G 拥有对于马的权利并且有将马卖给任何他认为合适的人的自由。如果 K 对于任何不正当的行为是有罪的，那也是个刑法的问题；即该罪过不应该影响他的财产所有权。支持？……也许这一系列案例的讨论到此为止并把判决的重担以及更费力的解释重任留给读者会更好。

虽然这里所追溯到的发展比法律史上可能遇到的任何事情都要整洁纯粹得多，但我认为法律人通常会同意这种事情确实发生了。我想大家也会同意，尽管判决似乎反复无常，但是解释的过程是"理性"的，属于有意义的裁决范围。这种"理性"品质的来源是什么？显然，这是因为参与这一发展的法院正在制定私有财产和交换制度的必要或至少是合理的含义。

我更一般地认为，如果裁决似乎在没有事先正式宣布或接受的规则的支持下有意义地运作，那么它之所以能够如此，是因为它从我已经描述过的两种基本的社会秩序化形式中汲取智识的支持。它在历史上这样做过，在公认的目标是建立互惠或交换制度的领域取得了最显著的成功。比较法专业的学生经常被这样一个事实所打动：在商业贸易领域，在完全不同的法律原理环境下运作的法院往往会在实际案件的判决中得出相同或相似的结果。

不过，原则的个案式发展的可能性绝不仅限于商业贸易领域。例如，可行的联邦制体系的要求绝不是显而易见的。在逐渐发现和阐明将使联邦制发挥作用的原则时，法院可能会举例说明当曼斯菲尔德（Mansfield）论及法律"使得它自身纯粹"时所考虑的过程。① 实际上，汉密尔顿（Hamilton）在《联邦党人文集》的第 82 篇就设想了这样一种发展，他写道：

> 建立一个新政府，无论其工作有多么谨慎或明智，都不能不引起错综复杂的问题；而这些可能以某种特定的方式产生于建立在若干不同主权全部或部分合并基础上的宪法。只有那时才能够使得如此复杂的体制日臻成熟和完善，能够理清所有部分的含义，并且能够调整它们互

---

① See 12 W. Holdsworth, *A History of English Law* 551（1938）.

相处在和谐一致的整体中。①

显然,这种发展——这种对已经建立的制度的全面影响的逐步追踪——只能在一种以共同愿望为主导的氛围中发生,即让联邦制发挥作用。

应该澄清的是,这里表达的观点和表面上与它类似的观点截然不同,这种观点可能在社会学中变得司空见惯。我意指的是如下观念,即在一个充分同质化的社会中,某些"价值"将自动发展,而没有任何人设计或指导它们的发展。在这样一个社会中,法院制定和执行的法律规则将反映这些主流的"价值"。然而,在我们自己的讨论中,我们不是在谈论非实体化的"价值",而是在关键时刻积极地(若非经常是默契地)持有并给予明智指导的人类目的。在研究联邦制或交换制度的影响时,法院不是反映当前道德规范的无活动能力的镜子,而是阐明共享目的的含义的积极参与者。

如果这里提出的观念是正确的,那么在将"法治"引申到国际关系领域时,法律和目的共同体必须共同发展。同样明显的是,一个仅仅由避免相互破坏的共同愿望组成的目的共同体过于贫乏,无法为有意义的裁决提供适当的基础。当唯一的共享目标是防止大屠杀这一消极目标时,没有任何东西能够使依赖证据和理性论证的决策过程变得有意义。当然,可以想象的是,在防止大屠杀的愿望的推动下,两个国家(比方说苏联和美国)可能会将争端提交仲裁,但他们这样做的精神与他们可能会掷骰子的精神基本相同——除非双方都认为有某种原则,无论该原则多么模糊,都可能会控制决策并赋予决策合理性。这样一套新兴原则必须源自秩序的两个基本原则之一。实际上,这意味着它必须从互惠关系中衍生出来。因此,在苏联和美国的关系中,最重要的要求是两国之间发展各种可能的互惠关系和各种有益的交流。这不仅是为了促进"理解"和良好意愿的氛围,而且是为了创造一个利益共同体,使裁决能够从中获得智力支持。

在这方面出现了一种事态发展,从一个角度看,国际关系中的法治似乎

---

① *The Federalist*, No. 82, Vol. 2, at 130 (A. Hamilton) (Tudor ed. 1947).

没有希望,但从另一个角度看,这将是一个最令人鼓舞的征兆。在与外国贸易商的协议中,苏联产业资方人员坚持加入一项条款,将协议引起的所有争议提交专门成立的苏联仲裁委员会进行仲裁。从表面上看,法治最基本的原则之一——任何人都不得对自己的案件进行审判——似乎遭到了违反。[应该指出,在纯粹的形式层面上,美国索赔法院(United States Court of Claims)同样违反了这一原则。]

苏联法律人似乎真心希望这个苏联法庭能够树立公正和公平的声誉。到目前为止,它的判决似乎总的来说值得享有这样的声誉。① 这个法庭的裁决标准从何而来?从本质上讲,该法庭的裁决标准就是那些商人贸易共同体的标准。人们还可以从哪些其他地方去寻找商人之间公平交易的标准呢?[这一情形令人想起在特拉华州的某些致力于由亨利·乔治(Henry George)所提倡的单一税原则的社区。② 在这些社区及其成员之间关于土地使用支付费率的争议中,仲裁人被迫求助于令人憎恶和被拒绝的土地市场,认为这是唯一有意义的决策标准。]

当苏联商事法院不得不从其哲学所谴责的制度中接受公平标准时,就为更广泛的理解铺平了道路,并由此营造了一种氛围,在这种氛围中,人们有了一个真正的基础,希望各国仍能受到法治的约束。

仍然存在着具有关键重要性的更进一步的论点,尽管稍微有点深奥。这与西方哲学的普遍倾向可能会对法治的发展造成障碍有关。我主要讲的是专业哲学,尤其是英美大学教授的哲学。虽然这一哲学在实际事务中的直接影响微乎其微,但其间接影响可能具有重大的意义。一代又一代的学生都是在大学氛围中成长起来的,大学氛围中充满了我所说的哲学家哲学的信条。

存在着一条可以追溯至大卫·休谟的思路。在休谟看来,有两个领域,并且仅有两个领域,人类理性能够在其中起作用。这两个领域分别是经验

---

① See Pisar, "The Communist System of Foreign-Trade Adjudication", 72 *Harv. L. Rev.* 1409 (1959).

② H. George, *Progress and Poverty* (75th ed. 1955).

事实的领域和逻辑蕴涵的领域。① 换句话说,人类的思想可以通过观察事实和检验关于这些事实的假设或通过追踪公认前提的逻辑蕴涵来占据自己的注意力。不存在第三个领域(*tertium quid*)。如果在任何人类决策过程中输入了任何无法追溯到经验事实或逻辑蕴涵的要素,那么它不是也不可能是"理性"要素;它的根源一定是"情"(sentiment),而不是"理"(reason)。

在休谟的时代,这种哲学的含义已经足够清楚了,但它们并没有被真正重视。人们直接讨论并争辩关于道德、法律和政治的议题,假设着他们始终在进行理性的对话,尽管很明显,他们所说的很少——并且通常是最不重要的部分——与经验事实或逻辑推演有关。但是随着时间的推移,暗含在休谟观点中被排除在外的事物已被更加认真地对待和更为积极地应用。更重要的是,这些排除在我们时代的总体氛围中早被忽略不计了。②

本文采取的观点是,裁决是一种在制度上致力于做出"理性"决策的社会秩序化形式。这是根据它是适合于受影响方即诉讼当事人的唯一参与形式得出的结论。如果我们把这个观点与休谟哲学相结合,结果会怎样?显而易见,裁决者很少将他们的决定直接建立在经验事实的基础之上。当他们看起来这样做了时,他们发现的"事实"并不是休谟所考虑的那种,因为它们通常是人类的错误或弱点。"发现"这样一个"事实"就是表达一种谴责——这与休谟对事实的描述相去甚远。这就剩下了逻辑推演。现在很明显,当按照先前制定的规则进行裁决时,至少法庭任务的一个方面包含了类似于逻辑推演的东西。如果这是允许进行裁决的唯一重要的理性领域,那么仅仅在它适用先前确立的规则的范围内,它能够理性地行事。这似乎是哈耶克得出他那惊人的结论——整个普通法系统都违背了法治——的根据。③

让我们将休谟的理性标准应用于先前给出的法律原理逐案演变的范式或模式,涉及一系列与买马和偷马有关的案例。现在,在这些案例中,几乎

---

① D. Hume, *A Treatise of Human Nature* 463 (L. Selby-Bigge ed. 1888).
② See J. W. Smith, *Theme for Reason* [145-46, 176-77] (1957).
③ F. A. Hayek, supra note II, at 34-36.

没有什么像经验事实的发现这样的例子。在早期的案件中，法院没有足够的想象力来预见后来发生的事实情况，但是当这些情况出现时，它们没有包含任何法官从一开始就无法理解的内容，也没有多少可以称得上从明确前提推演出来的东西。事实上，前提似乎是由结论塑造的，前提的明晰是在发展的最后，而不是在开始时。我们是否有理由将举例说明的过程称为"理性"过程？根据休谟的标准，答案必须是"不"，而理性的表象则必须建立在某种自欺欺人的基础上。事实上，这是一位美国著名逻辑学家提出的模式所达成的结论。[1]

我认为，理性话语还有第三个领域，其不受经验事实或逻辑蕴涵的影响。在这一领域，人们试图找出并阐明共享目的的含义。在这一领域发生的智力活动类似于逻辑推演，但在一些重要方面又不同于逻辑推演。在逻辑推演中，前提越清晰，推理就越安全。我认为，在这个过程中，当作为"前提"或起点的目的被一般性地陈述，并且与其他相关或竞争目的在智力上保持联系时，讨论往往会进行得更有助益。最终的结果不仅仅是展示某一特定目的所产生的结果，而是对构成调查起点的目的进行重组和澄清。

无论我们如何定义这第三个领域，我认为，严格遵守休谟观点会破坏对裁决问题的任何理解。它不仅歪曲了裁决有效运作的必要条件，而且歪曲了任何成功运作的裁决过程的意义。

六、裁决的形式

（一）引言

本文的余下篇幅将分为三个主要部分：裁决的形式、裁决的界限以及混合的、寄生的和扭曲的裁决形式。当然，所有这些话题都是密切相关的，一定程度的期待是不可避免的。

---

[1] See Nagel, "Fact, Value and Human Purpose", 4 *Nat. L. F.* 26 (1959).

例如，裁决的界限受其形式的影响。前面已经提到了所谓的"三方"仲裁。这种特殊的、不正常的裁决形式有时使得通过裁决过程来承担根本无法通过裁决令人满意地处理的任务成为可能。同时，这种形式可能会削弱裁决在其更常见工作中的有效性。

在一个标题中加入"混合的、寄生的和扭曲的"裁决形式不应误导读者，使他们认为本文谴责所有偏离原始纯粹状态的裁决。某些混合形式是有价值的，甚至几乎是不可或缺的，尽管它们的使用往往伴随着某些危险。

在确定扭曲的或混合的形式是否会损害裁决的完整性时，贯穿始终的标准将是已经反复强调的这一点——它是否会对受影响方通过证据和合理论证参与判决过程的意义产生不利影响。

(二) 辩护人出庭是裁决必需的吗？[①]

1. 律师在开庭时作为辩护人的责任

在法庭上作为辩护人出庭的律师，从当事人利益的角度尽可能有说服力地陈述案件的事实和相关法律。至关重要的是，律师和公众都必须清楚地了解这样履行的职责的性质。这种理解不仅是为了认识到以对抗性方式提出问题的必要性，而且为了真正觉察到党派性辩护必须强加于其自身的限制，如果它要保持完整和有用的话。

在十分真实的意义上，人们可能会说裁决过程的完整性本身依赖于辩护人的参与。当我们思考任何由仲裁人——试图在没有党派性辩护人帮助的情况下决定争端——所承担的任务时，这一点变得显而易见。

这样的仲裁人不仅要承担法官的角色，还要承担诉讼当事人双方的代表角色。这些角色中的每一个都必须充分发挥作用，而不受其他角色的限制。当仲裁人为每一方制定最有效的案件陈述时，必须抛开他的中立性，并

[①] 在原文的这一标题下，富勒先生只是向读者介绍了与约翰·兰达尔(John D. Randall)合著的题为"职业责任：联合会议报告"的声明。职业责任联合会议是由美国律师协会和美国法学院协会于1952年成立的。该报告首次发表在 44 *A. B. A. J.* 1159 (1958)。摘自该"报告"即第 1160—1161、1162、1216 页的一部分内容已经插入了正文中。

允许自己被一种足够强烈的同情和认同所打动,这种认同能够从他的头脑中汲取它所能给予的一切——分析、耐心和创造力。当他恢复中立立场时,他必须能够不信任地看待这种认同的成果,并准备好拒绝接受自己尽最大努力获得的成果。这项工作的困难是显而易见的,如果一个人在其一生中确实必须扮演许多角色的话,那么他几乎不可能同时扮演所有角色。

因此,毫不奇怪,失败通常会导致试图放弃传统上隐含在裁决中的不同角色。实践中通常发生的情况是,在某个早期阶段,一种熟悉的模式似乎会从证据中浮现出来;习惯性的标签为该案件所需要,并且在没有等待进一步证据的情况下,这一标签迅速地被分派给它。如果认为这种不成熟的目录编排必然产生自急躁、偏见或思想怠惰,那就错了。通常,它源于一种非常可以理解的愿望,即使听证会变得有序和连贯,因为如果没有相关案件的一些初步理论,就没有可以衡量证词的相关标准。但是,作为旨在指导调查的初步判断,往往会迅速而不知不觉地变成一个固定的结论,因为所有证实判断的东西都会在脑海中留下深刻的印记,而所有与它背道而驰的东西都被转移了注意力。

对抗性的陈述似乎是对抗人类根据尚未完全了解的熟悉事物过快判断的这种自然倾向的唯一有效手段。律师的论点似乎将案件搁置在两种对立的解释之间。因此,虽然案件的正确分类尚未解决,但仍有时间探索其所有特点和细微差别。

这些是由具有党派性的辩护人在案件的公开听证过程中所做出的贡献。如果考虑听证前必须进行的准备工作,辩护人的贡献的基本性质就变得更加明显。在听证会之前,必须进行调查,以确定哪些事实可以被证明或似乎足以被证明,以保证在听证会期间对其真实性进行正式检验。还必须对问题进行初步分析,以便听证会有形式和方向。无论争议各方是否有律师代表,这些准备措施都是不可或缺的。

如果有这种代理人,一个明显的好处是,交换书面诉状或律师的约定可以大大减少争议的范围。如果没有能够对各方负责的人参与,就不可能从根本上缩小议题的范围。但在这里,具有党派性的辩护人参与的真正意义在于更深层次,再次触及裁决过程本身的完整性。只有通过辩护人的参与,听证才可能事实上仍然与理论中所声称的保持一致:对于事实与争议点的公开审判。每一位辩护人出席听证会时都准备好提出他的证据和论点,同时知道他的论点可能无法说服人,他的证据可能会因不充分而被拒绝。承受这些可能的失望是其职责的一部分。另一方面,做出裁决的法庭在未做出承诺的情况下出席听证会。它没有向公众表明,任何事实都可以证明,任何论点都是合理的,或者任何陈述诉讼当事人案件的特定方式都是其案情的最有效表达。

……

那么,这些就是相信党派性辩护在民主社会最基本的程序之一中起着至关重要作用的原因。但是,如果我们将所有这些详细的考虑放在一边,我们仍然应该面对这样一个事实,即无论以何种形式进行裁决,经验丰富的法官或仲裁人都希望并积极努力去获得对问题的对抗性陈述。只有当他受益于双方明智而有力的辩护时,他才能对自己的决定充满信心。

从这个角度来看,律师作为党派性辩护人的角色似乎不是一种令人遗憾的必要性,而是更大的事务秩序中不可或缺的一部分。辩护制度不是对人性弱点的让步,而是在设计社会框架时表达人类洞察力,在这种框架下,人的公正判断能力可以得到最充分的实现。

当这样看待辩护时,就很清楚必须根据什么原则限制党派性。当对委托人事业的热情促进对案件做出明智和知情的决定时,辩护人就很好地发挥了自己的作用。当他对胜诉的渴望使他混淆了决策的源头时,当他歪曲和掩盖了争议的真实本质而没有为争议提供必要的看法时,他就没有扮演好他的角色,并且违反了职业责任的义务。

……

2. 律师作为正当程序的守护者

律师最高的忠诚同时是不可触及的。它不是对于人的忠诚,而是对于程序和制度的忠诚。律师的角色要求他对我们社会成功运作所依赖的政府和自治的基本过程的完整性进行托管。

……无论在任何地方,民主和宪政都悲惨地依赖自愿和谅解的合作来维持其基本过程和形式。

律师有责任保持和推进这种不可或缺的合作,保持参与合作的意愿,并传递必要的理解,以使之具有方向性和有效性。这不仅与他的私人执业有关,而且与他和公众的关系有关。在这件事上,他无权以公共舆论为依据来指导和证明他的行为。他有积极的责任帮助塑造公众对公平程序和正当程序的态度的培育与发展。

(三)仲裁人可以根据自己的动议启动案件吗?

在其《法律的性质与渊源》一书中,约翰·C. 格雷谈道:

> 有组织机构的法官是被该组织体所任命的根据主张那些权利的人之请求决定义务与相应权利的人。正是这样的请求必须向他提出这一事实将法官区别于行政官员。法官职责的本质是公正,他要坐下来,而不是自愿干涉事务……只是决定提交给他处理的案件。用英国教会法院的惯用语说就是,法官的职责必须被某个人所引起。[①]

德国一位"资产阶级法律"的社会主义批评家曾讽刺过这种观点,说法院就像有缺陷的时钟,必须摇动它们才能让它们继续运行。他还补充说,当然,摇动是要花钱的。

当然,在大多数实际的裁决表现形式中,仲裁人的职能必须由当事人"推动",而不是由其自身发起。但这种等待被问的羞涩品质是裁决的重要组成部分吗?

看来并非如此。例如,假设两艘船在一位或两位船长都有过错的情况下相撞。假设一个委员会有权在此类案件中发起听证会并确定过失。这样一个委员会可能会按照法庭程序的模式进行听证。两位船长均可获得律师

[①] J. C. Gray, supra note 9, at 114-15.

和充分的交叉质证机会。这样必定没有损害受影响方通过证据和合理论证的充分参与，裁决的完整性似乎得到了维护。

然而，我认为我们大多数人都会认为这种情况是例外的，并且不会被它吓倒，坚持认为裁决程序通常不应由法院本身启动。我相信，坚持这种信念是有充分理由的。

当然，很明显，如果裁决人不仅启动诉讼程序，而且在公开听证之前，对所发生的事情形成了理论并进行自己的事实调查，那么裁决的完整性就会受到损害。在这种情况下，仲裁人不能将未做出承诺的（uncommitted）想法带到公开听证会上；通过证据和合理论证参与的有效性也相应降低。现在可能确实如此，在大多数情况下，仅仅启动诉讼程序就意味着某种承诺，而且往往是对所发生事情的一种理论。海上船只碰撞案是一个例外，因为事实本身雄辩地说明需要进行某种调查，因此启动诉讼程序无非意味着承认这种必要性。在大多数情况下，程序的启动不可能具有相同的中立性质，例如，该情况仅包括一家公司在两年内没有宣布股息这一事实。

还有另一个理由可以证明由做出判决的法庭启动裁决程序是不正常的日常观念。如果我们从最广泛的角度来看待裁决，不仅包括法院的工作，还包括劳动、商事和国际关系仲裁员的工作，那么显然，提交裁决的绝大多数案件都涉及直接或间接基于合同或协议的索赔主张。显然，合同制度（更广泛地说，互惠制度）意味着是否主张索赔的决定必须留给利害关系人。

卡尔·卢埃林在《晒延方式》(The Cheyenne Way)中提出了相反的意见。在回答"为什么我们要让受影响的一方来决定是否提出违约索赔"这一问题时，他给出了令人震惊的解释：这是因为根据实际经验，自利动机已被证明足以维持合同制度。① 他认为，如果将来这一动机遭受严重的削弱，那么国家可能会发现自己被迫进行干预，以加强合同制度。这种奇怪的观念反映了我们时代的一种普遍趋势，即模糊互惠作为一种组织原则的作用，并将一切都转化为"社会政策"，这也是断言所有组织都有共同的目标（或"决策者"

---

① K. N. Llewellyn & E. A. Hoebel, *The Cheyenne War* 48 (1941).

心目中应该是共同的目标)的另一种说法。

任何个人合同仅在社会对互惠制度使个人致富感兴趣时才能为"社会"服务。(当然,这里的"个人"必须具有扩展的含义,包括团体和公司等正式实体。)如果两个人发现通过一项协议,他们各自都可以经由放弃一些东西——他认为这些东西的价值低于他想换取之物——而获得收益,那么这两个人就会凭借他们自己对交换对象的评价而变得富有。如果在签订协议后的十天内,这些评估发生了变化,因此任何一方对协议的履行都没有任何进一步的兴趣,这与最初的合约一样也是他们的私人事务。为了一方当事人强制执行合同,而另一方当事人不愿强制执行该合同,就如同当初为他订立合同一样荒谬。(当然,我意识到存在着由法律所要求的合同,但这显然是一种衍生现象,如果每个人际关系都是由国家强加的,并被称为"合同"的话,那么它将失去全部意义。)

因此,认为仲裁人自己启动裁决程序是不正常的观点有双重根据。首先,一般来说,即使是最低限度地启动(bare initiation)诉讼程序,也不可能摒除对于发生了何事及其后果应该是什么的先入之见。从这个意义上说,仲裁人提起诉讼会降低当事人通过证据和论证参与的效力,从而损害裁决的完整性。其次,提交裁决的大部分索赔直接或间接建立在互惠关系上。在这种情况下,除非受影响的一方被欺骗或不了解他的权利,否则索赔的基础规定索赔人必须援引裁决程序。

(四) 判决必须附有理由说明吗?

我们倾向于将法官或仲裁人视为做出决定并给出决定理由的人。裁决的完整性是否要求对做出的决定给出理由?我认为,答案是不一定。在劳动仲裁的某些领域(我认为,主要是在仲裁是国家免费提供的机制的情况下),通常会做出"不说理的"(blind)裁决。这种做法的原因可能包括这样一种信念,即有理由的裁决书常常被误解,并"挑起麻烦",以及仲裁员太忙以至于没有时间写意见的情况。根据美国仲裁协会的程序,在商事案件中的裁决通常是没有意见的(然而,在劳工案件中通常是书面意见)。也许商事案件中的特殊做法已经出现，因为此类案件中的仲裁员通常免费服务，而书面意见是一项艰苦的工作。或许还有一种担忧，即非专业仲裁员措辞不当的解释可能会为司法审查敞开大门。

总体而言，似乎很明显，合理的意见促进了裁决的公正性和有效性。如果没有这些意见，当事人不得不单凭信念认为他们参与决策是真实的，仲裁人事实上理解并考虑了他们的证据和论证。不太明显的一点是，当一项决定进入某种持续关系时，如果没有给出理由，双方几乎不可避免地会猜测理由并据此采取行动。在这方面，裁决的有效性受到损害，这不仅是因为所取得的结果可能不是仲裁人所期望的结果，还因为他在未来案件中的决定自由可能会因由对先前做出决定的错误解释导致的实践发展而受到限制。

（五）仲裁人可否以当事人未提出异议的理由做决定？

显然，当仲裁人完全根据当事人实际提出的证据和论证做出决定时，当事人的参与能够得到最大程度的保障。然而，在实践中，实现这一理想并非总是可能的。即使当事人的论证涉及决定所依据的所有考虑因素，重点也可能大不相同。仅由一方或双方顺便处理的问题可能成为仲裁人决定的基石。这可能意味着，如果双方预见这一结果，他们不仅会提出不同的论证，还可能会就非常不同的事实问题提出证据。

如果仲裁人对议题的看法与当事双方的看法完全一致的理想无法实现，那么这也不能成为未能向着最接近理想的状态努力的借口。我们需要提醒自己，如果这种一致性完全不存在——如果判决的理由完全不在辩论的框架内，使得在听证会上讨论或证明的一切都无关紧要——那么裁决过程就变成了一场骗局，因为当事双方对于决定的参与已经失去了一切意义。我们需要分析哪些因素影响期望的一致性，以及可以采取哪些措施来促进这种一致性。

一个至关重要的情况是，特定的裁决过程在既定规则的背景下发生的程度。在规则已经变得相当确定和稳定的法律分支中，法律人可能很容易就界定特定案件提出的关键问题达成一致。在这样一个领域，决策不在证据和论据所设定的参考框架内的风险很小。另一方面,在不确定的领域,这种风险大大增加。可以肯定的是,仓促地制定标准明显存在危险。但是,原则的制定时间过长的一个不太明显的危险在于,不可避免地损害了裁决的完整性,因为当无法预测哪些问题将与案件的最终处理有关时,当事人参与的真实性就会降低。

在批评行政机构和劳动仲裁员的行为时,这些因素往往被忽视。在听证会后与当事人举行单方面会议,往往出于维护当事人参与决策的现实的良好愿望。如果判决标准模糊且总是变化,当到了案件的最后处理关头,显而易见,在公开听证会上辩论和证明的大部分内容都变得无关紧要。矛盾的是,给诉讼当事人一个有意义的"出庭日"的愿望可能会导致给他一个庭外午餐时间。在许多情况下,这种行为应该被描述为不称职的,而非不道德的。

那些在法律程序方面缺乏经验的人往往不知道法院已经开发了哪些机制,这些机制将消除对这种做法的大部分需要。特别是劳动仲裁员和行政法庭通常会有效地利用重新辩论的请求与试验性判决的机制,连同命令说明不应将其定为最终判决的理由一起。这并不是说这些权宜之计可以解决所有问题。获得当事人按日支付报酬的仲裁员可能会犹豫是否要求第二次辩论来增加其报酬。在某些情况下,试验性判决可能会引起强烈的期望,以至于以后的修改变得非常困难。然而,这里提出的基本观点是,在我们要求非专业仲裁人像法官一样行事之前,我们必须将他们置于相似的环境中,并用程序武装他们,这将使他们能够正确地完成工作,并始终像法官一样行事。令人痛心的是,国会将明显超出裁决范围的任务分配给行政机构,但却要求这些机构采取行动,好像它们的任务在这些范围之内一样。更令人痛心的是,它们被迫公布它们认为自己在履行职责时无法认真遵守的"标准"和"政策"。

在这种相当混乱的情况下,执业律师个人的影响可能是最有益的。如果他是行政法某一特定领域的专家,他通常能够在特定案件中准确判断哪些问题最终会变得至关重要。这意味着,他将能够在公开听证会上提出做出适当决定所需的一切；因此，听证会后会议的诱惑可能被消除了。一般来说，专业律师在维护裁决的完整性方面可以发挥重要作用。律师参加委员会的听证会是件痛苦的事，因为大多数代表都是外行，比如说，上诉委员会审理与分区法不一致的申请。听证会通常是专门讨论无关紧要的问题，而真正与裁决相关的问题可能很少在提出的论证中涉及。如果我们将专业辩护律师从现场撤走，所有裁决领域都将出现这种情况。辩护人的出席通常对裁决成为事实上它自称要成为的东西是至关重要的。

我提到了两种有助于防止所辩论的案件与所决定的案件不符的机制——重新辩论请求和试验性判决。在这方面，口头辩论也是最重要的，因为书面意见往往是真正的瞎猜。在上诉案件中，法官在口头辩论之前研究记录也很重要，因为没有这种准备，口头辩论在界定关键问题方面的优势可能会丧失。

到目前为止，我一直在讨论预防措施，这些措施将降低仲裁人不得不将其决定置于未在其面前辩论的考虑之上的风险。我假设有关的裁决领域是这样的，即这些预防措施可以取得一定程度的成功。当案件被分配到一个被称为"裁决"的程序时，情况就完全不同了，因为在这种情况下，最知情的辩护人也不可能向法庭提出裁决中必须考虑的理由。例如，科尔（G. D. H. Cole）在其《社会主义经济学》中提议，在社会主义体制下，工资应当由必定会受"以常识为指导"的"仲裁员"确定。① 大概会有公开听证会，受影响的员工将被允许提出支持增加薪酬的论据。然而，科尔教授承认他的"仲裁员"不能仅仅以提供给他们的论据为指导。事实上，他建议他们不时会面，以确保他们裁决的综合效果将产生劳工的适当流动。在这里，显然，受影响方参与的纽带在很大程度上被破坏了。他得到了听证会，大概是因为这会让他更快乐，但决定的理由在很大程度上与听证会上发生的事情无关。科尔教授所说的"仲裁员"，其实是业务经理，不时通过裁决动议来表演。这就是我在谈到超出裁决范围的问题时想到的那种情况。

---

① G. D. H. Cole, *Socialist Economics* 96 (1956).

(六) 仲裁人的适格与不适格

对由本标题所提出诸问题的充分讨论将会极大地偏离本文的目的。即使是考虑旨在保证公正性的各种机制的比较功效，也必定需要很长的篇幅。

我只是建议用贯穿始终的同一个标准来检验确保有适当资格和公正的仲裁员的问题——通过证据和论据，怎样才能保持受影响方参与的效力和意义？显然，仲裁人对争端所涉及的某种利益的强烈情感依恋会破坏这种参与。然而，在实践中，另一种"偏袒"要危险得多。我所意指的情形是，仲裁人的生活经历没有涵盖争议的领域，或者更糟糕的是，他总是从某个单一的居高临下的角度看待该领域。在这里，他完全没有意识到的盲点可能会妨碍他获得证词或辩论的要点。总的来说，我认为我们法院对商事案件的判决并没有表现出裁决的最高水准。之所以会这样，原因是对所涉问题缺乏司法"感觉"。

一名海员曾因违反《刑法典》的一项条款而被带到一所由三名法官组成的德国法庭，该条款规定以身体伤害威胁他人是严重犯罪。有毫无矛盾的证据证明有人听到在押人曾说过："我将把刀插进你的肚子里并在里面搅拌三圈。"两个在远离码头的上流社会圈子度过了他们人生大部分时光的法官，是很难被第三个法官要宣告无罪的想法所说服的。

（七）判决必须溯及既往吗？

在实践中，法院的判决和仲裁员的裁定都具有追溯力，无论是对诉讼当事人权利的影响，还是作为其他案件判决的先例的影响。这种传统的诉讼方式有时会产生一种悖论，即法院为了避免出现立法的现象，以尽可能最粗糙的形式颁布判决，使之成为有溯及力的判决。

司法判决追溯效力的基本理念可以大致表述如下：法院的职能不是为社会创造新的目标，也不是向社会强加新的基本指令。由于前面分析的各种原因，法院不适合执行这类任务。对于任何此类职能的假设，最令人信服的反对意见可能在于诉讼当事人(1)通常只代表他们自己，以及(2)仅通过向仲裁人提交的证据和论据参与决策的有限参与。另一方面，就一个社会普遍共享的目标和权威性指令而言，法院确实有一项重要的职能要履行，即逐案发展（甚或"发现"）这些目标或指令在特定的事实情势中实现所要求的是什么。在履行这一职能时，有时结果是如此明显，以至于没有人想到"追溯效应"。理论上，法院可能会区分此类判决和宣布看似"新"的规则或标准的判决，即使这可能代表来自熟悉前提的合理结论。但如果试图普遍适用这种区分，使某些决定具有追溯性，而某些决定只是前瞻性的，那么由此产生的混乱可能比现在的情况更难以忍受。

一般来说，同样的考虑也适用于仲裁裁决。这不是"掩藏"仲裁员裁决的立法性质——这使得他赋予其决定以溯及既往的效力——的问题，而是一种关于裁决适当功能的保守哲学，一种旨在使对抗性陈述、诉讼当事人的参与仅通过诉诸理性等保持有意义的哲学。

（八）模拟案件和宣告性判决

现在还不是严肃考虑这一标题所提出问题的时候。然而，我相信，本文的总体分析可能对处理这些问题有所帮助。

（九）仲裁人的权力来源如何影响裁决？

裁决权可能代表政府的一种授权，如法官的情况；也可能源于诉讼当事人的同意，如大多数形式的仲裁。这是两种根本上不同的裁决"形式"吗？显然，本文的一个默认假设是，它们不是两种根本上不同的裁决"形式"。

另一方面，这并不意味着仲裁人职能的履行完全不受其权力来源的影响。简言之，我们可以说，由政府当局支持的裁决的可能优势是：(1)法官比合同指定的仲裁员更不容易"妥协"。(2)法官的决定的可接受性可能会因为他似乎扮演了一个辅助的角色而增强，因为他只是应用并非他自己制定的规则。

裁决的权力源于当事人的合同，其可能的好处如下：(1)没有国家权力的支持（或在法律制裁无效的情况下，没有国家权力的充分支持），仲裁员必须直接关心其裁决的可接受性。他可能比法官更努力地弄清自己的事实，准确地陈述双方当事人的论点，并在裁决书中显示对案件的充分理解。(2) 由于相对不受技术性程序规则的约束，明智而尽责的仲裁员可以根据他认为的有效裁决的内在要求来制定其程序。因此，在当事人看来，推动其进行听证的"正当程序"可能是真实的，而不是必须信守的，因为据称它包含了在外行看来相当武断的技术规则。

作为合同授权仲裁的一种特殊性质，它不能明确地被称为"优势"或"劣势"，我们可能会注意到，仲裁合同可能对仲裁过程本身有明确或隐含的限制。仲裁员在参加听证会时常常感到，他必须以一种总体上符合各方期望的方式行事，而且这种限制在提交合同中是隐含的。因此，如果双方都希望并期望得到比仲裁员本人愿意接受的更"字面"的解释，他可能会觉得有义务采取他认为在心智上不一致的解释态度。

七、裁决的界限

（一）导言

现在，(笔者的)注意力转向这一问题，即什么类型的任务天生就不适合裁决。这里的标准将贯穿始终。如果将某一特定任务分配给裁决来处理，是否有可能通过证据和辩论保护受影响方参与的意义？

（二）多中心的任务和裁决

这一部分介绍一个概念——"多中心的"任务，它源自迈克尔·波兰尼的(Michael Polanyi)的一本书《自由的逻辑》。[①] 着手探讨这一概念，最好由几个例子开始。

几个月前，一位名叫蒂姆肯(Timken)的富有女士死于纽约，将价值不

---

① M. Polanyi, *The Logic of Liberty: Reflections and Rejoinders* 171 (1951).

菲但是各色各样混在一起的绘画收藏以"均等的份额"(in equal shares)留给大都会博物馆(Metropolitan Museum)和国家美术馆(National Gallery),她的遗嘱当中没有指明任何特定的分配(方案)。① 当该遗嘱被检验时,法官做出了评论,大意是当事双方看起来面临着一个不动产的问题。代理博物馆一方的律师大声说:"我们是好朋友,我们将以某种方法分开它们。"什么使得这一达到平均分配画作目的的问题成为多中心任务?它在于如下事实:对任何单独画作的处置都会影响到其他每一幅画作的正确处理。如果美术馆得到了雷诺阿(Renoir)的作品,它可能会不太想要塞尚(Cezanne)的作品,而更想要贝洛斯(Bellows)的作品,等等。如果适当的分配被拿来争论,那么必定不存在明确的争论点,当事的每一方都能够把自己的证据和论辩贯注其中。任何一位被指派听证这类争论的法官必定会被诱惑着去扮演调解人的角色,或者采纳经典的解决方法:让哥哥(这里是指大都会博物馆)将财产分成他所认为的均等份额,让弟弟(这里是指国家美术馆)挑选自己的那一份。

第二个例子是,假设在社会主义制度下,所有工资和价格都由法院决定,法院将按照通常的裁决形式进行裁决。我认为,很明显,这是一项裁决性方法无法成功完成的任务。首先想到的一点是,法院行动太慢,无法跟上快速变化的经济形势。更基本的一点是,裁决的形式不能涵盖和考虑价格或工资变化可能产生的复杂影响。铝价格的上涨可能会在不同程度上影响对30种钢材、20种塑料、无限多的木材和其他金属等的需求,从而影响其适当价格。每一种单独的影响都可能对经济产生复杂的影响。在这种情况下,根本不可能通过证据和论据让每个受影响方都有意义地参与。值得注意的是,这不仅是一个潜在受影响方数量巨大的问题,尽管这方面的问题可能很重要。更基本的一点是,裁决可能采取的每种形式(例如,每磅增加3美分、增加4美分、增加5美分等)都会产生不同的影响,并且可能需要在每种情况下重新定义"受影响方"。

---

① See *N. Y. Times*, May 15, 1960, at 77, col. I.

我们可以通过想象一个蜘蛛网来使这种情形具象化。拉一根丝将在作为整体的整个蜘蛛网的复杂模式上分配张力。将原始拉力加倍，极有可能不会导致简单地将每个由此产生的张力加倍，而是会产生不同的复杂张力模式。例如，如果双倍的拉力导致一根或多根的细丝突然被扯断，这肯定会发生。这是一种"多中心的"（polycentric）情形，因为它是"多中心的"（many centered），即蜘蛛网上的每一个交叉点对于分配张力来说都是一个截然不同的中心。

再做个假设，决定通过裁决程序将足球队中的球员分配到他们的位置。我想我们会同意，这也是一种对裁决的不明智应用。这不仅仅是11个不同的人可能受到影响的问题，任何一名球员的每一次位置轮换都可能对其他球员产生不同的影响：让琼斯担任四分卫会产生一系列的后继效应，将他放在左后卫的位置，必将具有另外一系列影响。在这里，我们再次论及影响点相互作用的情况，因此处理的是超出适当裁决范围的多中心问题。

现在让我提及一个多中心的问题，它很难像通常那样通过裁决来处理，裁决的形式有时会被修改，以适应问题的性质。纺织厂与工会一致认为其内部工资水平失衡：多年来，某些工作的报酬"出格"，现在与其他工作的报酬相比，不是过高就是过低。公司和工会同意，应使用相当于全体员工每小时5美分的资金来创造适当的平衡。如果双方无法就应做出的调整达成一致，则该问题应提交仲裁。

这里我们碰到了一个具有强多中心特征的问题。如果织工被加薪了，比如说，每小时超过3美分，那么就有必要给纺纱工加薪；然而，纺纱工的工资又被锁定在与纺纱小滚筒工工资的传统关系中，等等。如果其中存在30种不同的分类，很明显仲裁决定可能采取多少种不同的形式，每一种决定的模式都能够产生其自身独特的影响模式。如果这样一个问题被提交给单个仲裁员，那么他必将受到强烈的诱惑，在与当事人私下会谈的过程中"试验"不同形式的裁定。无论当根据裁决的通常标准来判断时，这样的会谈看起来可能是多么无规则和不适当，人们应当记得会谈的动机也许是仲裁员希望保护当事方参与决定的真实性，换言之，保护裁决的真正内核。

现在正是在这种情况下，"三方"仲裁委员会找到了自己最有益的应用。"公正的主席"旁边有两名仲裁员，一名由公司选出，另一名由工会选出。听证会结束后，三人共同协商，公正的主席在某个时候向董事会其他成员提出各种工资标准。在这个过程中，他会了解到一些事情，比如，在他看来既适当又可行的某一特定职业的加薪会对他所不知道的漂白工场产生影响。

这就是我所谓的"混合"裁决形式。事实上，正如我所说的那样，这种设置是裁决和协商的混合体。所有混合形式都有其危险性，三方仲裁也不例外。危险在于侧翼仲裁员所扮演的艰难角色。他们既不能完全是辩护人，也不能完全是法官。如果他们完全不偏不倚，就不能充分发挥作用；他们在审议期间的任务是代表一方利益、一方观点。他们可能希望与他们所代表的当事方沟通，告知他们所提议的某一步骤的影响。可是他们是否可以自由地进行这种商讨？如果可以，在何种程度上，是扰乱这一仲裁形式的模糊性之一？一方面，如果双方的仲裁员必须代表任命他的一方，他必须同时遵守与司法职位相关的一些限制，如果他在他所代表的人和仲裁委员会会议之间来回奔波，自由报告会议期间发生的一切，裁决过程就垮掉了，取而代之的是一种尴尬蹩脚的商谈形式——还记得吗，在这种情况下，协商已经无法产生解决方案。

为了防止仲裁退化为仅仅是商谈的延续——以一种不恰当的形式——三方模式的变化现在被写入许多劳动合同中。规定以三名仲裁员的一致决定为准，但如果无法获得此类决定，主席应确定双方的权利。如果从一开始就没有达成一致决定的真正希望，这种安排几乎只不过是举行听证会后会议做法的合同合法化，尽管它有正式指定可能参加这些会议的代表的优点。另一方面，如果存在达成一致协议的真正前景，则该安排为侧翼仲裁员保留了一个角色，即保留了司法职位的一些职能和限制。

刚才所描述的是三方仲裁，在描述中它被明智地使用，并且其优缺点被评价。在实践中，它经常被不加批判地使用，一方面，它会恶化为闭门商谈的继续；另一方面，它会变成一种空洞的形式，从一开始就将主席理解为"真正的"仲裁员。

需要注意的是，受影响者的多样性并不是多中心问题的不变特征。蒂姆肯夫人的遗嘱充分说明了这一点。这一案例还表明，随着时间的推移，迅速变化并不是这些问题不变的特征。另一方面，在实践中，可能与裁决有关的多中心问题通常会涉及许多受影响的当事方和某种程度上变化的事态。事实上，最后一个特征源于一个简单的事实，即相互作用的中心越多，其中一个中心受环境变化影响的可能性就越大，并且，如果环境是多中心的，这种变化会以复杂的模式向其他中心传递。这种对多中心性清晰概念的坚持似乎是有道理的，但如果要避免混淆，清晰的分析是必不可少的。例如，如果悬赏一千美元来抓捕一名罪犯，而六名申请人主张获得该奖励的权利，那么听取六方争议可能会是一件尴尬的事情。然而，这个问题并不像这里使用的那个术语那样呈现出任何重要的多中心因素。

现在，如果清楚地了解什么是多中心问题很重要，那么认识到其中所涉及的区别通常是程度的问题也同样重要。几乎所有提交裁决的问题都有多中心因素。在仲裁人无法预见的某些情况下，一项决定可能会成为先例，并且经常是尴尬的先例。再者，假设在诉讼当事人与铁路公司之间的诉讼中，法院认为铁路公司未在特定交叉路口建造地下通道是一种疏忽行为。可能没有什么可以将这个交叉口与铁路沿线的其他路口区别开来。作为统计概率的问题，可能很明显，沿整个铁路线建造地下通道将比安全措施仅仅是为人熟知的"停下、看并且听"的标志导致失去更多的生命（例如发生爆破事故）。如果是这样，那么看起来仅仅简单宣告双方的权利和义务的决定在实际上对于多中心问题就不是一个适当的解决方案，多中心问题的很多因素不能在受伤害的一方控诉被告铁路公司的简易诉讼中被提到法庭上来。在较小程度上，几乎所有通过裁决解决的问题中都可能存在隐藏的多中心因素。因此，这不是区分黑白的问题。这是一个知道多中心因素何时变得如此重要和占主导地位，以至于触及裁决的适当限度的问题。

谈到隐蔽的多中心因素，即使在最简单的案件中也几乎总是存在。应该注意的是，判决作为一个整体的效力受到遵循先例原则应用方式的强烈影响。如果对司法判例进行了自由解释，并在出现最初未预见到的问题时重新表述和澄清,则整个司法过程能够吸收这些隐蔽的多中心因素。通过将决策过程视为随着时间的推移而进行的协作过程,调节法律原理适应问题的复杂方面,因为这些方面在连续的案例中会显现出来。另一方面,如果对先例做出严格的或"字面的"解释,则必须更严格地划定裁决的界限,因为它的变通能力已经降低。

如果多中心的问题不适合通过裁决解决,那么事实上该如何解决这些问题呢?就我所见,只有两种合适的方法:管理性指令和合同(或互惠)。

管理性指令解决多中心问题的方式可以以棒球队经理为例来说明。棒球经理有权将他的球员分配到各自的位置,决定何时让投手出球,何时以及由谁来替补击球,何时为了一个特定的击球手转换内野和外场以及转换多远,等等。受这些决定影响的潜在关系以正式的数学术语表达具有极大的复杂性——而且在实际解决它们的过程中,大量的"直觉"是不可或缺的。

经济管理的许多问题具有类似的性质。在某部件中用塑料代替铝可能会使每生产一件该商品就能产生 20 美分的纸面节约,但会破坏生产者与供应商的长期关系,提高就计件工资的必要变动举行罢工的可能性,尽管从长远来看,罢工可能是件好事,等等。在解决一些经济多中心问题时,最近发展起来的数学方法,如莱昂蒂夫(Leontief)的方法,可能会减少依赖直觉的必要性,尽管它们永远无法消除人类判断的因素。①

解决多中心问题的另一种方法是每一利益中心和与其相互作用的那些利益中心之间的合同或相互调适。因此,经济市场可以解决极其复杂的资源分配、"生产成本"计算和商品定价问题。无论社会主义理论著作何时真正严肃地处理那些问题,其发现的唯一解决方法都是在各种不同的国有企业当中建立类似于市场的某种机制。② 有趣的是,即使是工程计算问题的

---

① See Leontief, "Input-Output Economics", *Scientific Am.*, Oct. 1951, at 15. See also W. Leontief, H. B. Grosse, M. Holzman, W. Izard & H. Kistin, *Studies in the Structure of the American Economy* (1953).

② See O. Lange & F. M. Taylor, *On the Economic Theory of Socialism* (B. Lippincott ed., 1938).

最佳解决方案,也常常是通过一系列近似值得出的,首先从一个压力集中点,然后从另一个压力集中点。①

近来有人提议将一个被称作博弈理论的数学分支作为一种调整裁决以解决所谓的多中心问题的方法。② 从本质上说,这些建议将裁决转化为一种契约式博弈,原则上很像已经提到的两个儿子平等分配遗产的经典解决方案。每一方起草一份优先列表,表明其对争议的各种可能解决方案的优先顺序;然后使用数学方法产生"最佳"解决方案。这个过程的错误在于,它只通过对多中心问题进行粗略的简化和扭曲来解决多中心问题。例如,优先列表将一方的偏好指示为 A、D、E、B;这并不表明,如果他得到十分之一的 A,他可能愿意将 E 移到 D 之前,等等。

需要注意的是,多数原则无法解决多中心问题。一个棒球队经理在他心里通盘考虑所有可能的方法来部署他所能支配的球员,可能会想出最佳的解决方案;只有在偶然的情况下,这样的解决方案才能由球员或球迷投票决定。事实上,在根据多数原则投票的情况下,选择必须限于两种选择,例如解决方案 X 或 Y,并且大多数问题必须在投票前得到解决。但即使修改了投票方法,多中心问题仍然超出了选举的范围。即使选择仅限于三个选项,并且要求选民按照他们的偏好顺序列出解决方案 X、Y 和 Z,投票可能会产生一个优先级循环,因而根本不会产生任何解决方案,无论是好的还是坏的。

另一方面,多中心问题通常可以通过议会方法解决,其中包括以政治"交易"形式存在的契约要素,至少在权衡之后是这样的。在立法听证会上或在与立法领导人的会议上利益相关方——或者更现实地说,最明显相关方——被召集在一起,并达成"利益妥协"。我认为,我们需要一种"政治交易"的哲学,将其正确使用与滥用区分开来。我相信多中心问题的概念有助于划定该界限。

---

① See M. Polanyi, supra note 26, at 173-74.
② See R. B. Braithwaite, *Theory of Games as a Tool for the Moral Philosopher* [53-54 (1955)].

如果我们审视整个裁决领域，并扪心自问，通过裁决解决多中心问题的最多尝试出现在哪里，答案是在行政法领域。给予受影响公民"出庭日"的本能强烈地推动在裁决模式中行使政府权力，尽管这种模式可能被证明是不合适的。然而，值得注意的是，在第二次世界大战期间，负责分配任务的机构没有试图遵循裁决的形式。战时劳工委员会（War Labor Board）遵循三方仲裁模式，但理论上禁止其提高工资以影响劳动力流动，这种情况下的分配职能被交给战时人力委员会（War Manpower Commission），而战时人力委员会不是一个裁决机构。价格管理办公室（Office of Price Administration）和战时生产委员会（War Production Board）虽然权力巨大，但除了审判被指控的违法行为外，他们并没有假装做出裁决。

总体而言，可以说，经济资源配置中的问题具有太强的多中心性，不适合裁决。因此，"二战"后英国提出的由陪审团裁决分配稀缺报纸印刷品的建议，很难被看成是认真思考的结果。另一类是詹姆斯·科南特（James B. Conant）的建议，即在相互竞争的科研项目之间分配政府资金时，应采用"准司法"程序。显然，科南特博士对这个问题进行了认真的思考，他寻求某种程序来避免妥协，这种妥协常常导致没有项目获得足够的资金来产生预期结果。他建议："如果没有（竞争性项目），那么应该任命一些技术专家代表纳税人反对拟议的研究……"①这表明他希望保持裁决的完整性。然而，当我们思考分配问题的本质时，我们不禁要问，这里提出的"裁决"是否名不符实。为科学研究分配1亿美元的过程，永远不会是一个A项目与B项目比较的情况，而更可能是A项目与B项目、C项目、D项目等项目相互比较的情况。记住，Q项目可能是B项目的替代方案，而M项目是对它的补充，而且R项目可能通过更廉价的方法寻求（实现）与C项目同样的目标，尽管成功的可能性较小，等等。

最后要提到的问题是：当努力以裁决的形式解决实质上的多中心问题时，会发生什么？在我看来，有三件事会发生，有时甚至会同时发生。首先，

---

① J. B. Conant, *Science and Common Sense* 337 (1951). 该句在文中的引用有一个小错误；原文为："如果没有相反的论点，请咨询一些技术专家。"

裁决性解决方案可能失败。意外的影响使决策无法实施；它被驳回、撤销或修改，有时重复再三地进行。其次，所谓的裁决者忽视司法的品性——他在听证后的会谈中"尝试"多种解决方案，咨询没有代表出席听证会的各方，猜测未经证实的事实，以及不恰当的司法通知等事项。最后，与将他的程序适应于他所面对的问题相反，他可能重新表述该问题，以使其易于通过裁决程序解决。

　　上述三点中只有最后一点需要说明。设想人们同意，雇主对于晋升的控制将通过仲裁进行审查。现在很明显，仲裁员无法决定当琼斯提升为A级机械师时，是否在这家工厂里还有其他人更适合这一职位；或者考虑到琼斯的年龄，是否最好让他换一份薪水相当的工作。这是一种完全不适合裁决的分配问题。然而，有两种方法可以通过仲裁获得对晋升的可行控制。一种方法经由公示职位进行，即当一个职位空缺时，有兴趣的人可以申请晋升到该职位。在听证会上，只有那些已经提出申请的人才有资格被考虑，当然只有公示过的职位才在讨论之列。在这里，问题被提前简化到可以仲裁的程度，尽管并非毫无困难，特别是以关于如下问题的无休止争论的形式，即是否确实存在已经被公示的空缺职位，以及申请人是否及时地和以适当的形式提交了申请，等等。将问题提交仲裁的另一种方式是由仲裁员决定谁已经被晋升了，而不是谁应该被晋升。也即，合同中包含着某些带有相应的适当等级的"职位描述"；即申请人主张他实际上正在做着A级机械师的工作，尽管他仍然被支付着B级机械师的工资并享有B级机械师的头衔。该争议具有双方当事人——公司与由工会所代表的申请人——以及一个单一的事实争议点：申请人事实上在做着A级机械师的工作吗？

　　在实践中，申请任命职位的程序通常会在合同本身中规定，因此协议条款将仲裁员在晋升方面的职能保持在可管理的范围内。通过仲裁使晋升控制成为可能的另一种方法通常来自仲裁员自己对其角色局限性的认识。合同可能只包含一份职位分级和职位分类的目录表，以及一个一般性条款，说明"解雇、晋升和裁员应遵守申诉程序"。如果仲裁员将这种合同解释为对晋升进行全面监督，他将着手执行完全不适合任何仲裁程序解决的管理性任务。因此，保持其角色完整性的本能将促使他以已经指出的方式解释合同，这样他就避免了与职责分配有关的任何责任，而只是决定实际分配的职责是否与公司分配给申请员工的分类相匹配。

让我们再看另外一个例子，我对该例子中所发生的事情的解释可能是正确的，也可能是不正确的。FCC 很早就制定了一项政策，即一般来讲申请广播和电视频道的申请人必须提供一份成熟的、总体的规划。在农村地区，只有一个或两个频道可供当地收视者使用，这一政策可以被证明是合理的，理由与将裁决用于分配目的的不当无关。但在许多地区，有五到十个电视频道和更多的广播频道。人们在这里所期望的将是专业市场的发展：一个电视(广播)台为体育迷服务，另一个电视(广播)台为歌剧爱好者服务，等等。在英国，BBC 有三类节目，范围覆盖从教养浅薄的人到知能学识平凡的人再到有高度文化修养的人。在这个国家，尽管有 FCC，但在 AM 和 FM 无线电广播的吸引力方面，已经出现了一些专业化的发展。然而，今天的电视频道竞争仍然是申请人之间的竞争，每个人都承诺提供最具包容性、"全面的"节目，每个人都承诺比竞争对手更能满足不相容的品味。这种现象难道不能用如下事实解释吗？所有人——FCC 以及相似的申请人——都感觉到如果一个申请人承诺满足一个市场，另一个人承诺满足另一个不同的市场，整个裁决程序将崩溃。在这种情况下，申请人通过证据和论据参与的意义将被破坏，因为(1)不会有真正的合并议题，以及(2)FCC 将不得不考虑未出席听证会的各方是否已经满足了一个或多个拟开放的市场。为了保证司法形式的某些实质，你不得不将南瓜与南瓜相对比来判断，而不能将南瓜与黄瓜相对比，尤其是当存在着某些并没有参与展示的相关黄瓜的时候。

在结束关于多中心性的讨论时，最好注意两个可能的误解。多中心问题通常由一种"管理性直觉"解决的提议，不应被视为暗示多中心问题的一个不变特征是它们抵制理性解决。存在建造钢结构桥梁的理性原则。但是没有理性的原则规定，例如，A 大梁和 B 大梁之间的角度必须始终为 45 度。这取决于整个桥梁。不能通过对每对相交梁的适当角度进行连续的单独论证来建造桥梁。我们必须处理整个结构。

最后,裁决性决定影响并进入多中心关系这一事实本身并不意味着裁决法庭正在移出其适当范围。相反,没有比经济市场更好地说明多中心关系的例子了,而制定使市场正常运作的规则通常非常适合裁决。我国普通合同法的制定是以裁决通过逐案的方式进行的,但由此形成的规则的基本原则是,它们应该促进多中心市场中的货物自由交换。法院陷入困境,不是因为它制定了有关合同的规则,而是因为它试图撰写合同。

(三) 适当的裁决范围是否仅限于宣告权利和义务?

我已经指出,人们常常试图通过法院的判决宣告或创造权利和义务,而行政人员和管理人员的决定则不通过这种方式来区分裁决。这一表述是否规定了与刚才的讨论有所不同的裁决界限? 我不这样认为,或者更确切地说,我认为这种对裁决界限的表述源自与多中心任务讨论中所分析的考虑密切相关的考虑。

权利是基于原则的要求——被视为适当控制当事双方关系的原则。现在,多中心关系的特征是个体成员之间的关系不受这些关系特有的原则控制,正如不可能通过确立控制每对大梁角度的不同原则来建造一座桥梁一样。所以,在一个棒球队里,没有人有"权利"去当左外野手,或至少没有人应当有这种"权利"。

应该保持灵活性的经济关系往往会转化为"权利",实际上,这与我在谈到前述案例时试图描述的过程是一样的,在这些案例中,裁决不是将其形式适应于多中心问题,而是将问题适应于其形式。我们的铁路公司被视为人际关系领域的一个主要例子,不适当的"权利"渗透进了这一领域,干扰了效率。据铁路公司自己说,这一发展始于第一次世界大战期间,当时一个不习惯于管理性任务的政府按照其惯常的形式管理铁路公司,并将每一个管理性问题都转化为适合裁决的问题。①

---

① See Executive Committee, *Bureau of Information of the Eastern Railways, Wages and Labor Relations in the Railway Industry 1900-1941*, at 55-60 (n.d.).

（四）如果说法院总体上不能对事态采取"肯定"的指导，这是否是关于裁决的适当范围的一种重要陈述？

人们经常说法院不能承担对事态给予肯定性指导的责任。约翰娜·瓦格纳（Johanna Wagner）女士能够被禁止为盖（Gye）先生歌唱，但她不能够被强迫为拉姆雷（Lumley）先生歌唱——英格兰法院不能够掺和到歌剧事业中。①

重申一次，我相信这只是对多中心问题所讨论的局限性的重新表述。我们所说的"肯定"的指导包含了对于个人和集体的人类能量的召唤与排序。波兰尼提醒我们，生物的一个特征是能够处理多中心问题，确实，这就是所有"创造性"行动的本质。② 当我们思考艺术家、建筑师以及画家时，这一点是显而易见的。但是当变形虫以最适合于其不断变化的液体环境的方式不安地重新调整其伪足时，我们在最低的层面上看到了生命努力通过解决多中心问题而挣扎求生。

经常有人说，对物权利（也即一般意义上的对世权利，如不受击打的权利）总是"消极的"。这意味着法律可以通过限制某些明显具有破坏性的行为来为创造性行为扫清道路；它不能影响创造行为所涉及的重新秩序化。

在结束讨论"否定"与"肯定"之间的区别问题之前，我想记录下我的信念，即在法律分析中最不令人满意的章节之一是处理这一区别的章节，例如众所周知的渎职和不渎职之间的区别，以及"肯定更容易证明"，因此试图确定肯定命题的一方负有举证责任的断言。讨论此类问题时，我们常常会觉得现实已经给我们贴上了正、负两个标签。如果我们记住，我们总是能够通过加上另一个"不"（not）将否定的转换为肯定的——可以命令瓦格纳女士停止不歌唱，那么情况就不是这样了。我们所认为的肯定和否定行为之间的区别比语法符号更深刻。

---

① Lumley v. Wagner, 1 DeG. M. & G. 604, 42 *Eng. Rep.* 687 (Ch. 1852), reprinted in L. L. Fuller & M. A. Eisenberg, *Basic Contract Law* 783 (3d ed. 1972).
② M. Polanyi, supra note 26, at 176.

八、混合的、寄生的和扭曲的社会秩序形式（包括裁决）

（一）导言

这个结论部分将是粗略的和具有启发性的，没有任何矫饰要彻底地解决本文所提出的问题。

我们不妨再一次提醒大家，不要认为任何混合的或"不纯粹的"裁决形式都会受到谴责。在先前关于三方仲裁的讨论中，我试图说明这种形式可能多么有用，同时提请注意其中所包含的危险和滥用的可能性。

当我说一种秩序形式是寄生的时，我的意思仅仅是，尽管它似乎拥有自己的原始力量，但实际上它从另一种秩序形式中汲取道德给养。在给它贴上"寄生"的标签时，我的谴责并不比植物学家称某种真菌为"寄生"时的谴责更强烈。正如从人类利益的角度来看，真菌有好有坏，因此寄生形式的秩序可能是好的也可能是坏的。

（二）社会秩序化的混合形式（包括裁决和合同）

1. 裁决与调解

在第二次世界大战期间，战时劳工委员会负责修正许多行业的内部工资结构。这项多中心任务不可能通过通常形式的裁决来完成。相反，在听证会之后，董事会的一名成员先是会见了行业代表，然后是工会代表，并就工资表的各种变化向他们征求意见。结果是在行使裁决职能的威胁下，谈判达成了一项调解合同。出于相当明显的原因，这是一个危险的程序，需要乔治·泰勒的技能和相当不受限制地使用公共权力的能力，这是战时经济的特征。① 在和平时期，这类职能通常由工业"沙皇"行使。担任这类职务

---

① See G. W. Taylor, "Effectuating of the Labor Contract Through Arbitration", Address Before the National Academy of Arbitrators (January 14, 1949).

的人通常是从仲裁员开始的,这一事实造成了非常危险的混乱。它误导了许多无知的人,使他们相信"良好的仲裁"涉及行使一种以智慧为导向的无形个人权力。事实上,这些"沙皇"逐渐转变为一种有魅力的领导,其独特的魅力只有在有限的情形下才有效。即使在这种情况下,"扮演上帝"也可能是非常危险的,经验常常证明这一点。

2. 三方仲裁

这种混合形式已经在其他地方进行了相当程度的讨论。

3. 在行使裁决权的威胁下进行协商的义务

一份复杂的长期供应合同规定,要不时对价格进行重新协商,如果无法达成协商,则通过仲裁确定价格。在这里,裁决和合同彼此相互支持。希望订立合同的当事人很难规定,如果他们未能就整个合同达成一致意见,则应由仲裁员撰写合同。分配给仲裁员的职能必须在协议框架内进行,协议的大部分条款是固定的。另一方面,如果没有仲裁的威胁,当事各方可能难以就定期重新协商的条款达成协议。

在实践中,这种合同中的仲裁条款被包括在热切的希望中,即不必使用它;这是为了刺激协商以达成协议。一方面,协商的实质内容很难避免受到当事各方关于诉诸仲裁可能产生何种后果的观念的影响。对于仲裁员(将如何)看待案件方式的预期影响当事方相对的讨价还价能力,并因此影响协商的结果。这种影响可能有损于互惠收益的充分实现。另一方面,如果援引仲裁员的权力,他可以通过询问如果双方当事人对待对方更加公道,协商结果会如何来决定案件。因此,协议的每一方——一方是仲裁员,另一方是当事人——很可能从另外一方那里借用标准。这通常是不可取的,而且不利于充分有效地利用合同或裁决中的任何一种秩序形式。

当双方通过协商解决比价格更复杂的事情时,例如资历或休假条款,该安排的这个缺陷可能会变得更加严重。在这里,当事各方将意识到,如果援引仲裁员的权力,他很可能会根据"标准"或"典型"惯例做出决定,仅仅因为没有其他方式可以使其决定具有合理性。这种对仲裁员处理结果的预期加强了从采用"标准"程序中获益最多的一方的实力,即使当事双方的需求可能会通过偏离该程序得到更好的满足。

(三) 寄生和扭曲的裁决形式

1. 裁决寄生于合同

由于诉讼当事人在裁决中的参与被限制在诉诸裁决者的理性,因此裁决的本质是基于"理性"的标准,即前面讨论的意义上的标准。在某些情况下,设定工资和价格的仲裁可以从市场中获得其"合理性",正如在下述这些情形中一样:(1)在紧急情况下,仲裁员的任务是维护可能受到暂时危机干扰的正常关系。在这里,仲裁员的任务变得越来越"不合理",因为正常模式会随着时间的流逝而变得越来越不合适。(2)对于某个行业的细分市场,仲裁员的任务是维护该细分市场与整个行业的"正常"关系。(3)对于单独一个国家来说,高度依赖于世界市场。

这种裁决性冒险的相对成功导致了许多混乱。我们被告知遵循"瑞典的中间路线",或通过将所有工资提交仲裁来宣布罢工为非法,或将战时如此成功的控制带入和平时期,等等。这些意图良好的建议只能是提提而已,因为提出这些建议的人没有看到他们所赞赏的裁决过程是寄生在合同制度之内的。

2. 合同寄生于司法

工会领导人私底下与雇主达成协议,即工会的每个成员获得每小时5美分的加薪。尽管工会领导人知道公司的财务状况将不允许它承担多于5美分的加薪,但是他们仍然对自己是否有能力向其成员"兜售"5美分的解决方案心存疑虑。因而,他们安排了一次"仲裁"。仲裁员被告知他被授权做出加薪5美分的决定。举行扩大听证会期间,毫无戒心的工会成员满意地听到他们的代表强烈争辩说,他们有权每小时至少获得20美分。仲裁员"深思熟虑"了一个月,并做出每小时加薪5美分的裁决。工会成员不情愿地默许了他们领导人的建议,即在镇上最好的法律人才的帮助下,这是他们获益最多的解决。

在这里,一种秩序形式即合同,没有自力更生的力量;它必须从虚假仲裁中获得力量。在我看来,"寄生"一词在这里完全合适,我会毫不犹豫地加上"扭曲"一词。很明显,如果所有的裁决都被"确定"了,以裁决的形式铸造合同将一事无成。那些利用虚假仲裁的人之所以能够这样做,只是因为他们的榜样并没有被普遍效仿。人们不禁想起叔本华(Schopenhauer)的一句评论:妓女将其讨价还价的能力归功于贤淑女性的克制。

应该指出的是,我所说的案件(此类案件确实发生过)涉及一名仲裁员,其权力来自当事人的协议。法庭审理的模拟或"确定"案件提出了一系列不同的问题。历史上,法庭程序经常被用来确保协议的法律效力。"罚款"和"追偿"是英格兰土地转让的两种模式,是建立在一种无辜的"串通"诉讼基础之上的。回想起来,这种发展似乎是无可争议的,甚至是有益的。现在在里诺(Reno)①和其他地方,将协议转化为具有法律效力的离婚程序还没有获得同样的历史保护色。在一位苏联法官的一本有趣的小书中,作者讲述了他发现收货人向他提起的大量声称铁路部门短缺的诉讼。② 在所有这些案件中,判决都支持了铁路部门,理由是所谓的"短缺"仅仅是某些产品在运输过程中必定自然会发生的耗损。当法官问原告为什么坚持提起此类诉讼时,回答是:"好吧,如果有人对我们库存的数量提出任何疑问,我们认为我们应该得到法院判决的保护。"在这起小事件中,我发现了对苏联的商事裁决虽然间接但却雄辩有力的贡献。如果商事法院大体上不是"公平的"(on the level),那么这种对司法程序的轻微滥用不会起任何作用。

幸运的是,我所提到的这种交叉形式"确定的"劳工裁决是罕见现象。公平地讲,我们必须进一步认识到,在裁决过程中混入合同要素是一个程度问题。即使在最正式和对抗性的陈述中,仲裁人通常也可以仅从对各种问题和论点的相对重视程度中看出当事双方认为可接受的解决方案的一些迹象。这种对言外之意的审慎解读,绝不是对裁决的曲解,反而有助于提高其效力。事实上,所有的人际关系都带有轻微的掩饰成分,但这并不是将掩饰提升到原则层面的理由。

---

① 里诺(Reno)是美国有名的"离婚城市",在内华达州西部,凡欲离婚者,只需在该市住满三个月,即可离婚。——译注
② G. Ivanov, *Notes of a People's Judge* 55-56 (1950).

立法的内在法则

朗·富勒 著
叶一舟* 译

迄今为止，我们在分析制定法的内在（implicit）①元素时，已经分析了那些影响法律解释以及不一致的法律间相互协调的元素。然而，更深层次的问题仍然存在，并触及法律自身的意义。任何立法功能的实践都伴随着特定的默示假设或隐含期待。这些假设或期待所关乎的是立法者活动的产物以及给予这些产物的形式。也许通过一个稍显奇怪的示例，上述观点能得到澄清。假设在一个新建立的国家里，一部成文宪法在经过漫长的讨论后获得了正式通过。这部宪法不仅在起草时得到了非常细致的考虑，并且周全、清晰地规定了谁能够进行立法以及立法机关为了制定对公民具有约束力的法律所必须遵守的规则。我们应假设，这部新宪法规定了最高立法权力应归属于一个特定的立法机关，而该机关的成员由宪法明确规定的选举程序选出。上述所有规则都得到了忠实的遵守。当新立法机关开会时，其做出的第一项决议就是规定其制定的所有法律都应向全体公民保密。此时，该行为在字面意义上对宪法没有任何违反，因为此宪法没有在任何一处

---

* 叶一舟，法学博士，中山大学粤港澳发展研究院副教授，中国法学会立法学研究会理事。
① "implicit"一词具有"含蓄的、不言自明的、隐含的、内含的"之意。因此，根据上下文内容的不同，该词被译为"内在"或"隐含"。——译注

提及法律的公布。就此而言,此宪法与美国宪法类似。

诚然,人们可以说,法律的观念(notion)本身就内含了一种假设,即法律总会以某种方式让公民了解其内容,因而得以知晓法律规定了什么并遵守它。但如此的说法实际上断言了立法过程自身受到一些内在法则(implicit laws)的规制。这一假设显然不能被那些坚称"唯有制定法才是真正的法律"的人所接受。相关的困难也不会随着不公布法律而得以解决。那么,我们应如何看待此种完全无法认识和了解的法律呢?我们又应如何看待包含了内在矛盾以至于将导致其自身无效的法律呢?如何看待准备施加超越人类领悟能力的行为义务的法律呢?以及如何看待宣告一个在做出时完全合法的行为非法的溯及性法律呢?

人们也许可以说,常识以及关于行为得当的日常观念皆排除了出现上述立法反常的可能性。然而,历史却表明这一判断并没有太多依据。例如,溯及既往的刑事法律在很长的一段时间里以及在不同的情境中都曾出现。毫无疑问,倘若某人进行立法的目的是为人们提供引导行为的规则,那么他所立的法律就会面向未来,并且规制那些在相关法律颁布之后才做出的行为。但是,若某人掌握立法权而且希望铲除某个敌人,恐怕没有比通过颁布一项"法律"以宣告此人在上周所做出的行为违法并应依法处以极刑更好的权宜之计了。

此种权力滥用在纳粹治下的德国发展到了无以复加的地步。希特勒政府对相随于立法活动的正常期待进行了规模空前的侵犯。特殊军事法庭在审判被控颠覆罪的公民时,其做出的判决往往完全无视了纳粹自己制定的相关法律条文。因此,德国公民试图通过学习纳粹制定的法律来了解在新政权下能做什么及不能做什么的尝试毫无意义。溯及既往的立法在当时也十分常见。据说,当时通过了许多"秘密法律",尽管不容易知道此事在何种程度上发生,因为纳粹根本不在乎其"法律"的公开性。有些学者坚持认为,即便在希特勒治下所制定的法律就它们的目的而言是完全邪恶的,但它们作为法律的资格与英国或瑞士所制定的法律并无二致。根据当前的分析,此种观点暗示了对于立法权而言,不存在任何内在的限制。换言之,立法活动没有任何内在法则可言。假如此种观点能得到一以贯之的坚持,那就意味着,无论是一整本秘密制定并锁在保险库之内的法条,还是交到适用对象手中并用最简明的当地语言进行表达的一套规则,二者都是法律,并且前者丝毫不亚于后者。

在许多国家都有成文宪法管理和控制法律的制定。这类宪法或许会规定法律要获得效力,就必须采取特定的形式。换言之,这类宪法将会预先规定一些规则,以决定什么样的立法案能被算作法律。当这样的宪法存在时,似乎法院在任何情形下都不能诉诸有关法律性质的不言而喻的理解。此时,宪法作为制定法的一种,其自身作为人定的"高级法"完全能够回答特定的立法案能否被称为法律的问题。

然而,上述试图把人定法从对立法的内在或固有法则的依赖中拯救出来的努力,至少基于以下四个理由必然会失败。第一,那些最为偏离法律的日常观念的荒诞情形,往往是被宪法起草者排除出其考虑范围的情形。最为明显的一个事例即宪法应为公民提供知晓法律之内容的途径,但美国宪法却没有任何条文规定法律公布的事宜。对此种遗漏的解释,或许在维特根斯坦的下述论述中得到了暗示:

> 某人对我说:"教孩子们玩一个游戏。"我教了他们掷骰子赌博。接着,那人对我说:"我指的不是这种游戏。"他向我发出指令的时候,一定事先排除了掷骰子的游戏吗?[1]

发出指令的那个人当然可以如此回应:"我所说的意思显然不包括用骰子赌博,而对此的证明并不是我有意识地排除了它,而是这种'游戏'压根就没有进入过我的考虑范围。在我有意识的设想中,根本就没有预想到这一怪异的结果。"

假若罗马帝国有成文宪法,也难以想象其起草者能够预先考虑到卡利

---

[1] Ludwig Wittgenstein, *Philosophical Investigation*, trans. G. E. M. Anscombe (New York: Macmillan, 1953), p. 33e.

古拉会把他的马任命为执政官,或为了绕过公布法律的规定而把其制定的法令悬挂在高处以至于没有人可以读到它们。

除非宪法的起草者得以假定立法者与其共享一些法律意义上的行为得当和理智之限制的内在观念,否则宪法的起草根本不可能进行。如果宪法的起草者试图预防所有可想象的立法权的非正常行使,那么这部宪法就会如同一座充满怪胎和异兽的博物馆。毫无疑问,很难想象这样的一部宪法具有教化公民的功能或可以作为公民宣誓效忠的恰当对象。

成文宪法无法成功地依靠提前立法化的原则来完全控制立法的第二个理由在于,特定立法与法律的理念是否契合的判断,必须要结合语境才能做出。申言之,一条法律在某个语境下似乎有悖于法律的理念,而在另一个语境下却可能符合法律意义的行为得当的要求。具有溯及力的法律就是一个很好的例子。

如果一条法律是为了给作为其实施对象的公民提供行为指引的话,那么它显然须面向未来运行,即该法律必须告诉公民在其实施后应如何行为,而不是告诉公民在该法律实施前哪些已做出的行为不应做出。新罕布什尔州的宪法起草者在有关立法的章节里加入了一些内容,使得上述严肃、清醒的常识又平添了一分道德愤慨。这些内容如此说道:"溯及既往的法律极其有害、压迫和不公正","因此,无论是基于民事或刑事的需求,都不应制定此类法律"。

如此一来,似乎就可以解决相关问题并把原先只是隐含于日常法律思考的内容转换为明示的制定规则。然而,当法院适用该条款的时候,却遇到了麻烦。让我们来看看下述情形。立法机关制定了一条法律,该法律规定今后的婚姻要具有效力,其婚礼仪式的主持人就必须在仪式后的五天内填写一份州政府提供的表格,并将其交还到指定部门。就在该法律即将生效前,一场火灾烧毁了州政府的印刷办公室,导致州政府在接下来的六个月内都无法提供所需表格。与此同时,立法机关处于休会期间,因此没有法律途径撤销该法律或暂缓其生效。在立法机关再次开会前,数以百计的夫妇完成了婚礼仪式。但根据相关法律,由于无法提交所需表格,他们的婚姻并不具有法律效力,他们在此期间所生的子女亦非合法婚生子女。当立法机关再次开会时,其第一个措施就是通过一条法律溯及既往地补救那些已经缔结的婚姻在法律效力上的缺陷。

实际上,新罕布什尔州最高法院的确面临过类似的情况,即考虑是否有必要赋予此类补救性措施宪法效力,但现实并不如前述假设情形那样具有戏剧性。让新罕布什尔州最高法院备感尴尬的是,尽管相关宪法条款的表述十分清晰、明确,法院仍必须裁定该条款另有他意,某些溯及既往的法律非但不是"极其有害、压迫和不公正"的,反而是无害的、有利的。

基于此种经验,还能延伸出一个立法的建议,即把溯及既往的法律在特定情况下存在的必要性转变为宪法中的明示规则。例如,何不在反对立法溯及既往的条款后加上"……对于以补救法律形式缺陷为目的而制定的法律,此条款不应适用"?

然而,这并不能解决问题。假设一个公民被指控谋杀罪并被依法判处绞刑。审判由一位貌似担任法官一职的人主持。但实际上,由于某些"非常规因素",此人并非合法地担任法官这一职位。毫无疑问,在我们考虑用一条法律溯及既往地确认这名"法官"的权威之前,我们会想要知道更多关于影响其职位的"非常规因素"的信息。而我们只需回想一下希特勒治下的德国所炮制出的众多骇人听闻的法律现象,就能知晓以补救立法为名会做出多少可怕的事情来。在1934年,纳粹党内部正滋生出一股逆流,一些不同意见者显然正向身处慕尼黑的恩斯特·罗姆(Ernst Röhm)靠拢。当希特勒察觉到了这一事态发展后,他及其追随者突袭慕尼黑,并最终射杀了罗姆及大约70名罗姆的支持者。在返回柏林的途中,希特勒宣称其所采取的措施是作为"德意志人民最高司法权力"的行动。事实上,他从未被任命为任何此类职位,那些人也未经任何审判就被处以了死刑。这些"形式上的非常规"很快就被一条法律矫正,从而把前述射杀行为转变为合法的处决。

溯及既往的法律作为一个例子说明了把法律意义上关于行为得当的隐含要求转变为明示的宪法约束有多么困难。在以下例子里,亦可管窥此种困难。有一个古代流传下来的智慧,其起源可以追溯至古罗马法对特权的训诫,即法律应当是普遍的,它们应面向普罗大众或一类人(例如"屋主"),而非个别人士。据此,美国的一些州在它们的宪法中加入了禁止"私人或特别"(private or special)法律的内容。无穷无尽的麻烦由此而生。

此中的麻烦是,私人或针对单人的法律,像溯及既往的法律那样,只有在具体的语境中才能对其进行评判。此处有一个例子表明了无害的、有利的"私人法"是存在的,即存在某项特权,它不仅没有违背合法性的要求,反而是服务于合法性的。假如一个收受贿赂的法官不当裁定了一项专利无效。7年以后,在这位法官的不当行为被发现之前,一个重新组成的法庭重审了此案,并宣告该项专利有效。这使得原先蒙受损失的一方再度获得了该专利,但对这7年里基于该项专利所产生的预期收益的丧失而言于事无补。法庭对此也无能为力,因为他们无权授予或延长专利。授予专利的权力掌握在专利局手里,而专利局依据国会制定的一项法案行使该权力。在这种情况下的救济措施就是由国会制定一项特别法案,将该专利的期限延长7年。由于美国宪法恰好没有包含禁止特别或私人立法的一般性条款——这一条款的缺失具有历史成因,造成了不少在州宪法之下不可能出现的权力滥用,①因而不存在任何宪法上的困难。

现在,让我们回忆一下目前所讨论的核心问题,即成文宪法在何种程度上能使我们无须求助于那些以规制立法活动或限制政府权力为目标且端赖于广为接受的法治政府构想的内在法则。首先,我们已经指出,让宪法的起草者尝试预防所有千奇百怪、违背相随于政府权力行使的正常期待的行为,既不可能,也往往不可欲。一项要求执政官一职须由人类而不是马匹担任的条款,无论出现在哪部宪法里都会显得十分奇怪。其次,我们还进一步发现,一些特定的立法虽然偏离了立法活动的惯常实践,例如那些溯及既往的、特别的或针对个人的法律,尽管在大部分语境下都是完全不被允许的,却可能在某些情形中的的确确满足了合法性与公平性的要求。

对于宪法的前瞻性而言,它还受到第三个方面的限制,即难以预先考虑

---

① See Joseph Borkin, *The Corrupt Judge*, New York: Potter, 1962, pp.23-93.

到可能出现的紧急情况，以及预见到在日常实践中需做出怎样的修改才能应对这些情况。一个关于法律的显而易见的道理，就是法律应当被公布并让所有受其规制的主体都能知晓其内容。为了实现这一点，在成文宪法里的一个自然做法是规定一些公布的形式，并为法律的生效附加条件，例如规定在相关法律首次公布一周之后才生效，从而让信息有足够的时间传播。此种延迟法律生效的规定，在正常情况下是有利的，但却可能在国家突然进入紧急状态时变得十分糟糕。与此同时，延迟法律生效时间的做法在上述条件下也可能变得毫无意义。因为所有人都在关注立法机关接下来的举动，消息的传播将会十分迅速。

正如我们所知，一些宪法会授予政府宣布国家进入紧急状态的权力。在这种官方宣布的紧急状态下，宪法对政府权力施加的一些特定制约被悬置。在历史上，与此类条款相关的经历并不令人愉快。然而，颇为矛盾的是，绝大多数公民欣然接受了以隐含的必要性作为摆脱宪法制约的基础，而非以某种明示的方式授予权威，以致给予暴政白纸黑字的合法性证明。

关于成文宪法为何不可避免地要求助于法律意义的得当行为及有序管治的内在或不成文原则，此处还有第四个也是最后一个理由。该理由建立在一个简单的事实之上，即在宪法得到适用之前，它首先需要被解释。到目前为止，我们的讨论都假设了宪法解释这一至关重要的任务是由一般法院来承担的，正如美国一直以来所做的那样。然而，在一些成文宪法国家里，宪法的解释权被交由特别成立的宪法法院甚至立法机关自己行使，从而肩负解释自身权力界限的任务。就当下讨论的目的而言，我们只需认识到，无论哪个机构肩负解释宪法的任务，当该任务被认真对待时，其所呈现出来的问题在本质上是相同的。

我们先前已经指出，把法官解释法律的过程设想为仅仅是把立法机关放入文本中的意义提取出来的想法是多么大的错误。假定有一条法律禁止车辆进入公园，而我们注意到，为了决定该法律的效力范围，法庭必须问自己：公园到底是用来干什么的？对此问题的回答在很大程度上必须来自一些或许被称为隐含渊源的内容，例如共同体的态度、实践以及一些关于公园空间最佳使用方式的共同设想。基于上述考虑,不仅制定法不能脱离它投射于其中的动态生活,宪法的解释亦是如此,因而任何类似的设想都是无用的。

在美国,对此的最佳示例关涉到整个宪法体系的核心要素,即法院宣布制定法违宪的权力。这一至关重要的权力被授予司法,并非基于宪法的文字规定。其在宪法文字上的依据,顶多来自一些原本面向其他主题的间接含义。然而,此项权力最牢靠的基础并非宪法文本,而毋宁是一种暗含于由宪法建立起的整个政府框架之中的必要性。此种考量在涉及国会立法与州立法相冲突的案件中十分常见,即由法院来划定联邦权力与州权力的管辖权分野。缺乏这一司法权力,很难想象美国的联邦体系如何能运转得起来。可以说,该权力因必须存在而存在。

任何现代的政府结构都包含一个由相互联系、相互补充的权力组成的复杂体系,而这些权力必须通过某种方式相互保持一致。对此,最为明显且诱人的方式是把这些权力全部都归于一个中央专制权力之下。当然,这一方式也意味着宪法之治的终结。从另一个方面来看,没有宪法起草者能够预见哪些摩擦点在未来会得到进一步发展,以至于其创制的结构感受到由一系列新需求所带来的张力。对此的解决方式必须来自于宪法解释,该解释尊重宪法文本却又不唯文本是从,而是尊重文本意欲表达却又未明示的、关于有序及得当政府的理念。

当某人反思现代宪法的复杂性及其对解释和实施者的正直、判断力与洞察力的可悲的依赖时,或许会几近倾向于盼望回到专制君王统治的简单岁月。在那样的岁月里,统治者言出即法,除此之外再也没有其他什么事情。那时正是制定法的全盛时期,人类的命令即可创造法律,而无论是成文法抑或是不成文法,都不涉及所谓的"立法的法则"。又或者说,从我们的角度来看似乎是这样的。然而,现实却复杂得多。

我们早已指出,梅因所言的法律进展的最后一个阶段,即立法,绝对不是一夜之间就出现的。① 此中所要面对的首要风险是不确定性和不连续

---

① The reference is to Sir Henry Maine, *Ancient Law: Its Connection with the Early History of Society and Its Relation to Modern Ideas*, 10th ed. (London: John Murray, 1884), Chapter II.

性。此"绝对"君王或许能够命令一个老百姓为其献出生命,但却不能当然地得出结论说他能够或认为自己能够发出命令,对婚姻的一般法律进行根本性的修订。再者,倘若他有意愿进行此般广泛的立法,他身边的一些饱学之士或教士将会告诉他在立法活动中如何行为才是"合法的"。

无论如何,对于君主的立法活动而言,最重要的"非制定性"约束在于下述事实,即他的统治必然会走向终结。假如他如此之幸运,能够在王位上寿终正寝,那么肯定会有某种方式指定其王位继承人。毫无疑问,与认为唯有制定法是真正的法的理论相一致的一个原则是,立法者自身有权指定其继承者。在历史的进程中,此类规则曾经不时地出现,但却从未得到笃定的接受,因为处于权力全盛时期的人并不喜欢竞争对手,即便是由其亲自选定的。而即使是在统治者日薄西山之际,也无法指望他们能很好地选定王位继承者,因为他不大可能意识到选定王位继承人的时刻已然到来。

在实践中,继承者的选定通常取决于某些与即将离去的君主之间的明确关系。如果这种关系是简单的,例如嫡长子,那么由于被指定的继承者不存在或不能胜任,相关规则就可能存在缺陷。如果相关规则很复杂,涵盖了范围广泛的各种关系,那么就极易引起纠纷及内战。但是,无论继承的规则是怎样的,它永远不会仅仅是一条制定的或颁布的规则。它必须依赖于某种对抵御混乱的制度性屏障的确切需求,并且其条款往往不在颁布的法律之中,而是在某种传统之中。此种传统不仅被广为接受,而且被关乎其根本正当性的普遍信念巩固加强。

如果君主在去世前就被取代,君主制下的立法原则便面临最为严重的危机。此种王位更迭或其威胁,有着各种各样的发生方式。一个由政界元老组成的、自我任命的委员会,或许在没有先例的支持下,宣布某人已无法再胜任王位;觊觎王位者揭露在位者的执政依据存在明显瑕疵,并主张王位应当归自己所有;一股叛逆派系试图以武装力量罢黜在位的统治者。历史学家很可能会把这些事情全然解释成为了争夺权力而进行的斗争。然而,这些斗争往往都伴随着正当性主张,斗争双方通常会假称从内在的法则中获得支持。这些主张当中往往有许多似是而非的地方。但事实上这些主张确实被提出,而当尘埃落定之时,以这些主张之名所做出的特定行为则倾向于成为对胜利一方的约束。申言之,当胜利的一方以法律之名实现了其目的时,他也就为自己施加了遵守法律道德原则的义务。实际上,他与臣民之间已然达成一个默示协定(tacit agreement):在制定法律时适当注意我们所称的立法的内在法则。

在结束对制定法的内在因素所进行的探讨前,还有最后一个问题值得我们花一点时间思考。此问题产生于下述情形。一个政府在被武力推翻后,叛乱一方在掌权后的6个月里,废除了许多旧政权制定的法律,并代之以颁布的新法。然而,原先的政府又东山再起,重新夺回了政权。此时,是什么法律支配着那些在叛乱势力控制政府的6个月里发生的事情呢?例如,对于在反叛势力管治期间基于新颁布的婚姻法所缔结的婚姻而言,所诞下的孩子是否会在旧政府重新掌权后变成私生子?如果我们宣告这些婚姻具有法律效力,那么我们是否也要支持反叛政府基于新法做出的所有没收财产的行为都有效?

这些都是十分复杂的问题,并且在历史上的不同时期都发生过。战后德国在清算希特勒统治期间的法律滥用时所面临的困难,总能提醒我们,这些问题有多让人烦恼。从另一个方面来看,发生在德国的事情或许很容易误导我们,让我们以为只有某些极度扭曲日常道德价值的行为才会导致上述问题的产生。但实际情况却远非如此。

在"二战"结束前夕,正当德国军队被驱赶出法国的时候,出现了管治权的真空,亟待某种方式予以填补。为此,法国人组织起了一个临时政府。人们志愿担任市长或法官,正如普通公民在某些紧急情况中可以自己主动承担起交通警察的角色一样。此时,临时法庭被设立,并对被控勾结德军的人进行审判。在此期间发生的事情或许用意是好的,然而权力滥用的情况必然会出现。当一个更为有序的政府得以建立时,它面临的任务就是收拾法律上的烂摊子,对行为的法律效力进行确认或撤销。例如,有些行为虽然不符合常规,但也对其效力进行了确认;另一些行为尽管表面上尊重法律的形式,亦要予以撤销。

在 19 世纪 40 年代，罗得岛州经历了颇为相似的情形。在一场被称为"多尔叛乱"(Dorr's Rebellion)的鲜有人记得的内战中，这个小小的共同体当中一度出现了两个相互对抗的政府，两个政府都有各自的成文宪法，并且都是经过投票上台的，尽管在时间及选民组成上各有不同。当双方的分歧最终被解决时，遗留下了"剪不断、理还乱"的法律问题，就如同任何无法说清谁有权威进行立法而谁又没有的时期所产生的问题一样。即便在罗得岛的事件中并没有发生严重的流血伤亡，双方阵营里也没有什么不折不扣的恶人出现，但这没有让问题变得更为简单。

反思在历史上出现的这些超出人们日常经验范围的事件，能够给予我们许多关于法律的重要经验教训。这些经验教训至少有以下三条。第一，正常的立法过程基于各种各样的原因，往往会失灵或陷入含混之中。第二，对于引导社会重新回归到一种合法性可期的状态而言，断言只有制定法才是真正的法律的哲学并不能提供任何指引。这种哲学是在社会完成上述回归后才能享受到的奢侈。第三，用以完成上述回归的法律手段，必然包含那些在正常条件下完全应受谴责的手段。在这些手段里，最不可或缺的是溯及既往的法律，而其被新罕布什尔州的宪法斥为"极其有害、压迫和不公正"。借用沃尔特·贝格霍的话，或许可以说，引领我们重返合法性的阶梯在一开头并不平整。①

---

① See Walter Bagehot, *Physics and Politics* (Boston: Beacon Press, 1956), p.106.

美国法律现实主义*

朗·富勒 著
马 驰** 译

美国法律思想界的现实主义运动①（Realist Movement）在过去的5年内可谓盛极一时。无疑,其兴盛的征兆早在20世纪初就出现了。现实主义者自己认为该运动起源于霍姆斯法官1897年发表的一次演讲。②早在1912年,就已经出现了对现实主义观点的系统阐述,尽管几乎没有人注意到。③这些征兆至少充分地描绘出了现实主义运动的历史形象,说明其并非无根

---

* 杜克大学的富勒于1935年获得亨利·M.菲利普斯奖,以表彰其在法律科学与法律哲学领域的著作,本文便是其获奖作品。本文于1934年3月由《宾夕法尼亚大学法律评论》(*University of Pennsylvania Law Review*)刊出。
** 马驰,天津商业大学法学院副教授。感谢冯静对本文注释的初译。
① 一本关于美国法律现实主义的好书目,见Llewellyn,"Some Realism about Realism"(1931),44 *Harv. L. Rev.* pp. 1222,1257-1259。也许应该指出,美国的法律现实主义与美国哲学领域的新现实主义运动没有任何可追溯的联系。相反,用现代通用的术语来说,法律现实主义的拥护者最倾向于一种可被称为唯心主义(idealistic)的认识论。这种倾向在宾汉姆、库克、弗兰克和卢埃林那里(略有区别)体现得尤为明显。
  另一方面,法律现实主义与过去10年美国经济学、社会学和政治学学者运用的各种"描述性"和"制度性"方法有着密切的联系。与近年来所有这些运动一样,它从被称为行为心理学的生活哲学中获得了很多东西。
② See Holmes,"The Path of the Law",*Collected Legal Papers*(1921),p. 167.
③ See Bingham,"What is the Law?"(1912),II *Mich. L. Rev.*,I,p. 109。在宾汉姆早期的文章中,我们找到了现实主义方法的核心,而将宾汉姆与现代现实主义学派的学者相提并论则是不公平的。在我看来,二者的主要区别是,无论明示还是暗示,宾汉姆都没有选边站。他试图拓宽法律学者的研究领域,没有排除任何可能性。他的方法和最近的法律现实主义支持者的方法之间的关系,类似于早期实验心理学家和现代（转下页）

之木。不过直到最近,现实主义观点才开始点燃法律学者们的想象力,促使他们步调一致地发声———一句话,它已经变成了一场运动。

尽管如此,这场运动依然明显表现出急促发展导致的不足之处。运动的持续性很大程度上依赖于对其未来的透支。这场运动已经有了一些行动宣言或计划,也有一些有关恰当"方法"(approach)的讨论——在大多数情况下,这种方法距离其要解决的问题还有不少差距。最近也出现了一些这类方法的广泛运用。但是,我们仍然缺乏一部全面综合的著作,既描述法律现实主义的方法,又运用这种方法,以至于能够将之作为法律现实主义方法的展出品或模范。必须承认,我们还没有什么成就能够与惹尼(Gény)四卷本的《实在私法的科学与技术》①相提并论,后者为欧洲的法律方法(legal method)改革运动画上了圆满的句号。

最接近该成就的方法可以在卢埃林(Llewellyn)教授最近出版的新书中找到,②也正是这本书触动了本文的写作。本文虽说是对法律现实主义的一般性评论,但其核心仍然集中在卢埃林教授的这本书上。之所以采用这种处理方式,我是有充足理由的。正如现实主义者自己坚持的那样,并没有什么现实主义的"学派"。③现实主义运动包含许多观点,既有其左翼,又有其右翼。在一篇评论文章中,任何将该运动视为整体来批评的尝试,均会因特定现实主义者限定的不同侧重点而土崩瓦解。另一方面,在将注意力集中于单一著作的情况下,我们或许可以获得一个稳妥的起始点,从此出发了解运动的全貌。在我看来,有理由将卢埃林视为运动中最具代表性的人

(接上页)行为主义者之间的关系。早期的实验心理学家坚持认为肌肉的反应应该被研究;行为主义者则坚持认为除此之外没有其他东西值得研究。宾汉姆坚持认为,我们应该观察法官的实际行为,而不是假定他们的行为与他们所说的完全一致;法律现实主义的左翼人士似乎认为,对官员行为的中立观察构成了法律科学的全部。

① See François Gény, *Science et Technique en droit privé positif*, pp. 1913-1924.
② See Llewellyn, *Präjudizienrecht und Rechtsprechung in Amerika, Eine Spruchauswahl mit Besprechung* (1933). 对这本书的评论出现在本文的其他地方。
③ See Llewellyn, "Some Realism about Realism"(1931), 44 *Harv. L. Rev.* p. 1254; Yntema, "The Rational Basis of Legal Science"(1931), 31 *Col. L. Rev.* p. 925. 如果在这篇文章中,我一不小心提到"现实主义学派",那么被冒犯的现实主义者定会要求我用"运动"来代替"学派"。然而现实主义者们不要忘记,大多数学派都是由那些声明自己并不打算将自己的教义宗派化的人创立的。

物。首先，尽管其任性的文风带给人异样的影响，但卢埃林并不极端，他的现实主义明显属于中间派。其次，卢埃林著述颇丰，其文字基本构成了对现实主义观点的全面展示。最后，与其他现实主义者不同的是，卢埃林愿意展示出其方法中所隐含的前提。他更像是一位哲学家，因为他具备一种智力上的诚实，足以展现其思想中隐藏起来的精神——至少大多数时候如此。

安德希尔·摩尔（Underhill Moore）教授所提倡的"制度方法"（institutional approach）为现实主义运动带来了一次重要且及时（在一些方面）的转机，当然应当在所有对现实主义运动的评议中占有一席之地。虽然卢埃林的文字显露出其对制度方法的同情，但摩尔的贡献仍然别具一格。相应地，本文将专门留出一部分来分析摩尔的研究。[①]

在下文中，我并不打算展示出现实主义运动乃至卢埃林和摩尔所提出的所有问题，[②]我将选择那些与该运动整体上关系最为密切的问题。正如我已经说明的那样，虽然文章的核心在于卢埃林的著作（摩尔作为补充），但我依然认为，在加上一些限定和强调的情况下，我所主张的内容可以适用于其他法律现实主义者的立场。

法律的确定性

卢埃林新书中最有趣也最具洞察力的部分是有关法律确定性的问

---

① 见下文第 223 页。（指原文第 223 页，并非指本书第 223 页。——译注）
② 读者将会在柯亨、狄金森和庞德的文章中发现对现实主义运动有价值并且较为全面的批评。见 Cohen, *Law and the Social Order* (1933), pp. 198-247, 357-362; Dickinson, "Legal Rules: Their Function in the Process of Decision, Their Application and Elaboration"(1931), 79 *U. of Pa. L. Rev.* pp. 833, 1052; Pound, "The Call for a Realist Jurisprudence"(1931), 44 *Harv. L. Rev.* p.697. 卢埃林对庞德的批评（他称之为"现实主义的"）的回应，在我看来似乎是现实主义的对立面。见 Llewellyn,"Some Realism about Realism". 卢埃林对庞德批评的反驳如下：(1)现实主义者从来没有用这么多的语言表达过庞德从他们的著作中得出的含义。(2)当一个现实主义者阅读他自己的文章时，并没有发现其中的这些含义。使用这种方法能够证明什么，实在耐人寻味。人们可以证明美国哲学领域的新现实主义运动对认识论不感兴趣，《新约》在本质上与《旧约》没有任何矛盾，甚至可以证明庞德本人在不断控诉黑格尔主义这件事上是无辜的。

题。① 他并没有如同一些现实主义者那样,嘲讽该问题的存在。在他看来,对法律确定性的要求并不止于 20 世纪思想中毫无价值的、孩童式的任性。法律确定性被当作真正的社会价值,探究判例法是否具有其被声称的确定性,对于判断判例法体系的优点来说意义重大。

卢埃林认为如下两者必须泾渭分明:(1)司法判决的可预测性。(2)预测所依赖的材料的可获取性。② 前者关乎法律的确定性,后者关乎法律的"体系"。法律可以被体系化至一个非常高的程度——以至于(比如说)法律人可以立刻获取法典的相关部分——同时却不会导致人们能够准确无误地预测司法活动的后果。另一方面(这或许是判例法的特质),尽管预测所依赖的多样材料难以获取,却不导致预测缺乏高度的准确性。

将上述两种观念加以分离很有意义。这种假定的确有些过于想当然了:"体系"必然导致可预测性;没有高度发达的体系性,可预测性便无法实现。另一方面,我认为卢埃林在主张上述区分方面走得有点远了。毫无疑问,体系总体上依然不仅仅是一种与判决过程没有联系的索引装置。事情的关键在于,一种完全与司法过程无关的索引体系,将因其自身有限的目的必然走向失败,这难道不是事实吗?

卢埃林的区分呈现出的另一个更为重要的确定性问题是针对律师的确定性和针对外行的确定性。针对律师的确定性意味着司法活动的可预测性。人们常常认为在这个问题上外行的兴趣与法律人没有差别。但卢埃林认为并非如此。我将他的论证翻译如下:

> 关于法律人,就说这么多。在我看来,外行所要求的法律确定性具有不可比拟的重要性。……不要忘记,普通人不单依靠法律规范(legal norms)指引自己的行动,还依靠其他社会规范。通常来说,这些社会规

---

① Llewellyn, *Präjudizienrecht und Rechtsprechung in Amerika, Eine Spruchauswahl mit Besprechung* (1933), pp. 55-61.
② Llewellyn, *Präjudizienrecht und Rechtsprechung in Amerika, Eine Spruchauswahl mit Besprechung* (1933), p. 60.

范与法律规范的确相似,但很少完全一样。法律规则(legal rules)很少能指引生活。另一方面,虽然法律人已经建立了许多法律规则,但社会规范的再造和革新却不会因此而停止。……商业活动和针对外行的法律确定性并不在于如下事实:律师能够预测法律诉讼的结果。……这种可计算性对于外行并不重要,对于外行来说,它只是特定诉讼活动中的法律确定性。外行的法律确定性毋宁说在于这一事实:他所参与的交易如果进入诉讼,该交易将按照审慎人(特定情况下审慎的外行)所预计的那样被判决,如果在这场未预见争议的刚发生时他就有预计的话。①

针对外行的确定性不是司法判决的可预测性,而是法律规则与生活方式之间的协调(congruence)。②

进言之,除非法律规则时常变动,否则这类确定性便不能实现。如果法律规则要与世俗的方式协调一致,法律规则就得不断重塑,因为社会规范就是变动不居的。③

---

① Llewellyn, *Präjudizienrecht und Rechtsprechung in Amerika, Eine Spruchauswahl mit Besprechung* (1933), p.58.[如果用"确定性"这个词去描述这里涉及的概念似乎不太恰当,那么应该说,卢埃林使用的是德语中的 Sicherheit 这个词,这个词的内涵比"确定性"更广泛,可以在这里被翻译成"安定性"(security)。]
② 这里的措辞是我使用的,不是卢埃林。我用"congruence"(协调)而不是"correspondence"(一致),是因为我认为卢埃林并不坚持法律规则的制定方式应该与社会规范相同,而仅仅认为它们最终有相同的参照点,即它们"最终会趋于相同"。
③ 见 Llewellyn, *Präjudizienrecht und Rechtsprechung in Amerika, Eine Spruchauswahl mit Besprechung* (1933),第83页。卢埃林承认,在商业交易的每一步都由法律顾问指导的情况下,两种确定性(对于外行的确定性和对于法律人的确定性)往往会结合在一起。这里所说的确定性是法律人的确定性的反映。卢埃林进而指出,在那些由法律人提供指导已是惯例的情形中,法律规则和社会规范之间不存在缺乏一致的巨大危险。法律专业人士被迫在这里深入了解不断变化的社会关系,这种职业的共同见解至少在某种程度上会倾向于使法律与生活保持一致。在由法律人提供指导的交易领域,存在着一种双重的安全防范机制。即使世俗的方式与法律之间缺乏一致,通过法律人的指导,交易仍然能够免受损失。但也不太可能缺乏这种一致,因为这里的法律专业人士不可能对生活的要求一无所知。在通常未经法律咨询而进行的交易中,双重安全防范均不存在。在法律人指导的交易领域,法律和生活之间缺乏一致的状况不太会出现,卢埃林对此还补充过另一个原因。法律人的保守会阻碍这些领域的社会变革,这难道是不可能的吗?所有这些讨论让人想起了耶林的一个评论,即罗马法尽管极具技术性,(转下页)

区分外行人的确定性和法律人的确定性,在我看来是非常有益的,我不再展开更多批评,只表达一点质疑:外行规范是否真如卢埃林所认为的那样清晰和确定,以至于断定法律和生活方式相协调这件事并没有他所想象的那般轻而易举?①

然而,有关法律的确定性,还有一个卢埃林完全未讨论的问题,在我看来却值得详考。这个问题是,按照法律现实主义学派推荐法院所采纳的方法,究竟是什么导致了法律的确定性(即法律人的确定性)。现实主义学派常常回避这个问题,不是因为这个问题让他们感到尴尬,而是因为他们认为这个问题并不重要。现实主义者告诉我们,真正明智和正常的人在遇到生活的麻烦和多变时总会采取积极乐观的态度,将生活中的不安当作其最有魅力的面向。② 这似乎暗示,为了使得人们远离心理压抑,法律的不确定性不但不是忧虑的来源,反而是愉悦的来源。

我已经指出,卢埃林并没有接受这种左翼论调。相反,他似乎略带迟疑地主张,他自己的方法产生的确定性要高于由法院通常接受的方法而产生的确定性。③ 在我看来,卢埃林和其他法律现实主义者并没有重视这一足以给予传统方法强烈打击的论证。

传统方法的一个主要特征是,它认为与法律相关联的领域十分有限。只有某些类型的论证和某些推理过程,在性质上才是"法律的"。其他论证和其他推理模式,即便与判决相关,甚至已经作为辅助被判决所考虑,也依旧是"法律外的"或"非技术化的"考虑,仅仅是"政策"的论证。比起"法律

(接上页)却依然行之有效,原因在于法律人(律师)无处不在,他们的服务向所有人开放,而且是免费的。在不太可能有法律咨询的情况下(例如在战场上),法律的各种要求则付之阙如。见 Ihering, *Geist desrömischen Rechts* (7th ed. 1923), II. 2417.

① 安德希尔·摩尔在银行法领域中为确定这种协调性的程度所做的英勇尝试,证明了这项任务的困难程度。见 Moore, Sussman, "Legal and Institutional Methods Applied to the Debiting of Direct Discounts"(1931), 40 *Yale L. J.* pp. 381, 555, 752, 928, 1055, 1219. 尽管这种方法很精细,但在我看来,这项研究的结果仍然没有定论。

② See Frank, *Law and the Modern Mind* (1930), p.17.

③ 在第 55 条(见 Llewellyn, *Präjudizienrecht und Rechtsprechung in Amerika, Eine Spruchauswahl mit Besprechung*)的末尾,他谨慎地断言,比起一般采用的方法,他所主张的更自由的判决方法将产生更"有效的"(effective)法律确定性。此一主张之前还有一种说法,即更自由的方法不会"危及"(endanger)法律确定性。

上"的考虑,它们明显是微不足道的。现实主义学派的一个主要贡献在于扩大了法律相关的领域,并且尊重"法律外的"考虑。① 在我看来,这显然也可以作为其在法律确定性原因方面的贡献。

传统的方法为法官提供了一系列法律概念,并且对他说:"这些就是构筑你判决的材料。我们明白,在获得判决的过程中,你已经受到了诸多考量的影响,它们中的很多内容与这些材料无关。我们情愿对此视而不见。但我们坚持认为,你一旦实施实际的构筑工作,就必须将自己限制在这些材料里。"但是,假如材料并没有提供充足的规程和装置以构筑原定的结构,此时会发生什么呢?原定计划会被修改吗?或者法官会直接打破禁忌,从其他地方获得他需要的东西吗?这便是许多法律不确定现象的来源。这种不确定可直接归因于"传统方法"所强加的限制。②

在一本宣示自由法学运动(free law movement)的小册子中,康特洛维茨(Kantorowicz)对 torture 的两种含义进行了比较:作为"曲解"的意思,是说现代法官为了他们认为恰当且方便的后果而歪曲法典;作为其字面意义的"酷刑",是指中世纪法官对刑事被告进行折磨。③ 两种现象间存在着一种令人惊讶的相似关系。中世纪时,人们惧怕且不信任法官,特别是刑事案件中的法官,授予法官自由裁量权被认为是危险的。法律在表达对法官普遍不信任的同时,要求法官只有在以特定方式证明罪过存在的情况下——主要是依靠忏悔——才能判决被告有罪。这是为了保证任何人都不得被定罪,除非能够清楚地证明其罪过。这是当时的理论说辞,但其实际做法如今更加广为人知。事实上发生的事情是,法官的首要任务是考虑被告是否有

---

① 当然,把这种态度上的改变完全归功于现实主义学派的看法是愚蠢的。
② 卢埃林本人在"传统方法"中已经认识到了这种不确定的来源。1931 年,他写道:"但目前相当一部分不可预测性肯定是由于法院使用官方准则(official formulas),而这些准则只在一定时间内符合事实的要求。有时事实获胜,有时是准则。"见 Llewellyn, "Some Realism about Rrealism" (1931), 44 *Harv. L. Rev.* p.1241, n.45。这一想法在他最近作品的注释也有所现。见 Llewellyn, *Präjudizienrecht und Rechtsprechung in Amerika, Eine Spruchauswahl mit Besprechung* (1933), p.77, n.3。值得注意的是,在上述两个例证中,对该问题的讨论都被放在脚注中。
③ See Gnaeus Flavius (H. U. Kantorowicz), *Der Kampf um die Rechtswissenschaft* (1906), p.49。

罪过——依据彼时所谓法律外的证据。如果法官的决定对被告不利，被告将被放置于拷问台上，并被强迫招供，也即忏悔，而忏悔便是在法律上可接受的证明其罪过的证据。

传统的法律方法要求现代法官实施类似的矫揉造作。法官在诉讼中常常要以"非技术"的考量为基础来决定案件。然后，法官不是将这些材料放置于拷问台，而是放置于"曲解"的智力工具中——如拟制、类比（analogy）和"理论"——他曲解法典或其他原理，使之成为其判决法律可接受的基础。通过允许法官可以更为自由地认定证据的充分性，中世纪的酷刑制度寿终正寝。如果我们愿意接受那些真正主导判决的"非技术"考量足以证成判决，那么法院对法律原理的智力曲解也将消散。

新千年的到来，带来的不仅是我们对待法律原理的人道主义变革，我认为必定还包括预测司法时更大的确定性。在将法律原理放置到拷问台的过程中，还存在不少中世纪制度不曾包括的障碍。法律原理有时非常棘手。尽管我们勤奋而多谋，它却牙关紧闭。对于现代法官来说，不同于其中世纪的前辈，他有一项令人生厌的使命，即必须将曲解的过程以书面描述的形式记录在案。这为我们的智力调查制造了障碍。所有这些均增加了司法程序中的不确定性。

在普通私有财产课程中，学生将会接触到一些用于获知"占有"观念的案例——其中尤其会涉及野生动物方面的法律，例如有关被捕获的鲸鱼或狐狸之类的案件。① 当这些案例中所包含的原理彻底被学生消化后，教师将再设计一系列假想案例——好像是要提升一下水准——以检验学生对相关法律原理掌握的牢靠程度。一个值得记住的案例是这样的：甲乙二人碰巧在同一片沼泽打猎，两人均未意识到对方的存在。甲射中了一种鸭子，鸭子落地后却让乙逮个正着。鸭子究竟归谁？我曾在我的课堂上讲过这个案例，学生们的意见通常会有较大的分歧。一组学生坚定地支持"法律原则"（legal principle），认定乙应该获得鸭子，因为只有他具备控制权（power to

---

① 在我看来不难证明的是，美国的法学院花在教授猎狐的法学知识上的钱，比花在真正追求这项古老而有价值的运动本身上的钱还要多。

control)的构成要件。另一组学生认为甲应该获得鸭子,虽然他们无法准确地表达自己的理由,却有些怀疑乙是否有占有的意图。在讨论进行一段时间后,我会将讨论拉回实践:"假如你对法律一无所知,从未读过案例书中的任何一个案例,你说鸭子该归谁?"一方观点立即垮台,一致意见完全形成。当然是甲的鸭子。为什么?因为鸭子是他射杀的。

我在这里并不是要主张说,这是一个决定判决的恰当推理(无论是法律内的还是法律外的),尽管我认为在打磨之后,它或许可以为有利于甲的判决提供辅助论证。我也不是要主张不准确的直觉可以作为司法判决恰当的基础。我想说的是,从法律确定性的观点看,完全不去寻求理性化(rationalization)或许要好过一个很差劲的理性化。当然,法律学者们通常会留意到仓促体系化过程中存在的危险。不过,通常认为这种危险仅仅来源于此种可能性:体系可能在个案中运转困难。人们通常觉得即便是坏的体系,也会因为更高的确定性而具备补偿式的优点。[①] 这种假定完全是错误的。在这个例子中,我所给出的"法律理论"根本无法产生确定性,反而消解了已经存在的确定性和一致意见。在其他法律领域中,情况又何尝不是如此呢?

当律师们聚在一起非正式地讨论一个正由法院审理的案件可能的结果时,他们的讨论将围绕什么展开?(我假设该案并非公法案件,没有政治意味。)他们讨论法官对商业政策的认识,抑或法官的政治哲学吗?或是说如果法官是个外行,他会怎么判决?他们也许会讨论这些问题,也许不会。更为可能的是,他们的讨论将会是这类问题:法官将采取"技术性"的考量,还是对"非技术"的考量让步?这正是不确定的来源。[②]

或许我可以用一个比喻总结我的讨论。假设你将一只动物圈养在一处

[①] 这一观点在许多美国法律研究机构所做的法律重述(Restatement)中均不鲜见。哈维格斯特(Havighurst)教授曾指出,法律重述在如上所述的司法程序中所产生的压力,将导致不确定性。见 Havighurst, "The Restatement of the Law of Contracts"(1933), 27 *Ill. L. Rev*, pp. 910, 917。

[②] 当然,我也知道,在一个更自由和更现实的法律方法概念下,这种问题将仍然存在,尽管程度不那么严重。例如,在解释形式要求时,对于如何严格适用一项要求,总是存在意见分歧的余地。

你认为可靠的狭小兽圈内,而这只小动物总是在尽力逃脱。没有方法可预测它是否能够成功逃脱,也没有方法可预测如果能逃脱它会跑到何处。如果你把这只动物放到一个更大的兽圈内,它将甘愿留在这个兽圈内。如果你常常近距离地研究这只动物的习性,你就能掌握它在兽圈内的活动规律。在我看来,我们要给法官一个更大的圈养空间。现实主义者正在推动这件事,他们也应该意识到,他们的工作使得法官成为更加有迹可循和可预测的"动物"。

传统方法让"非技术"考量沾上污名。我已经说明,这种做法将导致不确定,因为当法官决定彻底打破强加给他的禁忌时,我们便无法预测他的行动了。这种做法还在另一个意义上导致了不确定。它妨碍了"非技术"考量被谈论和书写,进而妨碍了它们的理性化和体系化。

在我们都市的中心,法官的审判工作常常是专门化的。一个法官只处理刑事案件,另一个法官只处理家事案件,如此等等。随着时间的推移,或许有必要让处理此类案件的法官去处理另一类他并不熟悉的案件。这一定会让出庭律师们感到惊慌,因为他们知道在一定时间内自己将处于法律的不确定之中。当然,这或许是因为法官对法律原理的生疏,更有可能是因为法官对法律原理所适用的实践表象的生疏。通常来说,并没有方法让法官掌握这种表象——这里法律与生活相互妥协——除非他重走其前任的历程。法官依据裁判方法开展工作,还伴随着在字里行间阅读时所不可避免的误读。同时,当事人将有可能被恣意对待,法律的确定性因此受损。在这种情况下,法律现实主义所主张的法律方法将识别出这些表象和在法律科学范围内的妥协,从而排除这种不确定。如果这些东西能够被谈论和书写,法官或许就不必以那种不确定且痛苦的方式来获知它们了。不仅如此,如果这些东西能够被公开讨论,我们将处于一个能够对其进行理性和深刻评价的状态中,这种评价将产生更多的确定性,也为当事人带来更多的公正。

当然,我也知道,实践中总是有一些琐碎情况无法进入书本中。造成这种状况的原因有很多。但是,事实上仍然有一些东西没有被谈论,没有进入书本中,其理由非常迂腐,即它们不被认为是法律——虽然可以承认它们对司法判决有着巨大的影响力。将这些东西从书本中"挑拣"出来的这种做法，为法律中的不确定埋下了祸根；而如果能够采纳一个更为宽泛的法律科学的观念，上述不确定因素至少可以被部分修正。

判例法与制定法

美国的法律现实主义者虽然明显与其环境相冲突，却占了否认自己其实是反叛者的便宜。从根本上来说，现实主义者对其所处的"体系"还是满意的，英美法系的判例法很合他们的胃口，符合他们实用主义的法律方法观。体系所显示出的不足之处不在于其自身，而在于其变异——它变异成了长时间左右体系的概念主义怪胎。① 美国现实主义者对判例法的中意或许解释了他们为什么对欧洲法律思想提不起兴趣。欧洲的法律现实主义者或类法律现实主义者——如耶林(Ihering)、惹尼、狄骥(Duguit)、埃利希(Ehrlich)、乌泽尔(Wurzel)、波茨(Bozi)、斯滕伯格(Sternberg)、康特洛维茨、拉德布鲁赫(Radbruch)——中的大部分人都没有在这个国家被注意到。

无须再做进一步的铺陈就足以发现，现实主义者认定美国法律体系优越性的看法，并没有建立在对判例法和制定法的运作方式进行经验对比的基础之上。"实用主义"直觉式地选择了案例方法，却没有检讨自身——它没有被用来检验对案例方法的偏好是否具备经验证成。在卢埃林的这本著作中，并不能发现这种"先天"式的实用主义。这部分是因为卢埃林工作的本质恰好在于追求实用主义，部分是因为他穷原竟委的本性。他总是试图为现实主义的文献提供新的内容，对判例法实际的运作方式展开精细的调查。因此，他提出了一个具有重大意义的议题。我将其对这个问题的表述文字翻译如下：

---

① 有人甚至提出，判例法的缺陷可以追溯到"一股欧陆的学习浪潮（一度）席卷了整个英格兰，留下了大量模糊的抽象概念，……"见 Oliphant, "A Return to Stare Decisis"(1928), 6 Am. L. School Rev. pp. 215, 221. 后来在美国，这一过程被重复了一遍，"来自欧陆的投机思想被大量引入，老旧的抽象概念因此屹立不倒"。这样，我们盎格鲁-撒克逊人的祖先纯粹的实用主义就被玷污了，我们的法律变得更加抽象化和概念化。

一种由偶然选择的案例发展而来的法律体系，竟然能够发展出一种方法，使其足以与某种政治或社会观点相安共处，这是如何发生的？这套法律体系为何没有变成某种无序而混乱的陈词滥调呢？①

在我们的先例体系中，法院并不认为自己有权利预先制定人们需要的法律规则，他们只是就事论事地在诉讼中为特定的案件创设规则。诉讼主要争论的是哪些问题，取决于特定当事人的自身利益，因此无法预测或预先控制哪种类型的问题将成为裁判的对象。如此一来不可避免的结果是，我们的判例法参差不齐，"缺盐少醋"。商业实践的新兴领域期待法律的控制和引导，但有没有当事人因为其利益提起诉讼这件事则完全是偶然的，如果没人提起诉讼，这一领域就没有要处理的案件，也就不会有"法律"被创设出来。

不过我们知道，运转不灵的情况事实上并没有理论所构想的那般糟糕。在需要法律引导的领域，法律一般就会出现。我们的法律的确存在缝隙，但这些缝隙的数量和大小还不至于让人们必然认定我们的法律只能以无序的方式发展。尽管我们的判例法体系依赖过去，缺乏明确的发展方向，但它仍然已经证明自己有能力应对新的社会条件。这又是如何发生的呢？

卢埃林解决这一问题的方法并不出乎人们的意料。诉讼并非总是偶然发生的，也不仅仅涉及个人利益，而是因冲突而起。冲突频繁发生的社会领域是那些正在发展的领域，是利益群体的对比力量正在发生变化的领域。情况是这样的：不断变化的社会实践要求新的法律能够注意到个人的利益，诉讼因此也就产生了，这将为法律原理的精进提供基础。在当事人的个人利益和社会对新法律的需求之间，存在一种令人欣喜的对应关系。

很明显，卢埃林对这个问题的解决之道包含真理的成分。同样明显的是，这种解决方案也是片面的和不完整的。当事人的个人利益与法律发展中社会利益之间的对应关系——如同经典经济学中个人经济利益与共同善

---

① 见上文 Llewellyn, *Präjudizienrecht und Rechtsprechung in Amerika, Eine Spruchauswahl mit Besprechung* (1933), p.98.

之间的对应关系那样——很不幸,是不完整的。不用说,我们法院的零敲碎打和立法机关的后知后觉,常常不能充分满足那些迅速变化的社会领域对法律的需要。之所以如此,原因有很多。如果社会实践的发展过快,让法院排期表过分拥挤,判例法也就跟不上社会实践的发展了。此外,社会生活的变化可能涉及所有人的利益,但个人的特定利益却很是微小,以至于相关诉讼(特别是高等级法院处理的诉讼)也没有多大的实践影响力。①

有时我并不认为,卢埃林真的以为当事人的特定利益与新法的社会需求之间存在完整而自然发生的对应关系。或许他会认可本文对此做出的限定。但如果是这样的话,就必须承认,他对该议题的处理留下了太多评述的空间,最多只是对判例法阴暗面的模糊认知。

在证明判例法会(或者说很有可能会)发展以适应新的社会条件后,卢埃林指出,还有些因素或许会妨碍其良性发展。在所有法律领域中,常常会出现的情况是,该领域出现的第一个案件对这个领域的法律产生了特别重大而永久的影响。该案件所携带的某些事实和伦理上的特征或许会成为案件判决的决定性因素。然而,法院在判决该案件时,会发布一条直言规则

---

① 这方面的一个例子是在所谓的"工业保险"领域。相反,常规人寿保险的历史证明了卢埃林对判例法处理新情况的能力持乐观态度是正确的。随着人寿保险的发展,一个全新的社会实践领域应运而生,不可避免的是,各种各样的弊端也随之产生。人们想当然地认为,判例法在这种情况下不足以充分适应。然而,我们知道,总的来说,法院认识到人寿保险的问题是一个真正的新问题,他们重新创设了法律以适应这一新的领域。他们拒绝在这一新的领域适用所谓合同、侵权行为和代理法的基本原则。当然,他们没有这么做,也就没有给法律评论的学生作者带来困扰。就社会实践而言,标准人寿保险的历史正在所谓的"工业保险"领域重演。工业保险的保额很小(比如100美元到500美元)。保险费是每周收取的。该保单在签发时没有进行医疗检查,但并不缺失健康保证,只是说如果仅仅是书面保证的话,这种保证足以让多数保单归于无效。可以毫不夸张地说,这种类型的保险所产生的弊端是可怕的。许多保单只是一纸空文,对保险公司几乎没有什么实际约束力。保险费中有很大一部分是用来支付残疾保险的,但竟然随时可以被保险公司取消。当然,实际的做法并不像这些条款所规定的那样糟糕,但已经够糟了。上述所有这些社会弊端都是在没有司法约束的情况下发展出来的。为什么呢?很明显的原因是所涉金额太小以至于无法吸引律师进行诉讼。中等收入者时常购买常规的人寿保险,这可以让他免受法院上述滥用职权的做法——即使法院这样做时将不得不伤害法律理论家的法律感情。但是穷人仍然是那些不太负责任的保险公司的受害者。对穷人困境的普遍冷漠,在某种程度上,难道不正源于我们对判例法处理新问题的能力的信念吗?当我们思考判例法时,我们能够认定,制定法改革只有在判决中自我显示时,它才是真正迫切的。

(categorical rule),它常常与第一次表述它的情境相分离,却又控制其他成百上千的案件处理;从事实和伦理的角度来看,后者与首案或"要案"存在重大差异。甚至还存在一种更为糟糕的可能性。一些有组织的利益群体,认识到了这类要案的重要性,希望看到这些案件"以正确的方式被处理"。由此借助于恰当时间点的少许金钱和运作,该领域内法律未来的发展便会被影响。①

卢埃林并没有提到判例法发展过程中的另一个偶然因素,但在我看来,它却是编制判例法完整图景的必然组成部分。我想指出的事实是,案件以什么样的顺序发生,在已经发生的案件和已经判决的案件之间存在何种学理联系(doctrinal bridges),这些事情均是偶然的。如果说所有领域的法律均可能受到特定案件在其发展的特定时期偶然裁决的影响,那么所有领域的法律也可能受到偶然并未发生的判决的影响,后者原本也可以作为已有规则和新法律之间的学理联系。

"舒诉美国案"②(Shuey v. United States)判定,公开悬赏的要约可以被同样公开的宣告撤回。在一篇合同法论文中,波洛克(Pollock)认可了该判决的合理性,但同时补充说该判决"似乎是一次强硬的司法造法"③。为什么这么说?因为之前的判决主张只有在撤回宣告产生"沟通"(communicated)的效果后,才发生撤回的效力。如果撤回宣告从未被悬赏相对人所知晓,也就无法产生沟通的效果。我们假设在类似案件发生之后、"舒诉美国案"之前,发生了一起案件:悬赏撤回的信函已经准时送往悬赏相对人的办公地点,放置于相对人的办公桌上等待开启。姑且假设,法院认为撤回宣告已经实现沟通了,因为悬赏相对人有充分的机会了解撤回的内容。如果这个案件发生在"舒诉美国案"之前,会有人将之视为"一次强硬的司法造法"吗?

---

① 见 Llewellyn, *Präjudizienrecht und Rechtsprechung in Amerika, Eine Spruchauswahl mit Besprechung* (1933), p. 100。"要案"的观念显然属于现实主义的右翼。它假定法院的"发声行为"(vocal behavior)将会对司法程序产生重大影响。卢埃林在别处宣称,在一些边缘现实主义者的立场上,"规则"对法官没有任何影响,这一点他无法理解。见 Llewellyn, "Some Realism about Realism"(1931), p. 1241, n. 46。

② See 92 U. S. 73 (1875).

③ See *Principles of Contract* (4th ed. 1885),﹡20.

波洛克的意见完全受制于一个偶然发生的事实：在舒案发生之前，并没有发生过一起触动他的类似案件。

学理联系并不充分的情况是完全有可能的，这将意味着，判例法的发展中存在着偶然因素，这种偶然因素将使得当事人的权利受制于其案件发生的时间顺序。进言之，在快速变动的社会领域中，正是这种因素起到了决定性的作用。社会实践变动得如此迅速，以至于当相关案件进入诉讼程序时，法院还远没有熟悉这类案件，在没有任何智力工具更新其知识的情况下，法院落在了实践的后面。

或许可以说，人们对学理联系的需求并非判例法体系所特有的缺陷，这种需求可以被还原为某种心理上的理所当然，即人们在进行重大跨越时总是有些犹豫不定。或许的确如此，但我认为，这也表明人们幼稚的智力紊乱被判例法固有的推理方法强化了。当然，制定法之下的法院与普通法法院面临着同样的问题，即待决案件超出了已有的学理。但总的来看，制定法中的程序可以将那种出乎意料的情况放置于某些非常一般性的条款之下，这些一般性条款虽然非常模糊，以至于无法从中获得恰当的判决，但足够为法院提供某些支持。虽然大部分法典中均存在大量可以运用的一般性条款，但学理联系却未必总是唾手可得。制定法可以将你带到你想去的任何地方。制定法中的某些条款会逐渐扩展，覆盖那些它原本并不包含的情形，此时，学理联系就变得非常重要了。案件发生的顺序依然很重要，如果发生了超出条款字面含义的案件，上述扩展的过程将及时地被加快。在我们的判例法中，大部分情况下都缺乏与制定法中万能条款相提并论的东西。当然，人们或许可以在一些案件中找到某些较为宽泛和一般化的原则，但这些原则的适用范围通常要受制于特定案件中已经存在的关涉要点。与制定法相比，判例法中的这类一般性原则的权威性也并不充分。它们很容易被降格为奥斯丁意义上的"实在道德"（positive morality），以至于根本不是法律。而先例仅在其适用于特定的案件时才能发挥出全部能力。所有这些均意味着，学理联系在判例法中的重要性远胜于制定法。正如我已经展示的那样，它是一个非逻辑的偶然因素。

顺便可以提一下，上述讨论均指向了一个耶林曾提出的、可能挑战现实主义原教旨的观点。① 这个观点的内容是，罗马法之所以伟大，是因为它以"判例法"为基础，没有区分真实案件和假想案件。对于各种案件，罗马法学家们有问必答，从未纠结这些案件是假想案件还是真实案件。罗马法学家们由此发展出一套连续的学理，这在只处理真实案件的地方是无法想象的。

法律规则与概念的本质

规则的怀疑论从一开始就塑造了法律现实主义运动的特征。这种怀疑论的态度依赖两个相互紧密联系的论据。第一个论据是，单薄的规则无法承受复杂、多变而又至关重要的"真实性"(reality)。我将在后文"法律与社会的关系"这部分专门处理法律现实主义的这种怀疑论。现实主义不信任规则的第二个论据，与其说是笃定规则不可能完成强加给它的任务，不如说是笃定规则本身根本就是无用的。规则由概念组成，概念只是我们意识中模糊的虚构之物，完全不值得像概念主义那样对此耿耿于怀。在这里，我们将关注现实主义怀疑论的此一面向。②

美国法律现实主义的一大贡献是，它持续不断地教导美国法学应对诸如"具化的抽象""综合性概念""伪装成事实的隐喻"之类的邪恶之物保持警惕。③ 10年前，法律评论中时常会出现此类论文：作者以研究某个法律概念的"本质"起头，在结尾宣布所有重要的结论均可以从这个概念被认定的内在本质中推演出来，从不考虑其结论实际的影响，还带着谦卑的语调，赞扬符合其理论的事实。这样的论文在如今已经很少见到了。对这种咬文嚼字现象最有名的批评者是库克(Cook)教授。毫无疑问，库克教授和持类似观

---

① See Ihering, *Geist des römischen Rechts* (4th ed. 1858), II. 2, pp. 385-386.
② 关于现实主义者对待规则的态度，一个有价值的批评可见前文脚注中引用的柯亨和狄金森的文章。狄金森不仅是批评者，而且也提出了他自己的一个经过深思熟虑的理论，他在其中运用了他认为可以接受的很多现实主义理论。
③ 我自己也曾尝试过为这个事业做贡献。See Fuller, "Legal Fictions"(1930-1931), 25 *Ill. L. Rev.* pp. 363, 513, 877.

点的其他现实主义者,让我们受益良多。

然而另一方面,在我看来,现在的危险在于,我们在反对概念主义的改革运动中走得太远了。美国法学已经给出证明,它正在创造一种干瘪而无灵犀的行为哲学,后者在其他社会科学中也产生了破坏力。柯亨(Cohen)教授对这种危险的警告已经持续很长时间了,人们只是希望这种警告的效果能够再明显一些。他的作品具有如此高的学术含量和合理性,以至于几乎不需要我再补充什么。不过,对于病症的诊断,我还想再补充一些内容。①

柯亨教授将患有规则恐惧症的左翼法律现实主义称为"唯名论"。② 想要在本体论上说清所谓的唯名论是什么,并不是一件非常容易的事情。③ 就此,我们直截了当地将唯名论者视为贬义词,其意义在于对普遍性和抽象性的极端不信任态度。这种态度产生的原因是什么?这是一个并没有被充分回答的问题。除非我们能够知道某人是如何得上某种疾病的,否则我们便无法医治他。在我看来,现实主义的唯名论产生于某种错误的心理学。这种错误体现在,它相信个人在独自思维时不会使用普遍性和抽象性,认为这些事物仅仅是用来开展思想交流的便宜措施。它着重强调的观念是,在思维的内部运行中,只有"事物"被处理,抽象物和概念只是这些事物的集合体——它们因为某些外部原因被集合起来。

唯名论常常被定义为"相信一般性只存在于个人的意识中"。在我看来,就唯名论的原初想法来说,事情好像被颠倒了。唯名论起先的假设是,一般性在个人的意识中没有地位,它只是一种使语言得以可能的社会惯习(convention)。

对唯名论心理学基础的理论确认,可以从贝克莱那里找到。这位最有

---

① 在诊断病症的问题上,我觉得我比柯亨教授更有优势,因为这种病症在我自己身上也发生过。在我对阶级的"虚构"性质的讨论中,关于概念在思维中的使用,也有类似的错误假设的例子,这些在贝克莱(Berkeley)、卢埃林和乌泽尔(Wurzel)那里也都有发现。
② See Fuller, "Legal Fictions" (1930-1931), 25 *Ill. L. Rev.* pp.208-247.
③ 顺便说一下,现代认识论者们已经发展出一种非常巧妙的方法来回避这个问题。人们不再断言概念和关系"存在"(exist),但坚称它们的确是"东西"(subsistence)。但什么是"东西"呢?哎呀,这就是诸如概念和关系这类事物的那种存在!

名的唯名论者在名著《人类知识原理》中研究了个人思维的过程。① 其结论——抽象物不能被认知，它仅仅是语言的惯习——构成了贝克莱心理学研究的基础，也是其整个哲学的基础。

虽然持有唯名论式态度的法律现实主义者不赞成贝克莱的极端观点，但他们对"哲学式"讨论的厌倦使得他们忽略了自身态度的基础。幸运的是，卢埃林的新书中包含了对概念和规则本质问题的详细讨论。在我看来，卢埃林的讨论表明，其错误如同贝克莱一样，也是心理学意义上的。我将书中的一个段落翻译如下：

"适用规则"是一个有误导性的表达。不如说你要么扩大了规则，要么缩小了规则。只有当你要么将手头的案件包含在规则之内，要么将其排除在规则之外时，你才能接下来适用规则……

假设有一个案件本身清晰无误，却不符合当下任何一个既有的规则，但所有人都会在思考后认为，该案必须被某个规则所规制。如此一来，我认为此时根本不存在对规则真正的"解释"（interpretation），甚至有扩大的、变革的、输入的新鲜事物进入了规则之中。规则无非由一系列复杂的语词符号构成，其本身什么都不是。一个符号不过意味着对某个事物的指向，或思维建构。② 当符号最初被使用时，它所指向的事物就确定下来了。就此而论，符号具备初始内容。不过，每一种符号在一定程度上都是不确定的，我们称之为潜在内容，也即符号扩展的能力，虽然这种能力既可能是模糊和无法预测的，也可能是清晰和可以预测的。有些事物属于新鲜事物，它们之前从未被人所思维，却可以被认识，一旦被思维，它们便立即进入已有的范畴。在

---

① 序言，见 1—25 页。"……如果唯名论逻辑是好的，它应该像引导贝克莱那样引导我们，去否认思想中可能存在任何普遍的观念。"见前文所引柯亨文章，第 210 页。正如我所指出的，在我看来，这种说法似乎颠倒了唯名主义态度发展的过程。
② 卢埃林使用了 Gedankengebilde 这个词，为了公平起见，我把它翻译成了"思想建构物"（thought-constructs），尽管它可能被翻译成了"精神意象"（mental images）。

假想案例中，每个律师都在做着同样的扩展。当他做这件事时，他会立刻做，并不会标注出这里有扩展。在他看来，案件好像原本就属于这一范畴，好像并非他有意使得案件归属于这一范畴。尽管在这种情况下，立法者已经不自觉地扩展了范畴，但他其实原本并不想有意专门（in concreto）将某个假想的案件包括进来。①

在我看来，上述论证所包含的有关概念的心理学假设，明显是错误的。假设有立法者制定法律，规定任何人"藏匿危险武器"均为犯罪。在该法律实施之后，有人发明了一种机器，不过钢笔大小，却能发射"致死射线"，该机器属于武器吗？显然是。它进入了符号的潜在内容。但是，将新机器包含至"危险武器"之下，改变或扩大了这一概念吗？卢埃林认为答案是肯定的，因为立法者在制定法律的时候原本并没有意图包括这个当时并不存在的机器。但是，立法者当时专门的意图究竟是什么呢？我们为什么必须认为立法者当时的意图无法扩展至当时还不存在的事物？卢埃林难道要主张说，在制定法颁布之后，立法者"真实的意图"就不能扩展至某些寻常的左轮手枪呢？某人"意图"赠予礼物给一个未出生的孩子，这是不可能的吗？或许卢埃林的想法是，当立法者颁布制定法时，他无法"看到"当时并不存在的东西。但是，人的意图难道总是要与伴随议题的精神影响相重合吗？难道要说，非得等到立法者看到永动机时，他才可以下令禁止永动机生产公司的股份转让吗？在我们上面所讲的"危险武器"案中，立法者制定法律时意识里

---

① See Llewellyn, *Präjudizienrecht und Rechtsprechung in Amerika, Eine Spruchauswahl mit Besprechung* (1933), pp. 72-74. 卢埃林的讨论与乌泽尔对"投射"（projection）的处理方式非常相似。See Wurzel, "Das juristische Denken"（2nd ed. 1924）, translated in *The Science of Legal Method* (1921), pp. 298-428.

类似的观念是"原始体验"（Urerlebnins），即意识中免受逻辑束缚的内在灵魂。它被表述如下："……在被谈及的关于司法程序神秘性的许多事情中，情感体验（emotive experience）的作用最为突出，原则和逻辑只起次要作用。法律逻辑的功能和它所使用的原则就像语言的功能一样，是用来描述已经发生的事件的。这些看法必定向我们表明，在决定判决时，一般原则是无能为力的。一般原则的一般性将导致模糊性，对于保留人们思考时的组织化体验来说，一般原则毫无意义；并且由于一般原则的模糊性，它们仅仅只是隔靴搔痒地让这些体验组织化。" See Yntema, "The Hornbook Method and the Conflict of Laws"(1928), 37 *Yale L. J.* pp. 468, 480. 读者会观察到，上述唯名论观点（一般原则无力决定判决）的基础在于某种涉及思维内在过程的假设。

涌现的是柯尔特左轮手枪,这种偶然是否就意味着他排除了史密斯威森左轮手枪?没人会这么认为。我们会说,立法者的意图是左轮手枪的类别(class)。但如果立法者的意图可以是左轮手枪的类别,为什么就不能是"危险武器"的类别?卢埃林全部论证的谬误就在于,他假设人的思维必须指向特定的"事物",事实上的确可以如此,但概括地说,它指向类别或一般性。

认为概念的适用仅仅是将概念中已经包含的东西抽取出来这种古老观点,尽管以形而上学的方式表达了真理的一个面向,却极具误导性。① 卢埃林的此种观念也是如此:任何针对新事物的适用,明显改变了概念。② 上述两种观念均是错误的,这种错误来自同一个有关概念的谬见。古老观点将概念视为一个混沌的容器,各种未知的内容都被包含在其中,等待被抽取。对于信赖卢埃林观点的人来说,概念是一个展示台,其中的内容看上去被正确地码放整齐,等待编录。实际上,从个体心理状态的角度来说,概念既非容器,也非"事物",而是正在进行的思维活动。我们可以将这种思维活动用"事物化"(thingifying)这一逻辑术语来表达。在这一将动态活动转化为静态"事物"的过程中,必然会发生某些扭曲。但对这种扭曲的解释无须以此种无端的假设为前提:意图和思考只能指向"事物",不能指向类别。③

如果我们依然坚持认为,个人内在的意识经验尽管珍贵且难以名状,但

---

① 对于认为概念常常通过此种或彼种方式从自身发展出新的意义这一看法,一个非常可读和有趣的反驳来自詹姆士。James, *Principles of Psychology* (1890), pp. 464-468. 不用说,詹姆士并不觉得有必要接受这样的观点,即任何一个概念的"新"适用都是对它的一种改变。

② 卢埃林论述中所包含的真理在于这样一个事实:一个概念的适用通常涉及的是形成这种适用的人的精神活动,这种精神活动并不会发生在最初适用这个概念的人的头脑中。如果你说"人类是极好的存在",我说"这个说法包括贝多芬",我正在适用"人类"这个概念;这种适用可能对你来说并没有"发生"(occur)。在我的头脑中发生的东西,在你的头脑中并没有发生,但这并不意味着我要改变你的"人类"的概念。See James, *Principles of Psychology* (1890), p. 472.

③ 充分表达人们在内心思维现象中涉及的原则是一件困难的事情,困难的原因并不在于我们的内心思维过程不使用概念,而是在于正如狄金森所指出的那样[see Dickinson, "Legal Rules: Their Function in the Process of Decision, Their Application and Elaboration" (1931), 79 *U. of Pa. L. Rev.* p. 1064],我们常常在我们的内心思维中使用私人(private)概念和私人思维单元(thought-units),它们与隐藏在一般语言中的概念和思想单元并不完全一致。由于这些未命名的概念特别容易消散,便增加了困难。哪怕是基于比较和澄清的目的,我们也不能随意收回它们。

其明显是概念性的,那么对于有关"唯名论"的争议就还将继续。詹姆士认为,"就其涉及的心理状态而言,如果要在唯名论和概念主义之间做出令人满足的选择,我们就必须支持概念主义",如果我们能准备好接受詹姆士的这一论调,问题至少可以获得澄清。①

法律现实主义者具备的是詹姆士强调的"顽强意识"(tough-minded)。他们热爱具体的、有形的、直观的事物。用卢埃林的话说,法律现实主义者"希望法律和法律现实主义者都去处理事物、人物、有形物,明确的有形物,乃至有形物之间可观察的关系——而非只是语词;当法律处理语词时,他们希望其代表的有形物可以进入语词的范围,而且这些有形物之间的关系是可观察的"②。这是一种理论的偏见,虽然是偏见,但它在科学上不乏价值,因为科学曾因某种粗暴而伪善的理性主义经受了几个世纪的折磨。不过正如所有偏见一样,现实主义者的偏好有时让他们误入了歧途。他们不应忘记,并非所有有意义的事实均是"具体的"。他们应当明白,对有形和具体之物的热爱,正如人类在其他方面的热爱一样,一旦被阻挠,就会虚构出只属于其自身的对象。

现实主义学派的主张仅仅关乎方法吗?

法律现实主义的方法为他们的立场留下了我认为本应避免的游移空间。他们究竟是在主张一种别样的法律,还是仅仅在主张一种谈论法律的别样方式?

在一些并不常见的情形中,现实主义者对这个问题的处理似乎是在说:"我不是哲学家。我并没有兴趣在这里罗列一些伦理价值。我的兴趣只在于去发现如何精确地描述司法过程,司法过程将因为它的事实状态而被承认。因此,我的兴趣主要是方法论意义上的,尽管好的方法显然也具备自身的社会价值。如果法官能够承认他事实上正在做的事情,他就不太容易因

---

① See James, *Principles of Psychology*(1890), p.472.
② See Llewellyn, "Some Realism about Realism"(1931), 44 *Harv. L. Rev.* p.1223.

为对其行为的错误认识而陷入歧途。"

另一方面,如果我们就其表面接受现实主义者否认对任何伦理价值有兴趣的说辞,就很难理解现实主义者所展现出来的对自身立场的热情态度。当一个人兴高采烈地谈论社会改革时,很难想象他只是将兴趣放在了方法论上。当现实主义者将法院的"发声行为"(vocal behavior)嘲讽为司法过程中无足轻重的产品时,很难相信他们只是想改变这种发声行为,而不想改变除此之外的其他任何事情。

法律现实主义的这种立场游移应当被避免。避免这一点不但能澄清问题,还具有更为重要的意义。它可以表明,现实主义学派——当然本无恶意——应有愧于为其智力产品贴上了错误的标签。因为我非常怀疑,现实主义运动是否正如其意图让我们相信的那样,不具备任何"哲学上"的企图。我当然不会把卢埃林的这套说辞太当回事:法律现实主义的方法可以和任何伦理倾向相兼容。①

法律与社会的关系

以某种不怎么清晰的表达方式来说,社会哲学面临的一个根本问题是所谓法律与社会的关系问题,或者如果愿意的话,也可以说成是法律与生活的关系问题。② 许多伦理哲学中的问题,无论以何种形式来表达,都可以在这对关系中发现。那些恢宏的法律哲学将会坦承,其理论在根本上不过涉及这对关系中一个面向的偏好——要么偏好法律,要么偏好社会。

---

① "我在这里并不想努力推导出恰当的规则,或是针对任何法律主题的恰当行动。" See Llewellyn, "A Realistic Jurisprudence—The Next Step" (1930), 30 *Col. L. Rev.* pp. 431, 463. "当规范维度中的程序(program)问题(即现实主义者的)被提出时,答案是:什么都没有。" See Llewellyn, "Some Realism about Realism" (1931), 44 *Harv. L. Rev.* p. 1254.

② 惹尼以略有不同的形式区分了 donné 和 construit,也涉及上述的基本关系。比起本文的用词,惹尼措辞的优点在于它们可以免受隐喻的污染。见惹尼 *Science et Technique en droit privé positif* 一书的第三章。然而,就目前的目的而言,我更倾向于使用较常见的措辞。

卢埃林的研究①使我确定,他对该问题有自己的解决之道。不过,在讨论卢埃林的解决之道时,人们会发现一种不便:卢埃林并没有像人们对社会哲学所期待的那样对此做出明确且清晰的宣示。更为棘手的是,卢埃林没有通过其观点与其他学者思想的对比,展现其观点的历史面向。② 因此,我的解读免不了带有推测的成分,我得提醒我的读者,我的解读有可能误会了卢埃林的意思。

首先我引述几段卢埃林的陈述,作为我讨论的背景:

> 因此,在真正的意义上,创造法律秩序的并不是法律与法律官员。对于他们来说,法律是既定的。③
>
> ……法律作为法律官员对纠纷的所作所为,充当了解决以其他方

---

① 在接下来的讨论中,我不受限制地引用了卢埃林的所有著作,特别是《荆棘丛》(*Bramble Bush*,1930)一书。

② 对权威的引用是一种如此常见的智力展示形式,以至于人们不愿意去批评一个不去如此卖弄的人。然而,在我看来,卢埃林错得太离谱了。让我感到特别沮丧的是,在"现实主义者"的诸多伟大先驱中,鲁道夫·冯·耶林竟然没有被提到。在卢埃林著作的许多部分,都有耶林的观点的影子。卢埃林有时似乎暗示,在美国法律现实主义之前,从来没有人想到过质疑法律的"理想形态"(ideology),或者怀疑它是否与法律规则的真正动机一致。然而,耶林一生的大部分时间都致力于发掘隐藏在罗马法"理想形态"背后的社会现实,他不单单拒绝接受法律表面价值的传统说法,还指出司法行为(他称之为"潜规则")中经常有一些规律,而这些规律并没有出现在被谈论和书写的规则中——卢埃林认为这是属于美国现实主义的一个非比寻常的发现。See Ihering, *Geist desrömischen Rechts* (7th ed. 1923), II., p. 3; Llewellyn, "A Realistic Jurisprudence—The Next Step" (1930), 30 *Col. L. Rev.* p. 439, n. 9. 卢埃林谈约了规范(Sollsätu),而规范则表现为对事实的肯定(Seinsätu)。Llewellyn, *Präjudizienrecht und Rechtsprechung in Amerika, Eine Spruchauswahl mit Besprechung* (1933), p. 89. 这里并没有提到耶林对这一现象的深刻讨论。See Ihering, *Geist desrömischen Rechts* (7th ed. 1923), II., pp. 311-326. 从同一本书的第 96 页开始,卢埃林讨论了创设新型法律制度的问题,并描述了现有制度如何转向新目的的过程。他的文章的一个重要部分[see "What Price Contract?" (1931), 40 *Yale L. J.* p. 704],专门针对同一主题。在上述两个议题中,他都没有提到耶林对这些问题的著名讨论。See Ihering, *Geist desrömischen Rechts* (7th ed. 1923), II., pp. 334-352, 504-537, 281-301. 读者将会发现,耶林处理中的一部分被转化到了我的文章《法律拟制》[Fuller, "Legal Fictions" (1930—1931), 25 *Ill. L. Rev.* pp. 533-535]中。

在处理这个问题时,我注意到,卢埃林对耶林的利益论理解为,后者企图将法律科学从现实中进一步移除,而不是将法律科学置于实体权利的概念之下。See Llewellyn, "A Realistic Jurisprudence—The Next Step" (1930), 30 *Col. L. Rev.* p. 441. 在我看来,这种理解无异于天方夜谭。

③ See Llewellyn, *Bramble Bush* (1930), p. 12.

式无法解决的纠纷的工具。当社会失序时，法律更多是要维持秩序，而不是创造秩序。①

……在很大程度上，我们社会乃至任何社会中的秩序，都不是法律创造的。②

……法律的角色是次要的。③

很明显，这里所强调的是上述关系中的社会面向。法律作为有意识的指引原则，被降格为某种背景，只是自然秩序的助产士，在其自我创造的过程中无足轻重。④

当然，我并不打算主张说，卢埃林完全否认了法律的活跃性。虽然他强调"社会的权力超越法院"，但也依然承认事情的另一面有时也会自我显示："法院的权力超越社会。"⑤他承认，有时某个法律决定会加快某种制度的发展，⑥并且人们的"行动常常也会适应从诉讼中提取的"、以法律规则为基础的行为模式。⑦ 接下来，卢埃林对前文中引述的宽泛说法进行了限定。不能认为他没有看到事情的全部。我所担心的是，由于其特定的"色盲症"，他将事情的某一面向看得特别清楚，而将其余面向均归为寻常的背景。在法律与社会的关系中，他坚定不移地站在"社会的权力超越法院"的一边。虽然后来他进行了限制，却没有办法使二者的关系获得某种恰当的平衡。

这种对于"社会"面向的偏好在卢埃林著作的很多地方都有所体现。依照其理论，判例或多或少会以某种自动的方式，在社会变革需要它的地方得以发展。⑧ 这见诸他所谓"病理学案件"的观念，这种案件"如此特殊，以至

---

① Llewellyn, *Bramble Bush* (1930), p.13.
② Llewellyn, *Bramble Bush* (1930), p.112.
③ Llewellyn, *Bramble Bush* (1930), p.113.
④ 庞德院长指出，现实主义运动所隐含的"法学悲观主义"与历史学派和实证主义者的观点之间存在相似之处。See Pound, "The Call for a Realist Jurisprudence" (1931), 44 *Harv. L. Rev.* p.703.
⑤ See Llewellyn, *Bramble Bush* (1930), p.55.
⑥ Llewellyn, *Bramble Bush* (1930), p.55.
⑦ Llewellyn, *Bramble Bush* (1930), p.54.
⑧ See Llewellyn, *Bramble Bush* (1930), p.98.

于社会通常的模式无法为之提供基础"。① 这种说法同时暗示,寻常的、"非病理学"的案件能够在"通常的社会模式"中找到其规制方法。同样的态度也见诸他有关法律确定性的议论。外行的法律确定性就是法律与社会规范的协调一致,不仅仅是说法律通常要遵守"生活方式",生活方式也常常为司法判决提供坚实的基础。②

对社会面向的强调还体现在,卢埃林坚定地主张,法律学者在探究约束人类行为的规定之前,首先得细致地了解人类的行为模式。卢埃林认为,只有在我们完全追溯至所有社会规范的谜题之后,才可以进行价值判断。这种主张本身就包含了一项价值判断,而卢埃林却认为须将"应当"(ought)从他的方法中排除出去。如果我告诉一位雕塑家,在其研究雕塑之前,必须花 20 年时间对雕塑所使用的黏土进行物理学和化学结构的研究,很难说我这不是在教授雕塑,我也因此必须就我的教导效果而被评价。花费大量时间研究黏土的雕塑家必定与花费更多时间在雕塑艺术上的雕塑家不可同日而语。这里并没有什么当然的理由可以断定前者一定优于后者。如果我认为前者的确更优秀,那一定是因为我的某种观念:黏土在雕塑过程中具有相当重要性。③

如果我必须要找一个人起草规制银行业务的制定法,我或许会更为看重其银行实践领域的知识。如果有这么一个人,他对银行实践领域了解得极为透彻,以至于他可以预测出所有银行雇员——上至总裁,下至传达员——对见票即付远期支票的心理反应,他想必是我的理想人选。我或许不会选择这样一个人:他对银行雇员的心理反应不怎么熟悉,却花费了毕生的时间研究银行和银行法的历史与理论,用很多时间坐在椅子上反思组织和控制银行业务的方式。我有权做出我的选择,我却没有权利说我的选择

---

① See Llewellyn, *Bramble Bush*(1930), p.82, 54.
② See Llewellyn, *Bramble Bush*(1930), p.81.
③ See Llewellyn, *Cases and Materials on Sales* (1930), XV, n.3. 卢埃林对他的书"在法律规则的评价中很少超越商业惯例"这一错误表示了遗憾。他的辩护是"缺乏足够的时间建立一个更全面的判断基础"。这种坦率值得赞扬。人们只能指望这意味着把更多的时间用于"评价"而较少的时间用于商业实践调查的人通过自己的努力弥补自己的不足,仍然可以期待着被现实主义者视为有价值的合作者。

不涉及价值判断,不涉及"应当"的哲学。

我并不否认,卢埃林对上述关系中社会面向的偏好或许体现了我们法律中的某种真实需要。法律人的确一边倒地认为社会仅仅是任由法律把控的黏土。我们的法院时常说自己就好像是在挖筑沟槽,在自己的精妙设计完成之后,生活之水就会舒缓而顺从地从中流过。对此观念,卢埃林提供了一种必要的纠正。但不要忘记,他确实矫枉过正了,而且对于一个待决案件来说,切勿"才出龙潭,又入虎穴"。

因此,关于法律与社会关系的认识,存在两种极端观点。一种观点认为,法律可以被视为一种积极的原则,它改变迟钝的社会。这种观点被命令论(imperative school)所主张。在多数法律学者看来,它并非十分奇特的哲学倾向。

另一种极端观点是,社会才是积极的原则,法律只是该原则的功能(function)。梅因、萨维尼、埃利希、狄骥均持此观点。在我看来,卢埃林会将自己归于此观点,尽管他与前一个观点之间也有千丝万缕的联系。

作为对彼此的纠正,两种极端观点均有其价值。很难说,某个既有学者的侧重意味着终极真理,或是意味着恢复被其中一种极端观点所打破的平衡。但是,以毒攻毒总归是一种冒险。如果我们可以直截了当地认定,社会与法律的关系是两者相互之间的作用与反作用,我们就能避免因两个极端立场的过分简化而产生的困难。法律与社会之间的关系,并非前者完全决定后者,也非前者完全受制于后者。在我看来,这种折中观点代表了耶林、庞德、施塔姆勒和柯亨的立场。

我们可以采取柯亨所谓的对立统一原则来处理这一问题。① 法律与社会是一对对立范畴。虽然我们一定认为两者相互反对,却要同时认为一方总是暗含着另一方。如果我们否认一方,另一方就会变得毫无意义。我们必须把法律与社会视为一把剪刀的两个刀片。如果我们只观察其中一片,就会觉得它一定具备切割功能。萨维尼总是关注社会刀片,于是否认法律

---

① See Cohen, *Reason and Nature*(1931), 165 et seq.

刀片的存在。在他看来,即便最为高明的法律人的法律作品,也是社会风俗(folk-way)的精美体现。① 奥斯丁只关注法律刀片,于是在其千页巨著中几乎没有讨论代表社会规范的"实在道德"。布莱克斯通的注意力在两个刀片间游移,于是他给出一种混乱的解释:一方面,他认为普通法依赖习惯;另一方面,他告诉我们可以从法院判决中找到对这种习惯的权威阐释。他还设计出一些规则,确认在什么情况下一项习惯应当被法律所认可,这种做法更是加剧了上述混乱。② 如果我们认为两片刀片均有切割功能,而且两片刀片只有合在一起时才能切割,上述困难就能够被避免。

通过将法律与社会视为对立统一关系,避免了许多困难,我的这种观点并不是在让问题变得简单。相反,这种观点的优点恰好在于,它指出了问题的困难之处,从而便于我们做好应对的准备。这种观点清楚地表明,法律与社会的关系问题并不是那种能够被某种理论所"解决"并因此不再被过问的问题。用雷丁(Radin)的话说,它是"有关法律永恒问题"之一。虽然我们不能彻底解决该问题,却至少可以不再过分简化该问题——这种过分简化本身才是许多无尽困难的来源。

安德希尔·摩尔的"制度方法"

当试图用某种实践的方法,将法律与社会的关系视为某种简单化的观念时,许多困难就会接踵而至。上述尝试的典型代表之一便是安德希尔·摩尔的制度方法。摩尔教授首先提出的问题是:什么东西事实上控制了司法判决?法官常常进入到一个复杂的环境中——道德的、智力的、物理

---

① 顺便提一下,值得注意的是,萨维尼这里的问题与卢埃林试图用他的"病例"(pathological case)概念来处理的问题是完全相同的。两者都是从法律应该符合社会习俗的假设开始的。两人都为"技术化的法律人之法"(technical lawyer's law)感到尴尬。我们该拿此种法律怎么办?我们不仅拥有它,而且显然也需要它,但它也威胁到了理论。萨维尼对这一困境的解决办法是试图用似是而非的事实来调和理论。卢埃林的解决方法是将事实分离出来,这样它就不会干扰整个理论。

② See Blackstone, *Commentaries On the Laws of England*, pp. 38-92. 见边沁的苛评: *A Comment on the Commentaries* (1928), 186 et seq.

的——他的判决可以被视为对该环境的反应。但就环境中不计其数的因素来说,哪些才最重要?传统理论认为,或者假装认为,法官仅仅受到其智力环境的影响,这种环境表现为法律或法律理论。这种观点已经站不住脚了。我们如今意识到,那些规则根本无力左右司法程序。即便当这些规则整合为某种确定无疑的方案时(由于规则的模糊性,这其实很少发生),对整合方案的偏离依然会频繁发生。这提醒我们,法官的环境中一定存在着其他更为重要的因素。摩尔教授于是开始着手找寻这些因素都有哪些。他找寻的因素一个接一个地都被淘汰了。常识表明,至少在可测量的意义上,环境因素不会对司法判决产生重要影响。一个通风条件很差的法庭或许被认为可以影响到司法判决,但可能性微乎其微,完全是凭空推测。良好生活(good life)的哲学观念倒是很流行,但也无法产生出重大的影响力,因为它属于"直觉",根本无法被科学地处理。那种寻找某些最根本的决定因素的努力更是从一开始就注定失败。但请不要放弃希望。在变动不居中,存在着某种恒久不变的东西。在特定的社群中,总是存在某种制度化的行为模式。我们了解"人们的习惯是愿走阳关道,还是愿过独木桥"——的确如此,"从而判断他是哲学家、心理学家还是普通人"。这些社会习俗和人们的行为模式,于是如同"阳光、潮汐和降雨一样,是纷繁多变中的不变因素"。难道我们不能认定司法判决也是受其左右的吗?也即,司法判决难道不是在根本意义上受制于各种诉讼参与人行为制度或非制度的特征?①

---

① 这一段文字是在意图总结于如下两篇文章中发现的论点。See Moore, "Rational Basis of Legal Institutions"(1923), 23 *Col L. Rev.* p.609; "An Institutional Approach to the Law of Commercial Banking"(1929), 38 *Yale L. J.* p.703. 在这一点上,有人可能会提出反对意见说,摩尔的研究与本文目前的研讨并不相关,因为他显然并不打算承认自己是在回答法律应该是什么的问题,他没有说明法院应如何对案件做出裁判,他只是描述了法院必须对案件做出裁决。这一反对意见并不难回应,道德家把他们的乌托邦当作必需品,把他们的"应该"(oughts)当作"必须"(musts),这不是闻所未闻的事。但是,让我们姑且退让一步,不要将摩尔教授怀疑成一个伪装为科学家的卫道士。他的研究仍然与我们的讨论有关。摩尔至少是在回应其他人所说的"应该"(oughts),不管他是不是在建立自己的"应该"。如果法院只是参照普遍存在的行为模式来裁判案件,那么那些主张法院原本应该在其他基础上做出裁判的人,就是在浪费口舌。出于这个原因,道德哲学家不得不把摩尔引入他们的讨论中,即便摩尔可能不太倾向于回敬这种恭维。

摩尔教授并不满足于纸上谈兵，他进而用实践测试了他的理论。判决是否的确表明法官主要受控于其所在社群的行为模式？为了确定这一点，摩尔教授举了三个案件为例，这三个案件均涉及银行法中的同一问题。两个案件（来自纽约和宾夕法尼亚）以一种方式判决，①另一个案件（来自南加利福尼亚）以另一种方式判决。② 我们是否可以说，导致差异的原因不在于不同的法律观念，也不在于不同的生活哲学或其他这类虚无缥缈的东西，而在于南加利福尼亚与纽约和宾夕法尼亚的银行实践存在可观察的差异？一项更为细致的调查将回答这个问题。③

在着手这项调查之前，人们必须考虑至少四个问题。你如何确定现存的社会制度是什么？或者用摩尔自己的说法："如何在人类学的意义上确认某种当下的文化？"你如何确定不疑地从诸多社会制度中提取出一种裁判规范？你能肯定法院对现存的社会制度如此熟悉，以至于法院从中提取的裁判将与你提取的相同？你能肯定法院必定将某个既定社会制度包含的裁判规范视为最好的裁判规范吗？摩尔的研究涉及上述每个问题的答案，但在我看来，他的每个回答都是错误的。

首先，你如何判定存在什么样的社会制度和社会习俗？摩尔教授的回答是，你观察人们的行为方式就可以了。如果你要调查银行实践中的票据处理，你就派一个调查员，盯着票据员，如实记录其行为。或者，你假设一种情形，咨询一个经验丰富的银行业务员在此情形下他会怎么处理。重点在于行为。于是，行为背后的目的伴随行为的合理化考虑和智力活动便被忽略了。

---

① Delano v. Equitable Trust Co., 110 Misc. 704, 181 N. Y. Supp. 852 (1920); Goldstein v. Jefferson Title & Trust Co., 95 Pa. Super. 167 (1928).
② Callahan v. Bank of Anderson, 69 S. C. 374, 48 S. E. 293 (1904).
③ See Moore, Sussman, "Legal and Institutional Methods Applied to the Debiting of Direct Discounts" (1931), 40 *Yale L. J.* p.145. 该方法成功地解释了南卡罗来纳州的判决，摩尔因此得出结论："该研究可能证实了某种相关因果关系的存在——司法判决与当事人行为的制度性特征或偏差性特征之间的因果关系。"Moore, Sussman, "Legal and Institutional Methods Applied to the Debiting of Direct Discounts" (1931), 40 *Yale L. J.* p.1249. 仅仅针对个案判决的解释能力是否足以展示该方法的有效性？这是令人怀疑的。除此之外，还值得关注的是，南卡罗来纳州的案件是由一个意见分裂的法院判决的。因此，虽然摩尔成功地解释了为什么两名法官投票支持下级法院的裁判，但他还得解释为什么另外两名法官投票反对下级法院的裁判。

在我看来，摩尔制度方法的根本谬误在于，他假定制度的意义被行为所穷尽了。在其早年的一篇文章中，他写道："主张存在一项法律制度——无论是私有财产、美国联邦政府还是哥伦比亚大学，就是在说有一群人在以某种方式做某件事。"①而许多人却认为，法律制度的构成并非行为，而是人们实施这些行为时的心理态度，行为只是这些态度的外部表达。摩尔拒绝接受这个观点。在我看来，他拒绝的依据是，心理态度只是伴随行为的、对行为加以合理化的考虑，因此它只是行为的效果，而不是行为的原因。通常如此的事情便是真理。但是，这里的真理碰巧是复杂的。行为有时是心理态度的表达，这也是真理。这一事实足以让那种有关社会制度单纯的行为主义方法失效。

银行业务员从来没有被摩尔教授的调查员们问起他们行动时的想法，或是他们为什么要如此行动。他们仅仅是被观察而已，或是被请求陈述在特定情形下会如何反应，而这些特定情形是由摩尔教授选择并用其语言来表达的。如果我们能够认识到，除非我们知道银行业务员在特定情形中的想法，否则根本无法定义那种需要他们做出反应的情形，那么由摩尔教授设计的上述程序的错误之处便昭然若揭了。我们观察到，除非经客户同意，银行业务员在客户持有一张到期未付票据的情况下，通常不会将之记为支票账号的赊欠账目。引发银行业务员上述反应的事态（situation）是什么呢？摩尔对该事态的定义完全依赖"可观察的"术语。票据安全吗？票据是如何交到银行的？票据是否马上到期或已经到期一段时间了？从银行业务员的角度来说，这些只是事态中不太重要的因素。在银行业务员看来，最重要的因素或许是，客户的票据违约明显可归因于其疏忽，或者客户有着良好的信誉，或者其他没有被包含在摩尔假想事态中的事实。

现实主义者认为，假定法官仅仅会对那些已经通过法律理论的透镜才可见的事实做出反应，这是传统方法的根本谬误。的确，法官判决中所包含的反应涉及事态中的所有情况，包括许多在法律理论看来没有关联性的因

---

① See Moore, "Rational Basis of Legal Institutions" (1923), 23 *Col. L. Rev.* p. 609.

素。现实主义者批评传统方法错误地假定只能将有影响力的因素限定在那些被标记为与法律相关的因素上,由此必然推论出,以教科书列明的因素为依据来讨论争议的解决是毫无问题的。然而,同样的谬误——如果说它是谬误的话,其实也包含在摩尔的方法中。他对银行业务员的认识和传统方法对法官的认识别无二致——对银行业务员的认识依赖一个非常令人怀疑的假设:银行业务员人格的复杂性不及法官。摩尔认为,存在一些用以指导银行实践的基本原则,只需询问银行业务员在被设计好的特定情形中的反应,就可以获知这些原则。① 他似乎也觉察到这种程序的冒失,需要进一步的论证,因为他努力追寻的银行业务员对其问题的回答,其实是在"此种积极保证之下做出:对(银行)日常活动的描述是准确的"。② 这似乎是要证明,摩尔教授已经准确地陈述了需要银行业务员做出反应的情形,但在我看来,这种推断完全不能被证成。如果几名热忱的社会学家想要调查律师的行为习惯,想要让 100 名未经挑选的律师回答如下问题——"如果某人的合同已经被解除了,可以依其提起诉讼吗?",我猜其获得的大部分答案都是否定的,这些否定的答案便是其"积极保证"。积极保证的确存在,因为此时律师们被问及的是一个被设计好的、概念性的情形。如果他讨论的是一些真实的案件,他的积极保证很有可能不再存在。摩尔教授问他的银行业务员们,在客户票据已经到期的情况下,如果没有客户的授权,他们是否会将之记为支票账号的赊欠账目。在大多数情况下,银行业务员都有现成的答案。如果为这里的事态加上一些零碎的事实,使之更为丰满,答案还会是现成的吗? 这些事实包括:客户的信誉度,银行是否配备了法律顾问,客户的票据违约有明显的理由(如疏忽、破产、暂时的资金紧张等),记账的目的。如果答案不是现成的,那么银行业务员们对那些已经设计好的事态整齐划一的

---

① 为了更为清晰地阐明我自己的态度,我应该说,我并非毫无保留地认同现实主义者对概括式(skeletonized)案例的反感。我认为这样的案例既有逻辑思辨的效用,又有教育的效用。但对案件的"概括化"(skeletonizing)是一个微妙的工作,必然会预先对简化后的事态进行分析。这意味着,当你对银行业务员的事态进行"概括化"时,你必须参照银行业务员在他们的业务中所遵循的原则。这是摩尔没有尝试去做的事情。
② See Moore, Sussman, "Legal and Institutional Methods Applied to the Debiting of Direct Discounts" (1931), 40 *Yale L. J.* p.759.

反应，还能被视为某种真正有意义的"制度"的表现吗？

未经反思地拥护行为主义的方法，将导致另一个错误的假设，即裁判规范是从行为的规律性中直接抽取出来的，并且只要你获得了确定无疑的"行为模式"，你就一定可以获得一个与之匹配的、确定无疑的裁判规范。这个错设已经被证明不正确。百货公司通常会接受顾客的退货，这可以说是一种实践。该行为模式有成百上千的例证。但该实践包含了什么样的裁判规范呢？我们假设，有个百货公司拒绝接受顾客的退货，于是顾客起诉它。仅仅依据现存的行为模式，我们并不能决定本案的判决。人们在特定事态中特定方式的行为习惯本身并非法律诉讼可以依赖的标准。如果社会习俗能够与判决发生关联，它必须具有"规范的"面向。① 但是，规范面向无法仅

---

① 摩尔并没有企图从他调查的行为模式中直接提取出一个裁判规范。按照记述这些行为模式的行为主义方法，这样的提取是不可能的。然而很显然，迟早有必要去弥合平白的原始事实与能够单独作为裁判基础的感情。值得注意的是，摩尔是如何以及在哪里进行这种转变的。他的调查表明，这三起案件所涉及的行为都是"非制度性的"——这是他所预料的结果。但这显然不能解释为什么一个案件以一种方式做出裁判，另两个案件以另一种方式做出裁判。实际上，对这种不一致的解释是，相关行为相对于最临近的（nearest）制度模式，在偏离的程度上有差异。See Moore, Sussman, "Legal and Institutional Methods Applied to the Debiting of Direct Discounts"(1931), 40 *Yale L. J.* p.1219. 现在出现了一个问题：到底什么是"最临近的"制度化行为模式？人们可能已经期待，摩尔教授会在此时开始把他的银行出纳员当作不同于自动机器的存在，他可能会去确定什么样的行为模式最有可能被视为他们行为的先例。但是并非如此，我们的银行出纳员仍然只是习惯的复合体，"最临近的制度模式"是通过一种类似于匹配布料样本的机械程序来确定的，没有提及他们可能的心理过程。我们现在准备衡量偏差的程度。人们可能会认为，在处理这个问题时，同样的"客观的"数学方法也会被保留使用。但相反，我们发现摩尔教授意外地认可了他的银行出纳员是有智慧的，他们现在被认为是有目的且聪明地行动。我们通过问询来衡量"偏差程度"，例如问他的实际行为是否如同制度化的行为模式那样被视为有效的工作方式，这种偏差是否可能会因其不公平而引起人们的不满——简言之，即询问在当时的情况下，这种违背是否"合理"(reasonable)。于是最后我们发现，摩尔的方法无非也包含了某些早已被传统方法所包含的无形元素。唯一不同的是，用他的方法去确定"合理性"时，你不得不把记叙中所显示的最接近的制度模式作为你的比较标准。但毕竟这一限制更为表面而非实质，因为进行比较的基础仍然很模糊，可以为积极的法律想象提供足够的余地。

摩尔的方法要求我们回答三个问题：（一）存在哪些制度化的行为模式？（二）当事人的实际行为最接近于哪种制度化的行为模式？（三）当事人的实际行为在多大程度上偏离了这种模式？摩尔试图在纯粹的行为主义基础上回答前两个问题。在回答第三个问题时，行为主义的方法被放弃了。摩尔的研究并没有通过彻底消除"理性"(rational)和"直觉"(intuitive)的要素来实现"客观性"。它所实现的只是这些要素的延缓。然而，这一延缓所造成的结果仍未得到解释。

（转下页）

仅借助统计学调查或咨询而获得，诸如统计百货公司接受顾客退货的次数。我们得认定，这种实践是否仅仅是某种权宜之计（顾客永远是对的），还是说它已经建立起了一种期待的态度、一种"应当"的情绪，以至可以作为判决规范。有趣的是，我们倒是可以从百货公司在摩尔教授所谓的"偏离案例"的行为方式中——例如顾客对货物的不满明显是不合理的——获得该实践所包含的规范面向。制度的本质不在于行动，而在于态度，这些态度的本质却常常被定义为"非制度"的情形。通常来说，正是通过对非寻常案例中行为的观察，才可确认制度的精要。

一旦我们不再坚持单一的行为主义方法，开始考虑伴随并指导行为的智力过程，我们马上就能发现，那种认为法律应当（或总是）将社会制度接纳为现成裁判规范的看法有多么荒谬。我们认识到，让票据的行为模式更为清晰的，不是那种无法看见的、要求其"过独木桥"的心理力量，而是他并不完善的法律观念，以至于将他的行为模式接纳为裁判规范，就是将法律外套直接套在银行职员的身上，以替代来自法官和法律顾问的二手知识和传言。我们还认识到，法律与"制度化的行为模式"有着共同的情感和智力渊源——例如，它们均来自当前商业便利和社会正义的观念。① 为了更好地理解这些无形之物，我们必须回顾"亮丽的制度主义"这一被摩尔教授一开始就在其研究中傲慢抛弃的概念。

（接上页）　　摩尔教授提供了一个有价值的帮助，提醒人们注意需要对与司法裁判相关的非专业实践进行实际调查。法院通常都很自负，而且错误地认为他们知道这些实践是什么。但是在我看来，摩尔的方法有致命性的缺陷——它假定这些实践可以从其"理性"的背景中被轻而易举地分离出来。

① 根据南方的商业习俗，南卡罗来纳州偏离宾夕法尼亚州和纽约州的通用规则可以做出令人信服的解释。我在南方的经历让我相信，南方人通常不会以一种客观的、"公事公办"的方式来看待北方的债务人——债权人关系。它是一种个人关系，不仅涉及债务人对债权人的对价义务，而且涉及债权人对债务人的对价义务。这就是为什么一个南方法官会抱怨如下案件中的银行业务员：该业务员放任客户的票据逾期且在一定时段内不采取任何行动，却又突然拒付该客户的支票。摩尔教授当然会嘲笑任何基于"直觉"（intuition）的解释。但是，上述解释中所包含的直觉，难道要比摩尔教授的如下看法——法官以某种神秘的方式知道或"感知"（sense）他们社区中普遍存在的制度行为模式——更多吗？不过，摩尔教授的这一看法，可能代表了在他看来与他的方法相关的"定性主观判断"的一个例子；它不可能仅仅是"直觉"，因为这必须被排除在他的方法之外。

摩尔教授主张自己的方法与法院事实上所采取的方法是一致的,无论后者是否意识到这一事实。这就必然表明,法院对社群中的行为模式非常熟悉。坐在栅栏后面的银行柜员,其生活的文化模式足以影响法官,只能是因为法官了解这些东西。然而,认定南加利福尼亚的法官(其履历极有可能与银行业无关①)具备摩尔的调查员花了几个月才获得的知识,这种想法非常唐突。为了证明这一点,摩尔唯一的说法是,法官的"态度和想法被某种文化母体所塑造,这种文化母体的模式来自于经常性。换句话说,如果法院(法官?)并不依赖于与行为的经常接触,那它便要依赖于按照上文所分析的那种与行为模式或制度产生有因果关联的发声行为"②。我不能肯定我理解了这段话。这似乎是说,接触日常生活的法官不可避免地会听到一些表达,这些表达将以某种精巧的方式使他了解到银行柜员会如何处理指向贴现的借方记账。很难想象摩尔教授会主张如此荒诞不经的观点。但就其观点的模糊性而言,这恐怕是不否认这种观点的最佳解读了。

我们并不是很清楚摩尔教授的"文化母体"到底是什么,但让我们姑且承认摩尔教授有关它的说法。假定有一个确定无疑的行为模式,法院了解该行为模式,并且有能力从中抽离出裁判规范。按照摩尔教授的观点,这仍旧并不表明法院应该或需要将如此获得的规范作为最可欲的裁判基础。很明显,如果法院不赞成社会实践所指向的目标,它就可能拒绝将此实践作为裁判规范。某个法院会拒绝强制执行赌债,虽然可以肯定的是,某些社会规范要求偿还赌债。法院常常行使某种针对社会习俗的否决权。制度方法的上述局限性如此明显,以至于必须认定该方法的支持者对此也是心知肚明的。让我们来讨论一个不太明显的问题。如果法院认为当事人对他们要达到的目的没有认知,此时制度方法是否还依然有效?我认为无效。在这类

---

① 见 Brooks, *South Carolina Bench and Bar* (1908),书中包含了四位法官的传记梗概。顺便说一下,两位持不同意见的法官的传记中并没有任何东西可以解释为什么文化母体没有给他们留下深刻的印记。
② See Moore, Sussman, "Legal and Institutional Methods Applied to the Debiting of Direct Discounts" (1931), 40 *Yale L. J.* p.1219.

情况下不加区分地接受制度方法,即是忽略了如下事实:法院有时会拒绝遵循社会习俗,并不是因为它不赞同社会习俗所要指向的目标,而是因为它认为该社会习俗无助于此目标的实现。法院可能会着手重塑某个"行为模式",以帮助其实现其自身的目标,而不加鉴别地接受制度方法,就会忽略这种可能性。举例来说,外行通常会将签约过程中的握手礼仪视为订立有效合同的方式,这并不会导致法院会将此礼仪当作合同的程序要求——如果法院认为握手礼仪并不能充分避免法律程序所要避免的交易风险的话。①考虑到重塑生活方式有时会失败或得不偿失,在遵循生活方式和重构生活方式之间,法律总要做出衡量。②

在我看来,卢埃林并没有秉承摩尔的行为主义方法。他承认需要对制度方法进行某些在摩尔看来并不需要的限定——在许多判例法中,制度方法不仅仅遵循社会习俗,它还改造和控制社会习俗。不过在我看来,卢埃林并没有完全与摩尔研究中的错误观点撇清关系。我已经就其强调的重点指出了他的错误。非但如此,卢埃林的文本通篇都认定,法律只是忽隐忽现的社会习俗的替身,用剪刀的例子来说,只有当社会刀片因为某种原因不能切割时,法律刀片才会发挥作用。只有"当社会通常的方式无法(为判决)提供坚实基础时,我们才必须诉诸法律这种病理学的方式"③,在我看来,这样的观点就是一种行为主义的伦理学。

---

① 在遵循印鉴标准"自由化"的外行人实践这件事上,我们的法院可能犯了一个错误。由此,法院消解了——也许是无可挽回的——一种有价值的社会实践。
② 耶林谈到了古罗马法律与商业之间存在的密切关系。他接着说:"法学(jurisprudence)和商业之间的亲密关系对两者都有利。对于商业的益处在于,因为法律人不断地控制着它的脉搏,知道它需要什么和怎样才能帮助它。对于法学的益处在于,在不忽视商业的任何实质性需求的情况下,法学可以使得商业保持从法律角度看最理想的状态。"See Ihering, *Geist desrömischen Rechts* (7th ed. 1923), II, p. 418. 我认为,美国的"制度主义者"应该仔细考虑耶林的最后一句话,看看它是否真的没有表达出某种迫切的需要——制度主义者习惯于忽视这种迫切需要。
③ See Llewellyn, *Bramble Bush* (1930), p. 54. 摩尔和卢埃林对法律与社会关系问题的态度,包含着某种曲解,即从某种单一而特殊的方面看待法律——他们只是拿商法说事。值得怀疑的是,一个侵权或刑法方面的专家是否愿意去促进法律与社会习俗保持一致,尽管这样的人可能愿与摩尔和卢埃林一道,在这些领域中促进与社会习俗相关事物的发展。

现实主义的情感基础

卢埃林和摩尔的实证主义与行为主义伦理哲学,在其他现实主义者那里也有体现。事实上,可以说这种伦理学构成了现实主义运动中的一股暗流。狄骥的实证主义是一种另类的现实主义,立场也都差不多。为什么会如此?为什么现实主义以某种改革运动的姿态出现,却陷入这种本质上的保守原则中呢?我认为此悖论并不难解释。

值得留意的是,现实主义与概念主义因为某些思考结构,在特定观点上没有实质分歧。概念主义者并没有幼稚到主张其原则总可以在实践中自我实现。由于他们常常也是处于实践中,比起哲学现实主义者,他们更为熟悉的模式是,生活没有遵循规则对它的限制。于是,概念主义者并没有忽略"是"与"应当"的界分,他们只是没有把这当回事。

另一方面,"是"与"应当"的分离对现实主义者来说却是灾难。他们必须着力消除这种分离。对此,存在两种方法:要么迫使"是"遵循"应当",要么允许"应当"服从"是"。第一种方法面临许多重大的困难。生活会对我们强加给它的"应当"做出抵抗;生活的洪流会彻底冲垮"应当"的防线。还有更加令人沮丧的事情。我们发现,想精确地说出我们期待生活要遵循什么,我们的"应当"是什么,常常是一件不可能的事情。生活会嘲笑我们,甚至连我们的规则也会背叛我们,拒绝向我们显露出其本质。于是,更为容易的方法就有诱惑力了。这个方法就是让"应当"服从"是",让法律向生活缴械投降。

现实主义的目标有些模棱两可。只有一件事情是清楚的,生活与规则之间令人不安的界分必须被消除。但不清楚的是,它(现实主义)的办法是迫使生活遵循某种新的、设计更精致的规则,还是允许规则让步于生活。这种模棱两可也可以在法律现实主义的古代表达中发现:不要从规则中获得你的法律,而是要从法律中获得规则。[①] 这是否仅仅是方法逻辑意义上的

---

① See Paulus in Dig., 50, 17, "De diversis regulis", I.

警示——警告我们纸面上的规则常常无法充分表达事实上起作用的原则？抑或是，它仅意味着，这些原则原本就没有影响力，我们必须从生活的"法则"(law)中获得规则吗？从保鲁斯(Paulus)时代开始，现实主义立场的清晰程度就没有增加。现代现实主义自己也不能确定它是否反对概念主义，这或是因为它无法精确地表达自己的原则，或是因为它只是假装在践行这些原则。

人类目的与自然法*

朗·富勒 著
王志勇** 译

无论何时,当我们谈论诸如"自然法"这样的承载许多内涵的术语时,我们都难以进行有效的沟通。因为当对该术语进行妥当的语义学分析时,我们不仅要在可以被察觉的那些独特含义之间进行辨析,而且也必然面临比这困难得多的任务,即追溯这些含义之间的交叉重叠,正是这使得它们似乎具有某种类型的家族相似性。此种分析并不会推进本论文的目的,因为我想呈现的问题关涉到如下类型的本体论方面的根本性洞见:其也许在定义的过程中被预设,但几乎不可能通过定义向前拓展。

简要论述一下我在本文中并不想做的事情,这也许有助于避免误解。在任何通常的意义上,我都不试图提出一种"自然法理论"。我自身并没有携带自然法典。我并不试图处理决疑论问题,我也不主张"我的自然法概念"将解决这个或那个问题。我的关切主要在于提出一个问题,同时仅仅顺带地给出一个不完美的答案。我提出的并且也想要解决的这个问题,也是大多数自然法理论想要解决的问题,但其处理方式却笨拙不堪。然而,实证

---

* Lon L. Fuller, "Human Purpose and Natural Law", *The Journal of Philosophy*, Vol. 53, No. 22, 1956, pp. 697-705.
** 王志勇,河南财经政法大学法学院副教授。

主义却通常简单粗暴地无视该问题的存在。

一方面是现在通常被接受的事实与价值之两分,另一方面是人类行为的目的性解释,当我们试图调和这两者时,我所念兹在兹的问题就出现了。有一种观点视人类行为是目标指引的(goal-directed)。当我们接受源自上述观点的全部后果时,事实和价值之间的关系就会呈现出一种与如下所谓的"真理"完全不同的面向:从是(is)推导不出应当(ought to be)。以上正是我的观点,下面我将证明之。

我从远处看见一个小孩拿着一个灰色的小圆东西,他似乎有意地凝视着此东西。经过一段时间的犹豫后,他把该物小心地放在手心,并且反复挤压。然后,他松开手掌,左手轻轻地抓着这个东西,并且在身边寻找东西。他显然找到了他所想要的东西,因为他弯下腰捡起一根棍子。他用棍子不断地戳这个东西。然后,他扔掉棍子转而弯下腰将这个东西数次撞向一块石头。他很快就放弃了上面的行为,走来走去好像未决定下一步的行动。突然,他开始搜集棍子,堆成一堆后点燃。最后,他将该物放在火中,蹲在旁边静观其变。

现在,显然可见,当我们知晓小孩在整个过程中一直试图打开蛤蜊时,上述陈述中才具有了某些东西,其中的意义才突然累积成型。如果缺乏上述线索,我可能无法解释我所观察到的现象,无法准确记住事件的原貌,也无法向另外一个人真正融贯地阐述所发生的事情。

在之前,人们会相当简单地讲到,对于"理解"正在发生的事情而言,此种目的线索是必要条件。然而,让我们以与现代科学方法的概念观相一致的术语来界定"理解",也即让我们这样思考:当我们能够控制和预测事件时,我们才拥有"理解"。显然,我之所以有机会通过引导这个男孩而让其采取新行动,是因为我大体上知晓其试图干什么事情。同样,我之所以能够在任何阶段预测这个男孩的下一步行动,例如我准确地猜到他把棍子搜集到一起之后将干什么,是因为我至少大体上察觉出其所追求的目的。

我现在相信,就那些视所观察的东西为有目的性的事件而言,在对其的任何解释之中,事实和价值相融合。在此,如下观点显然无法经受住检验:

价值是一种外在于纯粹事实性阐述的东西,是一种由观察者投射到被观察事物上的东西。如果我能预测到这个男孩将会很快放弃通过双手挤压的方式来打开蛤蜊,是因为我知道这并非一种打开蛤蜊的"好"方式。从这个男孩的目的来看,上述努力缺乏价值。在此,当事件展开时,其结构——在时间之流中发生的实在——包含价值成分,由此我们能够说"这是糟糕的,其不会持续",或者"这是好的,我们可以期望其继续"。

我确信,有人在此可能提出反驳:上述整个证明奠基于极端明显之谬误。有人就会反驳道:假如我们观察一个倚靠在墙上的 5 英尺梯子,那么较之于此种情况,"价值"成分并非更内在于我刚才所阐述的事实之中。当然,正如所述,此种事态并没有传达任何价值判断;然而,如果我假定某个正常身高的人计划使用梯子攀登墙的话,如果我暂时接受其目的的有效,我们可能说"这是糟糕的"。此种情况和我之前的例子相比,唯一的差异在于,当我们观察那个拿着蛤蜊的男孩时,对于物理事件的观察、对男孩目的的感知以及我们暂时接受该目的为评价所发生的事实的标准,这些事情都可以说是同时进行的,以至于原则上独立的东西在此都混合到一起,由此创造了一种幻觉,即事实和价值已经在某种程度上融合。梯子和墙的例子也可以清清楚楚地证明,即使当我们观察目的性行动的结果时,事实和价值也仍旧保持独立。

上述论证忽视了如下事实:当我们处理在时间之流中投射的目的性行动时,我们所观察、回忆和报道的结构,并非任何瞬间的事态,而是一套流变过程;而且,唯有我们参与到——错的东西被拒绝而好的东西被保留的——评价过程中,我们才能理解这套过程。如果某个数学家在探求超越我的理解能力的问题,我看着他的肩膀,虽然我能看清楚他的动作,但我无法预测或者控制他将干什么,我也只能琐碎地报道我所观察的内容,正如那个男孩与蛤蜊的案例一样。在此类情形下,当要拥抱好的东西而拒绝坏的东西时,一个人唯有具备足够的评价能力去知晓发生了什么事情,才能理解事件的"事实"(the "fact" of event)。如果我的任何例证导致了"幻觉",这是因为在靠墙的梯子那种情形下,对于目的性行为的打断,导致了一种诸物理客体之暂时组合形式；由此，较之于任何语言，在没有向其中添加任何更多目的性成分的情况下，我们仍旧能够谈论之。

在此可以确信，有人可能会争辩道，我的观察混淆了如下两个问题：其一，终极价值问题；其二，选择最为有效的手段达致当下目的的问题。有人可能会说，如下内容可能为真：为了理解和描述目的性行为，我们必须间接参与到评价行为中，但任何此类评价必然相对于杜威（Dewey）所讲的"视野中的目的"（end-in-view）。尽管存在打开蛤蜊的好坏方式，但这并未触及如下问题，即打开蛤蜊的活动本身是否值得称赞。

然而，如下内容为真吗，即唯有通过在任何特定时间内感知当下目的为何，我们才能理解一套目的性行为；我们要视一个目的到另外一个目的的转化为一种奇迹，其既不要求也不允许任何观察者参与到导致转化的评价之中？

在我所举的现在已然被过度使用的软体动物的例子中，我描述了这样一种情形，即一系列明显分离的行为都导向我称之为单一目的的东西。事实上，即使在那个简单情形下，我们最好讲一系列相关目的而非一个目的。通过挤压来"打开蛤蜊"，明显不同于通过撬动来"打开"。然而，设想在那个男孩身上发生的一个更为重大的行动方向转变。例如，有人告诉他，附近有一个水族馆，他在那里可以观看蛤蜊喂食、掘土，如同蛤蜊在天然栖息地一样。他丢下蛤蜊而奔向水族馆。我们应该说，在这个男孩的行动中目前存在一个完全的断裂呢，还是应该说，他只是偶然想到一个更好的手段来满足其自始至终的真正目的呢？我们也可以想象，这个男孩的行动发生其他转变。例如，他放下蛤蜊去求助于百科全书，但在浏览到该书中以字母"C"开头的部分之前，他却转而沉迷于一篇关于天文学的文章。我试图传达的核心观点是，为理解一套具有不同程度的复杂性之行动，单一"目的"并不充分。如果我理解这个男孩正在做的事情，这是因为我们共享的人之本性（human nature），在我们身上的此种本性一直都不完整，并且处在一种不断发展的状态。

无论是行动中还是言语中所表达的单一的人类目的，一旦隔离于其所在的整体系统,那么都是不完整的。任何特定目的之含义通常都受到相关隐含目的之控制,这被维特根斯坦(Wittgenstein)的如下例子很好地证明:

> 某人对我说:"教孩子们玩一个游戏。"我教了他们掷骰子赌博。接着,那人对我说:"我指的不是这种游戏。"他向我发出指令的时候,一定事先排除了掷骰子的游戏吗?①

那些强力主张赋予词语或人类行动一种不带评价的意义的人,可以很好地思考一下这个例子。

当我们试图在人类目的中适用事实/价值两分时,我们所遭遇的困境可以被重述为手段-目的的关系。对于任何反思道德问题的人来讲,存在两种关于手段和目的之思维路线。一方面,似乎显而易见,为实现特定目的而选择恰当手段,这涉及人类的推理能力和精确分析、观察能力。另一方面,具有同等说服力的另一种思维路线导向这样一种结论,即上述活动必然具有终点,而且我们无法通过分析和观察来决定终极目的,我们必须以某种方式将终极目的投射到事件上。只要我们不将这两种思维路线适用到任何裁决过程中,它们就能够和平共处。如果我们将这两种思维路线适用到任何裁决过程中,那么我们会发现,将两者分开的区别就消失了,其中所隐含的冲突就变得明显了。因为当我们必须做出关于一套行动的实际决定时,手段和目的两者自身就无法并驾齐驱,而是走向互动循环。

由此,我们就面临一种类似物理学中关于光的波理论与粒子理论的困境:两种观点单独看来有效,但不可能结合。不幸的是,在伦理学中,恰恰在理论对于人事创设差异之处,这个冲突自我显现出来了。

我并不妄称能够消除该问题所呈现的困难。我认为,问题出在语言上面。语言形式,尤其那些与主语、动词与谓语相关的语言形式,精于描述单向度投射的行为,而在处理互动行为时却捉襟见肘。我们用来描述精神心

---

① 《哲学研究》,1953 年,第 33 页。

智活动（mental activity）的词语也可能混淆该问题。一方面，对于某个为我们所接受的目的，在我们为之选择最为有效的实现手段的过程中，"推理"（reasoning）这个术语看起来是合适的。另一方面，"推理"术语并不适合描述我们经由反思、沉思而铁下心要搞清楚"我们真正想要什么"的过程。尽管上述两个过程在实践中携手共进，而且两者都涉及更为高级的神经中心。

无疑，困难的真正来源在于更深层次的地方。手段-目的问题仅仅是生活自身中更为深层次的神秘之处的冰山一角。有活力的东西的特别之处在于如下事实：其具有两种在其他无活力的东西中都不会出现的品质，即趋向性（directiveness）和适应性（adaptability）。在此两种品质的模糊互动中，埋下了我们关于手段-目的问题的难题。也许，我们归之于形塑目的方面的神秘之处，仅仅是关于如下内容的一种特定表达：其萦绕在所有似乎从有机体自身投射自己的生物现象周围。当一个动物躲藏起来逃避严寒时，我们没有任何理由惊奇。然而，当另外一个动物通过长出更长的毛发来回应同样的刺激时，我们几乎感到像见证了奇迹一样。尽管我们很难解释为何一种现象如此常见而另外一种现象却如此神秘。也许在那种为过冬而长出更厚皮毛的动物的情形下，我们的困难来自于如下事实：我们所熟悉的手段-目的关系在此似乎不见了，由此看起来好像目的在于直接实现自己。换句话说，当我们处理目的-手段关系时，我们的内心感到舒畅；然而，当我们试图理解相互分离的此种关系的数量时，我们的内心就感到不安。

如果上述这些贫瘠的想法具有任何价值的话，那么其价值在于帮助我们识别问题，而非提供解决方案。事实上，我认为，我们现在所面临的问题并非要解决问题，而是决定我们应该在没有解决方案的情况下如何宽慰我们自己。

现在，我们已经非常熟悉针对此种困境的一种方案。其极端形式提出如下主张：人类目的和"价值"的效力并非理性证明的对象。尽管妥当手段之选择具有智识事业的品性，但没有目的的手段就是一个怪物。除非我们通过某种意志之命令而选定一个目的，否则任何对手段的单纯谈论都是无益的。每个手段-目的问题都是独特的。如果不是这样，将意味着，目的之形塑本身是个合乎法则的过程,是理性认知的对象。然而,这里假定情况并非如此。

对于同样的人类困境,一个相反的思想流派得出相反结论。因为裁决过程中目的和手段相互影响,我们不太可能预先赋予理性之角色以精确的限度。由此,让我们尽量将我们的理解推向目的和手段互相影响的模糊领域,让我们共同努力,尽量在此领域发现事实情形之本质所允许的更多共识。

此种观点主张可被称为共享目的之合作表达(the collaborative articulation of shared purpose)的过程之现实性(the reality of a process)。数个世纪以来,尽管在自然法学派中存在极端表现和教条主义,但其使人对上述过程保持信念。此种信念能够被证立吗?

我坚信,我们具有许多证据证明此种信念能够被证立。在世俗生活中,我们从个人经验中都知道,在人生出现危机时,向朋友请教通常会帮助我们理解我们真正想要什么。无论我们的建议者实际上告诉我们"注意你的手段",还是告诉我们"仔细考虑你的目的",都并没有多大差异。在上述两种情形下,建议的效果都是开启一个反思、咨询的过程,而此过程可能改变我们对自己的整体理解。显然,使得此种咨询变得有益的亲善关系很难实现,而且,对于更广泛的法律和道德问题而言,此种私人层面的协作也许看起来无关。

然而,我认为普通法的历史本身就是一个例子,其告诉我们:从与那些激活共同面临一个问题的两个朋友之间的谈论一样的咨询精神中,一个社会制度如何可能获取其整全性(integrity)和活力。普通法并非任何单个法官的工作,而是许多经过漫长时间合作的法官的工作。在普通法的历史进程中,规则的执行已经被改进和精炼。同时,规则自身通常被修正,从而使得有效执行成为可能。尽管普通法据说建立于先例之上,但就任何特定先例的含义而言,却不存在决定性的文字表述。当新情况发生时,法院在之前判例中所讲的内容通常要接受重新解释。人们不仅仅参照判决先例的法院所追求的视野中的目的来决定先例的范围,而且人们也参照视野外的目的来决定先例的范围,因为被裁决的案件中的事实并没有将这些视野外的目的搅入主动意识之中。维特根斯坦所举的儿童游戏的例子所提出的问题,对于普通法而言如此熟悉,毫不新奇。而且,除了偶尔陷入字面主义的错误之外,回应通常是"不,他并没有意指那种类型的游戏"。

我相信,在更为常见的、对于每个人而言都熟悉的层面,我所称之为共享目的之合作表达的东西可以被阐明。我所指的是这样一个问题,即给每一个日常词语以妥当的定义。在当代语义学的讨论中,一个常见的看法是,词典编纂者仅仅还是用法的观察者和记录者。这毫无道理。我们都知道,就熟悉的词语提出一个好的定义,是一件艰苦的智力工作。一个人如果使用诸如"火炉"或"钱"这样的普通单词,并且将自己的手头定义对比于一个好词典上的定义,那么无疑会发现一些自己所忽视或不熟悉的用法。然而,其主要的发现在于如下内容:自己的定义如此糟糕,以至于未能阐释清楚词语的核心目的性含义,而此种核心含义为他以及任何其他人所明白"知晓",但他未能在短时间内妥当表述。好的词典编纂者不仅仅比你我知晓更多的词语用法,而且其分析技能也许使得他能够比我们更为成功地预测我们自己在遇到未曾遭遇的情形时将如何使用某些词语。

在当代,人们对于任何此类观念——人们通过发挥其聪明才智能够更好地理解其真正目的——的拒绝,体现在其通常对如下事物的不屑一顾,即以诸如"什么是艺术"为标题的论文。当然,在此类标题之下存在许多夸张炫耀之处,实则空洞无物。然而,在当代,人们对上述观念的拒绝,并非奠基于作品的质量之上,而是奠基于某种原则之上。就此而言,任何上述标题都会导致事实和价值之间的混淆,而且这通常是掩盖欺骗性意图的幌子,即作者将自己关于艺术应该是什么的主观想法打扮成对艺术事实上是什么的描述。这就好像如下情况是可能的,即要描述人类奋斗的主要场域但并不参与到此种奋斗之中。这就好像此种参与可能不具有创造性!如果我们更为极端地来表述上述反驳,以至于通过改标题为"我认为艺术应该是什么"也无法回应反驳,那么我们在此真正拒绝的东西是我称之为共享目的之合作表达的现实性。

我相信，上述反驳在当下最为不幸地为人所感知，这体现在我们无力延续前人在分析、讨论可被称为社会秩序形式（the forms of social order）的工作。我使用该术语广泛指称诸如规则、程序和制度此类的东西，简言之，在其中人类之间的相互关系承受形式归序（a formal order），无论通过同意、习惯还是命令。我所使用的该术语横跨了法学、政治学、经济学、社会学、伦理学，甚至包括游戏系统。由此，合同、裁判、多数原则、三击和四球①规则都是社会秩序形式。

在其最为明显的方面，这些形式通常被视为实现目的的手段。然而，这些形式自身在两层紧密相关的意义上也是目的。第一，它们之所以是目的，是因为尽管我们创造了这些形式，但其帮助我们成为我们自己，人依赖于社会成其所是。任何特定的经济制度不仅仅有助于满足先前的欲望，而且也产生其自身独有的人类欲望之类型。第二，可以说，任何类型的社会秩序形式都包含其自身的内在道德。由此，我们可以通过外在标准来判断足球运动，并且说"足球是个好运动项目"。然而，我们也可以通过从其自身的内在要求推导出来的标准来判断足球运动，并且说"如果此种类型的事情被允许发生，则足球这项运动项目就变得不可能存在"。我们可能将裁判评价为一种解决纠纷的手段，并且将之与其他达致同样目标的手段进行比较。我们也可以分析其内在要求，并且接受这样的观点，即任何试图混淆法官和调解者的功能的做法都代表了一种危险的做法。最后，我们可能赞成《旧约·箴言》（Proverbs）所言："掣签能止息争竞，也能解散强胜的人。"（The lot causeth contentions to cease, and parteth between the mighty.）尽管我们可能感到遗憾，所罗门并没有将其智慧运用到为我们更为精确地界定最适于用抽签来处理的争端类型。同时，如果我们有意诉诸运气作为社会秩序形式，那么此种形式要成为其所标榜的那样，这也提出了涉及其自身的技术要求。

以上论述可能被视为显示了对经济、法律和政治等实践问题的兴趣，而非对伦理学理论的关注。然而，我认为，社会秩序形式的影响贯穿于伦理学

---

① 棒球运动术语。——译注

讨论中,尽管这些伦理学讨论并没有明确诉诸社会秩序形式。由此,我们发现自愿解决的典范(合同)、无利害关系的第三方的有根据之判断(裁判)和在谈论中作为默示前提的——看起来与诸如社会组织的技术问题相距遥远的——多数决原则。

我在结语部分想要呈现的问题涉及范围广泛,包括了从人类可能面对的最为琐碎的内容到人类可能面对的最为重要的内容。我们仍旧生活在前人为上述问题提出的解决方案之下。除非我们对自然法学派的核心目标重新树立某种程度的同情立场,否则我们难以看到数代中断的事业得以重续。

法学院对于法律人的成长能够贡献什么*

朗·富勒　著
王志勇　译

关于法学教育的目标,存在四种竞争性观念。本文的目的在于考察这四种观念的优点、局限和危害。

这四种观念分别是:

第一种观念:法学教育的目标是给予学生知识。学院应该仔细研究哪个法律分支在今日最为重要,并且据此制定课程,从而传授当代法律实践中最迫切需要的知识。

第二种观念:法学教育的目标在于传授技能。我们应该考察为当代法律实践所需的能力和技巧,并且设计能够给予学生上述能力和技巧的教学方法。依照产业化管理,我们应该进行一个工作分析(a job analysis)或者法律职业的"技能-分类",之后将我们的学生置于一个调整行程序中,这个程序会在学生们的神经系统中植入那些将使他们成为成功法律人(lawyers)的能力。

---

* 1948年4月12—14日,在宾夕法尼亚州的巴克山瀑布区(Buck Hill Falls, Pennsylvania)举行了一个关于职业责任教育的交叉职业会议(the Inter-professions Conference on Education for Professional Responsibility),我在该会议上做了一个发言,后经修正,形成本文。[本文原载于《法学教育期刊》(Journal of Legal Education, Vol. 1, No. 2, 1948, pp. 189-204)。——译注]

第三种观念：如同在其他任何事业中一样，法律中的真正教育在于使学生受到远大情怀（Great Minds）的熏陶。

第四种观念：法学教育的目标应该是给予学生关于如下事物的理解和洞见——法律参与其中的过程（processes）。

我们无须视上述任何一种观念为筹划法学教育的排他性标准。上述每种观念都可被视为其他观念的补充。然而，在对教育政策的现实谈论中，上述情形几无发生的可能性。试图界定终极目的的努力所导致的好辩精神，通常会使得我们倾向于将每种观念完全对立于另外几种观念。本文赞成第四种观念，这或许将成为上述倾向性的例证。无论如何，针对上述四种观念，下文的分析既着眼于每一种观念提供排他性标准的能力，也着眼于其为其他视角提供矫正的能力。

第一种观念："给予学生要成为法律人所需的知识"

作为课程筹划的一般标准，该观念逐渐不受人待见。就此观念为何逐渐不受人待见，存在许多理由。当代法律实践日异月殊的要求，使得我们无法预测学生毕业之后需要什么。成功的律师通常将课程内容置于次要性地位，并且主张法学院真正的贡献在于教授学生像法律人一样思考。如果课程筹划致力于传达最为普遍有用的信息，那么它就将高度个殊化的研讨课程拒之门外，而这些课程具有已然被证实的教育价值。

在此，对于方法的偏爱甚于内容。但即使如此，我们也不应该对如下事实视而不见：那些谈论内容的人通常有重要的东西要告诉我们。即使在非宗教的意义上，方法主义（Methodism）也可能被带入极端。就此，我们不要忘记，"我们教人如何思考"这个口号是每一个濒临消亡的学科最后的避难所，这些学科包括拉丁语（Latin）、希腊语（Greek），直到机械制图（Mechanical Drawing）、普通法诉请（Common-Law Pleading）。

纯粹参照在灌输方法方面的能力而选择素材，是严重的教学失误。除非指导老师和学生相信（或者因受蒙蔽而相信）他们所思考的问题如今日存在那般至关重要,否则在方法上的有效指导不可能奏效。如果刺破伪装的面纱,发现(或者承认)在为纸板计数器而玩游戏,则方法上的指导将在其自我有意识构塑的目标方面面临失败的结局。

内容当然是重要的,但对其自身而言的重要性,不可与对获得其他目标而言的重要性相提并论。

第二种观念:"工作分析或者技能-分类"

这可能是当下最为流行的观念。其口号是:技能、技术、辩护的艺术和咨询的艺术。

法学教育应该以传授技能和技术为目标的观念在开启通向重新考察传统课程的道路方面起到了有益的作用。关于私法中某些所谓的根本课程的真正重要性,上述观念激发了人们对之的一些质疑。更为有益之处还在于,上述观念挑战了那些惯常用以划分种类繁多的法学院学科的界限在教育学上的有效性,此种界限的实际起源并非在于教育学考量,而是在于文本作者的分析性需求。

尽管此观念在摧毁陈腐的结构方面具有价值,但我认为,美国法学教育面临的最大危险在于该观念将被过于抬高并且过于机械地逐字适用。因为只要有人试图将技能和技巧观念作为筹划法学教育的排他性标准,则整个教育过程就会迷失方向和降低身价。

批判地考察该观念,我们就会发现如下事情变得显而易见:针对应该教授什么和如何教授,技能和技巧观念并没有提供任何真正的检测标准。法律人需要那些影响人的智识、道德生活的所有技能和能力。他们需要如下方面的能力:有逻辑地推理,排除无关的东西,甄别未被言说的前提,带着理解去看和说,带有说服力地论辩,理解动机,书写和言说流畅优美的英文。我们可以将上述清单无限地拓展。在"传授技能"这个命令之中,没有任何东西能够回应那些不可回避的优先性问题,也没有任何东西能够给课程设计形式和指明方向。

技能和技巧观念不仅仅未能给法学教育提供任何简单明了的指引，而且一旦认真努力适用该观念，就将危及美国案例指导教学法（the American case method of instruction），使其丧失最有价值的特征，即不带个人感情地置身问题之中。它将应该是对问题进行不偏不倚的考察的事物转化为自我改进的训练。为了那些带有戴尔·卡耐基（Dale Carnegie）或查尔斯·阿特拉斯（Charles Atlas）意味的东西，它在法律训练中放弃了大学的传统。

伍德罗·威尔逊（Woodrow Wilson）曾说过，那些着手要达致某种"个性"的人，可谓贻笑大方。个性只是人们在追求其他目标时的副产品而已。同样，技能和技术应该是那些关注问题而非人的教育体制的副产品。

第三种观念："熏陶远大情怀"

任何课程杂耍、操纵的做法都不能代替优良教学（good teaching）。如果优良教学被用于传达鸡毛蒜皮之事，那么它就毫无价值可言。一方面，我们必须拥有好老师；另一方面，这些好老师要身怀善物以传授学生。除了上述两点紧要之处外，其他的都是次要的。那些谈论熏陶远大情怀的人起到的作用，正是提醒我们如上情形为真。

然而，正如通常发生的情形那样，当他们①过分夸大其理由以至于主张课程的筹划毫无意义之时，他们是在帮倒忙。确实，通常推进发展马克·霍普金斯的木桩之上理论（the Mark-Hopkins-on-a-log theory）的方式蕴含着如下观点：在法学院的正常运转中，从来没有对课程筹划的刻意关注。这当然是白日做梦。在美国法学教育中，我们现在继承下来的课程规划是数十年前通过合作努力而谋划出来的。该课程规划被设计时，就构成了一个协调性的活动。可想而知，这仍旧构成了法学教育的最好安排方式。然而，那些相信所述观念的人应该承担与其立场相匹配的责任。他们无权说："只有鼠目寸光的胸怀才使自己关注于筹划性问题。"此时，他们所意指的是"被继承

---

① 此处"他们"意指那些主张第三种观念的人。——译注

的课程是正确的而且应该被维持下去"。

展望下个标题的论证,我们可能会说,如果特定的知识和技能相对而言并不重要,那么关于法律人对社会的实际的、潜在的贡献的理解并非如此。课程应该如此安排,从而给予学生如下广泛意义上的理解:学生将能够感知和相互关联法律人工作不同的面向。这不仅仅将会发生,而且必须被规划。

第四种观念:"法学教育的目标是传递关于法律参与其中的过程的理解"

法律人是参与者,而且通常在如下两个基本社会过程中是最为活跃和负责任的参与者:裁判(adjudication)和立法(legislation)。在此,这两个术语都是在较之于惯常意义而言更为广泛的意义上使用的。

裁决过程必然涉及法律人工作中的论辩理由(case-arguing)和解决纠纷(dispute-deciding)面向。就我所使用的该术语而言,它指涉解决纠纷的所有论辩性方法(forensic methods),其中包括非正式的仲裁、行政法庭(administrative tribunals)的工作和我们的传统法庭的过程。裁决中的法律人的角色呈现为律师(advocate)、法官或者为可能的诉讼裁决的客户提供建议的办公顾问(office counselor)。所有这些活动都围绕着这个独特的过程,据此过程,争议被论辩和决定。

另一方面,立法过程的法律人呈现为创设规则(rule-creating)和提供结构(structure-giving)的角色。立法过程将法律人呈现为规划者、协商者和起草者。就我所使用的"立法"这个术语而言,它不仅仅指涉成文法的规划和起草,而且包含契约及其他私人文件的协商和起草。由此,遗嘱的起草在此意义上也是立法,因为其创设了一个法律框架,以此规定立遗嘱人的遗产在其死后如何被管理和执行。

我主张,法学教育的目的应该是传达对上述两个基本过程的理解。如果我们视这些过程为定位点,我认为我们就能够在解决教育政策方面的如下问题上取得进展：

1. 我们目前的法学教育体制令人满意吗？
2. 三年的课程应该包含哪些法的分支？
3. 对学生的指导应该始于何处？
4. 如何将法律关联于法律之外的生活和理论，同时并不丧失对已然是传统法学教育的主要美德的特定问题的敏锐关注？
5. 如何能够给学生灌输一种对客户和公众的妥适职业责任感？

我将从第一个问题开始。

1. 我们目前的法学教育体制令人满意吗？

如果通过追问我们的体制是否传达了一种关于上述两个基本法律过程的洞见来检测该体制，那么我认为对此问题的答案是显而易见的。部分出于历史缘由，部分出于与素材的相对可及性相关的理由，我们国家的法学教育几乎完全忽视了立法过程，并且仅仅处理裁判过程的一个面向，即上诉法庭之面向。

将裁判过程的某个单一面向与作为整体的过程相隔离，不仅仅遗漏了许多内容，使这些内容没有被教授给学生，而且弯曲、篡改了已教授的内容。它几乎没有传达给学生涉及诸如事实的证据的精细问题的任何洞见。上诉报告通常呈现一个关于事实的干枯骨架，与此案相联系的法律人有时候很难认同该报告对他们花费数月辛劳获取的事实的描述。法律和律师的一个永恒问题是，其必然要涉及下列最为艰难的人类操纵行为：试图将一组事实原封不动地从一个人的大脑转移到另外一个人的大脑中。上诉案例方法（appellate-case method）几乎没有给予上述问题的存在以任何细微的暗示，它给予可能被用来解决上述问题的方法以更少的理解。

对立法过程的完全忽视是更为严重的缺陷。它不仅仅遗漏了许多未教授的内容，而且歪曲了已教授的内容。之所以如此，原因在于裁判和立法这两个程序自身相互关联，以至于其中任何一方都不能脱离另一方而被充分理解。

立法通常在某种程度上裁判。审慎的起草者立法使得契约条款得以存在,他要考虑到可能的麻烦,并且寻求在诉讼来临之时保护其客户利益的方法。另一方面,多数裁判在某种程度上涉及某些人的立法。契约的协商和起草发生在特定过程之中,对于合理解释具有争议含义的契约而言,理解上述过程至关重要。在教授契约法的过程中,我发现,相较于那些在通常可以被称为"协商"的领域不具有一定实践经验的学生,那些具有一定实践经验的学生在解释问题中会带入更加成熟的洞见。最近,我就尝试这样的试验,即将训练协商和起草技艺作为课程的起点。我们的目标在于,通过一种感同身受或者可以安排的经验,传达来自对如下行为进行的参与的洞见:使得约定得以存在的行为。尽管此种教育冒险尚未取得完全成功,但它证明了立法和裁判过程之间的紧密联系。在谈论那些解释契约的司法裁决时,学生们确实利用他们在起草训练中所积累的经验。上述在其洞见和判断方面可以被观察到的改进,倾向于确证我曾一度持有的成见,即那些自己从来没有协商过契约的法官不应该坐堂解释契约。

许多法学教师主张,我所称之为立法过程的事物作为一般的案例教学法指导的自然而然的副产品被教授,已然足矣。他们骄傲地指出如下事实,即他们经常问学生如下问题:特定案件中所涉及的契约或遗嘱本应该如何被起草,方可避免产生官司?在经历严格的司法解释之后,成文法应该如何被修正,以便保持起草者的目的?

我认为,上述处理问题的大杂烩方式相当不妥当。尽管如我在上面所讲述的那样,立法和裁判过程紧密联系,每个过程都代表了一系列独特的问题和心灵状态,以至于每个过程都不能作为教授另外一个过程时的未规划的副产品而被教授。如果考虑一下每个过程对待事实的方式,我们就会发现上述本质区别。

裁判涉及论辩性事实(forensic facts)。如果我们遇到上诉裁判,其中所载的事实已经通过证据规则被过滤掉,该事实所具有的自然的模糊性已经通过假定和证明责任的规则被洗涤掉。然而,即使在最为不正式的行政听证(administrative hearing)或仲裁中,当事实在诉讼语境下被提出时,它就具有了一个新特征:这些事实由具有自我意识感的证人传达,无论这些证人如何诚实,对于要向法庭传达如同置身其中之人所感受到的事实情形而言,他们都无能为力;证人由此使自己满足于仅仅陈述部分真实情况,在他们看来,这个部分是唯一与裁决结果相关的部分,尽管他们的看法通常错误而非正确。

另一方面,立法不涉及论辩性事实,它所涉及的东西可以被称为管理性事实(managerial facts)。作为规划者、协商者和起草者的法律人的任务不在于将事实化约为工整的类型,而在于整体观察之,在其所有的无序之中观察之,在其所有含糊之中观察之。他必须调整其裁判结果以适应于众多事实可能性,并且必须设计一个规划,该规划将会预测并且不受干扰地容纳未来事实的变化。

通过如下简单的探究,立法和裁判过程之间的其他差异就会显现出来。什么是契约?对于关注裁决过程的法律人而言,契约是一个在法律上可以执行的约定,其含义是法庭在诉讼之时赋予其的内容。对于使得契约得以产生的法律人而言,契约主要是一个为了合作性努力而创设的框架,其功能的履行无须参考可执行性或者法官赋予其的解释。通常就契约的措辞表达,法律人必须在如下两个愿望之间权衡:(1)就可能由契约引发的官司而言,置其客户于不败之地;(2)创设合作的载体,它将有效地运转并且不会产生官司。如果鱼与熊掌不可兼得,他可以适当地偏好第二个愿望而在一定程度上牺牲第一个愿望,因为较之于作为未来假象的裁决中的律师的角色,其作为具体情形的实践立法者的角色更为重要。

对上述两个过程之间的巨大差异的分析仍旧可以继续,但是我相信上述内容已经足够证明如下假定是何等危险:如果其中一个过程被教授,另外一个就会自动地自我教授。

由此我主张,传统法学教育不仅仅在具体细节上有缺陷,在基本定位上也有缺陷;而且,我们必须承担向学生传达对上述两个过程的理解的责任,经过这两个过程,学生将被视为法律人。

2. 三年的课程应该包含哪些法的分支？

刚才所得出的结论似乎表示，我在提出一个不可能的改革。大体上仅仅涉及裁判程序的一个阶段的课程已经严重超载。那么，增添法律人工作的另外一个整体面向，就不是压倒骆驼的最后一根稻草，而是压破骆驼脊背的干草堆。

相反，我认为，我所提出的方法会简化将我们的教导带入三年限度之内的任务。

以法律人参与裁判过程的不同方式为例。作为律师、法官和给其客户就"法是什么"——也即，一旦真实或假设的案例被提起诉讼，则它们将如何被裁判——提出建议的办公顾问。就法律工作分析而言，上述三项任务要求迥异、几乎对立的技能和技术。如果我们的教育体制依照技能"分类"来筹划组织，那么我们确实就濒临课程崩溃的边缘。

但是我主张，我们无须将如下内容视为明确的教育目标：传授辩护术、如何裁判案件和如何就法官将会怎样裁决给客户提出建议。相反，我们的任务在于将学生浸泡在裁判过程中，从而让技能和技巧作为副产品而发展。

关于裁判程序，有许多内容尚需学习。我在前面已经谈论过诉讼语境对于事实的影响。唯有视裁判为向人的心智、态度提出其自身独特要求的过程，唯有视裁判为具有独特品质的社会关系，我们才能获得对上述影响的充分理解。同样，通常存在于字面规则和正义的实际运作（the actual administration of justice）之间的张力是这样的事物：唯有学生沉浸于裁判过程中从而知晓该过程的内在局限，才能够理解上述事物。所有这些任务都需要花费时间，但较之于试图针对——学生日后可能被召唤去做的与裁判相关的——具体任务训练学生而言，上述做法花费更少的时间，更为有效地利用了时间。

再次，在我看来，立法过程的概念似乎提供了一个将简化我们关于"教什么"的问题的标准。正如我所定义的上述过程，其包含众多明显不相干的活动，绵延范围从在波士顿州街道上的一个小公司的幽静之处起草遗嘱，到在加尔维斯（Galveston）码头罢工的压力之下协商劳动契约。该过程对于参与其中的人所要求的技能和技术是何等迥然不同！协商者必须具备机智、对他人动机的洞察力、时机感和可以被称为出于本能的裁判之能力。起草者必须具备细致的逻辑分析能力和清晰、流利的英文表达能力，以及对出于本能的裁判之极端恐惧。除非能够在这些技能和技术中找到某个普遍核心，否则我们在10年之内培育出一个法律人是必然没有希望的。

但是我认为存在这样一个普遍核心，我将之界定为调整相互对立的利益并且将此调整模式化约为清晰的言语表述。我认为我们甚至可以说，起草遗嘱的人是在学习协商。他在考量如下事情：其一，如何调整遗孀和子女的利益纠缠；其二，如何协调立遗嘱人对其母校的慷慨愿望和立遗嘱人对其家庭的义务之间的关系。此种起草者不像一个玩单人游戏的人，而更像在一个桥牌游戏中按照顺序出牌的游戏者。由此，甚至起草遗嘱的任务都能传达一个在契约磋商中有益的洞见。基于同样原因，契约的磋商和起草强迫一个人去感知包含在起草成文法和确保起草通过的任务之中的那些要求。

我的结论是，我们无须也不应该尝试去教授所有那些成为成功的协商者、起草者和规划者所需要的处于分离状态的技能。我们需要去做的事情是经由被选择的问题传达给他们如下过程的核心：依靠该过程，冲突利益得以被相互协调。如果我们这样做，那么我们就可信赖如下内容，即在那些上帝意图使其拥有这些技能的人身上，这些特定技能作为洞见的未被规划之副产品发展壮大。

同样，我相信，聚焦于上述两个基本过程，将简化关于主题事项的优先性问题。我们不应过于担忧以位于一组特定法律规则之上的命令将学生驱赶出去。相反，我们应该集中关注立法和裁判在现代社会中得以运转的主要方式，并且让关于规则的知识成为一个未被规划的副产品。

3. 对学生的指导应该始于何处？

这个问题与到目前为止谈论的问题似乎不在同一层面，而且这个问题似乎是琐碎的课程细节的派生物。然而，我相信，"应该始于何处"这个问题是个根本性问题,该问题的前提涉及教育政策的基础。

我承认,关于如何开启一门课程,我们到目前为止尚未有可辩护的哲学,不过存在众多原则。其中一个原则是历史地呈现法律教义(legal doctrine),而且某些之前的案例书籍就以与案例被裁决的年份相一致的顺序来呈现案例。另外一个原则是将年表准则适用于被研究的交易。例如,在契约中,你开始于要约,因为要约是达致订立契约的第一步。我承认,在理性规划学生进步的问题面前,上述解决方案都无非是一个暂时的默认做法而已。

还有一个原则是从"简单的和熟悉的情形"开始。在侵权法中,你从甲损伤乙或者甲朝乙打过去这样简单明了的案件开始,而且所有课程中的研究都将熟悉的和常见的情形作为起点。这个观念似乎提供了一个开启某门课程的理性原则,但事实上其含有一个致命的谬误。即使法律问题所涉及的事实将构成一幅日常风俗画,也绝对不能确保法律问题的简单性。人们完全可以主张相反的看法。街坊邻居的吵架可能是一个熟悉的场景,但是人们几乎不可能想象一个比如下事物更为精细微妙的心理过程,即为上述吵架所引发的事件确定法律责任从而涉及的事物。另一方面,法庭中复杂法律文件的证明可能是一个非常简单和常规的事项。从"熟悉的情形"开始这个做法所犯下的谬误不仅仅是一个程序法上的问题。在合同法课程的前期就关注"邮寄出去的承诺在信件发出时生效还是在要约人收到信件时生效"这样的问题,原因在于上述问题通常被视为落入学生经验领域之中的问题。然而如果要考察该问题的所有意涵,我不知道世上还有比如下问题更为困难的问题:决定实体规则应该是什么。

我所提议的方法并不必然开始于简单事实,它开始于裁判和立法的最为简单形态的过程。

例证如下:人们通常以之前所描述的原则之一或者多个原则的结合来筹划导言性部分的课程。你历史性地以行为的普通法形式(the common-law of action)开始;或者你以原告的控诉开始,因为这是官司的第一步;或者你以由如下争议所引发的官司开始,即关于围栏位置的争议或者某些其他所谓的"简单"争议。

我相信，起点相反在于裁判过程本身，该过程在如下语境中被呈现：此语境将该过程化约为最为基本的形式。我认为，在当代，仲裁就是上述语境。在此，我们几乎没有请求的规则，通常也根本没有实体法规则。然而，我们仍旧会遭遇遍及整个裁判过程的问题。

一个人可能以如下案件开始：在这个案件中，当事人同意将问题提交仲裁，而且裁决结果稍微超越提交协议的条款。例如，一个劳动仲裁者被请求去裁决五个特定的工资费率（job rates），并且确定了第六个，因为他认为这紧密联系于提交给他来裁决的工资费率。失败的当事人拒绝接受这一仲裁裁决，因为它影响了第六份工作。我将会和学生探讨如下问题：在此案件中所遵循的程序是否有错误？如果仲裁者——其主要功能在于促使当事人达成和解——认为，某些残余零碎的东西需要清理，为什么他应该严格受制于提交争议让其裁决的约定呢？当学生看到该问题还存在另外一面时，那么他将获得关于请求目的的深刻洞见。

紧接着的一系列案例包括这样的仲裁，在其中，仲裁者听取论辩之后进行独立的事实调查。劳动仲裁包括给予操作特定机器的人以妥适比例的报酬，但是没有一方当事人向仲裁者展示该机器甚或展示其图片。由于不满意抽象描述，仲裁者就在没有当事人陪伴的情况下参观工厂、考察机器，并且由此做出仲裁决定。就此行动过程而言，存在任何正当的反对吗？如果失败的当事人抱怨上述程序，我们应该视他为真相的敌人——他想让案件在无知的情形下被裁决——吗？再次，当学生看到就此问题的双面都有何内容可言时，那么他将获得关于整个抗辩制的深刻洞见，包括其优点和缺陷。

所以，我的建议是：教授过程，并且从处于最为基础的形式的过程开始。

4. 如何将法律关联于法律之外的生活和理论，同时并不丧失对已然是传统法学教育的主要美德的特定问题的敏锐关注？

此问题由下面这个时下流行的问题（我认为，过于狭窄地被表达）所暗示：我们应该怎样将法律和相关社会科学——诸如经济学、心理学和社会学——结合起来呢?

就此存在两个思想流派。一个流派主张:"坚守法律。你不可能在3年之内教授学生成为法律人,同样明显的是,你也不可能教授他成为经济学家、心理学家、会计师、社会学家和人事经理。"

另一个流派则主张:"法律关联于上述其他学科,所以这些学科必须在某种程度上被带入到课程中去。我们将指定心理学和经济学方面的广泛的阅读材料。我们将在我们的法学院增添心理学家和经济学家。确实,我们现在真不知道该如何与之相处,但他们在法学院建筑中的物理性存在将是一个刺激,最终我们将共同制定一个能够有效利用其专业能力的规划。"

我不赞成上述两种观点。就第一种观点而言,在3年之内,我们当然没有足够的时间使一个人成为法律人。但是,那也不是我们的任务。我们的任务在于开启他的自我教育之路,并且给予他深刻洞见和思维方式,这些洞见和思维方式将使他能够从阅历这个人生大学堂的后期教育中获取最大利益。

如果在法学院时没有时间留给学习经济学的话,你可能就会相当确信如下内容:繁忙、成功的法律人也将没有时间留给学习经济学。这并不意味着他将不做出经济决定。相反,他无疑将参与许多经济决定的决策过程。这仅仅意味着,正如他不应该去理解他及其同伴顾问正在决定的东西是什么,他也不会理解之。

另外一个流派在课程中为非法律的学习留出时间,但未能将之有效整合到法律的教导之中。由于一直未找到其他途径使用非法律专家,于是就让非法律专家去教授学生"技能和技巧"。在我看来,此种疏忽的一个著名例子由如下课程所提供:这门课程由心理学家和一组法律人共同开设,据倡议者所言,开设这门课程的意图在于"更为高效地训练使用其个性"[1]。在该课程中,心理学家的作用[在桑德斯克莱伯牌录音机(Soundscriber)的协

---

[1] James, *An Arbitration Laboratory in Law School*, 2 ARB. J. (N. S.) 79, 80 (1947). 这个引用并非意在就詹姆斯(James)教授的论文中所描述的课程提出不受限制的谴责。在我看来,对于同样的模拟案件,首次作为非正式仲裁审理和再次作为正规诉讼审理,此种审理两次的观念最具独创性和价值。事实上,就我在本文中所试图阐述的观念而言,我几无可能要求一个关于它的更好的实践应用。

助下]在于传授学生说服的心理学,训练他们使用那些将在法官和其他"政策制定者"身上引发同情反应的词语。尽管我很尊敬那些构想该课程的有能力且富有想象力的人,但就此而言,我认为上述课程等同于琐碎且无意义之物。

到现在为止的大约20年间,美国法学教授们都赞成我们应当做一些将法律和其他社会科学整合到一起的工作。考虑到上述普遍的赞成,以下内容昭然若揭:在此方向上,事实上取得的真正有意义的东西何等之少。我认为其中的原因在于未能找到一个法学教育观念,这个观念使得整合变得真真实实,这个观念被适用于配得上大学法学院的任务,从而发挥作用。

我主张,我们应该将定位从如下考量中挪开:当下,法律人被迫参与到决定之中,这些决定呈现为多种因素的综合体,其中法律规则通常仅仅是一部分而已,有时是非常次要的一部分。对于为政府服务的法律人而言,这显然是真的。私人实践中的法律人采取一种后卫行为,反对做出他们所称的"商业决定",但他们已然战败。今天,如果没有其他原因,为了在商业大潮中争得一席之地,几乎所有的法律人都必然要做出"商业决定",因为他们发现这是客户所要求的。

这些决定并非由法律人独立达致,而是通过与经历不同训练的人磋商达致的,上述经历不同训练的人在会议桌上带来了独特的贡献,而这些贡献都必然以某种或者其他方式融入最终的解决方案中去。通常,法律人是主导该融入过程的人。由此,这是一个法律人在法学院就必须被引导入内的过程,法律人在法学院就要立马开启该过程。他必须学习的内容,不是在决定"何为在法律上能够做的事情"时所涉及的内容,也不是在决定"什么行为在法律上是有效的"时所涉及的内容,而是在决定"全面衡量之后,将所有视角都纳入考量范围之内后,应该做什么"时涉及的内容。

显然,此综合考量各种位于不同领域的人类能力之中的因素的过程,是我称之为立法的这个更大过程的一个面向。每个重要决定在某种程度上都是在附加类型和结构,是在创设规则和先例,也是在提供一个未来的决定将在其中被做出的框架。

我主张，我们由此不应把目标定位于训练法律人成为经济学家，而应定位于训练他参与决定过程，该过程将法律和经济熔为一炉。这意味着，他必须知晓足够多的经济学知识，而且必须具有一种学习经济学的能力，这将使得他能够有效利用经济学人士并且明智地评价其贡献。

以更为具体的教育学术语来讲，这意味着，学生在法学院所接受的训练中的一个重要部分应该定位于解决问题，这些问题涉及对法律和"超法律"的因素进行整合。除了在少量课程中，适合于上述目的的问题不能够直接从报告的上述案例中获得。某种类似哈佛商学院"案例"的东西似乎是适宜的。如下做法也是适宜的：利用作为整体的大学资源；只要有可能，赢得被训练过的经济学家、心理学家和法律领域之外的其他专家的支持，尤其是那些具有一定的参与实践事务背景的人。

我自己所在的法学院和其他法学院的经验表明，要想成功地利用法学领域之外的专家，关键在于选择用来研习的问题，这些问题将为这些专家指明方向，并且赋予其法律的相关性。法学院的首要责任是设计或者收集此类问题。如果法学院未能履行该责任，那么如下内容就是一个可靠的假定：只是让法学院大楼里有经济学家、心理学家存在，并不能使法学院学生掌握经济学或心理学知识。

5. 如何能够给学生灌输一种对客户和公众的妥适职业责任感？

本次会议的标题表达了这样一种广泛流传的信念，即职业教育尚未充分意识到职业的社会责任。在所有诸如法律、工程、医药、商业等世俗职业中，我们正在训练人们过好自己的生活，但是据说，我们在训练他们推进所有人的善生活方面做得不够。

尽管我们可能深深地赞成该批评，但务实的问题在于，就此我们应该做些什么。社会和公共责任的问题具有深层根源，其影响到一个人可能被召唤去做出的最为隐秘的道德决定。

仅仅三番五次地谆谆教导他们说，其肩负不明确的道德责任，这样的做法几乎不会取得什么成效。没有内容或方向的道德说教，到头来是"竹篮打水一场空"。大肆沉溺其中,则必然产生一种将挫败其自身目的的非理性。另一方面,我们应该着手给学生灌输如下观念:他们必须促进特定具体的社会目标吗? 如此,每个教授都应该利用课堂时间来促进其个人的政治和意识形态信念吗? 或者,如果上述事情被实施,则可能造成通常的抵消状态,为了避免此种状态,教员应该赞成特定的根本"价值"并且努力给学生灌输这些价值吗? 所有法学教员都致力于特定意识形态,这样的观念在美国教育史上绝非闻所未闻。① 然而,在我们中的多数人看来,就此种类型的智识共济会而言,其中存在某些根本上不合时宜的东西。

我相信,摆脱上述困境的方法要在对苏格拉底如下观念的回归中寻找:人发现美德的最好途径,不在于信念或说教,而在于理解。因为罗马诺②(Romano)医生的论文在我看来似乎例证了上述观念。我相信,我们在法律中能够很好地将罗马诺处理医生对病人的责任的方式作为我们自己职业的模型。

罗马诺医生着手考察医生与病人之间的伦理关系。他发现,此种关系具有自身特定的需求,这些需求不能仅仅由良善意图或者妥善培育所满足。在医生能够妥适回应这些需求之前,它们要求真正的理解和洞见,医学院的任务正是传达该理解和洞见。

所以我相信,在法学院中,当法律人与客户的关系出现在本文所描述的两个基本程序中时,我们应该和学生一起考察法律人与客户关系的需求。当然,在此有许多东西需要学习和理解。成功的协商者通常会不可避免地发现自己多次承担调解者的角色,这个角色就忠诚于客户会提出的精致微

---

① 《集权和法律》(*Centralization and the Law*)、《科学的法学教育》(*Scientific Legal Education*) 这些由不同作者所写的一组论文于 1906 年由小布朗公司出版。为了避免误解,我要说,就我所见,这本书中所列的任何意识形态在当下学校管理中都不会再被观察到,尽管学校曾一度将之作为共同坚守的东西。今日之学校展现了审慎的多样视角,这通常为美国法学院所独有。

② 约翰•罗马诺是罗切斯特大学医药和牙科学院(University of Rochester School of Medicine and Dentistry)精神病学教授,他也是纽约州罗切斯特城斯特朗纪念医院(Strong Memorial Hospital)的首席精神病学家。他曾说:"医生是全面的人类生物学家(comprehensive Human Biologist)。"

妙的问题。律师发现自己迫于压力就某些案件提起诉讼,而这些案件在他看来应该在法庭外解决,而且他必须以其良知衡量作为如下事物的诉讼价值:释放针对诉讼的费时费力和风险产生的压抑性仇恨。

在此,如同在学生教育的其他方面一样,我将从处于其最为基础性形式的关系或者过程开始。这意味着,我们应该首先留意如下的法律人与客户关系伦理:在其中,客户是单独的个体,没有涉及客户利益与对手利益的重叠问题。从此出发,我将逐渐深入更为复杂的情形,直到法律人将作为整体的公众当作其客户;或者,在没有任何妥适问题的情形下,他能够视自己为——用布兰代斯(Brandeis)的话来讲——"情景律师"(attorney for the situation)。最为有效地赋予学生此种类型角色的方式在于将其教育实质部分定位于如下的立法问题:在其中,他的任务是设计一个法规框架,这个框架将稳妥地满足于公共需求,或者它将达致关于一组复杂的重叠、对立的利益最为可行且公正的妥协。

我主张,我们应该在遵守作为问题的考察和相关因素的分析的案例法的精神的前提下进行上述指导,而非着眼于获致非黑即白的答案。我认为,如果遵守上述精神,我们就能有益地讨论"政策"问题,否则的话,这些问题在课堂讨论中难以被满意地处理。

例如,就离婚法律的改革或者与避孕有关的法律的改革问题而言,任何一所美国法学院都难以就"法律规则应该是什么"进行令人满意的、客观的探讨。在此,人们的价值观念之间存在根本性差异,且又被宗教信仰的情感所强化。另一方面,我们可以仅仅将该区分本身作为问题对待。在有些问题上,人们被情感和宗教信念严格划分。在民主社会中,我们怎样才能就这些问题达致满意且公正的决定呢?什么样的过程或程序对我们来讲是开放的呢?这是具有不同信仰和生活哲学的人能够有益地共同学习的一个问题。换句话说,秘密在于集中关注过程,而非试图预先决定,以特定解决方案的形式,什么样的结果应该随着过程而呈现。

所以,在劳动法领域,我们能够有益地探讨诸如以下问题:如果分别遵守强迫的协商、调解、仲裁和行政管控、立法和法庭行为等这些解决劳动争议的程序，相应的各自价值何在？无疑，由于结果可预见地将会在某种程度上受到方法选择的影响，所以某些干扰该领域的情感和偏见将不可避免地进入对程序的探讨之中。但是它们不会像在下列情形中可能去做的那样去篡夺谈论：当我们谈论最低工资应该是多少，或者是否应该通过立法来限制能够被工会评价的应得收入等问题时。

我并非主张对过程和程序的关注仅仅是救火之举。相反，我主张——如果我可以这样讲的话——此关注在形而上方面是合理的。生活本身就是一个过程，通过使过程成为我们关注的重心，我们就逐渐接近现实的永恒部分。出于此原因，我相信，上文所提出的对那些解决冲突的程序的关注，将不会简单地导致对这些冲突的压制，而会促进公正解决这些冲突。如果我们以正确的方式做事，我们就可能做正确的事。

政治与审判＊

凯斯·R.桑斯坦＊＊ 著
王籍慧＊＊＊ 译

一、引言

近年来,审判引起了法学家、政治理论家和广大公众的极大关注。对于这一关注,美国最高法院的两个判决起到了推波助澜的作用:一个是1954年"布朗诉教育委员会案"(Brown v. Board of Education)有关种族隔离的判决;另一个是1973年"罗伊诉韦德案"(Roe v. Wade)有关堕胎的判决。这些案件的结果似乎取决于不可直接归因于制宪者的价值选择,因而取决于法院自行选择的原则。①因此,这些判决引发了对美国法律中"理性"与

＊ 对富勒《社会秩序原理》的评述,参见 Lon Fuller, *The Principles of Social Order*, ed. Kenneth Winston (Durham, N. C.: Duke University Press, 1981), p. 313, ＄9.75 (paper);以及 David Kairys, ed., *The Politics of Law: A Progressive Critique* (New York: Pantheon Books, 1982), p.322, ＄9.95 (paper)。

＊＊ 我要感谢 Douglas Baird, Walter J. Blum, Gerhard Casper, J. David Greenstone, Frank H. Easterbrook, Richard A. Epstein, Daniel Fischel, R. H. Helmholz, Dennis J. Hutchinson, John H. Langbein, Bernard O. Meltzer, Richard A. Posner, Michael J. Perry, Geoffrey R. Stone, Lloyd L. Weinreb, James B. White, Hans Zeisel 和 Franklin R. Zimring 对前一稿的有益评论。

＊＊＊ 王籍慧,华东理工大学法学院讲师。

① 我完全没有说这些判决非法的意思,而是说,这些判决无法轻易通过参考制宪者对提出的具体问题的观点而被证明是正当的。参见 Alexander Bickel,"The Original（转下页）

"意志"之间传统区分的怀疑,即理性属于审判领域,而意志属于政治领域。①

不难得出这样的结论:法律程序没有什么独特之处,法院解决纠纷与立法部门制定政策并无不同,我们必须相应地改变对审判的传统理解。反过来,这一观点在现代法学研究中引发了极大的骚动。② 实质上,它重新引发了几代前的法律现实主义者曾有过的争论:他们坚称(有些直截了当地说),根本不存在独特的法律推理领域,法律判决只是政策问题。在这篇文章中,我打算讨论法学研究中一个重要的新发展——一批激进法律学者的出现——并根据已故的富勒的一本格外有意思的新论文集来理解这一发展。

二、新现实主义者(Neo-Realists)

近10年来,出现了一批法律学者,他们认为司法判决是"意志"而不是"理性"的产物,法学价值无涉的错误观念是为统治阶级的利益而服务的。为了显示其受惠于法兰克福学派批判理论家(最为著名的是霍克海默和哈贝马斯),这批学者自称为批判法律学者。《法律政治学》是批判法律学者的第一部著作集,也是首次阐述批判法律研究运动核心信条(可以对其进行简

(接上页)Understanding and the Segregation Decision", *Harvard Law Review* 69(1955):1-65;参见 Ronald Dworkin, "The Forum of Principle", *New York University Law Review* 56(1981): 469-511;以及 Paul Brest, "The Misconceived Quest for the Original Understanding", *Boston University Law Review* 60(1980):204-38。

① 当然,这是对一个极其复杂的传统的过度简化。
② 宪法领域的代表是 Michael Perry, *The Constitution, the Courts, and Human Rights* (New Haven, Cohn.: Yale university Press, 1982); J. Ely, *Democracy and Distrust* (Cambridge, Mass.: Harvard University Press, 1981); Robert Bork, "Neutral Principles and Some First Amendment Problems", *Indiana Law Journal* 25 (1971): 1-51; "Symposium on Judicial Review versus Democracy", *Ohio State Law Journal* 42 (1981): 1-434。关于私法领域,参见 Richard Posner, *Economic Analysis of Law* (Boston: Little, Brown & Co., 1975); Richard Epstein, "A Theory of Strict Liability", *Journal of Legal Studies* 2 (1973): 151-204; Duncan Kennedy, "Form and Substance in Private Law Adjudication", *Harvard Law Review* 89(1976): 1685-1778。

单的概括)的著作之一。① 当然,这批学者自身涵盖各种各样的观点,试图对他们的观点进行概括存在有失公允的风险;我勾勒这场运动轮廓的尝试并不意味着它是排他性的,也不意味着每位成员都赞同每一个信条。

第一,批判法律学者主张,根本没有什么独特的法律推理。当然,特别的惯例和专业词汇是有的。但是,法院和法律制度所面临的实际选择是政治理论问题,而不是法律问题。用邓肯·肯尼迪(Duncan Kennedy)的话来说,"法律问题从来就没有什么'正确的法律答案',而只有对该问题的正确的伦理和政治答案"②。"法律推理"存在一个价值无涉的领域,这一观念不仅是错误的,而且是有害的。它掩盖了法律规则在很大程度上取决于个人偏好。

第二,法律和国家的运行不能被理解为是独立于社会关系和历史的。总的来说,法律规则取决于一系列特定历史力量;它们并不是自治的。传统法学研究忽略了法律学说的历史偶然性,它制造了这一错误观念,即存在一个与意识形态相分离的法律话语领域。

第三,法律学说通常——也许总是——为那些拥有政治权力的人的阶级利益而服务,并使之合法化。法律的历史作用是保护现有的社会和政治结构,而这一任务是通过获取下层社会的同意或默许来完成的。这种同意源自对法律程序的自主性和正当性的认识,反过来,该认识又取决于这一错误观念,即法律在本质上是中立和客观的。

第四,美国的法律制度是建立在对民主的错误理解之上的。这一法律制度旨在通过保护投票权和传统的表达自由来促进民主。但是,这些权利没有考虑到私营部门中的民主,而私营部门也会做出重要的决策。由于保护公共领域中的权利,而忽视私营领域的权利,这种法律制度削弱了而非促

---

① 早期的讨论可见于"Symposium on Legal Scholarship: Its Nature and Purposes", *Yale Law Journal*, Vol. 90 (1981)的各篇文章中。至于本文的总结,我借鉴了凯利斯(David Kairys)的引言,参见 Kairys, ed., pp. 1-7;凯利斯有关"Legal Reasoning"的论文,载 Kairys, ed., pp. 11-17;以及邓肯·肯尼迪的论文"Legal Education as Training for Hierarchy",载 Kairys, ed., pp. 40-61。关于法兰克福学派,参见 Raymond Geuss, *The Idea of a Critical Theory* (New York: Cambridge University Press, 1981); David Held, *Introduction to Critical Theory* (Berkeley: University of California Press, 1980)。

② 参见 Kairys, ed., p. 47。

进了民主。

在许多方面,批判法律学者都是法律现实主义者的继承者。最重要的是,就法律推理的价值负载特征而言,他们与现实主义者的立场是一致的。正是由于这个原因,他们可以被称为新现实主义者。但是,法律现实主义者与批判法律学者之间存在一个重大差异,这一差异主要在于后者彻底激进的姿态。在他们看来,只是动摇法律和政治的区分是不够的,法律学者的任务还在于揭露法律学说中隐藏的政治内容,并表明这一骗人的把戏是如何为统治阶级的利益服务的。有时,这种方法会自觉地呈现出一个马克思主义的面向,相当于试图用马克思主义及其各种衍生理论的技巧来发展法官造法的法律学说。

这本论文集中的论文给出了典型的样例。弗里曼(Alan Freeman)有关反歧视法的文章把民权事业中的某些明显进步说成是"更有利于对我们社会中种族歧视的继续存在做出合理解释,而不是它必须要解决这个问题"[1]。加贝尔(Peter Gabel)和费因曼(Jay Feinman)认为,契约法制造了有关社会经济现实这一普遍的错误观念,遮掩了社会秩序在很大程度上会创建阶级统治关系的事实。[2] 图什内特(Mark Tushnet)则根据公司的言论自由权利对法院近期的判决提出质疑。[3]

批判法律研究运动仍处于形成阶段,对其做初步评价以外的任何尝试都是草率的。然而,根据这本论文集所载的论文,我可以冒昧地提出一些初步的想法。在我看来,该运动的主要成就在于:它强有力地提醒人们,法律问题通常是政治理论问题;它努力探索法律学说潜在的前提,不断攻击一种价值无涉的法律科学观念,以及强调法律规则的历史偶然性。所有这些洞见都是对法院和法学研究中许多事情的有益纠正。在很大程度上,开展这项研究有可能使法学研究从仅仅狭隘地关注学说,以及不愿理解学说在很大程度上可

---

[1] 参见 Alan D. Freeman, "Antidiscrimination Law: A Critical Review", in Kairys, ed., pp.96-116。
[2] 参见 Peter Gabel and Jay Feinman, "Contract Law as Ideology", in Kairys, ed., pp.172-84。
[3] 参见 Mark Tushnet, "Corporations and Free Speech", in Kairys, ed., pp.253-61。

能是极具争议的前提——这些前提往往被认为是理所当然的——的产物中解放出来。举两个明显的例子，批判法律学者试图揭示宪法理论中"解释主义"，以及法律与经济运动规范面向的意识形态根源。① 表明构成法律学说之基础的伦理观念的努力已经并将继续对法律制度的研究做出重要的贡献。

与此同时，《法律政治学》所载的文章中也存在三个方面的问题。第一，这些文章似乎不愿意做充足的实质性研究，而这些研究对于支撑它的一个中心命题，即法律学说服务于特定阶级利益，是必要的。要使这一命题成立，就必须反复推敲个案和学说本身，并关注法官制定的法律规则的社会后果。尽管这在方法论和证明上存在棘手的难题（正如其他学科表明的那样），但这不应该是一项不可能完成的任务。但有时，批判法律学者似乎不愿意承担这项任务。在我看来，《法律政治学》中讨论特定实质性领域的部分是相当薄弱的，且通常缺乏说服力。因此，许多激进的言辞更多的是断言而不是证明。

加贝尔和费因曼关于契约法的文章②就是一个很好的例子。在那篇文章中，两位作者试图用 11 页的篇幅来勾勒出"过去两百年里契约法的历史和资本主义发展之间的关系"③。他们对"实质公平"标准支配下的 18 世纪的法律（1 页篇幅的讨论）如何转变成一个引发"孤立、消极、隔离以及无能之感"④的制度——这一转变在很大程度上是通过法官制定的契约法完成的——做了一个漫画式的描绘。两位作者都夸大了司法判决的后果，并对至少使他们的命题复杂化的证据不敏感。⑤ 当然，这个一般性批判也有例

---

① 关于宪法理论，参见 Brest 前引书。关于法律和经济学，参见 Duncan Kennedy, "Cost-Benefit Analysis of Entitlement Problems: A Critique", *Stanford Law Review* 33(1981): 387-445; Mark Kelman, "Consumption Theory, Production Theory, and Ideology in the Coase Theorum", *Southern California Law Review* 52(1979):668-98; Roberto Mangabeira Unger, "The Critical Legal Studies Movement", *Harvard Law Review* 96(1983):561-675, esp. pp.574-75。
② 参见 Peter Gabel and Jay Feinman, "Contract Law as Ideology"。
③ Kairys, ed., p.173.
④ Kairys, ed., p.183.
⑤ 关于使命题复杂化的证据，参见 A. W. B. Simpson, "The Horwitz Thesis and the History of Contracts", *University of Chicago Law Review* 46(1979): 533-601;关于司法判决的后果，参见 Richard Epstein, "The Social Consequences of Common Law Rules", *Harvard Law Review* 95 (1982):1717-51。

外(我想到的是肯尼迪将个人主义者前提与某些私法学说联系起来的努力①),但这本论文集中的许多论文都有过强的推断性,以至于无法说服任何不倾向于它们的人。

这些论文还反映出一种有时会威胁到整个事业的虚无主义的倾向。在这里,花费在辨别或推荐组织原则,以及尝试理解法律学说的基础或发展替代性学说的努力少之又少。相比之下,批判法律研究运动之外的其他法律学者的出发点恰恰是,证明一个或多或少具有一致性的伦理观念,或者两个或多个这样的观念之间的冲突,往往是法律学说的基础。② 这些成果无须为现状辩护;流行的伦理观念可能会被证明是可憎的。但有时,批判学者似乎认为,与政治一样,法律只是任意偏好的问题。这一观念在很大程度上是霍布斯式的:法律是自利集团为了物质和政治上的好处的斗争。由于批判法律学者认为法律只是权力斗争,因而有建设性的方案都以这样一种方式运用法律:从强权手中夺取权力,把它交给无权者。图什内特认为我们应该通过"明确的政治判断(在现行情况下,其结果有可能推动社会主义事业的发展?)"来做出判决,就是一个很好的例子。③

也许图什内特是对的,但我们需要某种标准来证明这种偏好是合理的。并且,如果不摈弃法律只是意志问题这一整个观念的话,我们很难提出这样一种标准。法律判决程序就是任意强加个人偏好这一观念,是对话的一个妨碍:对所有力图提出或劝说别人采用一种改革方案的人来说,它都是一股削弱性力量。

我并不是说批判法律学者对法律推理的任意性的信念是一致的。事实

---

① 参见 Kennedy, "Form and Substance in Private Law Adjudication"。
② 参见 Joseph Vining, *Legal Identity* (New Haven Conn.: Yale University Press, 1978); Charles Fried, *Contract as Promise* (Cambridge, Mass.: Harvard University Press, 1981); Anthony Kronman, "Contract Law and Distributive Justice", *Yale Law Journal* 89(1980): 472-511;Richard Epstein, "A Theory of Strict Liability";以及我自己的论文,"Public Values, Private Interests, and the Equal Protection Clause", *Supreme Court Review* (1982), pp. 127-66。
③ 参见 Mark Tushnet, "The Dilemmas of Liberal Constitutionalism", *Ohio State Law Journal* 42(1981): 411-26, esp. p. 424。

上，这种信念可能与批判法律研究运动偶尔对伦理相对论①的反对，以及与其法律学说系统地为统治阶级的利益服务的信念不一致。但是，这三个观念之间的关系尚未被理清。也许，这就是批判法律学者对发展可衍生出法律学说的替代性框架不上心的原因。对一个法律体系中出现的日常纠纷，提出一个社会主义方法的纲要是有益的。侵权、契约和财产等领域似乎为政府与个人的自由个人主义前提所支配。看看其他替代性前提会产生什么样的学说，将是极其有趣的。例如，一种研究侵权行为的社会主义的方法会是什么样？这本论文集中的论文对发展这种方法助益甚微。幸运的是，有迹象表明，这一缺陷在得到补救，其中最突出的是昂格尔（Roberto Unger）最近阐述批判法律研究运动的前提与潜力的努力。②

最后，这里所载的论文普遍缺乏对制度结构和制度限制的敏感性。肯尼迪的一篇鞭辟入里的论文里就有一个显著的例子："我认为，区分作为立法者的法院、立法机关以及行政机关的唯一理由是(1)公众的错误意识要求这样做，或者(2)决策者有一个相当明确的理论，说明他或她的特定制度处境应如何改变其对政治目的的追求。"③这种态度是这本论文集中的论文所共有的特征，它取决于这一假设，即司法决策者不受任何限制，可以随心所欲地把他们自己受阶级局限的法律观念强加给我们所有人。但这当然太过简单，因为审判程序会对法官可以做的事情施加限制，而这些限制不适用于如立法者或官僚。④讨论法律问题必须用的语言本身会对结果施加限制。毫无疑问，在有时看似痴迷于制度问题的法学研究中，这些限制被夸大了。

---

① 参见 Mark Tushnet, "Darkness on the Edge of Town: The Contributions of John Hart Ely to Constitutional Theory", *Yale Law Journal* 89(1980): 1037-62; Kennedy, "Form and Substance in Private Law Adjudication"。
② Unger.（这里主要指昂格尔的《批判法律研究运动》。——译注）
③ Duncan Kennedy, "Distributive and Paternalist Motives in Contract and Tort Law, with Special Reference to Compulsory Terms and Unequal Bargaining Power", *Maryland Law Review* 49(1982): 563-658.
④ 参见 Richard Epstein, "The Social Consequences of Common Law Rules"; Richard Stewart and Cass Sunstein, "Public Programs and Private Rights", *Harvard Law Review* 95 (1982): 1193-1322. 参见 Hugh Collins, *Marxism and Law* (New York: Oxford University Press, 1982), pp.61-74。

但是,任何试图对法律制度有所了解的人都不能忽视这些问题。

总之,《法律政治学》中还有很多有意思的地方,且批判法律研究运动的治疗性价值是毋庸置疑的。自然,下一步,且在我看来对该研究至关重要的一步,是说明法律学说如何反映隐藏的意识形态承诺,发展为法律学说提供基础的新原则,以及研究制度结构和司法判决之间的关联。

三、制度安排与限制

近年来,对法律现实主义者,也是对新现实主义者的一个可能的回应很少受到关注。这一回应认为,法律推理存在独特之处;审判程序有其自身的特点,而这些特点会为规制判决程序带来特殊的制度限制;因此,将法律和政治区分开来终究是合理的。①

我们可以在已故的富勒的新论文集《社会秩序原理》中找到类似这样的方法。富勒是美国法理学界最重要的人物之一,无疑也是把审判问题写得妙趣横生的人。这本论文集包括许多富勒先前尚未发表的论文,它源于富勒的一个计划:就被界定为"有关良好秩序和可行社会安排的科学、理论或研究"的"良好秩序"(eunomics)主题写一篇成系统的论文。② 这里翻印的论文涉及立法、调解、合同、审判以及管理性指令。在富勒看来,"良好秩序"的任务是阐明其中每一种程序的独有特征、表现形式、各自特有的"内在道德"以及每种程序特别适合的活动类型。

富勒从未完成他的研究。然而,在这本论文集中,显然,富勒事实上的

---

① 罗纳德·德沃金从事的是类似的任务[参见 Ronald Dworkin, *Taking Rights Seriously* (Cambridge, Mass.: Harvard University Press, 1977)],如肯尼斯·温斯顿指出,这给德沃金贴上了富勒法理学继承者的标签。参见 Kenneth Winston, "Taking Dworkin Seriously", *Harvard Civil Rights—Civil Liberties Law Review* 13 (1978): 201-2。早期易受攻击的类似成果包括 Henry Hart, Albert Sacks, "The Legal Process" (1958, mimeographed; available from the authors); Herbert Wechsler, "Toward Neutral Principles of Constitutional Law", *Harvard Law Review* 73(1959):1-35。亦可见 Collins, pp. 61-74。

② Fuller, *The Principles of Social Order*, p. 58.

确撰写了原计划论文最终会呈现出来的绝大部分内容。该论文集的编辑肯尼斯·温斯顿在他极具价值的引言中令人信服地指出,富勒的许多论文有着本质上的统一性,它们都是富勒推进"良好秩序"最初方案的成果。

毫无疑问,这本论文集是对富勒先前著作的重要补充。许多单篇论文都非常出色,并充满了争议性洞见。我可能会特别提及《人类交往的两项原则》。① 在这篇论文中,富勒预见到了曼斯布里奇(Jane Mansbridge)在她最近对统一民主和敌对民主的讨论中提出的一些论点。② 但就目前的讨论而言,《社会秩序原理》最有意思的地方,是富勒对两个在他看来密切相关的主张的坚持。第一个主张是伦理推理的非任意性特征;第二个主张关涉结构对当权者强加其意志的方式的规制。富勒对这些观点的阐述,以及他对制度安排(即"良好秩序"问题)的关注,对批判法律学者提出的问题具有重大意义。

首先是富勒著名的关于审判的论文。③ 富勒坚持认为,审判首先是一种理性的程序。他认为,审判最重要的特征是通过出示证据和根据事实进行推理论证的参与模式。如果这种参与要有意义,诉讼当事人必须能够"主张某个或某些原则,以使他的论证是可靠的,他的证据是相关的"④。结果是,审判给裁判者强加了一个义务,即根据参考一些一般原则可理解的条款来做出裁决。因此,该程序要求运用理性来做出判决。在富勒看来,这有助于区分审判与社会秩序的其他形式,如参与模式截然不同的合同安排或选举。

这一讨论自然会引发的问题关涉确定证明判决正当性的原则的来源。在这一点上,富勒并不那么明确。他认为,通常的来源是立法机关预先制定的规则;正是有了这些规则,审判才通常"看起来是在有意义地运行"⑤。然

---

① Fuller, *The Principles of Social Order*, p. 67.
② Jane Mansbridge, *Beyond Adversary Democracy* (New York: Basic Books, 1980).
③ Lon Fuller, "The Forms and Limits of Adjudication", in *The Principles of Social Order*, pp. 86-124.
④ Lon Fuller, *The Principles of Social Order*, p. 96.
⑤ Lon Fuller, *The Principles of Social Order*, p. 96.

而，即使在没有立法制定的规则时，还有两个其他来源为审判原则提供基础。一个来源是"普遍接受的……形成一个互惠或交易机制的目标"①。我认为，富勒这样说的意思是，一种将法律视为"公民自主追求的底线"的意愿，②以及伴随的对这些追求所关涉的特定目的的不关心。致力于从经济效率原则中衍生出法律规则的现代努力看起来是富勒"互惠或交易机制"的直系后裔。③ 另一个来源是一些充分确定的、被普遍认同的"目标共同体"④。当存在这一共同体时，"审判就可以从中吸取知识食粮"⑤，并得出指导性原则。

基于这一前提，我们可以就审判的形式和限制得出结论。审判特别不适合于不可能或不希望通过推理论证做出决策的情形。委派给立法机关或行政机构的任务通常属于这一类。因此，富勒的论证要旨是：审判带有某些制度限制，这使它属于理性领域而不是意志领域，并为法律推理保留了一个独特的领域。

这是否为现代对审判的攻击提供了一个实质性回答呢？说这一研究取得了圆满的成功，那就太极端了。⑥ 我们可以简单地概述一系列回应的基本要素。富勒对审判的描述缺少对确定可从中选择司法原则的来源的充分关注。传统的理解是，在一般情形中，裁判者的任务是确定一方或另一方当事人的行为是否违反了一些先在的规则。但这一观念根本无法维持下去。⑦ 在大多数案件中（事实上，或多或少在每一个案件中），法官的任务要重得多。"互惠"或"目标共同体"观念也没能提供实质性的限制。互惠的目

---

① Lon Fuller, *The Principles of Social Order*, p.96.
② 这一表述来自肯尼斯·温斯顿。参见 Lon Fuller, *The Principles of Social Order*, p.67。
③ 参见 Posner 前引书。
④ Fuller, *The Principles of Social Order*, p.102.
⑤ Fuller, *The Principles of Social Order*, p.103.
⑥ 就现代攻击而言，参见 Duncan Kennedy, "Legal Formality", *Journal of Legal Studies* 2 (1973): 351-98; Owen Fiss, "Foreward: The Forms of Justice", *Harvard Law Review* 93 (1979): 1-58; Melvin Eisenberg, "Participation, Responsiveness, and the Consultative Process: An Essay for Lon Fuller", *Harvard Law Review* 92(1978): 410-32.
⑦ 参见 Kennedy, n.3 above; Stewart and Sunstein, pp.1229-32。

标常常是不确定的。① 并且,在很大程度上由相互竞争的利益集团组成的工业化多头政治中,不存在这样一个目标共同体来解决法院面临的难题。② 说审判要求一种独特的参与模式,裁判者必须根据原则来做出判决,这固然是好的;但在选择原则时,裁判者受到的规制比富勒所承认的要少得多。制度结构问题会施加限制,但它们不强行规定实质性结果。

这么说的意思是,富勒的论述可能至少部分取决于一个有关法治与审判程序关系的过时的观念。但这并不是要否认,富勒指向给法官强加特殊压力的审判程序的显著特点大体上是正确的。对这些压力的更好理解是否有助于回应现实主义者和新现实主义者的挑战,仍有待观察。但是,富勒为自己设定的方案是正确的。如果人们要了解制度安排,那么弄清楚每一项制度安排的独特性,并试图了解各项制度安排适合的行为类型就是重要的。如果要了解实体法,就必须试图了解何种规范观念构成法律学说的基础,并根据可能的替代学说来评价这一观念。

我的结论是,我们最好通过直面价值任意性的前提来迎接法律现实主义的挑战,以及理解审判程序本身。用富勒自己的话来说:"我相信,如果我们从自霍布斯以来就倡导的实证主义的束缚(在规范人类关系上,命令必须在很大程度上取代理性)中解脱出来——我相信,如果我们从这一束缚中解脱出来,我们就会发现,理性具有我们从未怀疑过的能力。我相信,正如在自然科学中一样,在人与人的关系中,我们也有发现理性能力的可能性。"③ 我认为,在这样一种信念下,我们最有可能理解法律与政治的传统二分法,以及审判在社会秩序中的特殊作用。

---

① 参见 Kennedy, "Cost-Benefit Analysis of Entitlement Problems: A Critique"; Mario Rizzo, "The Mirage of Efficiency", *Hofstra Law Review* 8 (1980): 641-58.
② 参见 Ely, pp. 63-69。
③ Fuller, *The Principles of Social Order*, p. 303. 参见 Perry; Owen Fiss, "Objectivity and Interpretation", *Stanford Law Review* 34 (1982): 739-54; Held, pp. 160-74。

国外论文

自然法思维的两个层次

卡尔·奥利弗科罗纳(Karl Olivecrona) 著
托马斯·莫纳(Thomas Mautner)* 英译
陈 曦** 中译

引言:没有法律的自然法?

自然法(ius naturae)可被理解为某种适于指引自由主体行为的规范原则体系。在拉丁文中,这种体系被称为 ius。[1]在这个意义上,我们可以论及诸如自然法(ius naturae)、教会法(ius canonicum),以及世俗法和教会法双料博士(doctorutriusque iuris)头衔。另外,一种特定规范或规范集,尤其是当其由立法行为创制时,则被称为 lex——法律。虽然 lex 也可在法律体系的意义上被使用,但在苏亚雷斯(Suárez)对这些词语和概念的讨论厘定中,他更倾向于将 lex 用于特指那些由上级发布的事关令行禁止的义务性规则。[2]正如引言标题所示,此处问及的是:是否存在某种不需要法律(leges)(但却

---

* 澳大利亚国立大学哲学系。
** 陈曦,中山大学法学博士,现任教于深圳大学法学院,主要从事法哲学、法律逻辑学、法律与科技的研究。
[1] ius 还可指某人拥有的权力或权利。然而,该理解对此处的"法"(ius)与"法律"(lex)的区分无关紧要。
[2] 弗朗西斯科·苏亚雷斯(1547—1616):《论法和上帝立法者》(De legibus ac deo legislatore),1613 年,1.8.3, 1.16.1, 1.17.3。

可以指引人类行为的规范原则体系）的自然法？换言之，此处的"无法"（lawless）是指该体系缺乏义务性的命令和禁令。

然而，该标题仍透露着荒诞的意味。为避免混乱，或许最好将这一抢眼的表述暂抛脑后，而从两种极为不同的观念或层次进行思考。在格老秀斯（Grotius）与普芬道夫（Pufendorf）的关于自然法的鸿篇巨制中，它们早就存在其中。

这种存在于那类理论中的极为重要的二元论是正文的主要论点，而接下来的说明则是关于它的介绍。正文是卡尔·奥利弗科罗纳《自然法思维的两个层次》（"Die zwei Schichten im naturrechtlichen Denken"）一文的英译。其主旨是，在格老秀斯和普芬道夫的自然法学说中，两者对作为神圣命令的自然法缄口不言。无论是在解释人处于自然状态下的所属时，还是在解释损害、财产、合同的性质，或是在讨论侵害的后果时，他们对此皆未涉及。可是，他们关于这些问题的观点却构成其自然法学说之核心。奥氏对此给予的解释说明与既有文献大相径庭，这令此文颇具趣益。

作者及其智识背景

正文的作者卡尔·奥利弗科罗纳曾在乌普萨拉大学研读法学，并于1933—1964年间担任隆德大学的程序法讲习教授。[①]《作为事实的法律》是他的法哲学代表作。[②] 在后文列出的参考文献中，还有与此文论题密切相关的他的其他英文著作。之所以对奥氏及其智识背景加以说明，目的是令

---

① 他名字发音的主重音在第二个元音上，在英语中发"ee"这个音。另一位同姓的著名法学家是本文作者的祖父——努特·奥利弗科罗纳（Knut Olivecrona, 1817—1905）。他曾在乌普萨拉担任法学教授，并与一位女权主义作家、记者——罗莉沙·卢斯（Rosalie Roos, 1823—1898）结为连理。他在政治上颇为保守，并曾任瑞典国会议员以及最高法院法官。他因在《论死刑》（De la peine de mort，巴黎，1868年）以及其他一些著述中反对死刑而蜚声国际。

② 奥利弗科罗纳（K. Olivecrona）：《作为事实的法律》（Law as Facts），斯蒂文斯父子公司，第2版，1971年。在1976年的一份打印稿中，奥氏认为此书的标题本该是"法律秩序的结构"。他补充道："之所以将《作为事实的法律》的标题保留，是因为它最为简明地表达了我的意图。然而，将一本全新著作冠以（1939年用过的）同一标题则毫无便利。"

这篇论文与其思想脉络整体融合。此外,这些说明也有助于纠正一些二手文献中的错误。

对奥氏影响颇深的是阿克塞尔·黑格斯特罗姆(Axel Hägerström, 1868—1939)。黑氏是一位反形而上学的自然主义哲学家。1911—1933年间,他在乌普萨拉大学担任实践哲学教授。1909年,黑氏在乌普萨拉的一次谈话中说道:①

> 没有任何独立实体不是自然秩序的一部分,在这个意义上,自然主义是唯一科学的世界观……②

黑氏将自然秩序视为无所不包的经验性时空实在。由于分析表明道德概念和法律概念定要以超自然主义或非自然主义假定为前提,因此它们是不可接受的。

与此同时,黑氏还拒绝对道德法律概念进行自然主义还原的尝试。③他在1911年的就职演讲中④,提出了一种颇为激进的新理论。该理论的主旨是:道德观念无谓真假,也不存在所谓"规范性实体"这样的东西。这是历史上对元伦理学非认知主义的首次阐述和论证。随后,黑氏还于1916—1917年刊发了他对法律、义务、公正概念极为原创且深入的分析。⑤由于语言、行文风格、时机、学术风格等外在因素,这些著述鲜被关注。

黑氏的解释存在一个问题。虽然其基调是非认知主义的,但他关于权利义务概念的某些讨论看上去又指向谬误理论。整体上,他的解释内含

---

① 《哲学杂志》(Filosofisk tidskrift),1980年,卷1,第2期。
② 此处的"科学"是在"vetenskaplig"的广义上使用的,其与德语中的"wissenschaftlich"类似。换言之,这种观点及其方法在理论上值得尊重且符合理性标准。
③ 虽然他的论证与摩尔(G. E. Moore)反对自然主义谬误的早期论证类似,但两者的影响无法等量齐观。
④ 《论道德观念之真》。从那以后,黑氏鲜用"观念",而更偏好"信念""陈述""命题"。
⑤ 英译版本收录于《法律与道德的性质研究》(Inquiries into the Nature of Law and Morals),乌普萨拉皇家社会科学院人文主义丛书(Skrifter utgivna av Kungliga Hunanistiska Vetenskapssamfundet i Uppsala),卷40,1953年,第17—256页。

矛盾。①

在直觉上，黑氏以及很多人支持的哲学自然主义具有很强的吸引力。因为它与促进启蒙，反对包括宗教迷信、教权主义、反动政治等蒙昧主义的哲学任务高度契合。这一主旨正是黑氏誓死效忠的。② 在 20 世纪 20 年代前期的一次演讲中，黑氏提到了"真理向前"(Lavérité est en marche)，这显然是其承诺的明确信号。③ 受孔德（Comte）的启发，以及弗雷泽（J. G. Frazer）、列维-布留尔（L. Lévy-Bruhl）、胡威林（P. Huveilin）等人著作中关于古代原始思想理论的强化，④黑氏将这一立场与思想史进化论合为一体。在 20 世纪 30—40 年代间，阿尔夫·罗斯（Alf Ross）受黑氏影响颇大（奥氏同样如此），他对孔德的这一声明心悦诚服：

>   就人类精神的本质而言，我们的知识发展必会顺次经历三个不同的理论阶段：神学的虚构阶段、形而上学的抽象阶段、科学的实证阶段。⑤

对此，黑氏曾言，这一三阶段模式与欧洲的法律正义观念发展史完全

---

① 根据非认知主义，那一特定领域内的所有陈述无谓真假，而谬误理论认为它们总是假的或蕴含不真实。无神论就是典型的谬误理论。
② 约翰·麦基（John Mackie）关于谬误理论的文章——《反驳道德》("Refutation of Morals")，《澳大利亚心理学与哲学杂志》(Austalasian Journal of Psychology and Philosophy)，1946 年，卷 24——无疑受到了类似启发。德雷福斯事件是一场道德地震，无论是在当时还是现在，许多人将其视为一场善与恶、光明与黑暗的斗争。
③ "真理向前，无法阻挡"(Lavérité est en marche, et rien ne l'arrêtera)，出自佐拉（Zola）的《我控诉！》(J'accuse！)。
④ 关于此点的更多信息可参阅卡拉·法拉利（Carla Faralli）:《法学研究中的人类学与历史学》("Anthropology and History in the Study of Law")，载《法理论小册子 9》(Rechtstheorie. Beiheft 9)，邓克与汉博特出版社，1986 年；卡门卡（E. Kamenka）、萨默斯（R. S. Summers）、特维宁（W. L. Twining）编:《社会学法理学与法的现实主义理论》(Soziologische Jurisprudenz und realistische theorien des Rechts)，第 275—288 页；以及法拉利：《法律与巫术》(Diritto e Magia)，杰弗里出版社，1982 年。
⑤ 奥古斯特·孔德（Auguste Comte）:《社会哲学手册（1819—1922）》(Opuscules de philosophie sociale 1819‑22)，巴黎，1883 年，第 100 页；转引自罗斯（Ross）:《对所谓实践知识的批判》(Kritik der sogenannten praktischen Erkenntnis)，迈纳出版社，1933 年，第 249 页。罗斯将该书献给黑格斯特罗姆，在 1933 年 5 月出版的序言中，他承认了黑氏对他的决定性影响。

契合。①

他对古罗马法的分析在纵深上着实令人敬佩惊叹。② 他想表明巫术与迷信思想在其中发挥的关键作用。例如,人们最初认为义务是一种实际存在的无形"法锁"。履行仪式与表达口诀则被认为能导致真实改变。③ 根据孔德实证主义的图示,罗马法的后期发展以及近代早期的自然法理论兴起,属于相邻的"形而上学"阶段。在我们这个时代,它们会依次被某种现实主义的法理论击败并取代。

当黑氏有机会向世人展示他的哲学时,如出一辙,他选择将"我深信,必须摧毁形而上学"(Praeterea censeo metaphysicamesse delendam)作为座右铭。④

这种哲学氛围,不仅在乌普萨拉,而且在维也纳、巴黎,以及其他自然主义者和反形而上学的实证主义者所在之地成型,而这极大影响了奥利弗科罗纳与罗斯的早期著作。然而,20 世纪 40 年代后,两人则与这种氛围分道扬镳。在二手文献中,这一事实常被忽视。为何会发生这一转变? 这当然与他们对过分强势的自然主义的理论意蕴不满有关。自然主义反对那些广为接受的信念,并将其视为有害的虚构。据此,谬误理论的吸引力得以凸显。然而,仔细想一想,关于法律与道德的谬误理论也不甚合理。无论如何,它都无法与(情感主义者、规范主义者、表达主义者等人的)非认知主义进路兼容。在他们看来,这的确存在令人信服的理由。当这两位作者与其早期观点渐行渐远时,他们却未携手并进。相反,更大的差异出现了。例

---

① 该观点记录在 1925 年的一份笔记中。这组笔记记录了黑氏研讨班与对话录的内容,而奥氏可能是记录者。对此,存在一个证据。黑氏在 1926 年对法律与道德进行哲学阐述时,他提到了"从迷信到形而上学的通常路径"。然而,这一表述并未在后面出版的复写段落中出现。雷蒙德·施密特(Raymund Schmidt)编:《当代哲学自述》(Die Philosophie der Gegenwart in Selbstdarstellungen),卷 7,迈纳出版社,1929 年。
② 《古罗马的义务概念》(Der römische Obligationsbegriff),卷 1,2,乌普萨拉皇家社会科学院人文主义丛书,卷 23,卷 25,乌普萨拉,1927 年,1941 年。
③ 休谟似乎是首位就法律行为与迷信行为亲缘性加以评述的哲学家。《人性论》(Treatise of Human Nature),3.2.5,第 14 段。
④ 参见前引书《当代哲学自述》。此处的用典是"此外,我深信,必须摧毁迦太基"。这是卡托(Cato)对迦太基敌意的口头禅。

如,奥氏反对罗斯的这一观点,即蕴含法律具有约束力的陈述可以借助法院与其他公共机构的行为预测得以分析。

对此,就我们考察的那个时期的哲学氛围所发生的整体转变略加阐述或许是有意义的。在20世纪20—30年代,当自然主义和实证主义哲学家谈及"形而上学"以及"自然法"时,嘲讽、轻蔑溢于言表。① 形而上学这类言辞可能优雅矫饰,但终究蕴含迷信,其最终只是诡辩与错觉。数十年后,人们的态度发生了改变。20世纪40年代后,众矢之的不再是宗教蒙昧主义和政治对抗。"踩死败类"(écraser l'infâme)的需求趋于缓和。人们认为,更大的罪恶源于那些为滔天罪行辩护的意识形态(种族主义、法西斯主义、纳粹主义)。"形而上学"和"自然法"这类词语已不再具有贬义。②

近代自然法理论的核心概念

奥氏对17世纪自然法理论的研究,源于他参与了1941年出版的黑氏身后著作《罗马式的义务概念》第2卷的工作。黑氏的工作并未完成,因为他仍未全面阐述合意合同。然而,在1934年的一篇大论文中,黑氏已对此给出框架。③ 在这篇论文中,黑氏将古罗马与近代自然法理论(即格老秀斯与普芬道夫创立的那类理论)中的这类概念加以比较。此文经奥氏编辑后以专题论文的形式于1965年以德文发表。在准备编辑时,奥氏应对格氏和

---

① 凯尔森同样认为"形而上学"与"自然法"联系紧密。凯尔森(H. Kelsen):《法与国家的一般理论》(General Theory of Law and State),哈佛大学出版社,1946年,第396页。德文原版出版于1928年。
② 此处有一插曲。1979年11月19日,我与奥氏、佩策尼克(Alexander Peczenik)的谈话体现出那时的学术氛围已趋近成熟。当时,自然法被提及时仍具有中度轻蔑的意味。然而,奥氏回应:格老秀斯与普芬道夫的理论值得尊重,因为他们立志于提出一种理性理论以战胜那种更为可疑的知识遗产传统。虽然奥氏不认为他们处理得当,但他们的努力不应被鄙视。
③ 内尔曼-伦斯特拉勒(Nehrman-Ehrenstråhle)通过比较罗马法与自然法关于允诺的观点,说明了允诺的约束力基础。《关于1734年的法律回忆录》(Minnesskrift ägnad 1734 års lag),卷2,斯德哥尔摩,1934年,第571—630页。该文的译本为《基于罗马法与自然法理论的权利义务以及合同约束力》(Recht, pflicht und bindende Kraft des Vertrages nach römischerundnaturrechtlicher Anschauung),乌普萨拉皇家社会科学院人文主义丛书,卷44,3,斯德哥尔摩,1965年。

普氏的理论进行过更细致的审视。借此，他自会明白重述改进之前说明的必要。正如《法律制度》(*Rättsordningen*)第二版序言所示，①这一改进发生于1966—1975年间：

> 根据近几年的研究，关于自然法理论中的权利概念的说明已被完全改写。

本文就是该研究的结果。它使得人们注意到，所属（拉丁文中的 suum）这一概念构成近代自然法理论的内核。② 辅以人类神圣不可侵犯的这一特征（这要求对人的绝对尊重），这一概念便在解释恶行的本质、武力的正当使用，以及权利义务的创设中占据一席之地。显然，在这种理论的关键部分，那种由上级发布的命令和禁令所构成的法律不见踪影。

奥氏认为，显而易见，该内核以及它对人们恰当理解格氏、普氏及其追随者的理论具有重大意义。然而，以其见闻为限，他认为该事实被既有文献完全忽视了。③

诚然，正如格氏所述，所属概念④是自然法理论之必要元素。武力的正当使用是他自然法理论的首要关注，正当使用武力的充要条件则是潜藏于其理论之下的基础原则。仅当恶行(iniuria)⑤存在，才能证成武力。当然，人们也普遍认同，某些合法的做法从实效或道德等其他角度看可能是不明

---

① 《法律制度》(*Rättsordningen*)，利博出版社，1976年。第一版于1966年出版。该瑞典语版本在内容上与奥氏的《作为事实的法律》极为类似。
② 此处奥氏用的是"经典"一词，然而，大多数学者在谈及经典自然法理论时，他们指的是生发于古代或中世纪的自然法，而在此处"近代"看似更为可取，因为这些理论显然属于近代。
③ 本段以及前一段皆借鉴了《黑格斯特罗姆与自然法》("Hägerström and Natural Law")，载《乌普萨拉学派——法哲学座谈》(*Uppsalaskilan—och efteråt. Rättsfilosofiskt symposium*)，乌普萨拉，1977年5月23—26日；《乌普萨拉大学建校五百周年庆研讨会之六》("Symposia Universitatis Upsaliensis AnnumQuingentesimum Celebrantis 6")，载《乌普萨拉大学学报》(*Acta Universitatis Upsaleinsis*)，乌普萨拉，1978年，第25—31页。
④ 虽然在"我的"(meum)这类代词指代的语境下，该词可被广义使用，但其他的一些作者会将其意义限定于财产以及可被拥有的东西之上。
⑤ 格老秀斯和普芬道夫通常使用 iniuria，其他一些作者则偏好 laesio 一词。

智的或恶的。① 然而,在本质上,近代自然法理论就是一种正义理论。就正义而言,"恶行是允许使用武力的充要条件"是其主要原则。反过来,恶行也通过所属获得定义。它包括对个人所属东西的侵犯、攻击与妨害。在这个意义上,所属就是这一理论的核心,它指向个人具有绝对控制的领域。②

那么,这一领域的范围应如何界定?恶行意味着令他人对其所有之戒绝。然而,他人所有看上去又只能借助恶行或侵犯的实施才能获得定义。倘若缺乏一个明晰范围,这一概念以及基础正义原则将空洞无物。正如奥氏所指出的,黑氏认为这是自然法理论的一个缺陷。有趣的是,早在三个世纪前,威廉·埃姆斯(William Ames)对"正义规则"(praecepta iuris)的空洞就做出了与此处反对意见完全相同的批判。③ 例如,在缺乏限定的情况下,"不应损害他者"(neminem laedere)是无效的。因为在某些情况下,伤害非

---

① "允许的并非都是恰当的"(Non decet omne quod licet)是老生常谈。参见《学说汇纂》(*Digests*)50.17.144 中的"合法的并不都是体面的"(Non omne quod licet honestum est)。

② 格氏并非首位在广义上(以及在"我的"这类代词指代的语境下)使用该词的作者。据考证,多内鲁斯(Donellus)就曾如此为之。皮特·斯泰恩(Peter Stein):《近代民法的渊源》("The Origin of the Modern Civil Law"),载安卡姆(J. A. Ankum)等编:《菲利克斯·乌布六十寿庆合辑:由其同事与朋友提供》(*Mélanges Felix Wubbe: offerts par ses collégues*),大学版,1993 年,第 43—452 页,第 449 页。赫提修斯(Hertius, 1652—1710)注意到,该词可同时在狭义与广义上使用。后一种使用方式可见于《学说汇纂》中。参见赫提修斯:《论社会性》("DeSocialitate...dissertatio"),卷 3, 9,载《评论手册三卷本》(*Commentationumn atque opusculorum... tomi tres*),法兰克福,1700 年。(此书全名为 *Commentationes Atque Opuscula De Selectis Et Rarioribus Ex Iurisprudentia Universali*, *Publica*, *Feudali Et Romana*, *Nec Non Historia Germanica Argumentis... ; Ttomi Tres*。——中译注) 阿亨瓦尔(Achenwall)等自然法学家则偏好只在为人所属的东西这种意义上使用该词。《自然法导论》(*Prolegomena iuris naturalis*),哥廷根,1781 年、1758 年,第 123、124 段。然而,康德在讲授阿亨瓦尔的著述时,通常是在广义上使用该词。《道德的形而上学》(*Metaphysik der Sitten*),AA,第 238 页。

③ 《正义的良知:五个案例》(*De conscientia et eiusjure, vel casibus, libri quinque*),阿姆斯特丹,1630 年。该书在作者身后被英译为《权力良知及其案例》(*Conscience with the Power and Cases thereof*),1639 年,5.1.19-20。威廉·埃姆斯(William Ames)曾在英国剑桥的基督教大学任职。1611 年,他乔迁至荷兰。1618 年,在多德雷赫特宗教大会上,他积极支持了取得胜利的反劝谏党(这一胜利直接导致格氏于 1619 年被判处终身监禁)。自 1622 年起,埃姆斯在弗拉讷克(Franeker)出任教授。当他质疑"正义规则"以及理性在一般意义上对信仰和道德的地位时,当他论证宗教启示才是更佳的指引时,他心中的标靶可能就是格氏。

法侵略者之流就不是错误的。此时,就像"非法伤害是非法的"那样,该公式虽然可接受,但却毫无用处。

为了反驳这一论调,奥氏表明,所属概念以及与之关联的恶行、"勿觊觎他者所属"(alieni abstinentia)的概念具有实质内容,只不过这种内容不是由定义而是由列举赋予的。奥氏称,格氏与普氏提供了一种所属"名录"。人们可以恰当地说,该项目清单中的东西是为人所有的。由于这两位作者提供了一个关于所属内容的明细,因此,仅当对攻击某人所属进行回应时才能证成武力使用的原则就并非空洞无物。

在格氏的清单中,最主要的项目是生命、躯体、四肢、名誉、荣誉、贞操、行动。此外,这份清单还包括保障个人安全的一些必需项目。①

自不待言,这些项目都是依人性而为人所属[格书,2.17.2:纯粹的自然(mera natura),普氏称其为原生的]。其他项目则是依交易自身所具有的效应而为人所属[即格氏所谓的辅以人类授权(accedentefacto humano),普氏将其称为外来的]。其中,最重要的是财产权与求偿权。交易使得某人所属得以增加,其有效性源于意志行为,即允诺及其接受。② 由于自然的自由与公平被视为不证自明的公理,因此,所有权威与服从都只能由意志行为创设。这些正义原则如此自然,以至于即便没有神圣权威,其依然有效。③

在之后的文献中,关于所属概念的这些独到理解以及使权利义务得以存在的内在于人类意志的创设力已鲜被清晰察觉。相反,它们因上帝、国家、理性等法权所颁布的命令和禁令这类概念而被敷衍了事。

然而,海因里奇·科勒(Heinrich Köhler)这位现在鲜为人知的作者是

---

① 胡果·格老秀斯(Hugo Grotius)在《战争与和平法》[*De jure belli ac pacis libri tres*(后文简称为"格书",巴黎,1625年]的2.17.2.1中写道:"生命……躯体、四肢、名誉、荣誉、贞操、行动是人的自然所属。"在格书的1.2.5.7中则有:"对人而言,有些东西的价值无异于生命、好名声、贞操、婚姻的忠诚,丧失于此,人将不再有安全可言……"
② 实际上,格氏认为,权利义务可以天然形成而不总需凭借承诺以及恶性损害产生。而普氏对孝道的解释则颇为不同。
③ 在格书绪论第11段中,他指出,这一观点对"目前为止他所说的"——尤其包括"勿觊觎他者所属"——都适用。

极为重要的例外。① 在《自然法的七种实践》(*Exercitationes*)一书中,他坚定地将所属与恶行概念作为理论中心。他的这一做法与格氏无异。对他们两人而言,②自然法的基本原则是,篡夺他者所属(usurpatio alieni)——拿走属于别人的东西——即为不正义。用肯定的方式表达,正义则是"勿觊觎他者所属"或"各得其所"(suum cuique tribuere)。

然而,科勒对那些原生或外来所属项目的考量与格氏并不相同,因为他既对此做出了某种可被视为定义的一般性陈述,还提供了一个更为详细的所属列表。他写道:③

> 任何为人所拥有的善物复合体,我们都可合宜地将其称为人之所属。

这听起来像是个定义,当他运用"善"(bonum)时,他意指幸福之所在。然而,科勒又提出了一份所属物(sua connata)列表。④ 它比格氏给出的项目多一些。其中,自然平等与能力是天赋的。这份列表以"令人愉悦以及其他可能的一切善物"(bonum jucundum, quae possunt essealia)为终。⑤ 不得不说,这显得太随意了。科勒仿佛在暗示:如果你想到可以添加到列表中的其他项目,请自便!当然,他可能回复道:这里存在一个限制——你必须认为你的幸福取决于它。然而,即便如此,结果也颇为棘手,因为这样一份意在表明允许使用武力范围和边界的列表会变得过于宽泛。

---

① 科勒在耶拿大学担任教授,他在对莱布尼茨哲学原理的短论文(1714年)的德文翻译(1720年)中发明了"单子论"(Monadologie),并将其作为标题。他是《自然法的七种实践》(耶拿,1738年)以及《共同国际法中与自然法有关的七个样本》(*Juris socialis et gentium ad ius naturale revocati specimina VII*,耶拿,1735年)的作者。
② 格书,绪论,第44段。
③ 该段原文参见《自然法的七种实践》第16段的"Complexus omnium bonorum, quibus aliquis instructus est commode vocare possumus suum"。
④ 《自然法的七种实践》,第27段。
⑤ 既定传统认可三种善:愉悦善(bonum jucundum)令人愉悦,用途善(bonum utile)是有利、有益、有用的,道德善(bouum morale or honestum)则在道德上是好的。

对两个层次的进一步阐述

自然法理论家期望自身理论自圆其说。问题是要如何将由神圣权威支持的命令和禁令组成的法律概念与包含上述要素的规范秩序概念结合为一体。前者将所有义务溯至上级权威,而后者认为当个人通过协议将其部分自然权利移转后义务与之并起。在前一种情况下,在没有上级立法权威的情况下,义务是不可想象的。正如格书绪论第 11 段评论的那样,[①]在后一种情形中,情况并非如此。

但在这一层次上,人们其实是以两种不同方式理解义务。一种理解较为狭义:双方当事人通过意志合意创设义务,这使得一方当事人负有义务,而相对方享有权利。债权债务关系即为典型。债务人无法履行债务,是对债权人所属权利的侵犯。如此理解,在自然的自由平等状态下,就根本不存在债权债务,它们的形成只是自由平等个体交易的结果。较为广义的义务概念则是,所有侵犯人之所属的行为都是未履行义务,无论被侵犯事项是某种权利还是其他事物。在这个意义上,所有权即可引起(令他人尊敬财产的)义务(参见格书,绪论,第 33 段)。这会导致一个奇怪后果:假设我们服从于一位上级权威者,我们履行某一义务(例如偿还债务)才符合他的意志,那么由此可以推出,我们将负有履行义务的义务。

这是一种二元论。义务和约束力各有渊源。一个渊源是某种被赋予上级权威的意志,其他人则受制于此;另一渊源则是个人可以创设权利义务的意志。这种二元论在法理论中可谓源远流长。戴维(Geotges Davy)的一段话有趣地说明了这一点:[②]

[①] 参见格书,绪论,第 11 段。
[②] 戴维(1883—1976):《为什么要宣誓信仰》("Pourquoi vaut la foijurée"),载《形而上学与伦理学杂志》(*Revue de metaphysique et de morale*),1917 年,卷 24,第 327—353 页。此外,戴维还在这种意志理论中发现了国内与国际文明生活的表达形式和必要条件。相反,那种创设具有约束力规范的意志,在原始社会中则不甚重要。这种关于原始社会的观点是较为低级的(第 333 页)。

当下，我们的义务看上去是……依意志行事（第328页）。通常，学界会承认五种义务来源：合同、准合同、侵权、准侵权、法律。然而，普兰尼奥尔（M. Planiol）先生则非常清晰地表明，真正的来源只有两种：债权人与债务人的合意意志、法律基于他人利益向利益个体施加义务的全能意志（第329页）。

……义务与意志概念可谓休戚相关。实际上，准合同、侵权和准侵权是可以排除的，因为在这些情况下，主体根本没有创设义务状态的实际意图。至于法律……它实际体现的意志表达与合同中的个人意志一样，是一种集体意志的化身。意志……最终是我们眼中唯一能够创设义务的力量……一种良知的力量（第330页）。

虽然在政治思想史与法律思想史中，很多人试图将其中一个归入另外一个之中，但此处我们不再探究该话题。

我们如何知晓何者为己所属？

我们关于自然法原则的知识是如此确定，以至于无人可以在不扭曲自己的情况下否认它们。在格氏看来（绪论，第39段），如同外部感知，它们无法被否认。对此，他还旁征博引表达过类似感想的诸贤。然而，那一观点仅为广泛共识，而非真理。这种直觉有任何理性基础吗？科勒似乎暗示，人依靠经验就能知晓何者有助于其幸福。同时，他也准备将所有这些要素纳入其列表之中。然而，他与格氏在列表中列举的其他项目并不具有那种经验基础。

虽然人类需要社会这一经验事实的确是一个诱人的解决方案，但它仍差强人意。诚然，和平共处要求人应尊重人及其财产，但为了满足于此，我们必须先知道什么是值得尊重的。因此，和平共处预设了关于所属清单的知识。

在我们此处讨论的这类自然法的概念框架下，人的真正所属及其神圣不可侵犯是最为基本的概念，可诉诸社会性则与此分属完全不同的概念框架。在这种框架下，武力使用并不是通过诉诸人应受到尊重的内在诉求，而是参考和平安全共处的益处而被证成的。

安全起见,我们会未雨绸缪,并预防那些可能降临于自身的天灾人祸,尤其是可恶的野兽(bêtes méchantes)。无论是人还是兽,如果受到攻击,皆会奋起反抗。由此观之,诸如正义、恶行、权利义务等概念则毫无立锥之地。根据这一框架,虽然你试图损害他者可能是出于对某种威胁的反应,但这不构成对恶行的反制。同时,试图威胁你安全的是蛇是狗还是人,则无关痛痒。在这一框架下,虽然那些旨在维护和平安全的戒律不包含"勿要为恶",但避免敌对却被囊括其中。然而,在与之形成鲜明对比的自然法框架下,有些敌对行为是被允许的,而另一些则构成恶行。而在替代性框架下,情况并非如此。在那种框架下,那些规范性概念毫无容身之地,取而代之的只是指引人们维护和平安全的戒律。

倘若如此,自然正义理论就不可能完全建立在某种关于和平共存条件的理论之上。

现在,让我们重回自然法的概念框架,并再次思考我们如何知晓何者为我们所属这一问题。要对此提供定义看上去毫无希望。同时,提出拟定列表进行枚举则需要某种标准。对此,有个中规中矩的答案,它是由范·德·穆伦(van der Muelen)以短语形式给出的建议(或许是无心插柳)。① 在对格书1.1.4 的评论中,他评述道:某些权利天然存在于人的骨头里(persona hominis, ut ita dicam, ossibus jus aliquod inhaeret)。《牛津拉丁语词典》解释道:当"骨头"(bones)以复数形式呈现时,它们指的是身体的最内在部分,特别是情感的栖息地。

因此,该词暗示了真正的基础并非理性,而是情感。正如科勒列表中那些涵盖众多范畴且颇具启发性的项目,它们除了表明我们自觉理应回击的那些情形外,并没有什么真正的共同之处。

问题是我们如何能够确立正当使用武力的边界。下述推理路径给出了答案。当且仅当恶行发生时,使用武力才是正当的。恶行是对所属的侵犯。

---

① 在他编纂的格老秀斯《战争与和平法》(卷1,乌德勒支,1696 年)一书中,他以极为详细的注释弥补了其在敏锐性上的欠缺。

当且仅当某个东西位于所属列表中时,它才算是所属。当且仅当我们觉得对某个东西的侵犯证成了武力使用时,那个东西才属于所属列表。结论:当且仅当我们觉得武力使用获得证成时,它才是正当的。

在边沁等人看来,诉诸情感而非理性是该理论最大的污点。① 然而,那些对理性的道德伦理地位缺乏信心的人,则不会对此过于苛责。

总之,下文简明扼要地展示了从格氏与普氏肇始,近代自然法理论将所属视为核心概念。侵犯所属(恶行),无论是实际发生还是扬言威胁,都是发动战争的唯一正当理由。② 此外,在解释合同、财产等诸多事物的约束力时,所属同样是核心概念。然而,当代二手文献对这些理论的讨论却忽视了这一要旨,这就如同不是丹麦王子的哈姆雷特(Hamlet)。而下文则有助于恢复此概念的原貌。

文 本

此处提供的文本是对奥氏(1897—1980)《自然法思维的两个层次》("Die zwei Schichten im naturrechtlichen Denken")一文的英译。该文发表于《法哲学与社会哲学协会会刊》(*Archiv für Rechts- und Sozialphilosophie*,1977年,卷63,第79—103页)。原文中的大部分脚注都有保留。之所以删减其中一些,是因为某些内容与正文重复;而某些脚注只是再现了拉丁原文,对此,表明其原文似已足够。此外,英译插入的内容则以括号标明。

在《作为事实的法律》(斯蒂文斯父子公司,第2版,1971年)中,奥氏同样讨论了格氏和普氏的思想。此外,他处理相关话题的英文著述还有:

《自然状态下的占有:洛克论财产的根源》("Appropriation in the State of Nature: Locke on the Origin of Property"),《历史观念杂志》(*Journal of*

---

① 杰里米·边沁(Jeremy Bentham):《道德与立法原则导论》(*An Introduction to the Principle of Morals and Legislation*),伯恩斯(J. H. Burns)与哈特(H. L. A. Hart)编,阿斯隆,1970年,第2章第14节。
② 格书,2.1.1.4:矫正恶行之损害是发动战争的唯一正当理由(Causa iusta belli suscipiendi nulla esse alia potest, nisi iniuria)。

History of Ideas），1974 年，卷 35，第 211—230 页。

《洛克的占有理论》（"Locke's Theory of Appropriation"），《哲学季刊》（Philosophical Quarterly），1974 年，卷 24，第 220—234 页。

《主权意志：反思边沁的"法律"概念》（"The Will of the Sovereign. Some Reflections on Bentham's Concept of 'a Law'"），《美国法理学杂志》（American Journal Jurisprudence），1975 年，卷 20，第 95—110 页。

《洛克〈政府论〉中的"财产"术语》（"The Term 'Property' in Locke's Two Treatises of Government"），《法哲学与社会哲学协会会刊》，1975 年，卷 61，第 109—115 页。

《边沁的"神秘"面纱》（"Bentham's 'Veil of Mystery'"），载《当代法学问题》，斯蒂文斯父子公司，1978 年，第 227—237 页。

其他关于自然法的主要著述则有：

胡果·格老秀斯（1583—1645）：《战争与和平法》（De jure belli ac pacis libri tres）。此三卷本 1625 年在巴黎首版。在后续版本中，格氏做了颇多修正增补。奥氏使用的是格罗诺维斯（Gronovius）的注释版（阿姆斯特丹，1711 年）。当下的通行标准版是由范·亨廷嘉·川普（van Hettinga Tromp）翻译，芬斯特拉（R. Feenstra）校对，佩尔内耶尔（S. E. Persenaire）等编纂的版本（科学出版社，1993 年）。最近的英译本则是由凯尔西（F. Kelsey）等编纂的 1925 年（以及后续重印）的版本。

塞缪尔·普芬道夫（1632—1694）：《论自然法与万民法》（Dejure naturae et gentium libri octo）①。此八卷本 1672 年在隆德首次出版。在后续版本中，普氏进行了修正和实质增补。奥氏使用的是马斯克维斯（Mascovius）的注释版（法兰克福与莱比锡，1744 年）。当下的通行标准版是布尔林（F. Böhling）的版本，其收录于《文集》（Gesammelte Werke，卷 4，学术出版社，1998 年）。最近的英译本则是由詹姆森和欧德法特（C. H. Jameson and W. A. Oldfather）翻译的 1934 年（以及后续重印）的版本。

---

① 此书后文简称为"普书"。——中译注

上面这两本书,皆由让·巴贝拉克(Jean Barbeyrac, 1674—1744)[①]翻译为附带丰富注释的法文版。其中,格书译名为 Le droit de la guerre et de lapaix(阿姆斯特丹,1724 年)。普氏的译名为 Le droit de la natuire et des gens(阿姆斯特丹,1706 年)。对此,奥氏使用的是修正与增补后的第二版(阿姆斯特丹,1712 年)。而巴贝拉克则在一个后续版本中(阿姆斯特丹,1734 年)做了进一步订正。

在后文中,关于这些著述以及其他文章的段落引用皆是版本中立的。其按照书、章、节的方式引证。有时,在涉及格书时则有小节。[②]

自然法思维的两个层次[③]

卡尔·奥利弗科罗纳 著

格老秀斯和普芬道夫阐发的 17 世纪自然法理论假定存在某种"自然法"。可想而知,自然法理论家首先需要对其予以解释。然而,当我们研读他们的著作时,显而易见,情况却并非如此。他们的思想似乎是在另一个层次上运行,而该层次与所谓的自然法无关。这就是当下研究的主题。

自然法理论家认为,所有法律皆由上级权力者颁布的命令与禁令构成。这种权力者要么是上帝,要么是人类权威,即政治权力(potestas civilis),亦可称为"主权者"。其中,自然法是由上帝颁布的命令与禁令;人法(ius humanum voluntarum or positivum)则是由主权者颁布的命令与禁令。[④]

---

① 1711—1717 年间,他在洛桑担任教授,后来为了逃避法国天主教的迫害,他在格罗宁根担任教授。他经常为一本曲高和寡的月刊《理性图书馆》(Bibliothèque Raisonnée)提供稿件。
② 这些不同著述及其翻译版本之数量颇多。晚近一些学者在引用它们时,只是提及他们碰巧使用的特定版本的页码。这一无益的做法着实令人惋惜。
③ 本文译自《自然法思维的两个层次》("Die zwei Schichten im naturrechtlichen Denken"),《法哲学与社会哲学协会会刊》,1977 年,卷 63,第 79—103 页。
④ 与该文有所联系的是《自然法理论中的"自身"》("Das Meinige nach der Naturrechtslehre",《法哲学与社会哲学协会会刊》,1973 年,卷 59,第 197—205 页。其所采用的版本是格老秀斯:《战争与和平法》,阿姆斯特丹,1712 年(该版文有格罗诺维斯添加的注释);以及普芬道夫:《论自然法与万民法》,法兰克福与莱比锡,1744 年(该版本有马斯克维斯添加的注释)。至于自然法的神圣本质,参见格书,1.1.10,1.1.15.1;普书,1.6.4,1.6.18,2.3.20。

自然法的内容

格氏认为(绪论,第 8 段),自然法包含两条主要原则。其一为"勿觊觎他者所属"。他认为,所有妨碍他者所属的行为皆属无效(绪论,第 44 段)。其二是"有约必守"(promissorum implemendorum)。对此,存在一些细化规则。如果某人拥有他者之物,那么他必须归还;如果某人从中获益,那么他必须补偿。此外,某人必须赔偿其过失导致他者受到的损害(damni culpa dati reparatio)。格氏还提到,根据自然法,人类理应遭受其应得的惩罚(poenae inter homines meritum)。然而,在上述情况中,并不存在任何命令与禁令。人们只会发现,即便遭受惩罚是应当的,也没有任何禁令针对于此。

普氏与格氏不同,他认为自然法在根基上存在某种基础命令(a fundamentalis lex naturae),他将其表述为(2.3.15):对所有人而言,他们都应在相互关系中培养和维持某种适于人类命运与性格的和平社会性。按照我的理解,社会性(socialitas)是这样一种对待他者的秉性,它使得人们在仁慈、和平、友爱,乃至相互义务中感受到相互关联的纽带。在另一语境下,普氏陈述了一些自然法的特定命令(2.2.9)。出于某些理由,他认为人类的自然状态是和平而非战争状态,而"不应伤害他者"(alterum non laedere)法则即为这种状态之前提。除非出于自卫,否则就应让他者静享所属,自己则应信守承诺。只要不会使得某种更为严苛的义务落空,就应为他者造福。

应当注意,当自然法理论家论及"不应伤害他者"这一原则时,他们是在极为宽泛的意义上使用"伤害"(damnum)一词。"伤害他者"意味着剥夺他人所属,或者降低他人所属的数量或质量。"不应损害他者"与"勿觊觎他者所属"是同义的。[1]

---

[1] 格书,2.17.2.1;普书,3.1.3。"虽然损害看上去仅指涉事物,但从较为恰当的广义看,它包括我们受到的所有伤害……它表明了任何形式的伤害、堕落与贬损,或是剥夺我们已经拥有的东西,完全否定本赋予我们的权利。""损害概念与不应伤害他人(ut nemo leadatur)这一规定的范围是匹配的。"参见丹泽尔(H. Denzer):《道德哲学与普芬道夫的自然法》(*Moralphilosophieund Naturrecht Samuel Pufendorf*),贝克出版社,1972 年,第 147 页。

这两种自然法理论在关于自然法的主要内容上是一致的,即不应妨害他者所属,且应有约必守。①

当然,第一条法令预设了人们能够知道什么为他者所属。然而,自然法却对此噤口不言。因此,除非协议或实在法对此有所确定,否则那一命令看上去是空洞的。

这当然不是自然法理论家的观点,他们有一套与法律和协议无关的个人所属理论。他们将其称为"自身"所属。② 因此,在自然状态下,"勿觊觎他者所属"原则就不是空洞的。

所　属

自然法理论家对所属的关注主要不是针对私有财产。私有财产因协议而生,然而,即便不存在协议,每个人天生就拥有某些属于他的东西。

虽然自然法理论家没有对所属给予概念式定义,但他们却提供了它的具体构成。他们给出的所属要素目录使得该理论有了确定内容。

格氏认为,人的生命、躯体、四肢、自由、名誉、荣誉、行动天然地属于他们自身(1.2.1.5;2.17.2.1)。普氏也给出了类似的列表(3.1.1)。此外,格氏还提及了贞操(pudicitia)(参见2.5.11)。虽然此点并未出现在格氏的目录中(1.2.5.7;2.1.7),但他却将其视为所属之部分。

格氏与普氏认为,每个人天生就有属于其自身的领域。所属之主体,

---

① 众所周知,从斯多葛学派发端,"勿伤他人"(neminem laedere)原则就是三条著名的正义原则(iuris praecepta)之一。另外两条分别是"正直生活"(honeste vivere)与"各得其所"(suum cuique tribuere)。在《学说汇纂》中,它们就被包含其中。关于斯多葛学派与自然法的关系,可参见黑格斯特罗姆:《罗马法与自然法中的合同权利义务与约束力》(Recht, Pflicht und bindende Kraft des Vertrages nach römischer und naturrechtlicher Anschauung),乌普萨拉皇家社会科学院人文主义丛书,卷44,3,斯德哥尔摩,1965年,第44页及以下诸页。令人费解的是,自然法理论家鲜会论及"各得其所"。这并不是因为他们否定该原则,恰恰相反,是因为他们觉得它是不证自明的。例如,普氏谈论道(8.1.5):没有一个国王疯狂到禁止臣民奉行"各得其所"原则。在另一处(1.7.6),他解释了该原则无须赘述的理由。罗马法学家则曾将正义定义为"让每一个人各得其所的永恒不变的意志"(constans et perpetua voluntas, suumcuique tribuere)。这将正义定义为人的一种美德。自然法理论家对该话题谈得甚少,他们的主要议题是行动的合法性。
② 在不同的语境下,此处的代词可以呈现为"我的"(meum)、"你的"(tuum)、"我们的"(nostrum)或"你们的"(vestrum)。

当然是拥有躯体的精神性自我。所属的范围则是这一精神性人格的领域。

正如普氏多次指出（如 4.4.5），动物并无所属，人类则依理性才拥有这种属于他们自身的领域。

人类的原初自由平等理论与所属理论联系紧密。在消极意义上，自由意味个体不受制于人。在积极意义上，自由意味个人是其自身领域的主宰。他对自身及其行动拥有支配权（potestas in se）。

正与误

格氏从消极意义的角度定义了正当（iustum，有时也被称为 iustitia）行为。没有错误即为正当。① 为了理解什么是正当，某人必须了解什么是恶行，此点再清楚不过。如果某人夺走了他者的东西（alienatio alieni），那么他就犯下了恶行。对此，普氏持有同样观点（1.7.14 及以下诸页；3.1.3）。

换言之，iustum 和 iustitia 概念是由所属定义的。所有侵犯他者所属领域的越界行为都是恶行，恶行正是由这种侵犯构成。

显见，在正当概念与禁止伤害他者之间存在契合。正是那些违背这一禁令的行为才构成恶行。

所属的外延

通过对所属范围的说明，那种无关乎协议与法律的禁令——"不应伤害他者"——获得了具体内容。然而，人类的意志行为却能扩展所属领域的范围。

在自然状态下，有两种方式能扩展这一范围。一是取得产权或物权［及对物权（res）］，二是通过允诺取得对人权。② 无论何种方式，解释如何实现

---

① 格书，绪论，第 44 段，1.1.3.1；参见黑格斯特罗姆：《罗马法与自然法中的合同权利义务与约束力》，第 50 页及以下诸页。
② 在市民社会中，立法也可扩展这一范围（格书，2.17.2.1）。下文中我们将不讨论父权。对于该议题，格氏与普氏存在分歧（格书，2.5.1；普书，6.2.4）。参见奥利弗科罗纳：《作为事实的法律》，第 281 页。

权利取得都是必要的,且这类解释一定要与人类的原初自由平等假设一致。①

私有财产的取得

当上帝创世时,他将地球赋予人类,一切在初始之时皆为共同财产。然而,人们有权变更最初秩序并引入私有财产,通过一项早在公民社会建立之前就已达成的协议实现。②

因此,私有财产并非建立在自然状态之上,而是以人类意志为基础。产权的客体当然是所有权人的所属。据此,禁止夺走他者所属自是对其适用,夺走所有权人之物即是恶行。③

随之而来的问题是:一个物体如何被包容到个体的私人领域之中呢?虽然想在自然法理论家的著述中获得对该问题清晰完整的回答是种奢求,但在他们的一些解释中依然有迹可循。

分割与占领

格氏认为(2.2.2.5),原初社群在很大程度上是被分割消解的。每位参与者因此拥有了某种原始取得(2.3.1)。不难理解这一切是如何发生的。人手一份的同时,众人皆宣布放弃他人的份额。如此,共同财产就变成了私有财产。

格氏评论道:分割只有在社群最初消解时才是一种原始取得方式。随后,先占就成了唯一的原始取得方式。④ 这催生出一个重要结论:尚未被分

---

① 丹泽尔没有提及所属(《道德哲学与普芬道夫的自然法》,第 146 页及以下诸页),但他论及了由"他者不应受到侵害规则"保护的东西,并列举了所属"目录"事项。他似乎认为保护范围只能通过解释自然法而确定。然而,这应是错误的。普氏认为,所属是一个客观给予的领域,其内核以自然为基础,其范围可通过人类意志而扩展。
② 格书,2.2.2.5;普书,4.4。格氏认为,在所有权形成前,所有人皆可依其本性要求与自然需求使用和消费资源(1.2.1.5 与 2.2.2.1)。这些都是达致自然所规定之目的的必要手段(2.5.5)。普氏强调,要引入私有财产,则必须要有某种协议存在。
③ 格书,1.1.10.4 和 2.8.1.1;普书,3.1.1。
④ 格书,2.3.1 与 2.3.4.1。取得时效模式在当时未被认可,即便通过特定化,也无法为某人就他者所属确立所有权(格书,2.3.3)。

配的善物不再为公共所有。当人们通过协议分配善物时,他们也就废除了剩余善物的公共产权。那些未被分配的善物则成为无主物(res nullius),这使得先占成为可能。当且仅当某物为无主物时,①先占才可能发生。

由于存在普遍弃权,以先占方式取得财产再无障碍。当然,先占的基础及其实施方式是另一个问题。格氏不赞同国家间的共同协议(ius gentium)引起了先占。相反,他断言,先占毫无疑问是一种自然的财产取得方式(haud dubie naturalis modus aqurendi,2.8.1.2;2.3.4.1)。

因此,有人会假定人类天生就有凭借先占使事物为其所属的能力。对此,我们应当将此点与以下一般命题结合视之,即人具有合法占有其所属之物的道德能力(qualitas moralis ... ad aliquid iuste habendum ... ,1.1.4)。此外,如前述,人还具有实施导致法律效果之行为的道德能力(qualitas moralis ad agendum)。虽然产生这种效果的力量是意志,但这种意志是理性的(rationalis,2.6.1.2)。②

如果某物是无主物(且不存在其他障碍),那么先占作为一种自然取得方式就可发挥效力。从本质上说,先占不受实在法约束,先占之物属于发现者或先占者(2.8.6)。对此,有两个必要条件。第一,先占者对某物具有占为己有的意志;第二,这种意志具有外部标志(2.3.11)。虽然只是那种意志导致了先占效果,但它必须通过外部标志为人所知。对土地而言,行走其上通常可谓标志;对动产而言,随手可及则属于此(2.8.6)。据此,事物才被先占者的所属领域包容,并与其人格结合。

---

① 格氏认为,因抛弃(derelictio)等理由而无所有者的东西将回归于初始状态。同时,格罗诺维斯评论道:这样的东西将成为公共物(res communes)。这不可能是正确的。如果格氏的确支持这种观点,那他就前后矛盾了。因为他曾明确表示(2.2.3.3):所有东西都一样,它们首先皆未被分割。然而,当存在私有制交易活动或是分割完成后,它们便不能再被分割。参见普法,4.6.2。
② 黑氏写道(《罗马法与自然法中的合同权利义务与约束力》,第55页):这种正当占有或行为的道德品格或能力看上去无法令人满意。从格书2.5.10.1可清晰看出,他所谓的行为能力(facultas agendi)指的是引起法律效果的能力。在2.2.10.1中,他还讨论了婚姻的有效性:无论是此种行为还是其他导致权利产生的人类行为,我认为其权利根据都是一种与充分意志行为结合的道德能力。参见2.5.3.1。显然,格氏是在不同意义上使用ius这种权利去同时指代能力(faculty)与随后形成的权利(right)。

财产转移

格氏认为,取得财产的继受模式还取决于自然法则(lex naturae)、万民法(ius gentium)的共同协议,以及国家法(lex civilis, 2.7.1.1)。就当下论题而言,我们只关注第一种模式。

在这一语境下,格氏谈及 lex naturae 时指的并不是神圣的命令与禁令。在那种意义上,财权的形成与规制跟任何自然法则都无关。在此,lex naturae 应被理解为"从所有权本质与效力中推出的东西"(2.7.2.1)。转让权就被包含于其中(2.6.1.1),因此,所有权之转移与先占一样,也是取得财权的自然模式。

根据自然法,所有权之移转并不必然需要形式手续或交付(2.6.1.2)。虽然转让由当事人意志行为所致,但这种意志必须以外部标志表达。道理在于,将法律效果归属于纯粹的内在意志行为不符合人性。① 此外,就转让的性质而言,仅有转让人的意志仍不足够,受让人的接受对完成转让同样必要。②

因此,财产移转是当事人共同意志的结果。移转之物从一方当事人的领域中分离而出,并因另一方当事人的接受而进入他的领域。

虽然关于这两种意志如何生效,格氏着墨不多,但普氏倒是提供了不少信息。对此,他详细解释了财产转移的发生方式。他写道:依赖于财产权的取得模式需要两种意志,一种是转让人的意志,另一种是受让人的意志。转让的最大特征是,事物依赖所有权人的意志发生移转,而非依赖暴力褫夺。但是,为了完成转让,受让人同意则为必要。因为,在缺乏我欣然接受的情

---

① 格书,2.6.1.1。这一主张是普遍适用的。参见 2.4.3:"赋予行为效力的不是人类心智,而是赤裸裸的法律之力。"格罗诺维斯评论道(暗指《耶利米书》11:20 或《罗马书》8:27):它不是赋予人类用来测试自身心智的。普书,4.9.3:"仅仅把针对他人的权利创设权归因于内在行为不符合人类社会要求。"参见黑格斯特罗姆:《罗马法与自然法中的合同权利义务与约束力》,第 67 页。
② 格书,2.6.2.。格罗诺维斯评论道:"接受可以通过能见或可听的标志呈现。"它可被提前做出,除非受让人宣布变动,否则接受的意思会被假定持续存在。格氏补充道:自然法坚持允诺需被接受的理由与所有权转让的情形是一致的。

况下,允许一个在物理上与我分离的事物可以与我结合着实荒谬。①

这样一来,转移的发生方式就很清楚了。所有者依其意志将事物分离出自身领域,这就是他能做的一切。可他却不能将此物强行塞进接受者的所属领域。值得注意的是,普氏将转让人的行为称为"提供"[oblatio(其源自 offerre,即伸出某物让人拿走)],②而只有受让人的意志才能使得转让物为其(人格)所属。③ 此时,受让人的意志相当于先占者的意志,但是这种意志宣告的方式却有所不同。对此,普氏提及了点头、手势、言语、文字等方式(4.9.3)。在这种情况下,不同于先占,随手可及对转让而言并非必要。

一旦所有权被引入,自然状态下也就有了继承权。然而,继承权并不是一种直接的自然的权利取得方式,它要以逝者的假定意志为基础。人们不能假定逝者期望在其死后,其财产随之变成无主物而供人随意先占。人们必须假定逝者期望其财产归其亲属所有(格书,2.7.3;普书,4.11.1)。一般而言,在这种情况下,接受也是必要的。对此,普氏认为,实在法通过拟制令该条件成就(4.9.2;参见 4.4.10 的结语)。

所有物与所有权

财产取得理论事关所有物,即人们如何通过原始取得使无主物成为个人所属,以及人们如何通过继受取得使某物成为其所属。然而,还存在另一个与所有物相关的所有权要素。如果所有权人不同意将某物交付他人,那么该要素就是一种与之相关的道德能力(facultas moralis)。如果所有权人要求交

---

① 普书,4.9.2:"无论财产离其前手有多远,我们都必须就其转移达成协议。财产作为一种实体,除非我的意志同意接受它们,否则它们作为在实质上与我分离的物理实体,就不会归属于我。"参见 4.10.8。
② 普书,4.4.10:"要将控制权从一人移转到另一人手中,不仅需要提供某物,而且要求存在接受,这再自然不过了。"此处的"translatio"等同于让渡(4.9.4)。与此处观点颇为契合的是他关于转让与取得(translatio et acquisitio)的阐述(3.5.4)。
③ 参见普氏在 4.9.8 参照所有权对向物权(ius ad rem)的论述:"向物权预设了系争物体尚未完全与我结合,它只使得他方负有特定义务,即保证系争物体能够与我结合。因此,这促使他方努力使得系争物体看似无主以便为我所有。"

付,那么占有人则有义务交付。这种道德能力源自引入所有权的协议。① 它属于所有权人,它在财产取得理论中并无一席之地。②

允　诺

虽然允诺的约束力完全可以建立在允诺应当履行的自然法规则上,但这并非自然法理论家的主张。当他们试图解释允诺的法律效力时,他们会另辟蹊径去论证。在这一过程中,他们甚至不会谈及所谓的自然法规则。

这是因为自然法规则根本就不蕴含受诺人的任何权利,而这恰恰是自然法理论家面临的最大难题。一个人如何取得针对另一个人至上人格的权利?虽然人们理所当然地将权利视为某人对他者的支配,但这种支配又如何产生?显然,它只能通过当事人的自身行动产生。

自然法理论区分两种允诺。一是物权允诺(promissio dandi),二是债权允诺(promissio faciendi)。在上述两种情况中,允诺皆被视为对权利的转移。③

乍一看这似乎是怪异的。对我们而言,将允诺视为对既存权利的转移颇为陌生。然而,在自然法理论中,这却是极为重要的思维方式。格氏明确将允诺视为财产转移的类似物(2.11.1.3)。普氏则认为,人们普遍认同允诺就是转移权利(3.5.2)。

这类理论的基本观念是,个体没有能力创设新权利。他只能放弃属于他的权利。这就是格氏在其书(2.11.8.1)中表达的意思:允诺只能从允诺

---

① 格氏(2.10.1.1)和普氏(4.13.3)都主张,此义务源于初始合同,且即便不存在返还请求,义务人仍负有返还原物的义务。如果所有权人不做出返还请求就不存在此义务,那么所有权就过于单薄且不确定了。例如,所有权人可能并不知道其物为谁占有而无法主张返还。因此,初始协议必然包括非所有权人直接负有物归原主的义务。正如普氏所言:"所有权的未来之力过于虚弱,且会给所有权人带去无尽担忧,除非物本就理应归还并物归原主,否则当物通常不由他控制时,其所有权如何成立就不甚明了。"
② 根据自然法,孩童以及精神病患者因缺乏理性意志而无法拥有财产。格氏认为,基于共同善,万民法决定由全人类代表孩童以及心智不健全者的利益。这才使得财产取得成为可能(2.3.6)。普氏对此也有进一步的论述(4.4.15)。
③ 参见黑格斯特罗姆:《罗马法与自然法中的合同权利义务与约束力》,第 70 页及以下诸页。迪塞尔霍斯特(M. Diesselhorst):《格老秀斯的允诺学说》(*Die Lehre des Hugo Grotius vom Versprechen*),博劳出版社,1959 年。维尔亚克(F. Wieacker):《汉斯文泽尔纪念文集》(*Festschrift für Hans Welzel*),德古意特出版社,1974 年,第 12 页及以下诸页。

人的权利中获得力量(vim accepit ex iure promittenti)。①

债权允诺

债权允诺与转移财产权之间的类比建立在行动是人之所属的事实之上。作为所属的一个要素,这些行动与所有权的对象被以类似方式对待。格氏认为,人对自身行动具有支配权的根据是 ius,其与财产权类似。如前所述,所有权包含了转让权[格书,2.6.1.1:这是所有权固有的(inest hoc in ipsa dominii natura)]。以此类推,人就对自身未来的行动有转移权。②

为了展示这种转移如何发生,格氏区分了三种谈及自身意图的方式。第一,公然宣告自身的当下意图(2.11.2)。只要人们所言非虚,那这种说法就是正确的。但是,人们可能不受此约束,他们也有权改变想法。

第二,某人可以通过行为方式让他人知道他已自决,且他必须坚持这一决定(2.11.3)。这就是所谓的单方允诺(pollicitatio),其效果在于使得某人基于自然法而受到约束。但是,单方允诺的接受者却没有因此获得针对允诺人的权利。格氏补充道:在很多情况下,一方面受到约束而另一方面却没有权利。同情、感谢的义务如是,忠诚义务亦如是。

第三,意图还能以这样的方式宣告,即某人可以通过话语体现出其向另一人的授权。在这种情况下,即存在完全允诺(perfecta promissio, 2.11.4.1)。

此时,移转的是支配未来行动的权力。这种转移方式与移转财产类似。允诺人能做的就是将这种行动从自身所属领域分离出来以待对方当事人处理,这使得某人自身自由的特定部分被转让。与财产取得一样,此

---

① 无独有偶,普氏同样认为义务之力源于权利转让(3.5.4)。参见 3.7.6:"所有人从允诺中所获得的权利皆源自允诺人。"(Quaevis promissio vim accepit ex potestate promittentis.)

② 在论及允诺一章的篇首,格氏断言人可以基于自身意志为自己设定义务。之后,他继续说道(2.11.1.3):此外,如前所述,既然物权可以仅凭意志的充分表明而被转移,我们又对自身行动和所有物拥有同样的支配权,那为何我们不能以同样的方式转移对人权呢? 只不过,一是要求我们转移财产权给他人(这不涉及所有权的实际取得),二是要求我们基于他人利益做某事。

时接受也是必要的(2.11.14)。否则，允诺人无法将该行动与接受者的所属结合一体。这种结合只能由接受者的意志实现。接受后，权利转移即完成。

虽然双方当事人的意志导致了这种效果，但鉴于在人类事物中法律效果不应赋予纯粹内在意志行为这条一般原则，借助外在标志宣告意志也是必要的(格书，2.111.11；参见 2.4.3 与 2.6.1；与之紧密联系的论述见普书，3.45.3—7)。

这就是自然法理论家心中的允诺运作机制。他们赋予至上个体拥有使其在某方面从自由到不自由进而受制于人的能力。这就如同允诺人放弃对某物的控制，当他放弃对自身某一行为的控制时，他就实施了这种能力。一旦受诺人接受了允诺，被允诺行为就成为他的所属。于是，受允诺人拥有决定被允诺行为是否应当实施的控制权。①

允诺人并未让渡是否实施系争行为的实际控制权。事实上，他可能根本无法履行承诺。他所丧失的只是某种道德自由或行为决定权。这种道德权力属于受诺人，据此，他就拥有要求履行的道德能力。如果受诺人要求履行承诺，那么允诺人就有义务如此为之，他从内心上就再也无法自由地做出相反决定。因此，普氏说道：受诺人获得的权力使其可以规定允诺人应当做什么、承受什么，以及不应当做什么，这种规定具有义务效力(3.5.4；参见 1.6.5)。②

物权允诺

在未来时刻转让所有权的允诺并未被自然法理论家描述为对自由的让渡，他们更倾向于认为这种允诺是转让所有权的初始阶段。③ 债权允诺和

---

① 参见格书，2.17.2.1。在提及所属的自然构成后，格氏继续说道：如前 2.1.6 所示，这也表明了所有权和契约为他所意味着什么，以及某物和他人行为为其所属意味什么。普书，1.7.11：当人们已经以某种方式知道某物为我所属时，这对我而言这就是一种完美的权利。因此，它并不会体现为一件远离于我的事物。
② 参见黑格斯特罗姆：《罗马法与自然法中的合同权利义务与约束力》，第 54 页及以下诸页，第 60 页及以下诸页。
③ 格书，2.11.4.1：让渡物权的方式(via ad alienatinem rei)。类似论述见普书，3.5.7。

物权允诺的区分着实怪异,因为所有权的未来转移也是一种行为。有论者认为,该区分"不合逻辑且易于导致混乱"①。

这种看似合理的反对其实难以让人接受。如前述,自然法理论家认为所有权以及个人行动权是所属的一部分,且所有权蕴含转让权。在物权允诺中,权利转让的客体是所有权的转让权。因此,债权允诺和物权允诺关涉不同类型的权利。在物权允诺中,虽然允诺人失去了决定所有权未来转让的道德自由,但这只是源于他让渡了隐含在所有权之中的转让权。由于这种权利属于受诺人,因此他可以命令允诺人完成转让。②

不履行允诺

通过上述两种允诺方式,被允诺的东西就成了受诺人的所属。这会形成一种重要结果:不履行允诺就意味着夺走了他者所属,剥夺了本属于受诺人的东西,因此,不履行允诺就被视为恶行。③

鉴于此,"有约必守"规则就不再具有独立意义,它只是"不应伤害他者"规则的附属。于是,自然法就被化约为这条主要规则。④

---

① 黑格斯特罗姆:《罗马法与自然法中的合同权利义务与约束力》,第73页。
② 物权允诺所转让的权利蕴含于所有权之中。除非允诺人拥有所有权,否则诺无效。若非如此,对允诺的理解就应以允诺人取得被允诺之物的所有权为条件。各类相关问题的讨论参见格书,2.11.8.2;普书,3.8.4。
③ 普氏对此有清晰阐述,如见普书,3.1.3和1.7.7。格氏的陈述同样体现了这一思想,如见格书,2.1.2。
④ 虽然所属理论至关重要,但鲜有文献对其予以关注。据我所知,黑氏是对其予以正式关注的首位当代学者。他在权利、义务、合同约束力等方面的著述极具启发意义。然而,他的著述并没有考虑到所属目录。对于格氏关于个人领域方面的观点,他描述道:"每个人的自然领域是由人类社会或维持外部和平的条件决定的,因此,它由自然法所决定。"(第50页)然而,这并非格氏想表达的真正意思。他运用那些具体术语,是为了表明人类所属的主要成分。在黑氏引用的格氏的一段话(1.1.3.1)中,格氏引证了西塞罗的这一陈述:除非褫夺他人所属的禁令获得遵守,否则人类社会将会分崩离析。显然,这已预设了所属领域存在。在另外一处极难理解的地方(第50页),黑氏似乎暗示,与"拥有"或"行动"相关的所属概念是空洞的。或许的确如此,但此处的关键并非定义,而是赋予所属理论内容的目录。关于所属概念,参见赖包哈德·布兰特(Reihart Brandt):《财产理论——从格老秀斯到康德》(*Eigentumstheorien von Grotius bis Kant*),巴特康斯达特:弗罗曼霍尔兹布格出版社,1974年,第9页及以下诸页。

作恶的后果

正如普氏所言(3.1.1),所属领域神圣不可侵犯。据此,个人才拥有理念式的保护。①

侵入他者的所属领域,违背了"不应伤害他者"这一规则。显然,其结果是要遭受上天的惩罚。当然,自然法理论几乎不讨论这种惩罚,它只处理人类行为的后果。

对此,虽然自然法含有赔偿返还异质财产(foreign property)的规则,但恶行却有其他后果。例如,人们可以诉诸武力保护其所属。当然,自然法对此缄口不言,关于武力合法性的重要理论与自然法各行其是。

格氏认为,在自然状态下,所有人皆有权以武力维护其所属。当社会形成后,这种情况才发生变化。在原则上,人们放弃了自己动武的权利,而将保护所属的权利留给法院。当然,如果法院无法介入(例如某人遭遇突袭,以及政治权力弗届之处),那么这种原始秩序依然有效。

国家和主权者则从来没有放弃那种最初权力,他们也从未放弃原始自卫权。从他们的相互关系上看,他们始终处于自然状态。因此,只要他们公开宣战(bellum publicum),就可根据自身判断决定武力使用,而这与自然状态下的私人动武(bellum privatum)一致。

证成武力使用

这种关于武力使用合法性的理论面临着某种困难。如果被攻击者对攻击者动武,那他显然侵犯了后者的所属。可他似乎并未对攻击者实施恶行。

对于该问题,普氏有详尽论述(2.5.1)。他说,有些人对伤害或杀害攻击者心存顾虑,毕竟攻击者与我们一样同属人类。有论者认为,攻击者死亡所造成的损失与我们自身死亡所形成的损失类似,且与逃之夭夭和坐以待毙相比,自我防卫可能在人民中导致更大的混乱。

---

① 布兰特将所属恰如其分地描述为"禁忌"。参见布兰特:《财产理论——从格老秀斯到康德》,第11页。

普氏驳斥了这种非战主义。从他的传记中不难发现,他并非懦弱之人,他极为坚决地支持为了法律与秩序而战。

无论是基于理性的建议,还是有识之士或平民百姓的主流意见,都赞同在别无他法时采用武力自卫。人类理应生而和平共处,且所有自然法都旨在促进人与人之间的和平关系。然而,如果缺乏可及的保护手段,那么自然允许(natura indulget)人们诉诸武力。

自然法对所有人具有同等约束力。在本质上,无人有特权违反它而去伤害他者。与此同时,他者也有义务维护和平。如果某人在为了摧毁我而对我发起武力攻击的同时,还要求我继续将其视为是神圣的(sacrosanctun habeam),即我牺牲的同时他却安然自得,那他是多么傲慢无礼啊!恰恰相反,我应当为自身安全考虑,而我对攻击者所实施的反击完全是其咎由自取。如果我们无权运用武力自卫,那么自然赋予我们的或是我们辛劳而得的一切将毫无用处。

互惠原则

普氏认为自然状态下存在互惠原则。人不对他者实施恶行是其神圣性的前提。如果他实施恶行,他就丧失了自身的神圣性。因此,受害方实施反击就是正确的。

格氏同样预设互惠原则。若缺乏此原则,整个所属理论将毫无意义。如果某人所属受损却没有相对于攻击者的优先地位,那么所属意味着什么?之所以这种优先地位会产生,是因为攻击者丧失了自身神圣性。当然,由于不存在任何上位权力介入保护受害方,因此受害方不得不自我还击。然而,仅当环绕在对手周边的神圣式的理念屏障坍塌时,这种还击才应发生。

虽然普氏的观点主要关涉的是攻击他人,但互惠原则其实可以扩展至所有恶行。格氏说,除非抵抗恶行,否则没有什么可以证成战争(2.1.1.4)。不难推出,他认为抵抗恶行即为正义而战(iustacausa belli),使得战争具有正当性。由于格氏并未区分恶行的严重程度,因此,他可能认为发动正义之战的理由与向法院诉请赔偿的理由一样多。①

武力使用的范围

另一个问题事关抵抗恶行的程度以及我们是否应当对攻击做轻重之分。对此,有很多详细讨论。

格氏首先讲述了一起危及生命的袭击事件(2.1.3)。如果危险不被转移,那么被攻击者就可杀死攻击者。即便出于某些原因(如精神病),攻击者并无罪责,情况同样如此。根据纯粹自然法(即不考虑《福音书》),如果被攻击者没有其他手段免于被攻击,他甚至可以杀死那些妨碍其自卫、逃跑(2.1.4.1)的人。此外,格氏还把贞操与生命等量齐观(2.1.7),普氏对此表示赞同(2.5.11)。

如果恶行造成的威胁较小,那么就会产生一个问题,即某人的武力使用是否应受到比例限制。对此,格氏予以否认。而根据纯粹自然法,也不存在这种限制。

格氏举了一个例子。某人有受掌掴之虞,如果受攻击者不存在其他方法免于此辱,那么根据自然法他就有权杀死攻击者(2.1.10.1)。死亡和耳光之辱显然不相当,但如果有人认为对我实施恶行是恰当的,那么我就拥有无限防卫权(即动武)。攻击者已经丧失了他的理念式保护,以至被攻击者的反制不构成恶行。② 爱及邻人(caritas)并不强迫我们宽恕攻击者。只有

---

① 格书,2.1.2.1:"显见,发动战争的根据与导致诉讼的缘由一样多:当法院判决不再起作用时,战争就开始了。"不仅是实际的恶行,而且威胁实施恶行,皆为法律诉讼的根据。同样地,这也是正义之战的根据。据此,预防性战争具有正当性(在罗马法中,情况亦是如此,格氏提及了这类禁令。正因如此,格氏才将尚未实际形成的恶行视为正当战争的根据。(格书,2.1.2.3;因此,正义之战最主要的一个理由是对人身造成伤害但尚未实际形成的恶行。)邓宁(Dunning)认为,相较于真蒂利(Gentili),格氏谴责预防性战争实则是一种误读[《政治理论史》(*A History of Political Theories*),卷 2,1928 年,第 176 页]。实际上,格氏对真蒂利的反对只意味着他国及其国王强盛过我们并非我们发起正义之战的充分根据。我们还要在道德上尽可能确定他方是否有伤害我们的意图(2.22.5;参见 2.1.17 与 2.1.5.1)。意见上的分歧只与某人对他方敌视的怀疑程度有关。参见巴贝拉克译本对格书 2.1.17 的注释。
② 虽然受害人针对攻击者动武并不构成恶行,但说受害人的这一权利是由攻击者赋予的,也是不准确的。

《福音书》规则才禁止我们以暴制暴。

同样的原则也适用于我们对所属之物的自卫。如有必要,自然法会允许杀死强盗。如果强盗已夺走某物,且此物在其逃跑后无法追回,那么权利人就可杀死他(2.1.11)。然而,格氏对此提出了物品价值甚微的例外情形。

在这个问题上,普氏与格氏的看法大体一致。他多次表明,我们对攻击者有无限防卫权。大多数情况下,他运用的是"许可"(licentia)而非"权利"(ius)。①

此外,普氏也反对正义会要求攻击与反制之间对等的观点。无论攻击是温和抑或极端,都无人有权攻击他人。对等原则只适用于人类社会(而非自然状态)中的惩罚实施。

关于耳光之辱这一"著名问题"(celebris illa quaestio),有诸多讨论。对此,普氏与格氏的观点相同。在自然状态下,我们根本不能指望任何人会耐心忍受哪怕最轻微的恶行。② 他非常确信地解释了在自然状态下自卫无明确限制这一原则的重要性。普氏提及了这样一个例子:他的邻居不断对其造成损害[虽然原文使用的是"损失"(nachteile),但普氏做的支持性引证中使用的是"伤害"(iniuriae)],如果没有他法阻止邻居的行为,那么他就有权杀死邻居(2.5.3)。

关于被攻击者的自卫程度的范围,主要是根据危险的紧迫性以及财产的追回情况加以讨论。当然,在其他某些情况下,也可能会涉及被攻击者的

---

① 普书,2.5.3,以及 2.5.10,2.5.12,8.6.2,8.6.7。"licentia"即许可,此处用得极为恰当。因为受害人无法通过提出主张为对方创设义务,他所能做的就是针对恶行动武,故它不是严格意义上的权利。正如格氏所主张的,采取行动而免于受罚的可能性并非所谓的权利[agendi impunitas improprie ius dicitur(2.5.28)]。
② 关于较为轻微的侮辱,普氏举了大卫王(sanctissimus Rex)因亚扪人对其使者削发夺衣进行侮辱,从而发动战争的例子(《撒母耳记下》,卷 10)。一记耳光并非小事,它是对人最严重的侮辱(其与说谎的严重性无异)。霍布斯注意到,"多人数宁死(遑论和平)不愿受辱"(《论公民》,3.12)。当普氏于 17 世纪 60 年代后期撰写其巨著时,他极为确定地将耳光之辱问题称为著名问题。因为在 1656 年布莱斯·帕斯卡在《致外省人信札》(*Provincial Letters*)第七章对许多忏悔者和宗教顾问(主要是耶稣教徒)进行著名的抨击后,该问题就受到了广泛关注。这些人被指控违背天职,无视《福音》律法,而认同为了荣誉对一记耳光以命相搏也是完全正当的。

武力自卫。不履行合同债务是一种恶行,且债权人有权强制执行(格书2.1.2.2;普书1.7.7与8.6.2—3)。类似地,损害赔偿权也是可执行的。此外,普氏还提及了未来安全保障的问题(8.6.3)。无独有偶,在这些情况下,使用武力依然没有明确限制。在自然状态下,自卫就是私人动武的一种形式。此外,在战争中,为达目的不择手段是允许的。当然,尽可能适度则值得称颂。①

自卫权的起源

格氏对自卫权做过一个有趣评论。他认为,这种权利不源自攻击者的不法或罪恶,而直接源于自然及其许可,自卫权生发于想要自卫的实际冲动。在他处,格氏说道:所有人在本性上都是其权利的捍卫者。正因如此,我们才生而有手臂。是自然赋予了我们自卫的秉性和能力,而这又确证了自卫权。

普氏也给予了类似论证。他说道:如果有人意图伤害我,那么我对自身安全的利益就赋予了我自保权。即便这会对他者造成伤害,亦是如此。此外,自然赋予我们灵活的双手和强壮的体魄,使我们无须坐以待毙。大自然不仅赋予我们自卫的意愿和能力,而且赋予了我们这种权利。

这些陈述清晰地表明了恶行后果理论的心理学背景。人类反制恶行的秉性并不只针对严重的违法行为。任何侵害行为都能激起报复。人们自卫时还挖空心思地确保抵制敌对攻击的恰当性是不符合人性的,复仇的欲望不会使得人们只让敌人遭受同等痛苦。因此,不难理解,当自然法理论家考量恶行的自然后果时,他们会认为攻击者因实施恶行而丧失了本来的神圣

---

① 格书,3.1.2.1。对于攻击者,普氏写道(8.6.7):我将依敌人的暴力程度不受保持和平的义务的约束,因此当他承认他是我的敌人的时候,我就获得了对他使用无限暴力的许可,或者在我认为适当的限度内使用暴力。此外,无论是侵略战争还是自卫战争,如果要求在获得许可前针对敌人的武力必须以确定且不能超出限制的方式实施,那么战争的目的将无法达到。格氏提及了出于惩罚(punitio)目的的战争。在这种情况下,对敌人造成的伤害不应超出其恶行。然而,普氏主张,在自然状态下,根本不存在惩罚。因为惩罚这一概念必然意味存在上级权威。关于这一问题的争论,参见巴贝拉克的译本(8.3.4,脚注3)。

地位，以至于在对他们实施反制的原则上不存在确定界限。

归纳总结

一般而言，我们根据"法"一词，会把所谓自然法理解为这样一种法，即它是上级权威颁布的命令和禁令。然而，这种理解预设了某种既存秩序，可这种自然秩序又不是由我们刚才提及的法律构成的。这种秩序以人类的某些品质为基础，而后者又决定了它们的相互关系，且它们与立法无关。虽然这些品质决定了最初的自然秩序，但是人类运用意志能力又使得这一秩序发生了变化。

与该观点类似的一个观点认为，人类虽然在生理和心理上有所差异，但众生皆自由平等。当然，在现实中，某人可能会遭受他人的强制。自由属于道德领域，这意味着没有人拥有凌驾于他人的道德权力。没有人可以仅凭借自身主张就使得他人负有以某种方式行为的义务。另一方面，所有个体都受到某种理念式的保护，这使其免于受制于人。这种保护源于人的神圣性。正因如此，攻击他人才是错误的，而实施恶行的后果则是攻击者丧失神圣品格。

这样一来，自然法理论家就形成了他们的正（instum）和误（iniustum）概念。其中，正当依据没有错误被定义，错误则意味着攻击他者的人格。

然而，理论家有必要具体指出在何种情况下某事才能算作是攻击他者。对此，所属理论发挥了这一功能。这是一种关于何者属于人类的理论。在本质上，所属不仅包括生命、躯体，而且包括自由、名誉、荣誉（含贞操）、行动。因此，恶行不仅发生在杀人与伤人的情形中，而且与人的自由等所属受到攻击有关。

个人还有自身支配权；即支配自身人格及其所属的权力。因此，个人可以宣称放弃所属，当然，所属领域也可扩展。不管怎样，个人的意志就成了有效（efficient）权力。所有人都能运用理性官能，并拥有就自身所属以及实施法律行为的道德能力。

通过意志与接触（或其他物理接触），无主物可能成为某人所属。当转移因接受者的意思表示而完成时，物则会从所有者处转移至他处而成为接受者的所属。此外，对特定行为弃权也是可能的，这会使得他者拥有那一权力。当他者接受这种弃权时，特定行为的支配权就成为他者所属。据此，他就对允诺人拥有某种道德支配权，通过提出主张，他可为允诺人创设实施被允诺行为的义务。

这样一来，就形成了一套独立于神圣或人类立法的人法体系（Rechtsordnung）。这一秩序决定了什么为人所属，哪些人类行为是合法的抑或违法的，恶行的后果是什么，以及人类如何通过占有、合同等方式扩展或缩限他们的合法领域。

这与立法者颁布的命令和禁令无关，而只关乎于自然条件、能力以及意志。这个意义上的法律秩序与由上级权力颁布命令所构成的体系完全不同。

对此，我们可以考虑如下思想实验：如果将自然性的法规则（Naturgesetze）从我们此处讨论的自然法（Naturrecht）理论中移除，那么将意味着什么？几乎毫无影响。对所属、财产取得模式、意思表示、恶行及其后果的说明将丝毫无损。

自然权利、自然法与美国宪法

菲利普·A.汉伯格(Philip A. Hamburger)* 著

奚 望 罗 涛** 译

> 第一修正案……并不禁止对言论的限制,但同时又确实禁止限制言论自由。如果我们希望知道什么是言论自由权,那么我们作为自由人被呼召起来,正是为了解决这种悖论、这种明显的自我矛盾。
>
> ——亚历山大·米克尔约翰①

> 和自由一样,自然也是有限度的。
> 都受最初由她自己制定的相同法则所限。
>
> ——亚历山大·蒲柏②

---

* 菲利普·A.汉伯格,乔治·华盛顿大学国家法律中心法律和法制史教授。1979年获普林斯顿大学文学学士学位;1982年获耶鲁大学法学院法学博士学位。作者非常感谢林德(Lynde)和哈里·布拉德利基金会(Harry Bradley Foundation)的慷慨资助,以及杰罗姆·巴伦(Jerome A. Barron)、沃尔特·伯恩斯(Walter Berns)、托马斯·迪恩斯(Thomas C. Dienes)、米丽亚姆·加尔斯顿(Miriam Galston)、迈克尔·吉布森(Michael T. Gibson)、理查德·凯(Richard S. Kay)、托马斯·麦卡菲(Thomas A. McAffee)、贝丝·诺兰(Beth Nolan)和小亚瑟·威尔马特(Arthur E. Wilmarth, Jr.)对本文的有益建议。

** 奚望,北京大学哲学系外国哲学专业博士研究生;罗涛,华东师范大学哲学系外国哲学专业博士研究生。

① Alexander Meiklejohn, *Political Freedom: The Constitutional Powers of the People* 21(1965).
② Alexander Pope, *An Essay on Criticism* 64 (London, MacMillan 1925) (1711) (bk. I, II. 90-91).

一、引论

自然权利和自然法这两个观念，似乎常常与罗夏测验（Rorschach Test）中那些难以言状的图形有共同之处。这些图形让人对清晰可辨的图案产生联想，但同时它们又难以被定性，以至于我们只能够按自己的主观意识去理解。就像迷幻般的罗夏墨迹一样，自然权利和自然法不仅是联想性的，也是不确定的概念，我们每个人都可以合理地将自身恰好也拥有的任何品质归于它们。因此，我们可能有理由担心的是，先入之见和欲求本是自己个人的，我们却经常用自然权利和自然法观念来使它们合法化。

很多学者对自然法和自然权利进行了讨论，并常常运用这些观点来主张不成文宪法权利的存在，或对宪法权利进行宽泛的界定。例如，一些著名的学者如爱德华·科尔温（Edward S. Corwin）、伯纳德·拜林（Bernard Bailyn）、戈登·伍德（Gordon S. Wood）、托马斯·格雷（Thomas C. Grey）、苏珊娜·雪莉（Suzanna Sherry）和兰迪·巴内特（Randy E. Barnett）都认为，在17世纪80和90年代，自然法和自然权利被含糊地当作不成文宪法权利的来源或后盾。① 此外，这些学者中的部分人也和其他一些人一样，认为自

---

① See Bernard Bailyn, *The Ideological Origins of the American Revolution* (1967); Gordon S. Wood, *The Creation of the American Republic, 1776-1787* (1969); Randy E. Barnett, "Introduction: James Madison's Ninth Amendment", in *The Rights Retained by the People* 1, 33-34 (Randy E. Barnett ed., 1989); Edward S. Corwin, "The 'Higher Law' Background of American Constitutional Law", 42 *Harv. L. Rev.* 149 (1928); Thomas C. Grey, "Origins of the Unwritten Constitution: Fundamental Law in American Revolutionary Thought", 30 *Stan. L. Rev.* 843 (1978); Thomas C. Grey, "Do We Have an Unwritten Constitution?", 27 *Stan. L. Rev.* 703 (1975) [hereinafter Grey, "Do We Have an Unwritten Constitution?"]; Calvin R. Massey, "Federalism and Fundamental Rights: The Ninth Amendment", in *The Rights Retained by the People*, supra, at 291, 318-31; Bennett B. Patterson, "The Forgotten Ninth Amendment", in *The Rights Retained by the People*, supra, at 107; Suzanna Sherry, "The Founders' Unwritten Constitution", 54 *U. Chi. L. Rev.* 1127 (1987); Eugene M. Van Loan, HII, "Natural Rights and the Ninth Amendment", in *The Rights Retained by the People*, supra, at 149, 162-63.

然权利和自然法意味着一种相对不受约束的自由度。①

然而,18世纪美国的自然权利和自然法观念既不是那么模糊,也不是那么宽泛。② 可以看到,自然权利和自然法是定义相对精确的概念,被理解为广博的但实际上又有限的自由度。

本文将就自然权利的有限范围提出五个论点。第一,作为自然权利,它因本身的特性而受到限制。自然自由是个人在自然状态或没有政府的情况下所拥有的无差别自由,而自然权利仅仅是这种更笼统的自由的一部分。因此,根据定义,传统的自然权利并不包括既得权,即只在公民政府下才存在的权利。例如,言论-出版自由是一种在没有政府的情况下可以行使的权利,因此被认为是一项自然权利;而治安官保留其职位的权利,不管其政治观点如何,都只能在政府管辖下享有,因此被视为一项既得权。

第二,自然权利不仅与既得权有区别,而且也被看作是受自然法约束的。自然法通常被用来建构一种推理,即人类应该如何使用或享受其自然自由。例如,美国人认为,一个处于自然状态的人应该有理由推定,他在一般情况下能自愿地不做那些他不希望别人对自己做的事情,以便最有效地维护他的自然自由,这样他通常就不必通过伤害别人来保护自己。因此,在自然状态下,个体的自然自由受自然法的含义所约束,即受他对自然自由及其保护手段的推理能力所约束。

第三,在公民政府之中,即在世俗政府及其法律体系之中,只有在被民法允许的情况下,自然自由才能成立。美国人说,处于自然状态的个人寻求政府的保护,是为了他们自身和他们的自然自由免于被那些不遵从自然法的人所伤害。特别是人民通过了一部宪法,在其中他们将自己的一部分自

---

① 对自然法的宽泛含义的提议,可以在一些关于"自然权利是一种不成文宪法形式"的讨论中找到。See, e.g., Massey, supra note 3, at 291, 318-19, 321-31; Patterson, supra note 3, at 107; Van Loan, supra note 3, at 149, 162-63. 这种提议的另一个文本是关于"言论-出版自由是否是一项绝对权利"的讨论。See infra note 8 and accompanying text.
② 当然,在讨论"美国人"对自然权利的看法或"美国人"把自然权利当作什么时,本文将提出的主张并非针对所有美国人,而是针对那些讨论或分析自然权利的美国人。See infra text accompanying note 22-29.

然自由交给政府,以获得政府及其法律对余下部分自由的保护。因此,只有在宪法和其他民法允许的范围内,包括言论-出版自由在内的自然权利才能在公民政府中得以保留。

第四,民法将有望反映自然法——换言之,有望采纳和执行与自然法所隐含的约束相似的规则。

第五,如果民法总体上反映了自然法,且如前面所言,自然自由被看作是受自然法约束的,那么在自然权利和对它进行规范的民法之间就不存在张力或不一致。这样就可以说,例如,惩罚诽谤和欺诈的民法与言论-出版自由的自然权利是相协调的。

(一) 重要性

这些关于对自然权利的边界的讨论,在制定法的要求与自然法-自然权利的扩展含义之间起了调和作用,避免了它们可能存在的冲突。如上所述,科尔温、拜林、伍德、格雷、雪莉和巴内特教授认为,18世纪后期的美国人通常认为基本法或宪法包括自然法,他们也因此把自然法当作不成文宪法权利的来源。① 其他学者,包括沃尔特·伯恩斯(Walter Berns)教授和海伦·迈克尔(Helen K. Michae)教授,都主张美国人通常不会混淆自然法和宪法,而是倾向于将宪法理解为书面文件。② 本文将提出新的论据,强烈支持后一种观点,即在18世纪后期自然法通常被认为与宪法所起的作用是完全不同的。事实上,本文将阐明为什么自然法被认为可以解释成文宪法的必

---

① See supra note 3.
② See Ronald M. Peters, Jr., *The Massachusetts Constitution of 1780: A Social Compact* 1-13 (1978); Walter Berns, "Judicial Review and the Rights and Laws of Nature", 1982 *Sup. Ct. Rev.* 49; Helen K. Michael, "The Role of Natural Law in Early American Constitutionalism: Did the Founders Contemplate Judicial Enforcement of 'Unwritten' Individual Rights?", 69 *N. C. L. Rev.* 421 (1991).对相关问题的重要讨论见Thomas B. McAffee, "The Original Meaning of the Ninth Amendment", 90 *Colum. L. Rev.* 1215 (1990)(其辩称第九修正案仅仅是通过防止对成文宪法有限联邦权力方案的误解来保护权利的); Arthur E. Wilmarth, "The Original Purpose of the Bill of Rights: James Madison and the Founders' Search for a Workable Balance between Federal and State Power", 26 *Am. Crim. L. Rev.* 1261 (1989)(其认为《权利法案》被当作联邦和州权力之间的有效平衡器)。

要性。然而,本文也将表明自然法被认为在宪法分析中具有作用,而历史学家和律师迄今一直忽视这种作用。

关于自然权利的约束的这种考察如何调和宪法理论中的明显冲突,这方面的另一个例子可以在自然权利的规则中观察到。一些法官和学者坚持认为,言论-出版自由以及受《权利法案》保护的其他自然权利在该法案中有"绝对"保障,因此在宪法上不能受到政府的限制。① 但另一些评论员指出,这些权利一直受到某些法律的制约。② 法律能否在不侵犯权利的情况下限制或规范权利?③ 虽然本文很难为这一难题提供明确的解决办法,但它将提出了美国人在编撰我们的宪法时应对此问题的一种方法。

如果我们现在将目光聚焦于第三点,即言论-出版自由,那么对自然权利进行约束的重要性就可以得到最清晰的说明。④ 尽管历史学家们早就认识到言论-出版自由已被视为一项自然权利,但他们并没有追究这种划分的重要性。⑤ 显而易见,对自然权利的分析可以阐明历史上宪法对言论-出版自由权的界定。特别是该分析所隐含的对自然权利的限制,可以解决一些明显的矛盾或悖论。

言论自由和出版自由,或任何其他自然权利,可能看起来是不系统的、矛盾的,甚至悖论性的。在 1798 年之前,几乎所有主张言论-出版自由的美

---

① 最贴近此论题的是 Konigsberg v. State Bar, 366 U. S. 36, 49-56 (1961); id. at 56-80 (Black, J., dissenting); Dennis v. United States, 341 U. S. 494, 524 n. 5 (1950) (Frankfurter, J., concurring); Hugo L. Black, "The Bill of Rights", 35 *N. Y. U. L. Rev.* 865 (1960); Harry Kalven, Jr., "The New York Times Case: A Note on 'The Central Meaning of the First Amendment'", 1964 *Sup. Ct. Rev.* 191; Alexander Meiklejohn, "The First Amendment is an Absolute", 1961 *Sup. Ct. Rev.* 245〔hereinafter Meiklejohn, "Absolute"〕; see also, e.g., John E. Nowak et. al., *Constrution Law* 865-67 (2d ed. 1983).
② See supra note 8.
③ 这种分析在财产权和征用条款方面尤其常见。另一种解决方式是从历史上的普通法权利(例如,反诽谤法、反猥亵法和反欺诈法等)的角度狭义地界定一项权利,如言论自由。See infra note 14, 15, 113 and accompanying text.
④ 对自然权利的概括似乎更抽象,缺乏具体信息。因此,本文将以言论-出版自由的具体例子来说明 18 世纪后期的自然权利理论。通过将该权利作为时代背景中的自然权利加以研究,我们可以澄清 18 世纪关于自然权利的抽象概念,反过来也可以理解何谓言论-出版自由。
⑤ See infra note 14-16 and accompanying text.

国人都不否认，他们享受此权利的同时也要受反煽动、反其他类型诽谤、反淫秽或欺诈的法律所管制。这些美国人也不反对各式各样的法律按接受者的政见来分配既得权，例如政府雇佣。对历史学家来说，这些 18 世纪的美国人接受言论-出版的限制的例子有时似乎是矛盾的、不系统的和武断的。①

为了解决其中的一些矛盾，莱昂纳多·列维（Leonard W. Levy）教授认为，18 世纪晚期的美国人坚持"普通法"对出版自由的定义，即他们理解的出版自由是由传统的普通法对新闻的限制来定义的，包括禁止煽动性诽谤。②然而，正如下面将要看到的，美国人并不总是使用如此狭隘的定义——事实上，有些人讨论了任意言论-出版的自由，这种自由是有限的，却不是靠对煽动性诽谤的禁止来界定的。此外，正如列维自己所说，即使是普通法对出版自由的定义，也只是为这一问题提供了一种书本式的解决办法。列维经常认为，在更笼统的或理论的层面上，18 世纪的美国人是矛盾的，这反映了一种假设："作为一种自然权利的理论，自由政见表达和煽动性诽谤概念不可能永远共存。"③因此，尽管列维表明，煽动性诽谤的学说被认为与

---

① See infra note 14-20、139-143 and accompanying text.
② Leonard W. Levy, *Emergence of A Free Press* (1985). 列维的观点受到了质疑，理由是 18 世纪的报纸实际上刊登了大量严厉批评政府的舆论，而且从 18 世纪 80 年代末和 90 年代初的相对较少的文本来看，当时的报纸反对鼓吹反诽谤法，认为这违反了言论-出版自由的权利。比如，David A. Anderson, "The Origins of the Free Press Clause", 30 *UCLA L. Rev.* 455 (1983). 然而，这些讨论虽然有趣，却并不影响列维的基本观点，即在 17 世纪 90 年代早期，通常不认为对煽动性诽谤的控诉与出版自由之间会产生抵触。
③ 在评论这一传统观点（原则与对它的限制之间存在着历史性矛盾）时，罗伯特·帕尔默教授指出："……迄今为止，对第一修正案的争论因而被视为意识形态的体现，也被当作一种原则。遵循这种方法，不管最终的结论是什么，历史学家都认为有必要划定一个范围，明确 18 世纪时在什么情况下会因言论或出版活动的恶劣而不受合法权利保护。"然后，帕尔默试图通过断言"第一修正案的出版自由"是"有意的不合理、无原则的权利"来缓和这种紧张关系。Robert C. Palmer, "Liberties as Constitutional Provisions 1776-1791", in *Liberty and Community: Constitution and Right in the Early American Republic* 55, 56-57 (William E. Nelson & Rdbert C. Palmer eds., 1987). 另见 Iriving Brant, *The Bill of Right: Its Origin and Meaning* 223-36 (1965). （其认为，在没有列举联邦对出版有哪些权力的情况下，第一修正案禁止国会出台管制言论或出版的法律。）

附带一提的是，19 世纪关于言论-出版自由的学术研究相对较少。但可参见 Michael T. Gibson, "The Supreme Court and Freedom of Expression From 1791 to 1917", 55 *Fordham L. Rev.* 263 (1986).

出版自由是相协调的,但他承认言论-出版自由的自然权利并不总是以煽动性诽谤或其他普通法学说来界定的。① 总之,列维对言论自由悖论的解决是重要的,但也是不完整的,因为他甚至不打算解释18世纪的美国人如何调和他们高度限制性的法律和他们声称的言论-出版自由是一项自然权利。

对现代律师来说,这种矛盾相当于宪法中言论-出版自由权的核心悖论。例如,亚历山大·米克尔约翰(Alexander Meiklejohn)教授在提醒读者注意18世纪末的诽谤法之后,得出结论说,并非"宪法第一修正案的作者不知道""各种言论限制的必要性",而是"宪法承认和规定不禁止言论限制",但"同时,它确实禁止限制言论自由"。米克尔约翰说,我们必须设法解决一个"悖论"或"明显的自相矛盾"。② 矛盾假设也出现在现代司法意见中,即假定言论自由原则或通规与各种限制言论的传统法律之间存在冲突。③ 在这种明显紧张或矛盾的情况下,最高法院已经砍掉了大量对"表达"进行规

---

① 列维没有直接解决这个问题,也许部分缘于他关注的是出版自由,而非言论自由,并暗示出版自由不是一项自然权利。See Levy, supra note 14, at 224.
② Meiklejohn, supra note 1, at 21(着重部分从略)。例如,罗纳德·德沃金(Ronald Dworkin)教授也指出了"特定的言说者作为个人的权利与整个社会利益之间的冲突"。Ronald Dworkin, "Is the Press Losing the First Amendment?", N. Y. Rev. Books, Dec. 4, 1980, at 52, quoted in William T. Mayton, "Seditious Libel and the Lost Guarantee of a Freedom of Expression", 84 Colum. L. Rev. 91, 93 (1984). 托马斯·爱默生(Thomas Emerson)教授在他讨论第一修正案的著作的开头遗憾地指出:"该修正案的理论没有真正充分或全面地被阐述。"他补充道:"对第一修正案'绝对'或'字面意义'的解释的支持者们,没有确定其立场的界限,也未能解释绝对检验标准为何又有反诽谤法这样的明显例外情形……因此,他们的观点被认为是不切实际的或不合逻辑的,或两者兼而有之。"Thomas I. Emerson, Toward A General Theory of the First Amendment, at vii (1966). See also Thomas I. Emerson, The System of Freedom of Expression 517 (1970)(认为宪法规定的言论自由受到反诽谤法和隐私法的限制,这两种法律旨在保护个人和私人利益);Wlliam W. Van Alstyne, Interpretations of the First Amendment 21-49 (1984)(讨论第一修正案的不解释方式和不受保护的言论);J. L. Merin, "Libel and the Supreme Court", 11 Wm.& Mary L. Rev. 371 (1969)(谴责了当前最高法院对第一修正案的绝对解释)。
③ 比如,Curtis Publishing Co. v. Butts, 388 U. S. 130, 152 (1967) (Harlan, J.)。("言论-出版自由与诽谤行为之间的一些对立仍然存在,因为至少在缺乏准确度的法律证明的情况下,诽谤仍然以言论的内容为前提,并限制了出版人表达某些观点的自由。") See also Ollman v. Evans, 750 F. 2d 970, 993 (D. C. Cir. 1984).
(Bork, J., concurring) (讨论解决"反诽谤法有时与言论自由相矛盾"时的困难)这些担忧在过去的争论(如布莱克法官和哈伦法官之间、米克尔约翰教授和卡尔文教授之间的争论)中表现得很明显——言论-出版自由是一项"绝对"权利,抑或仅仅是一种通过利益平衡来界定的权利。See supra note 8.

范的传统法律,只保留它认为不可或缺的限制;①它还扩大了言论自由的权利,借以要求政府在分配或拒绝 18 世纪美国人通常当作既得权的权利时,有时可不把言论自由算在内。②

但我们是否一定要面对一个悖论?问题有可能是我们自己造成的吗?通过在更广泛的自然权利的观念框架内考察言论-出版自由,这项考察将质疑我们所看到的紧张和矛盾实际上是不是 18 世纪晚期关于言论-出版自由的观念的特征。本文认为,除了我们的"言论自由与限制言论的法律相冲突"这个现代论断之外,还有一种历史性的选择。18 世纪晚期的美国人通常认为,包括言论-出版自由在内的自然权利受自然法约束,关于诽谤、猥亵和欺诈的法律反映了自然法。因此,18 世纪的美国人倾向于相信,这些法律与言论-出版自由的自然权利是一致的。

这些关于言论-出版自由的旧观念与今天流行的观点大不相同,表明了分析 18 世纪自然权利对于我们理解现代宪法权利的意义。如果说 18 世纪法律中一些明显的矛盾反映了我们对 18 世纪美国人的错误理解,而不是他

---

① See, e.g., Miller v. California, 413 U.S. 15 (1973) (obscenity); Rosenbloom v. Metromedia, Inc., 403 U.S. 29 (1971) (由个人对诽谤提起民事诉讼); Curtis Publishing Co. v. Butts, 388 U.S. 130 (1967) (由公众人物对诽谤提起民事诉讼); Garrison v. Louisiana, 379 U.S. 64 (1964) (对使用反诽谤的法官提起刑事诉讼); New York Times v. Sullivan, 376 U.S. 254 (1964) (由政府官员对诽谤提起民事诉讼); Roth v. United States, 354 U.S. 476 (1957) (obscenity). 布莱克法官甚至说:"反诽谤法是对言论-出版自由的限制,因此在联邦和州法院都是第一修正案和第十四修正案所禁止的。" Rosenblatt v. Baer, 383 U.S. 75, 95 (1966) (Black, J., concurring).

② See Rutan v. Republican Party of Ill., 479 U.S. 62 (1990) (关于晋升、调动、召回和雇用); Rankin v. McPherson, 483 U.S. 378, 381 (1987) (副警官可能不会因为谈到里根总统而被解雇,"如果他们再次支持他,我希望他们能抓住他"); Branti v. Finkel, 445 U.S. 507 (1980) (解聘的威胁); Elrod v. Bums, 427 U.S. 347 (1976) (政府官员不得仅仅为了支持执政党而解雇公职人员,除非所涉职位对党派从属关系有恰当的要求); Pickering v. Board of Education, 391 U.S. 563 (1968) (如果对教育部门的批评言论不妨碍教师履行职责或妨碍学校的一般运作,则公立学校教师不得因批评教育委员会的言论而被解雇)。因此,公开保留或在公立学校图书馆保留书籍的权利也得到了广泛的承认。See, e.g., Board of Education v. Pico, 457 U.S. 853 (1982); Minarcini v. Strongville City Sch. Dist., 541 F.2d 577 (6th Cir. 1976); Sheck v. Baileyville Sch. Comm., 530 F. Supp. 679 (D. Me. 1982); Savail v. Nashua Bd. of Educ., 469 F. Supp. 1269 (D. N. C. 1979); But see Rust v. Sullivan, 111 S. Ct. 1759 (1991) (政府补贴助产胜于堕胎的计划生育诊所,而拒绝为提供堕胎咨询的这类诊所进行补贴时,从基本立场而言这并非违宪的歧视性行为)。

们的逻辑有缺陷,那么这种貌似存在的矛盾也许会引导我们更好地理解自己。

(二) 方法与证据①

如果我们要考察自然权利在18世纪后期美国宪法分析中的作用,尤其是如果我们要阐明美国式的限定自然权利的观点,就必须试图重建一些被广泛接受的理论假设,即构建对这些美国式问题进行讨论的背景。因此,本文不能简单地考察麦迪逊、杰斐逊和其他六位作者的著作,尽管他们的观点是许多历史研究的焦点。虽然这些杰出的美国人的著作是非常重要的,以往对他们的深入研究也是值得的,但对此处提出的问题而言,这些研究只构成其证据的一部分。为了更全面地了解18世纪晚期美国的自然权利理论,我们将不得不重建更多美国人的共同假设。例如,一位不管是显赫的还是默默无闻的18世纪美国人,当他在没有解释的情况下提到言论自由是一项自然权利时,他可能理所当然地认为听众至少认可他对自然权利的一些假设。② 我们需要探讨的正是这些未经解释的假设——他没有料到这是需要解释的。

美国人在讨论自然权利时的假设经常被看作是理所当然的,这种假设是一个有价值的考察对象,因为许多美国人似乎确实也有一些这样的假设。尽管许多学者对于洛克、西德尼和其他欧洲作家所支持的各种思想对美国

---

① 关于本文所用的资料来源,必须提出两个书目方面的要点。首先,这篇文章在很大程度上依赖于18世纪的出版物。这些出版物现存部分可在美国文物协会制作的缩微胶片上找到,在这里通常用其"埃文斯"(Evans)编号来指代它们。See Nationa Index of American Imprints through 1800: The Short-title Evans(Clifford K. Shipton et al. eds., 1969)。

其次,许多18世纪的散文家以笔名写作。在本文中,当引用作品的作者使用化名时,它将被放在引号中,并且作者的真实姓名(如果知道的话)将被放在括号中。关于化名作者的真名,如果存在有效但非确凿的证据,则该名字将被放在括号中,并加问号。

② 这并非18世纪美国人倾向于直接提及的一点。但是,对于一些暗示性的评论,请参见评论文章William Welsteed, infra note 31; Samuel Webster, infra note 37; William Pierce and Nathaniel Chipman, infra note 70; the "Impartial Examiner", infra note 78; Thomas Reese, infra note 88。

人的相对"影响"存在争议，①但本文强调，美国人仍经常从这些作者的著作中提取高度概括的概念。② 至少从政治话语的角度来看，美国人倾向于将欧洲的各种理论简化为它们彼此共有的成分。在那些受过学校教育的美国人中，有些人对特定的欧洲理论家所支持的观点有一定的了解。③ 然而，更多美国人只熟悉或只保留了一种从外国论文细节中抽象出来的相对简单的方法。这种简化的、笼统的理论是美国人在学校里经常学习的，并且在布道和世俗政治辩论中被反复强调。④ 因此，许多美国人根据对自然权利和

---

① See, e.g., Donald Lutz, *The Origins of American Constitutionalisn* 114 (1988)（强调悉尼的影响）; John Dunn, "The Politics of Locke in England and America in the Eighteenth Century", in *John Locke: Problems and Perspectives* 45 (John W. Yolton ed., 1969)（贬低洛克的影响）; Isaac Kramnick, "Republican Revisionism Revisited", 87 *Am. Hist. Rev.* 629 (1982)（挑战性地贬低洛克在英国的影响）.

② 尽管关于哪个作家更有影响力的争论并非无足轻重，但这场辩论不应掩盖的是，众多美国自然权利分析在什么程度上反映了一种共同的、普遍的方法。在大量使用共同词汇和分析模式的学者中，普芬道夫(Pufendorf)的讨论是最具学术性的一。在推广一个简洁、概括和有吸引力的自然状态分析版本时，哈奇森(Hutcheson)和普芬道夫的作品尤为重要。此外，他们的著作破坏了一些美国历史学家的假设，比如伯纳德·拜林。这些史学家的分析是非常新颖的、美国式的和革命性的。

③ 无论是在英国还是美国，就读过文法学校，尤其是上过大学的美国人而言，在伦理、法理学和政治学方面的教育，有相当一部分来自普芬道夫的著作，以及其他众多自然权利或自然状态分析的倡导者。Anna Haddow, *Political Sceince in American Colleges and Universities 1636-1900*, at 3-100 (1969). 对自然权利分析的运用以及与之相关的观点，可以在哈佛、耶鲁等多所大学的学位论文和期刊中看到。关于普林斯顿大学的一个基于自然权利理论的讲座，参见 John Witherspoon, *An Annotated Edition of Lectures on Moral Philosophy*, 122-28 (Lecture X) (Jack Scott ed., 1982) (published 1800-01; composed 1768). 也参见 Philip A. Hamburger, "The Development of the Nineteenth Century Consensus Theory of Contract", 7 *Law & Hist. Rev.* 241, 306-07, nn. 125-28 (1989) 及对其进行引用的作品。

④ 约翰·威瑟斯彭(John Witherspoon)在普林斯顿结束他的道德哲学讲座时，对学生们说："我们遇到的每一个分歧，都可以得到更为深入的讨论。对许多观点进行更全面的研究也不会无益，但这必须由每位学者在未来生活中的意向和机会来决定。"见 John Witherspoon, *An Annotated Edition of Lectures on Moral Philosophy*, at 186（复述）。关于其方法的一个例子，见他对自然状态是否属于战争状态的评论, id. at 122-23（第10讲）。为了避免看似不必要的简化和徒劳的区分，不仅美国的学校里有对理论进行简化的做法，而且在美国的政治辩论中更为普遍地采用这一做法，这一点在本文中是显而易见的。

对自然权利分析进行简化和概括的做法在英国已经很普遍。例如，洛克的朋友詹姆斯·泰瑞尔(James Tyrell)写道："我不会费心为年长的民事律师在自然法和国籍法上的多重分歧与矛盾辩护；或者，即便自然法和道德法是一体的，如果格老秀斯对自然法的定义是正确的，也就够了……"James Tyrell, *Patriarcha Non Monarcha*, （转下页）

自然状态的一些共同假设谈论政府、自由和宪法就不足为奇了。① 当然，许多美国人并没有使用自然权利分析，因此在考察"美国人"的观点时，本文只指那些讨论自然权利和自然法的美国人，他们遵循这样的讨论，或以其他方式对这一主题进行反思。尽管这些不一定都是美国人，或者说有代表性的美国人，尽管美国人也使用其他方式分析法律，但他们是基于一些或多或少常见的假设来对自然权利做分析的。不同类型的美国人——无论其思想是复杂的还是浅显的，其话语是简练的还是冗长的——都使用各种版本的单一分析模式。② 两个世纪后的今天，如果我们要理解他们对自然权利的看法，就必须检查他们对该分析的共同假设，即研究他们共同的知识背景。③

（接上页）137 (1681). 布莱克斯通(Blackstone)在谈到有关财产权归属的争议时说："这是一个带有太多优雅和学者教养的争端！然而，双方在这一点上都同意，最初获得这一称号的实际上是占有权。" 2 William Blackstone, *Commentaries* * 8. See also Andrew Tooke, "To the Reader", in Samuel Pufendorf, *The Whole Duty of Man* (Andrew Tooke trans. , 1716); Thomas Therforth, *Institutes of Natural Law* 5 (2d ed. 1832) (1754) (bk. I, ch. 1, § 6).

① 关于自然权利或自然状态分析的重要性，见 e. g. , Peters, supra note 7, at 1-13, 225-27; Berns, supra note 7, at 49; Rozann Rothman, *The Impact of Covenant and Contract Theories on Conceptions of the U. S. Constitution*, Pubius, Fall 1980, at 149。也见 Kramnick, supra note 23, at 87(主要聚焦于英国)。相比之下，伍德和拜林都对自然状态或自然权利分析的重要性表示强烈反对。See generally Bailyn, supra note 3, at ch. 2; Wood, supra note 3。然而，即便是拜林，也承认："在一本又一本的小册子中，美国作家引用了洛克关于自然权利和关于社会和政府契约的著作，……还引用了格老秀斯、普芬道夫、布尔拉马基和瓦特尔关于自然律和国家法律以及关于公民政府原则的论述。"Bailyn, supra note 3, at 27. 如下文所述，本文不仅在自然权利分析的重要性方面，而且在它与成文宪法的关系方面不同意伍德和拜林的观点。

② See Peters, supra note 7, at 225-27. 正如人们所料，美国人使用了不同版本的分析方式，他们可以使用任何一种版本来达到不同目的，并具有不同程度的复杂性。但本次讨论的焦点是大量美国人采用的分析方式。

③ 18 世纪的美国人有时会讨论他们彼此之间的差异程度。卡特·布拉克斯顿(Carter Braxton)是弗吉尼亚州的种植园主，在不同时期也是大陆会议(Continental Congress)和弗吉尼亚州议会的一名成员，他写道："尽管所有作家都认可政府的目标，并承认政府的本职是促进和保障社会每一个成员的幸福，但关于最能产生这种普遍利益的制度，他们的观点是极其矛盾的。""A Native of this Colony" (Carter Braxton), *An Address to the Convention of the Colony and Ancient Dominion of Virginia* (1776), reprinted in 1 *American Political Writing during the Fouding Era 1760-1805* at 330 (Charles S. Hyneman & Donald S. Lutz eds. , 1983) (hereinafter *American Political Writting*). 就连布拉克斯顿也承认，至少在一些基本点上是存在共识的。例如，对于自然状态是战争状态还是仅仅是不便状态，对于人类是否是一种"社会"存在，许多美国人之间有争议。尽管如此，讨论政府建立的绝大多数美国人倾向于在一些重要问题上达成一致，例如个体之间共同建立政府是为了保护他们的自然权利不受自然状态中的任何程度的危害和不便的影（转下页）

为了重建美国人关于自然权利的假设,本文将以美国人解释这些假设的相对有争议的著作为依托,包括一种被法律史学家忽视的出版物——18世纪新英格兰公理会关于选举的布道。① 许多宪法理论史学家已经讨论了18世纪的政治论文、辩论和书信。然而,这一调查也将以选举布道为依据,且与他们的宗教目的无关。

选举布道包含了大量相当传统的政治理论。康涅狄格州的一位部长开始了一场关于神圣政府的选举布道,他解释说,在这样的场合,公民政府"在类似这样的时候频繁地受到如此良好的对待;没有必要……在这个课题上再增加任何东西"②。从另一个角度来看,好辩的格洛斯特学院院长担心美国各个部长的影响,并抱怨"他们偏爱洛克先生的原则,又将其灌输给别人;与公民执政者相对应的原始名目是这些原则,而不是福音"③。当然,困扰

（接上页）响。即便有些美国人认为宪法是人民的宣言或行为,而非契约,但这种从另一角度对宪法的描述往往又与契约理论的其他方面相一致。尽管查尔斯顿的律师蒂莫西·福特(Timothy Ford)说,"这种被称为自然状态的状态实际上从未存在过",是一个"童话",但他运用了其余理论的大部分内容。"Americanus"(Timothy Ford), *The Constitutionalist*: *Or, an Inquiry How Far It Is Expedient and Proper to Alter the Constitution of South Carolina*, *City GAz. And Daily Advertizer* (1794), reprinted in 2 *American Political Writting*, supra, at 902. 此外,他指出,"理论作者在谈论政府时,通常会从理想状态(即所谓的自然状态)推断出人的权利"。Id. at 900.

① 关于选举布道对传播这些思想的重要性,见 Arthur W. Plumstead, *Introduction to the Wall and the Garden: Selected Masschusets Election Sermons*, 1670-1775, at 3-44 (Arthur W. Plumstead ed., 1968) [hereinafter *The Wall and the Garden*]; 2 *The Puritan Sermon in America*, 1630-1750, at v-xlvi (Ronald A. Bosco ed., 1978). 佩里·米勒(Perry Miller)在早期的一篇文章中说,选举布道是"与社会理论有关的最重要的单一出版形式"。*The Puritans* 792 (Perry Miller and Thomas H. Johnson eds., 1938), quoted in *The Wall and the Garden*, supra, at 14. For a notable selection of later sermons, see *Political Sermons of the American Founding Era 1730-1805* (Ellis Sandoz ed., 1991) [hereinafter *Political Sermons*].

② Peter Reynolds, *The Kingdom is the Lord's* 5 (Conn. election sermon 1757) (Evans 8017). 马萨诸塞州的一位部长希望选举日的"宗教仪式"永远不会退化为"对政治人物冷冰冰、死气沉沉的长篇大论"。William Welsteed, *The Dignity and Duty of the Civil Magistrate* 28 (Mass. election sermon 1751) (Evans 6793), cited in *The Wall and the Garden*, supra note 30, at 35. See also Alice M. Baldwin, *The New England Clergy and the American Revolution* 6 (1928).

③ Josiah Tucker, *A Series of Answers to Certain Popular Objections against Separating from the Rebellious Colonies, and Discarding them Entirely* (1775) (广告,相反标题,为即将出版的小册子)(作者存档)。按保皇党彼得·奥利弗(Peter Oliver)所言:"神职人员完全不懂福音,却用政治家代替了福音。"Peter Oliver, *Origin & Progress of the American Revolution* 148 (1781), quoted in Baldwin, supra note 31, at 122 n.l.

一些同时代人的政治布道放在今天来看就是一件幸事;同样,他们那些相对而言的非原创性观点也是有益之事——因为他们想要阐述的假设认为人们普遍拥有自然权利。今天,向立法者和州政府官员这些非自愿观众们灌输的政治理论之所以有趣,主要因为它曾经是陈词滥调。

本文频繁地诉诸选举布道,但不应认为此处考察的观念是新英格兰公理会的专属。① 换言之,即使在一组人那里经常能看到某些理论,也不能说其他没有著述讨论这些理论的人持有相反的假设。实际上,这里引用了不同政治和宗教见解的、来自彼此间隔较远地区的人们的证据。尽管事实上他们留下了不同数量的证据,公理会和浸信会、联邦党人和反联邦党人、南方人和北方人却也都可以使用自然权利分析;② 即使都在发展不同版本的分析,但他们似乎已经借鉴了某些共同的假设。③ 这是关于自然权利和自然法的共同假设的基础,现在将对此进行研究。

二、自然权利

一些著名学者研究了美国关于自然权利的思想。④ 然而,就本文目的而言,有必要进一步探讨这个问题,把重点放在"非自然权利上"。我们不难发现,美国人权法案中列举的一些权利据说是自然权利,有些则不然,而自然权利与既得权是有区别的。

在18世纪80年代和90年代初,美国人偶尔会明确规定他们的哪些权利是自然权利,哪些不是,而且他们倾向从特征上来做判断。假设自然状态是一种条件,在这种条件下,所有人都平等地不屈从于他人——在这种情况

---

① 即便是选举布道,也可能来自持有不同观点的人。在这里引用的选举布道中,有两篇来自浸信会教徒卡莱布·布劳德(Caleb Blood)和塞缪尔·斯蒂尔曼(Samuel Stillman),还有一篇来自英国国教徒约翰·科岑斯·奥格登(John Cozens Ogden)。
② 就某些目的而言,这种变化是非常显著的。特别值得一提的是,一些宗教团体和教育程度较低的社会群体使用自然权利分析的频率相对其他群体似乎更低,也不那么复杂。然而,这些变化不需要在本文中追溯,其目的仅仅是阐明分析的总体轮廓。
③ 也许每个使用这个理论的人都有自己的、与他人略有不同的理解。
④ 重要的以往研究,see supra note 7.

下，人们没有高低之分；由此，美国人将自然自由理解为自然状态下的个人自由。① 于是，他们将自然自由理解为一个人在没有政府的情况下作为人而能享有的自由。自然权利只是这种无差别的自然自由的一部分。因此，

---

① 洛克写道：

    虽然我说过……一切人都是生而平等的，但不能认为这包括所有形式的平等……按本文的探讨，我所谓平等是指每个人对自己的天然自由所享有的平等权利，不受任何人的意志或权威所限。

  John Locke, *Two Treatises of Government* 322 (Peter Laslett ed., 2d ed. 1967) (bk. H, ch. VI, 54) [hereinafter Locke, *Treatises*]美国人经常声称自然状态下的个人同样自由。例如，按 1776 年《弗吉尼亚权利宣言》所载："每个人都有平等自由和独立的本性。"Va. Decl. of Rights § 1 (1776). 或者，用 1776 年宾夕法尼亚州宪法的话来说："人人生而平等自由和独立。"PA. Const. of 1776, *Decl. of Rights*, art.
  正如反联邦主义者"布鲁图斯"（Brutus）所写："如果我们能从美国人民自身最庄严的宣告中收集到他们的看法，那么'每个人都生而自由'这个真理对他们来说是不言而喻的。""Brutus", *N. Y. J.*, Nov. 1, 1787, reprinted in 2 *The Complete Anti-Federalist* 372 (Herbert J. Storing ed., 1981). 在自然状态中存在平等自由——这种假设非常普遍，"没有人否认，最初所有人都是平等自由的"。Samuel Webster, A Sermon 22 (Mass. election sermon 1777) (Evans 15, 703). 在 1787 年的制宪会议上，卢瑟·马丁（Luther Martin）谈到了这个问题："为了证明处于自然状态的个人同样自由和独立，他读了洛克、瓦特尔（Vattel）、牧师萨默斯勋爵（Lord Summers-Priestly）的段落。"James Madison, Notes (June 27, 1787), in 1 *The Recodes of the Federal Convention of 1787* at 437 (Max Farrand ed., rev. ed. 1937) [hereinafter *Federal Convention Records*]. 许多其他可能的范例，请参阅以下内容。"事实上，所有人在本质上都是平等的：根据伟大的自然法则，人人都有平等的自由。除非经其本人或合法代理人（在同一层级创造人类的上帝）的同意，任何人或群体都没有也不能有侵犯他人自然权利、自由和特权的权利，或对他人实施支配和统治。"Peter Powers, *Jesus Christ the True King and Head of Government* 10 (Vt. election sermon 1778) (Evans 16, 019). 斯蒂尔曼牧师（Rev. Stillman）引用洛克的话说："同一物种，同一等级，同样生来就具有一切自然优势、使用相同能力的生物，在没有隶属或屈从的情况也应该是平等的。我们应该坚定地维护所有人的自然平等。"Samuel Stillman, *A Sermon* 8 (Mass. election sermon 1779) (Evans 16, 537). "All men, by nature, are free, equal, and independent ...." Jonas Clark, *A Seamon* 9 (Mass. election sermon 1781) (Evans 17, 114). "平等和独立是正义的要求，是不可剥夺的天赋权利：在自然状态中对应个体；在社会中对应国家或民族。"Id. at 11. 格肖姆·莱曼牧师（Rev. Gershom C. Lyman）在谈到"统治者"时说，他应该把人类视为与自己"秩序相同、种类相同的生物，拥有同样的本质，享有同样的权利，在上帝眼中具有同等的重要性；且与自己同是理性受造物，不受没有建立在理性基础之上的法律约束……" Gershom C. Lyman, *A Sermon* 6 (Vt. election sermon 1782, published 1784) (Evans 18, 566). "如果人人生来都是平等的，而没有人对另一个人有控制力和权威，那么合法的统治权就必须来自相互同意。"Asa Burton, A Sermon 10 (Vt. election sermon 1785, published 1786) (Evans 19, 536). "人人生来平等自由。" Israel Evans, *A Sermon* 9-10 (N. H. election sermon 1791) (Evans 23, 358); see also Henry Cumings, *A Seamon* 6 (Mass. election sermon 1783) (Evans 17, 899).

美国人通常将自然权利大致归类为生命权、自由权和财产权,或生命权、自由权和对幸福的追求。然而,美国人也可以谈论更具体的东西。他们一再说宗教自由或良心自由是一项自然权利,①他们也说言论-出版自由是一项自然权利。例如,帕特里克·亨利(Patrick Henry)认为"出版自由"是"人性权利"之一。② 同样,自卫、携带武器和集会的权利据说是自然权利,其中一

---

① "布鲁图斯"说:"但个人……并非必须要放弃一切自然权利。基于这种自然本性,某些权利是不能放弃的,包括遵从良知、享受快乐和捍卫生命的权利等等。" "Brutus", supra note 37, at 373. 麦迪逊写道:"在宗教方面,公民社会制度无法限制人的权利;宗教完全不受其管辖。"James Madison, "A Memorial and Remonstrance (ca. June 20, 1785)", in 8 *The Papers of James Madison* 298, 299 (Robert A. Rutland et al. eds., 1973) [hereinafter *Madison Papers*]. 马萨诸塞州浸信会牧师塞缪尔·斯蒂尔曼在《遵从良知的权利》中写道:"在自然状态下,它与公民社会的权利是完全相同的。二者不能被任何世俗权威所分开或控制。"Stillman, supra note 37, at 11 (Mass. election sermon 1779) (Evans 16,537); see also the Connecticut dissenter, Israel Holly, *A Word in Zion's Behalf* 17-18 (1765) (Evans 10,005). 弗吉尼亚长老会的异议人士呼吁:

> 宗教完全是个人的,行使宗教的权利是不可剥夺的;它不是、不能也不应该屈从于整个社会的意愿;立法机关完全是在人民的同意下取得其权威的,并且受到民间社团的初衷的限制,而宗教更不是、不能也不应该屈从于立法机关。

Memorial of the Presbyterians of Virginia to the General Assembly (Aug. 13, 1785), in *American State Papers Bearing on Sunday Legislation* 113-14 (William A. Blakely ed., 1911) [hereinafter *American State Papers*]. 然而,这并不仅仅是异见者的立场。See, e.g., Amos Adams, *Religious Liberty, an Invaluable Blessing* 30-32 (1768) (Evans 10, 810); Simeon Howard, *A Sermon* (1780), in *The Pulpit of the American Revolution* 373 (photo. reprint 1970) (John W. Thornton ed., 1860); [Elisha Williams?], *The Essential Right and Liberties of Protestants*, reprinted in *Political Sermons*, supra note 30, at 51, 61, 86, 117. 正如这里引用的段落所暗示的,对宗教自由的行使是一项自然权利,许多美国人都认为这项权利通常不受公民政府的限制或规定。然而,关于某些限定条件,see infra note 107。

② 帕特里克·亨利说:

> 关于出版,我无须多言。为了实现这种自由,国会里的先生们要注意尽量少侵犯人的权利。他们的操守将促成这一点。为谨慎起见,他们应当避免侵犯其选民的权利。然而,他们并没有受到明确约束。但他们是否会干涉我们的自由堡垒,请各位自行判断。

3 *Debates on the Adoption of the Federal Constitution* 449 (photo. reprint 1987) (Jonathan Elliot ed., 1836) (帕特里克·亨利在弗吉尼亚州批准公约时的发言) [hereinafter *Elliot's Debate*]. 一位匿名作家,也许是伊丽莎白·威廉姆斯(Elisha Williams)写道,当进入"政府状态"时,部分"自然自由"的英国人和按他估计的另外一些人并没有放弃"每个人都有对影响整体利益的事情公开表达自己观点的权利"。[Elisha Williams?], *The Essential Rights and Liberties of Protestants*, reprinted (转下页)

些权利如我们所知，明确列举在《权利法案》中。① 名誉权也经常被看作是一项自然权利。②

（接上页）in *Political Sermons*, supra note 30, at 51, 60; 关于阅读的自然自由, see id. at 61. 1787 年 7 月, 在一份关于《权利法案》的拟议委员会报告中, 罗杰·谢尔曼(Roger Sherman)写道:"人们拥有某些自然权利, 当他们进入社会时, 这些权利会被保留下来……以体面和自由的态度来谈论、写作和发表他们的观点。" Roger Sherman, "Proposed Committee Report" (July 21-28, 1789), in *Creating the Bill of Rights* 266, 267 (Helen E. Veit et al. eds., 1991). 一位联邦党人写道, 出版自由"是人民的特权, 公约是为他们缔造的, 这种特权也是每一个居民与生俱来的; 这是大自然和造物者上帝赋予的权利……""Uucus", *M. D. J.*, Nov. 9, 1787, reprinted in 14 *The Documentary History of the Ratification of the Consititution* 76, 78 (John P. Kaminski et al. eds., 1983) [hereinafter *Documentary History of the Consititution*]. 在介绍最终成为《权利法案》的修正案时, 詹姆斯·麦迪逊(James Madison)在演讲稿的注释中写道:"《权利法案》的目录……3. 自然权利被保留为言论自由权……4. 积极权利体现为陪审团审判。" James Madison's Notes for Amendments Speech (1789), in 2 *The Bill of Rights: A Documentary History* 1042 (Bernard Schwartz ed., 1971) [hereinafter *Documentary History of the Bill of Rights*]; 见 also "Hortensius" [George Hay], *An Essay on the Liberty of the Press* 37 (1799) (Evans 35, 605); Gershom Raymond, *In What Only True Religion Consist's* (1788) (Evans 45, 348) (引自序言). 英国关于言论和出版的自然权利的讨论, 见 James Tyrrell, *A Brief Disquisition of the Law of Nature, According to the Principles and Method Laid down in the Reverend Dr. Cumberland's ... Treatise...*, at 92-95 (1692). 莱昂纳德·列维教授指出, 18 世纪的英国人和美国人都经常说言论自由是一项自然权利。See Levy, supra note 14, at 103, 117, 137, 142, 224.

列维认为自然状态仅仅是想象中的遥远过去的历史状况。"出版自由也许可以区分为自然状态下不存在的一项权利。" Levy, supra note 14, at 224. 当然, 很多 18 世纪的美国人都明白言论自由是出版的自由, 而不仅仅是印刷的自由。更笼统地说, 他们常常把自然状态理解为一种概念上的而非历史中的状况。因此, 它可能是相当现代的。例如, 它可以存在于国家之间。

① 对于携带武器和自卫的权利, 见 Steven P. Halbrook, *That Every Man Be Armed: The Evolution of a Consititutional Right* 87, 90, 92 (1984); 也见 1 William Blackstone, *Commentaries* * 139. 对于议会的权利, 见 e.g., Roger Sherman, Proposed Committee Report, (July 21-28, 1789), in *Creating the Bill of Rights*, supra note 39, at 267.

② 约翰·威瑟斯顿彭在普林斯顿大学演讲时, 从一份自然权利清单中列出了"一种关于人格的权利, 也就是说, 关于清白(而不是名声)"。Witherspoon, supra note 25, at 123 (政治方面). 1788 年, 声名狼藉的反联邦主义者、费城报纸出版商奥斯瓦尔德(Oswald)对当地一所女子学校校长布朗尼(Browne)的品行提出了质疑。*Respublica v. Oswald*, 1 U.S. (1 Dall.) 319 (Pa. 1788)记载, 在随后的案件中, 宾夕法尼亚州最高法院认为奥斯瓦尔德的出版构成了蔑视法庭罪。当奥斯瓦尔德向州议会申请弹劾法官时, 众议员威廉·刘易斯(William Lewis)为法院的行为辩护, 其观点之一是他注意到名誉权的自然法渊源:

> 他接着评论了社会状态的起源、性质和目的, 认为社会状态主要是为了保护个人的权利; 在这些权利中, 他悲情地描述了享有名誉的权利是最重要和最宝贵的权利。他说, 对任何其他财产可能造成的伤害都是可以弥补的, 但名誉(转下页)

相比之下,美国人说诸如人身保护令和陪审团权利之类的其他权利只存在于公民政府的法律之下。① 它们在自然状态下并不存在,却在宪法中

(接上页)不仅是最宝贵的财产,同样也是人类最脆弱的财产。它是最难获得的,也是获得后最难保存的,一旦丧失就再也找不回来。因此,如果它不像任何其他权利那样受到保护,那么当年老的主妇和年轻的处女(因为纯洁本性是女性幸福的堡垒)被社会习惯与期望所束缚时,法律和制度就放逐和抛弃了她们。但是当我们认为《权利法案》排除了一切约束出版界的企图,而非授权让阴险的谎言盛行或滥用匿名,这种罪恶就被有效地消除了。出版权与其他任何权利一样,都有其自然和必要的界限;因为虽然法律允许一个人自由使用他的手臂或拥有武器,但它并未授权他将匕首插入一个无威胁性的邻居的胸脯。

Oswald, 1 U. S. (1 Dall.) at 329-30 n. *; see also James Wilson, Lectures on Law, in 2 *The Works of James Wilson* 593-96, 649-52 (Robert G. McCloskey ed., 1967) [hereinafter *Works of James Wilson*]. 关于此主题的一个有影响力的苏格兰文本,见 2 Francis Hurcheson, *A Short Introduction to Moral Philosophy* 118 (5th ed. 1788) (bk. IL, ch. iv, § 3) (Evans 21,164)。

① 在众议院关于权利法案的辩论中,麦迪逊对美国《权利法案》做了概括:

在某些情况下,它们主张人民在组建和制定政府计划时行使这些权利。在其他情况下,它们规定了立法机构保留代行特定权力的权利。在其他情况下,它们具体规定了积极权利,这种权利似乎是契约的本质造成的。不能把陪审团的审判视为一项自然权利,它是由规范共同体行为的社会契约产生的一项权利;但对于保障人民的自由而言,它与任何先前存在的自然权利一样至关重要。

James Madison, "Speech in House of Representatives", (June 8, 1789), in *Creating the Bill of Rights*, supra note 39, at 81; see also "James Madison's Notes for Amendments Speech" (1789), in 2 *Documentary History of the Bill of Rights*, supra note 39, at 1042; Joseph Hawley, "Criticism of the Constitution of Massachusetts", in 3 *Smith College Studies in History* 5, 40 (Mary C. Clune ed., 1917)。

"联邦农民"列出了他认为"在美国不可剥夺的或基本的权利",并将人身保护令、陪审团权利和其他各种通常不被视为自然权利的权利也包括在他的清单中。"Federal Farmer"(Dec. 25, 1787), reprinted in 2 *The Complete Anti-Federalist*, supra note 37, at 262. 虽然不可剥夺的权利往往是自然权利,但"联邦农民"似乎一直在用"不可剥夺"一词来同时指自然权利和既得权。他认为这些权利应在宪法中加以规定,以免由政府自行决定。这些是"联邦农民"和其他人通常所说的"基本权利"。"联邦农民"不认为人身保护令和陪审团权利是不可剥夺的自然权利,这从他对权利的讨论中可以看出:

有些权利是自然的、不可剥夺的,即使是人民整体也不能对个人权利进行剥夺。有些权利是宪法性的或根本性的,普通法不能改变或废除这些权利,但人民可以通过明示的行为来改变或废除它们,例如陪审团审判、人身保护令的权利——个人根据庄严的人民契约,如宪法,或至少根据因长期使用而得到加强的法律提出要求,但这些法律不能被普通立法机构废除。有些是一般的或仅仅是合法的权利,例如个人根据普通立法机关可以随意修改或废除的法律来提出主张。

(转下页)

得到保障,因为这些权利对于约束政府是必不可少的。① 这些权利不仅在某种意义上是受宪法或其他民法保护的,而且在某种意义上也属于既得权。这些权利只有在公民政府之下才能存在。②

(接上页) 2 Id. at 261; see also 2 id. at 328.

可能是"联邦农民"的理查德·亨利·李(Richard Henry Lee)写道:(布莱克斯通博士称之为)剩余人权并不意味着要放弃给社会,也确实不需要为了任何良好的社会目的而被给予;没有《权利法案》式的约束来保障这种权利。遵从良知的权利、出版自由和陪审团的审判都听天由命。

Richard H. Lee, *Letter to the Governor*, reprinted in 5 *The Comolte Anti-Federalist*, supra note 37, at 114. 可以想象,这段话可以被理解为李认为陪审团是一项自然权利。然而,在联邦宪法的背景下,李是否仅仅把那些"剩余"当作自然权利的一部分,这一点可能值得怀疑。证明李不是"联邦农民"的最新研究,see 14 Documentary History of th Constitution, supra note 39, at 16。

另一方面,在1780年马萨诸塞州宪法的审议期间,罗克斯伯里镇对拟议的人身保护条款提出了申诉:

我们反对目前的形式,因为我们认为,对于以权宜之计来中止每一个国民在任何必要的时候都享有调查其被监禁原因的自然权利,立法机关不应是裁判者。我们认为宪法应该指出这种必要性可以存在的时间——在战争、入侵和叛乱期间,或在任何其他情况下(但每次不超过六个月)。

罗克斯伯里镇对大会提出的公民政府宪法的看法,在 *The Popular Source of Political Authority* 793 (Oscar & Mary Handlin eds., 1966)中可以找到。

请注意,18世纪的美国人通常没有什么理由提到某项权利是自然状态下不存在的权利。相比之下,美国人更有理由指出这些权利作为自然权利的"自然"基础。

① 美国人为既得权贴上了各种标签。例如,一位匿名的反联邦主义者写道:

《权利法案》的一大目的是界定主体在任何时候都有权保留其自然自由的哪一部分。为此,政府可在《权利法案》的政府部分中增加一些特定的保护条约。如果没有这样一个《权利法案》来坚定地保障主体的特权,政府就永远有沦为暴政的危险;因为毫无疑问,在建构政府权力时,统治者被赋予一切权利和权力,但没有哪个条款明确对他有这样的授权。因此我们发现,世界各个时代的爱国者都非常渴望从他们的统治者那里得到明确的约定,以确立他有哪些特定权利和特权。

"Old Whig", reprinted in 3 *The Complete Anti-Federalist*, supra note 37, at 33. 提阿非罗·帕森斯(Theophilus Parsons)认为,《权利法案》的缺失不会带来损害。他说:

有没有哪项吾人享有的、不受我们立法机关控制的自然权利会被国会侵犯?一个也没有。吾人的宪法是否为我们保障了一项与我们的立法机构的企图相对立的政治权利,而这种企图被宪法所剥夺?我印象中一个也没有。(提阿非罗·帕森斯在弥撒中的讲话,Ratification Convention)

② 为了避免模棱两可,一些美国人把这些称为"偶然权利"。莫顿·威特(Morton G. Whit)讨论了"偶然权利"的另一种用法。*The Philosophy of the American Revolution* 213-21 (1978). 为了便于将所有应得到宪法保护的自然权利和公民权利集中起来,(转下页)

因此,美国人区分了基于自然权利的公民保障和自然状态下不存在的公民权利保障①,他们认为《权利法案》关于言论-出版自由的条款是对自然权利的公民保障。②

三、自然法与自然权利

美国人——当然这里指的是讨论过或至少沉静地思考过自然自由和自然法的美国人,对自然自由的理解反映了他们的自然法观念。他们认为自然法由关于如何行使和维护自然自由的推理所构成,且自然自由从属于自然法的含义。更具体地说,自然法是对自然自由的一种限制,因为人类有能力对自己的自由和利益进行推理。③

(接上页)反联邦主义者和其他美国人常常简单地谈论"基本权利"的保障,然而,他们也表示愿意区分自然权利和自然状态下不存在的权利。

① 美国人经常调整这里的整体分析,使其适应他们的特殊要求。例如在宗教分歧方面,寻求平等公民权利的宗教异见者有时只获得宪法保障下宗教自由行使的自然权利。因此,他们偶尔坚持认为,宪法对自然权利的保障为他们提供了通常被认为只存在于公民社会的权利。然而,令人吃惊的是,18世纪美国人提出这些雄心勃勃的主张时,并没有试图改变一般的自然状态或自然权利分析。Philip A. Hamburger, "Equality and Diversity: The Eighteenth Century Debate About Equal Protection and Equal Civil Rights", 1992 *Sup. Ct. Rev.*(即将出版)。

② 事实上,美国人通常不会声称他们的言论或出版有权获得政府福利。例如,1787—1788年一些反联邦主义者说邮局拒绝投递反联邦主义报纸,特别是不再免费投递,,阻碍了出版自由。16 *Documentary History of the Consititution*, supra note 39, at 540-96 app. H. 然而并没有明确的证据表明有很多人甚至很多反联邦主义者认为这侵犯了出版自由的自然权利。他们倾向于说,报纸印刷商的邮政特权是一种古老的习俗或惯例,或者说这是一种用通讯来保障出版自由的重要手段,尤其是在一个共和国。正如乔治·华盛顿所写:"如果特权并不是一种传统意义上的原始权利,那么它就设法找个好理由来继续存在,特别是在如此有趣的时期。""Letter from George Washington to John Jay (July 18, 1788)", in 16 *Documentary History of the Consititution*, supra note 39, at 596.

③ 当然,这种方法起源于欧洲。例如,洛克写道:"在其真正的概念中,法律与其说是限制,不如说是一个自由的和聪明的代理人对其正当利益的指导。" Locke, *Treatises*, supra note 37, at 323 (bk. H, ch. vi, § 57). 瑞士作家布拉马基(Burlamaqui)说:

> 自然法对人的自由所做的限制非但没有削弱或破坏自由,反而完善了自由且保障了其安全。自然法的目的与其说是限制人的自由,不如说是为了使人的行为符合自身实际利益;且由于这些法律本身就是对人的自由的一种限制,尽管对他人可能造成有害的后果,自然法都通过这些手段来确保为全人类提供他们所能合理要求的最高和最有利的自由程度。

(转下页)

美国人倾向于理所当然地认为自然法在物理世界中有其基础,但又有道德含义。在美国人看来,自然法是一种关于个人应该如何使用自由的推理。通常,这些美国人在解释自然法推理的物理基础时说,自然法推理是基于对自然状态下的人类和人类自由的假设。①

(接上页)2 Jean-Jacques Burlamaqul, *The Principles of the Natural and Politic Law* 17 (Nugent trans. , 1807) (1763) (pt. I, ch. iii, ? 18).

① 关于自然法, see Walter Berns, "The New Pursuit of Happiness", 86 *Pub. Interest* 65, 67 (1987); Berns, supra note 7. 莫顿·怀特(Morton White)讨论了自然法的双重作用,但他非常强调胡克尔(Hooker)的工作,这种工作代表了霍布斯之前对这个问题的处理方法。See White, supra note 44, at 150-57.

对人类来说,自然法就是人性法则。因此,亚伯拉罕·威廉姆斯(Abraham Williams)说:"自然法(或行为规范,即上帝交给人类的自然、人们彼此之间的关系,以及他们所处的环境,使行为适合人们的福祉并为其所必需)是自然之神的律法和意志,所有人都必须遵守。" Abraham Williams, A Sermon 9 (Mass. election sermon 1762) (Evans 9310). 佛蒙特州原首席大法官纳撒尼尔·奇普曼(Nathaniel Chipman)将他关于政治理论的文章描述为:"关于政府的宪法原则……一幅素描;建立在自然法原则、人的道德和社会本性的基础上。" Nathaniel Chipman, *Sketches of the Principles of Government* 115 (1793) [hereinafter Chipman, *Sketches*]. 他还写道:"人们终于意识到,大自然的运作是服从于某些规律的,这些规律在事物的构成中,由神所创立。" Id. at 283.

顺便提一句,与一些现代历史假设相反,自然自由经常被认为是由自然法确立的。例如,理查德·布兰德(Richard Bland)谈到了"自然法则,以及由此产生的人类权利"。Richard Bland, *An Inquiry into the Rights of the British Colonies* (1766), reprinted in 1 *American Political Writting*, supra note 29, at 75. 根据第一届大陆会议,"北美英属殖民地的居民,根据不可更改的自然法、英国宪法诸原则,以及一些宪章或协定,享有下列权利。他们享有生命权、自由权和财产权……""First Continental Congress, Declaration and Resolves of Oct. 14, 1774", in *Journal of the Proceedings of the Congress held at Philadelphia*, September 5, 1774, at 60 (photo. reprint 1974) (1774). 佐治亚州宪法宣称,英国人的行为"违背了人类的共同权利,迫使作为自由人的美国人反对这种压迫性措施,维护他们根据自然法和理性法则所享有的权利和特权……" Ga. Const. of 1777, pmbl. 约翰·威瑟斯彭在普林斯顿告诉他的学生们:"人生而平等,在本性上也是平等的,因此是自由的。" Witherspoon, supra note 25, at 124 (Lecture X). 彼得·鲍尔斯牧师(Rev. Peter Powers)宣讲说:"根据自然的伟大法则,人人都有平等的自由和自由的权利。"平等自由的基础是"上帝……在同一层级上创造了人类"。Powers, supra note 37, at 10 (Vt. election sermon 1778) (Evans 16,019). 一位反联邦主义者说:"每一项自然权利都是自然法建构的权力或自然法的赋予。""The Impartial Examiner", Va. Indep. Chron., Feb. 20, 1788, reprinted in 5 *The Complete Anti-Federalist*, supra note 37, at 177. 另一个"布鲁图斯"说:"如果我们可以在美国人民自己最庄严的宣告中把他们的情感集中起来,就会看到他们会认为'人人生而自由'这一真理是不言而喻的。" "Brutus", reprinted in 2 *The Complete Anti-Federalist*, supra note 37, at 372. 梅西·沃伦(Mercy Warren)引用了布莱克斯通的话:"社会的主要目的是保护个人的绝对权利,这些权利是直接的自然法赋予他们的。""A Columbian Patriot" [Mercy Warren], Observations on the Consitution, reprinted in 16 *Documentary History*.

Of the Constitution, supra note 39, at 278, following 1 William Blackstone, (转下页)

为了此处考察的政治分析目的,他们往往专注于两个这类假设:处于自然状态的个人同样自由;①这些人要维护自己和他们的自由。②

这两个假设虽然与物质世界有关,但却有道德含义。作为同等自由的每个人都无权侵犯他人同样拥有的权利,而且真正来说,即使是自我保护通常也要求相互合作,以避免对他人做出对方不愿承受的事。③这样,关于人的假设,尤其是自然状态中人的自由(处于自然状态的个人是同等自由的,并且这些人应该寻求维护他们的自由)被认为是人们进行合作以维护这种自由的理由。事实上,这些假设可以用来证明与传统道德的某些社会责任惊人相似的规则的合理性。根据这一推理,一位部长将自己在1779年佛蒙特州宪法大会上的布道命名为"温和的自爱是待人的行为准则"。④这样,美国人从合理的自利中得出了社会责任,也同样从易被误认为唯物主义的东西中得出了道德,因此可以把自然法既当作人性的法则,又当作道德规范的基础。⑤

(接上页)*Commentaries* * 124; see also Nathaniel Chipman, *Principles of Government* 55 (1833) [hereinafter Chipman, *Principles*]; Chipman, *Sketches*, supra, at 37; "Republicus", Ky. Gaz., Feb. 16, 1788, reprinted in 8 *Documentary History of the Consititution*, supra note 39, at 376. "Report on the Address to the States by Congress" (April 26, 1783), in 6 *Madison Papers*, supra note 38, at 493-94.

① See supra note 37; see also supra note 48.
② 尽管一些美国人跟随霍布斯的说法,认为自然状态中人人处于战争状态,但也有许多人不同意。学术界就这个问题进行了辩论。例如,1783年,在马里兰州华盛顿学院的第一次毕业典礼上,五位毕业生中有四位参加了关于"自然状态是否是战争状态"的"英文法务辩论"。2 *Life and Correspondence of the Rev. William Sminth*, D.D. 88 (photo. reprint 1972) (Horace W. Smith ed., 1880). 然而,美国人倾向于认为自然状态中的个人及其自由在某种程度上是不安全的,因此这些人必须通过组建政府来维护自己、维护自由。See infra notes 69-72 & 74 and accompanying text.
③ 例外情形是他人未能遵守自然法。用洛克的话来说,如果一个人违反了自然法,"罪犯宣称他自己生活在另一套规则之下,而非理性和公平的规则。" Locke, *Treatises*, supra note 37, at 290 (bk. II, ch. ii, §8).
④ Aaron Hutchinson, *A Well Tempered Self-Love Rule of Conduct towards Others* (1779) (Evans 15, 855).
⑤ 威瑟斯彭乐观地告诉他的学生:"美德有很多种不同基础,相互并非对立或抵触的,而都是一个伟大计划的一部分,比如仁爱和自爱等等。它们都是为了找到真正的美德:上帝的权威,良心的支配,公共幸福和私人利益的一致。" Witherspoon, supra note 25, at 187 (Recapitulation). 自我保护或"自爱",传统上并不仅仅是一种欲望或本能。这是人类的一个神圣目的,大致与人类的本能和追求便利的倾向一致。See James Tully, *A Discourse on Property: John Locke and His Adversaries* 46-47 (1980). 比如,彼得·鲍尔斯牧师坚持:"造物主赋予我们的原始法律一般被称作自然法,这不是基于本能的(转下页)

当然，美国人对自然法的描述也是多种多样的。① 尽管按许多人的描述，自然法的道德含义由平等自由和自我保护原则衍生出的非伤害行为的审慎规则所组成，但他们也常常以个人自由必须有政府的维护为由，罗列出人们对政府负有的各种义务。此外，许多人把平等的自由和自我保护与那个假设（人是对社会负有义务的社会存在）相联系。人的社会性可以被视为

（接上页）盲目法律，而是美德的永恒规则、道德律，与造物主神圣完美的本质相合。" Powers, supra note 37, at 9 (Vt. election sermon 1778) (Evans 16,019). 纳撒尼尔·奇普曼(Nathaniel Chipman)也否认自然法是由"本能"或"盲目冲动"所组成的观点，尽管他这样做似乎是为了强调人类也许会可悲地偏离自然法。See Chipman, Sketches, supra note 48, at 50, 51 n. *, 83. 当然，与自然法相关的合理的自利总是在于顾及他人的同等权利，这一点并不完全清楚。因为这个原因，也因为有些人不会明察秋毫，甚至不承认那些显然符合他们自身利益的东西，普芬道夫和18世纪的许多美国人认为宗教是关于自我保存的法律的必要补充。一个有洞察力的人可以从今生自我保存的目标中得出行为规则，而另一个不那么善于观察，或者仅仅是不那么一厢情愿的人，也还是会因为来世的奖赏和惩罚而接受这些规则。See e. g., Saumel Pufendorf, De Jure Naturae Et Gentium Libri OCTo 217-24 (C. H. Oldfather & W. A. Oldfather trans., 1934) (1688 ed.) (bk. II, ch. iii, §§ 20-21). 关于英国17世纪对此问题的分析, see John Locke, Questions Concerning the Law of Nature 24 (Robert Horwitz et al. eds. and trans., 1990) [hereinafter Locke, Questions].

① 这里不打算讨论自然法的演绎方法和归纳方法之间的区别。See infra note 58. 关于认识论问题的其他分歧、自然法的性质、宗教信仰的作用, see, e. g., Locke, Questions, supra note 53, at 1-62; Murray Forsyth, "The Place of Richard Cumberland in the History of Natural Law Doctrine," 20 J. Hist. Phil. 23, 38-39 (1982).

这些18世纪关于自然法的哲学基础的争论产生了许多深刻和重要的评论，但与这些描述并没有多大关联。正如英国演说家卢瑟福斯(Rutherforth)所观察到的，这些分歧并没有对18世纪的人们从该理论得出的道德和政治结论产生重大影响：

> 由于以下论述的主要目的是找出人类有义务从其本性和宪法中遵守的规则，因此似乎没有必要讨论我们为什么要遵守这些规则；道德家在这个问题上意见分歧很大。然而，他们可能在义务的原因上有分歧，却都认可我们有责任遵守的法律；虽然他们对义务的理由有争议，却都同意建立一致的义务规则。第一个教派的道德家从本能的情感或天生的道德感中得出我们遵守自然法则的义务。第二个教派的人则认为，我们所有的这种责任都是由某些抽象的关系或事物的偶然性引起的。第三个教派认为，我们无法持续不断地责成自己遵守这法律，而是要保证我们会因遵守上帝的旨意和命令而感到幸福。第四个教派认为，有必要将所有这些原则结合起来，以使责任更加完善……但是，由于义务规则是我们目前查验活动的适当主题，而且所有的道德家都同意这些规则，只是可能在我们为什么必须遵守这些规则这个问题上存在分歧。我们可以完全忽略这个问题，而不会被指忽视了必然属于我们主体的东西。或者，无论我们说什么，那些与我们意见不一致的道德家们都必须承认，下面这篇论文的主题不受它的影响。

Rutherforth, supra note 26, at 5 (bk. I, ch. 1, § 6).

另一个理由,以证明个人通常不应该侵犯他人的平等权利,或者被视为更完整的道德义务的基础。① 另一种变体不仅关乎对他人的义务,也关乎对自己和上帝的义务。虽然一些作者论及政府和民法时承认这些额外的自然法义务,但毫不奇怪的是,很多这类作者对这个问题的关注是相对比较少的。因此,美国人讨论自然法时,相互之间有着实质性的分歧。尽管如此,他们倾向于认同自然法由对人的自然状态进行推理而形成,并倾向于强调人们是以个体的平等自由和自我保护的需要而进行推理的。② 不管是把一种不道德的行为描述为"对人性的羞辱"③,还是认为道德研究与其他科学一样在物理世界中有其基础,就这个或多或少的共同点而言都不是什么稀奇事。④

① 一位反联邦主义者写道:"对自然法的普遍、准确的观察和遵守,就是我们所说的正直或美德。""Republicus", Ky. Gaz., Feb. 16, 1788, reprinted in 5 *The Complete Anti-Federalist*, supra note 37, at 161。根据选举布道:

像邻居对待我们那样对待他们,是最显而易见的理性要求之一,也是公平和责任的普遍法则。它包含了全部的社会义务,并延伸到善良、人性和仁慈,以及真理和正义。

Elizur Goodrich, *The Principles of Civil Union and Happiness* 13-14 (Conn. election sermon 1787) (Evans 20, 393); see also id. at 10.
② 当然,即便理性出自神圣的建构,也能同时吸引无神论者和宗教人士:

这些道德原则和关系是道德律,不仅因为它们指出了事物在道德目的方面的不变秩序(在这种秩序中,不惧三尺之上的上帝的纯粹政客可能会选择那些原则),且对于明智的、宗教性的头脑来说,还因为它们在更高的意义上是道德律,即我们的造物主的法律,用来指导我们的生活和举止。

Goodrich, supra note 55, at 12 (Conn. election sermon 1787) (Evans 20, 393).
③ Letter from Samuel H. Parsons to William Cushing (Jan. 11, 1788), in 3 *Documentary History of the Constitution*, supra note 39, at 573; see also "Philanthrop", Am. Mercury, Nov. 19, 1787, reprinted in 3 *Documentary History of the Constitution*, supra note 39, at 469. 同样,杰斐逊会说:"我们本性中的道德律。" Thomas Jefferson, "Opinion on the Question Whether the United States Have a Right to Renounce Their Treaties with France (Apr. 28, 1793)", in *The Life and Selected Writings of Thomas Jefferson* 318 (Adrienne Koch & William Peden eds., 1944) [hereinafter Jefferson, *Writings*].
④ 请注意,这一主张可以由不同方法得出,演绎法和归纳法均可(可能后者更具说服力)。只有通过建立于对人类的准确理解这个基础之上的自然法分析,慎思的作者们才能使道德和政治成为有效理论的而非乌托邦式理论的主题。例如:

这些法律就其稳定性和可操作性而言,可以被视为原则;我们也可以将其视为准则,因为通过对它们的了解,我们发现这些行为规范引导人类达到最高的完(转下页)

如果自然法是关于自然自由的推理,[①]那么自然自由就会受自然法的约束。自然自由是一个人在不受制于或屈从于他人的情况下随心所欲的自由或能力;而根据这一定义,当美国人把言论自由当作一项自然权利时,可以谈论个人的"自然自由或能力(power)"。[②] 然而,如果自然状态下的所有个人之间都没有从属关系,那么正如已经指出的那样,任何人都不能以道德上的权利为由,通过侵犯他人平等自由的方式来行使自己的自由。佛蒙特

(接上页)善,到达他们本性中的最高幸福。它们和自然界的规律一样,是固定不变的。

人类技艺要产生一定的效果,就必须遵循万能造物主在自然界中确立的原则和法则……如果谁尝试以自然规律之外的其他原则去创造一个新世界,那么他的目标就会被证明是荒谬的,他的努力就会失败。

Goodrich, supra note 55, at 8-9 (Conn. election sermon 1787) (Evans 20, 393). 菲利普斯·佩森(Phillips Payson)宣讲说:"共同的、众所周知的真理和事实,应该在人类事务中对我们起支配作用。如果人在智慧和道德上是完美的,我们就应该接受人类的本来面目,而不是他们应有或将要呈现的面貌。"Philips Payson, A Sermon 25 (Mass. election sermon 1778) (Evans 15, 956); see also Chipman, Sketches, supra note 48, at 283. For British sources, see, e.g., Daniel Boorstin, The Mysterious Science of Law, ch. 1 (1967); William Warburton, "The Alliance Between Church and State", in 7 Works of William Warburton 36 (1811); Michael Hoeflich, "Law and Geometry: Legal Science from Leibniz to Langdell", 30 Am. J. Legal Hist. 95, 108-19 (1986); "Moral Philosophy, or Morals", in 3 Encyclopedia Britannica 270 (1771).

许多英国作者试图把他们的叙述建立在对经验证据的归纳上,而不仅仅是基于演绎推理。用《大英百科全书》的话来说:"道德哲学与自然哲学有一个共同点,即它诉诸自然或事实,且依赖观察;它的推理建立在朴素无争议的实验之上,或者奠基于对主体所承认的细节的最充分归纳之上。""Moral Philosophy, or Morals", in 3 Encyclopedia Britannica 270 (1771). 越来越多的美国人采用了归纳法。威瑟斯彭说:"也许有一天,人们会像牛顿和他的继任者那样,把道德哲学当作自然之事来对待,从而达到更精确的程度。在我们的推理中,向上追溯事实总是比向下推理更安全,这是形而上学的原则。"Witherspoon, supra note 25, at 186 (Recapitulation), 1793. 奇普曼观察到:"一个多世纪以来,实验推理已经消除了几乎无数的荒谬,而且它似乎在许多科学中奠定了知识的基础,如自然的过程一样固定和持久。"Chipman, Sketches, supra note 48, at 283. 然而,采用归纳方法处理自然法的美国人,显然不会倾向于因此而舍弃以演绎方法得出的大多数传统结论。

① 或者,如果自然自由是基于对自然法的假设。See supra note 48 and accompanying text.
② [Elisha Williams?], The Essential Rights and Liberties of Protestants (1744), reprinted in Political Sermons, supra note 30, at 60. 在 18 世纪后期,康涅狄格州未来的首席大法官西帕尼亚·斯威夫特(Zephaniah Swift)写道:"自然权利在于我们具备和享有权力与特权,可以做我们认为该做的事情,且除了自然法之外不受任何其他约束。"1 Zephaniah Swift, A System of the Laws of the State of Connecticut 176 (1795). 按纳撒尼尔·奇普曼的说法:"权力和自由的含义不同。从严格意义上讲,当权力被认为是一种权利的时候,它是使我们能够行自由的东西,而不是自由本身。从更广泛的意义上说,自由包括权利和权力。"关于道德自由和人身自由或权力的区分,see White, supra note 44, at 186-95。

州的一位部长提请大家注意由平等导致的这种结果,他说:"根据伟大的自然法则,人人都有平等的自由和自由权利。任何人或群体都没有也不能有侵犯他人自然权利、自由和特权的权利……①因此,自由的平等也对自由的界限做出了规定,它表明个人随心所欲的自由是有限度的,也表明这些限制

---

① Powers, supra note 37, at 10 (Vt. election sermon 1778) (Evans 16,019). 著名的浸信会教徒塞缪尔·斯蒂尔曼写道:

> 因为他们是平等的,所以同处于一种完全自由的状态。他们所拥有的属于他们自己,只按自身意愿所想的处置。当其行为符合自然法时,任何人都无权主张其财产的任何部分,妨碍他们的私产,或在任何程度上要求他们服从。任何一个企图这样做的人都是篡位者,将自己置于战争状态,并可能被斥为屡见不鲜的拦路强盗。

Stillman, supra note 37, at 8-9 (Mass. election sermon 1779) (Evans 16,537). 海门威牧师(Rev. Hemmenway)宣讲道:

> 如果我想对自由做一个一般性的定义或描述,把它当作人类可以拥有的一种权利或特权,那么我要说的是,它在于一个人可以按照与其他人的权利相协调的方式,以及我们对造物主和同胞的责任,根据自己的判断和自己的喜好,去拥有、使用和享受他的所有能力、优势与权利。自由必须在权利和义务的范围内运用。上帝不允许我们持有、使用或享用任何东西来伤害他人。放纵自己去做错事、侵犯他人权利,这不是上帝赋予我们的自由的一部分,也不是我们任何对真正自由的限制,那种限制需要通过法律来禁止我们做出邪恶、不合理和有害的行为。

Moses Hemmenway, *A Sermon* 12 (Mass. election sermon 1784) (Evans 18,526). "自然自由状态"是一种"每个人"都"平等地享有所有自然权利"和"同等接受公正的授权,以任何不损害其他个人权利的方式来充分地作为的能力"。"The Impartial Examiner", "To the Free People of Virginia", *Va. Indep. Chron.*, Feb. 20, 1788, reprinted in 5 *The Complete Anti-Federalist*, supra note 37, at 173, 176-77. 一个反联邦主义者所写的《共和国》将自然自由定义为:"一种自治的力量,是我们一切行动的表现,符合我们自己的意愿;或者更简单地说是一种随心所欲的行为;它处于伟大的、首要的、永不停歇的自然法——理性的指导之下。""Republicus", *Ky. Gaz.*, Feb. 16, 1788, reprinted in 5 *The Complete Anti-Federalist*, supra note 37, at 160, 161. 大法官詹姆斯·艾尔德尔(James Iredell)通过观察,开始向大陪审团提出指控:

> 为了真正享受自由,自由本身必须服从合理和恰当的限制。最强大的人的无限自由对弱者来说就是暴政。多数人的无限制的统治是对少数人的压迫。不加掩饰地纵容人类所有的激情,就是不虔诚地拒绝了理性的控制,而这种理性控制原本是上帝赋予他们的政府和发展方向的。

James Iredell, "Charge to the Grand Jury of the Circuit Court for the District of Massachusetts" (Oct. 12, 1792), in 2 *Documentary History of the Superme Court of the United States*, 1789-1800, at 308, 310 (Maeva Marcus ed., 1988) [hereinafter *Documentary History of the Superme Court*]. 根据西帕尼亚·斯威夫特的说法:"自然自由在于一个人有权随心所欲地做任何事,而除了道德律外没有任何主子来干扰(转下页)

包括其他人的平等权利。从另一个角度看，至少针对自然状态的情形而言，对平等自由的分析暗示了"伤害"的定义。例如，假设个体对他人的同等权利施加暴力是一种伤害，对此美国人有时会说，个人不能因行使自己言论方面的自然权利而伤害他人在名誉方面的自然权利。① 平等自由原则所隐含的内容也得到自我保护原则的支持。如上所述，在大多数情况下，自我保护的原则被理解为要求一个人不能对他人做自己不想做的事，②也正是通过这种方式，反对伤害就与合理自利有了一致的含义。因此，通过使用构成自然法的那种推理，处于自然状态的个人能看到，他们往往可以通过避免干涉他人广泛的人身自由来最好地维护自己这方面的自由，以便按自己的意愿行事。

正如现在已经显而易见的那样，关于自然法对个人在自然状态下的人身自由或能力的影响，这些结论常常引起也混杂着对自然自由的分析，认为自然自由是一种对自由的非伤害性的（在这个意义上也是道德方面的）实践。③ 换言之，人身自由是受自然法限制或约束的，而另一种自然自由则是由自然法确立的。用洛克的话来说，后者是"除了自然法之外不受其他约束"的自由。④ 从更公开的宗教和道德角度来看，彼得·鲍尔斯牧师直言不

（接上页）他。" 1 Swift, supra note 60, at 12; see also Chipman, *Sketches*, supra note 48, at 75. 在英国，布莱克斯通写道："这种自然自由恰当地存在于一种权力中，即人们按照自己认为合适的方式行事，除了自然法外不受任何约束或控制。"1 William Blackstone, *Commentaries* * 125. 这种分析被使用了很长一段时间；see, e.g., David D. Field, *Suggestions Respecting the Constitution of New York* 5 (1867) ("Plan of a Constitution", §§ 1-2).

① See supra note 41.
② 神职人员有时会转向《圣经》寻求更有力的解释。例如，海门威牧师宣讲道：

> 自然自由并不意味着免除我们对同胞的道德、真理、正义和仁慈的义务；它也不像一些人无比荒谬地教导的那样，无论对别人造成多大伤害，人人都有权以武力或欺诈手段攫取任何他可能想占有的东西。神的律法是我们所有人都有责任遵守的，它要求我们爱我们的邻人，并按照别人对我们的方式去对待别人；它的权威并不源于人们之间的协定。

Hemmenway, supra note 61, at 13 (Mass. election sermon 1784) (Evans 18,526). 一个更简单、更晚的分析，see Benjamin L. Oliver, *The Rights of an American Citizen* 42 (1832).
③ 有时很难确定18世纪的作家所讨论的是这些自然自由类型中的哪一种。
④ Locke, *Treastises*, supra note 37, at 302 (bk. II, ch. iv, § 22). 洛克还写道："但自由并不是像我们被告知的那样是每个人都可以随心所欲的自由……而是在约束他的法律所允许的范围内按他欲求的人身、行为、财产来处分、安排的自由。"

讳地宣扬"自由在于做正确的事"。① 当然,许多美国人,特别是在讨论公民政府及其法律时,并不认为自然法意味着权力所构想的那种广泛的道德义务。尽管如此,美国人都认为自然法所定义的自然自由是一种道德自由,从某种意义上说,它是一种可以从人性原则中得出的自由,被上述"反伤害"的含义所规定。② 例如,界定一种非伤害性的,或者更广泛地说,道德上的自然自由,使许多美国人有理由区分自由和放纵,③并认为二者相互排斥。

---

① Powers, supra note 37, at 40 (Vt. election sermon 1778) (Evans 16,019). 他还说:"伟大的自然法、道德法是正确行为的规范。这是道德和公民自由的规则。人犯了错,就丧失了正确行为的自由……"Id. 关于新英格兰州的一个对自由思想的略有争议的解读,见 Alan Heimert, *Religion and the American Mind* (1966). 同样,"人的自然自由是免于受任何世间强权控制……却仅仅把自然法当作自身规范的自由……"Id. at 301 (bk. II, ch. iv, § 22). 根据17世纪英国主教塞缪尔·帕克(Samuel Parker)的说法:"很明显,自然以自身存在的有限性来约束自己,因此不可能有任何自然状态能够拥有无限的权利,因为它的自由永远不会超过它的能力……"Samuel Parker, *A Demonstration of the Divine Authority of the Law of Nature, and of the Christian Religion* 36 (1681); see also Tyrrell, *Disquisition*, supra note 39, at 36, 40, 41; 2 Burlamaqui, supra note 47, at 15-16 (pt. I, ch. iii, § 15).

② 在18世纪40年代,一位美国人写道:

> 这种自然自由并非人们不受法律制约、为所欲为的自由,因为一个理性生物不能不服从其造物主的律法。但自然自由不在于任何世间的强权,也不由屈从于人的意志或立法权威;它的规则只取决于自然法(或换句话说,只取决于其造物主)。

[Elisha Williams?], *The Essential Rights and Liberties of Protestants* (1744), reprinted in *Political Sermons*, supra note 30, at 56. 威瑟斯彭说:"对人的自然权利的侵犯是对自然法的践踏。"Witherspoon, supra note 25, at 151 (Lecture XIII). 杰斐逊写道:"自然权利的问题可以通过它们是否符合人类的道德感和理性来进行检验。"Thomas Jefferson, "Opinion on the Question Whether the United States Have a Right to Renounce Their Treaties with France (Apr. 28, 1793)", in Jefferson, *Writings*, supra note 57, at 319. 1792年特拉华州宪法宣布:

> 通过神的恩惠,所有人天生就有权利按照良心的命令崇拜和服务他们的造物主,享受和捍卫生命与自由,获得和保护名誉与财产,以及通常来说获得与自身状况相适应的物品,而不受彼此伤害……

Del. Const. of 1792, pmbl.; see also James Wilson, "Lectures on Law", in 2 *Works of James Wilson*, supra note 41, at 587.

③ See Locke, *Treatises*, supra note 37, at 288-89 (bk. II, ch. ii, § 6):

> 尽管这是一种自由的状态,它却不是一种放纵的状态,虽然这里的人有不受约束的自由,可以处置自己的人身或财产,但他没有毁灭自身或自己占有(转下页)

因此,自然法暗示了自然自由。自然法意味着个人在行使其人身方面的自然自由时应该约束自己,它定义了人的非伤害性的,或者更广泛地说,道德上的自然自由。

四、民法与自然权利

根据他们对自然法的理解,美国人认为,在公民政府下,个人只保留了一部分自然自由。他们认为,个人只保留宪法所保留的自然权利,或者不那么确定地说,不受民法所禁止的自然权利。

如上所述,美国人认为处于自然状态的个人可以推断,如果大家都同样自由,他们就没有权利干涉别人的平等自由——事实上,他们往往可以通过避免侵犯别人的自然自由来最好地维护自己的这种自由。然而,自然状态中的很多人并没有按照这种自然法的不伤害他人的推理来行事。此外,在自然状态下,每个人都是按自己的自己判断来理解自然法的要求,而且除了他或她自身的力量之外,没有任何保护可以用于抵御外来的掠夺。正如一位美国人所写的:"因为在这种自然状态下,每个人都必须对违反自然法做出判断和执行(即便违反者是他自己),且大部分人都没有严格遵守公平正义;在这种状态下,享有财产(包括自然权利)并不十分安全。"① 为了避免这种不安全,个人按照自我保护的原则牺牲自己的一部分自然自由,将其交给公民政府。他们通过宪法或基本法的契约来完成这种牺牲,放弃一些自然

(接上页)的任何生物的自由,除非有一些比单纯的自我保存更高尚的目的需要这种自由。

一个18世纪的例子见艾尔德尔的声明,supra note 61。当然,这种区别在19世纪依然存在。例如,根据纳撒尼尔·奇普曼的说法:"任何人不得在行使这项权利(即出版自由)时损害他人的权利。因此,有必要区分公正的自由和言论的放肆。"

① [Elisha Williams?], The Essential Rights and Liberties of Protestants (1744), reprinted in Political Sermons, supra note 30, at 57. 威廉姆斯(如果他是真正的作者)从广义的、洛克式的角度理解财产。1744年,他是康涅狄格州议会成员。在不同时期,他也在耶鲁大学任教,并在康涅狄格州最高法院任职。

自由以便政府能够保存其余方面的自由。① 尽管个人据说为了获得政府的保

---

① 这里所谓个体"放弃一些自然自由以便政府能够保存其余方面的自由"是一条"陈腐的、众所周知的原则"。"Letter from William Pierce to St. George Tucker", *Ga. St. Gaz.*, Sept. 28, 1787, reprinted in 16 *Documentary History of the Constitution*, supra note 39, at 443. 根据约翰·杰伊(John Jay)的说法:"人民必须把他们的一些自然权利让渡给(政府),来赋予它各种必要的权力。"The Federalist No. 2, at 37 (John Jay) (Clinton Rossiter ed., 1961). 奇普曼写道:

> 这个人一旦进入公民社会,必然会牺牲他自然自由的一部分,这在那些谈论政府的作者们看来是理所当然的。总的来说,他们似乎并没有承认对这一主张的真实性的怀疑。人们觉得它是在禁地上行走,试图反驳洛克、巴卡里和其他一些著名学者和政治家提出的观点。

Chipman, *Sketches*, supra note 48, at 70. 根据普雷斯顿(Preston)镇上的说法:"我们愿意放弃一部分权利,以使政府能够支持、捍卫和维护我们剩余的权利。"Instructions of the Town of Preston, Conn. (Nov. 27, 1787), in 3 *Documentary History of the Constitution*, supra note 39, at 439. 潘恩(Paine)从财产的角度讨论了自然权利。他就"人"一词写道:"他发现有必要交出一部分财产,以提供保护其他财产的手段。"Thomas Paine, *Common Sense* 65 (Isaac Kramnick ed., 1986) (1776). 一位重要的反联邦主义者回顾了一项关于修正案的控诉,该修正案规定参议员在任何12年的时期内只有6年有任职资格。他说:

> 来自纽约的一位可敬的成员指出,这项修正案将侵犯人们的自然权利。我谦卑地设想,如果这位先生成熟地思考自己观点的本质,他会承认这个观点的不足。除了限制人民的自然权利之外,政府本身还有什么?有哪部宪法没有限制人们原有的自由?

2 *Elliot's Debates*, supra note 39, at 311 (statement of Melancton Smith in N. Y. Ratification Convention). 在北卡罗来纳州批准议案的辩论中,斯宾塞(Spencer)说:"当个人进入社会时,他们会放弃一些权利来保障其他权利。"4 *Elliot's Debates*, supra note 39, at 153 (statement of Joseph Spencer in N. C. Ratification Convention). 反联邦主义的散文家"布鲁图斯"写道:

> 但个人并不是必须要放弃他们所有的自然权利。从性质上看,有一些是他们不能放弃的,包括良知权、享受和捍卫生命的权利等。一些自然权利也应该被保留,从而达到建立政府的目的,因此不该放弃它们……从这些观察看来,在关于政府组建的真正原则上,应该通过明确地保留人民不需要割舍的基本自然权利,来把该原则的基础奠定在我之前陈述的方式上。

"Brutus", *N. Y. J.*, Oct. 1787-Apr. 1788, reprinted in 2 *The Complete Anti-Federalist*, supra note 37, at 373; see also, e. g., "An Old Whig", reprinted in 3 *The Complete Anti-Federalist*, supra note 37, at 33; Witherspoon, supra note 25, at 123 (Lecture X); 2 *The Work of James Wilson*, supra note 41, at 587. 在评议关于牺牲自然自由的讨论的言辞时,提阿非罗·帕森斯写道:"有时我们会提到一种对我们所掌握的自然权利进行放弃的权力,这也许比我们用'放弃自然权利'的表述方式更为准确,但所指的是同一件事。"Theophilus Parsons, *The Essex Result* (1778), reprinted in *Memoir of Theophilus Parsons* 365 (Theophilus Parsons, Jr. ed., 1859).

护而牺牲自己的部分自然自由,但这会导致一种危险,即政府可能会超出该目的所必要的程度来限制自然自由;这样的话,政府原是被用来保护这种自由的,现在却可能会对自由构成威胁。① 为此,人民必须在宪法中规定要牺牲哪些,又要保留哪些自然权利;②对于人民来说,重要的是保留其自然自由中不可剥夺的、有助于维护自由的,或根本不需要放弃的部分。③

美国人在探讨自然自由和宪法时,通常认为只有宪法所保留的自然自由才是宪法权利。④ 虽然他们说自然自由的某些部分是不可剥夺的,因此

---

① 用一个重要的反联邦主义者的话说:

> 但是统治者和其他人有着同样的倾向,他们很可能将手中的权力用于私人目的,并伤害和压制受自己统治的人,就像处于自然状态中的个人互相伤害和压制一样。因此,对他们的权力设定界限是恰当的,因为建立政府的首要目的是限制个体间的伤害。

"Brutus", *N. Y. J.*, Oct. 1787-Apr. 1788, reprinted in 2 *The Complete Anti-Federalist*, supra note 37, at 373.

② 宪法必须明确甚至一定程度上细化,其理由同样也是为了保护自然权利免遭政府侵犯。

> 一个人进入社会时需要放弃其自然权利的一部分,这是该社会存在所必需的……它们通过书面契约表明哪些内容应该被放弃和被保留,以及用何种方式对其加以保护。语言解释很容易,但要把"被治理的一方不能过于明确"这种观点用文字精确地表述出来是很难的。界线不能画得太精准和细致。

"John DeWitt", *Am. Herald*, Oct.-Dec. 1787, reprinted in 4 *The Complete Anti-Federalist*, supra note 37, at 21. See also statement of "Brutus", supra note 70.

③ See Berns, supra note 7; see also Michael, supra note 7.

④ 例如,在新罕布什尔州宪法实施时,麦克林托克牧师宣讲道:"如果有必要,我也许可以明确地告诉人们,社会状态中人的权利在《人权宣言》中得到了明确的界定,而该宣言提及的生命、自由和财产受到了精心的保护……" Samuel McClintock, *A Sermon* 23-24 (1784) (Evans 18, 567). 与此相反,杰斐逊写道:"我们的统治者不能掌控自然权利,除非我们交付给他们。" Homas Jefferson, *Notes on the State of Virginia* (1784), reprinted in Jefferson, *Writings*, supra note 57, at 274-75 (Query 17).

更早的学者有时会说,处于自然状态的个人会将他们的自然权利"交换"为公民权利,而美国人可以用这种言辞来强调宪法和其他民法的作用。康涅狄格州的西帕尼亚·斯威夫特说:"人们不能同时享有自然权利和公民权利。我们必须放弃其中一个,以获得另一个。" 1 Swift, supra note 60, at 16. 换言之,在公民政府下,个人只有民法承认的公民权利。一个较晚的例子,见 Henry St. George Tucker, *A Few Lectures on Natural Law* 54 (1844).

不应受到侵犯，①但他们倾向于把政府对不可剥夺的权利的侵犯当作理由，来质疑允许这种行为的法律制度的合法性，而非通过这种制度来主张权利。② 因

---

① 因此，不可剥夺的自然权利会区别于宪法权利。例如，"联邦农民"在谈到权利时说："有些权利是自然的、不可剥夺的，即使是人民整体也不能对个人权利进行剥夺。有些权利是宪法性的或根本性的，普通法不能改变或废除这些权利，但人民可以通过明示的行为来改变或废除它们。""Federal Farmer"(Dec. 25, 1787), reprinted in 2 *The Complete Anti-Federalist*, supra note 37, at 261.
② 宪法的一个不足之处在于未能充分保护自然自由，这应通过修改宪法加以补救。例如，《弗吉尼亚权利宣言》声明：

> 此政府是为了人民、国家或社区的共同利益、防卫和安全而建立的，在所有为了能够产生最大程度的幸福和安全并最有效地防止不当管理的危险的各种政府模式与形式中，它是或应当是最好的。当任何政府被发现不称职或与这些宗旨相悖时，社区的大多数人都有不可否认、不可剥夺、不可取消的权利，通过有利于公共利益的方式改革、更正或废除政府。

Va. Decl. of Rights of 1776 § 3. 类似地，马萨诸塞州宪法宣称：

> 政府的制度、维持和管理的目的，是确保政治体的存在，保护它，使组成它的个人有权在安全与宁和中享受自己的自然权利和幸福生活。当这些伟大的目标得不到实现时，人民有权更改政府，并采取必要措施保障自身安全、繁荣和幸福。

Mass Const. of 1780, pmbl. 北卡罗来纳州宪法的开头写道：

> 鉴于忠诚和防护在本质上是对等的，因此当一方退出时，另一方的权利应该被撤销……

N. C. Const. of 1776. 海门威牧师认为：

> 谁都没有正当的理由去同意与自己或同胞的安全或福利不符的一切宪法和契约，例如，授权任何人进行不公正和压迫性的统治。如果有人如此轻率和可责，以至于同意实行这种统治并把自己置于暴政之下，那么他们远没有荣誉和良心上支持它的义务，他们有责任尽快推翻和废除它。

Hemmenway, supra note 61, at 14-15 (Mass. election sermon 1784) (Evans 18, 526).

同样，对于与自然法不相符的宪法的补救办法就是修改宪法。1791年马萨诸塞州的选举布道有言：

> 有一条固定的、不可改变的规则，它衡量着对统治者的服从程度。也就是说，人们在他们用不可改变的道德法则、宪法和国家法律来规范自己的管理时，或者换句话说在他们的行为符合所有政府的原始设计即被统治者的利益时服从它——这种服从是如此长期的义务，没有什么比它更长的了。(转下页)

此,他们依靠宪法对政府权力进行法律限制,依靠宪法保存自然权利。这是反联邦主义者恐惧的缘由,他们中的一位惊呼:

> 如果一个马里兰州的公民不能从联邦法院关于他自己的《权利法案》中受益,而美国也没有《权利法案》,那么他怎么能利用基于理性的自然权利,怎么能对这种权利提出诉求,并诉诸洛克、悉尼或孟德斯鸠的权威呢?

(接上页)如果那些当权者迄今忽视了这一目标,违反宪法或上帝的法律而颁布其他法律并要求人们服从,在这种情况下服从就是对天国的反叛,并默示着对国家的反叛。

Chandler Robbins, *A Sermon* 27-28 (Mass. election sermon 1791) (Evans 23,741). 另一方面,在谢司起义(Shays's Rebellion)之后,对"人民的抵抗"和"一小部分人的抵抗"做出区分是有用的:

> 当个人或社会的一小部分人拒绝遵守自己认为具有压迫性的法律时,所有源于人民的权力绝不会为他们辩护。他们有无可争辩的权利,以体面的和男子气概的坚毅,通过适当的方式表达他们的不满,并向政府提出抗议。

Id. 美国人在稍晚的时候认为他们可以通过司法强制执行不完善的自然权利作为宪法,对此看法之可能性的讨论,见 Charles G. Haines, *The Revival of Natural Law Concepts* 86-103 (1930). 然而,在海因斯(Haines)所列举的许多案件中,法官似乎假定他们所适用的原则或权利是宪法契约隐含的一部分,无论出于契约的特性还是出于人们订立合同的理由所隐含的。换言之,根据自然权利的或契约的分析,这些法官认为,在没有相反的明文规定的情况下,不能推定人民牺牲了某些自然权利。例如,在考尔德诉布尔一案(Calder v. Bull)中,蔡斯(Chase)大法官说:

> 人进入社会的目的将决定社会契约的性质和内容……而立法权的性质和目的将限制契约的行使……如果立法机关的行为(因为我不能称之为法律)违背了社会契约的首要原则,不能被视为立法权的合法行使……如果坚持我们的联邦或州立法机关拥有这种权力,却不给其明确的限制,在我看来那将是一种政治邪说,对我们自由的共和政府而言是完全不可接受的。

Calder v. Bull, 3 U.S. (3 Dall.) 386, 388-89 (1798). 长期以来,自然权利的理论家一直在讨论契约(包括政府契约),并提出了解释规则。除此之外,他们还论述了契约或法律的原因和目的的重要性。蔡斯大法官开始扩展和发展这些以及类似的普通法思想,但在艾尔德尔和其他人看来,这似乎破坏了宪法的明确性和书面性。

之后,自然权利分析发展为在一定程度上允许在司法层面甚至个人层面废除宪法法律,see infra note 133。

五、自然法和民法

尽管美国人认为宪法和成文法是人们的主动行为,但美国人也说,他们应该采用宪法和(更宽泛地说)民法——后者反映了关于非伤害性行为的自然法推导,也反映了维护自由的自然法推导。然而,自然法只是一种非常抽象的推导方式,人们通常不认为它会要求采用一套特定的民法。此外,虽然自然法被当作是稳固不变的,但人们认为自然法允许民法有所变化,以适应不同情境,从而使民法得以运作。因此,宪法与其他民法可以在不同程度上以不同方式限制自然自由。但即便如此,也仍然可以说它们符合自然法。

民法应当反映自然法,这个理念在中世纪的理论中有着深厚的基础。当美国人说宪法和其他民法的制定应该反映自然法的原则时,他们实际上是站在中世纪的传统之上,即立法者应该根据自然法来制定民法。一些讨论自然法的美国人甚至认为自然法是由"正当理由"(right reason)组成的。①

然而,即使有"正当理由"的旧标签,美国人也没有采用中世纪的自然法概念,因为他们是在现代自然权利分析的背景之下理解自然法的。如前所述,18世纪的美国人倾向于将自然法描述为建立在人们处于自然状态下这一假设之上,特别是——如果他们讨论的是政治理论——平等自由和自我保护原则。正如已经看到的那样,美国人在此基础上断言,根据自然法的含义,人们应该通过建立政府来保护他们的自然自由,并且制定宪法和法律以反映自然法,即反映关于促使人们制定宪法和法律的推导。②

---

① See, e.g., James Wilson, *Lectures on Law*, in 1 *Works of James Wilson*, supra note 41, at 67, 145(引自西塞罗).
② 例如,纳撒尼尔·奇普曼写道:"宪法应该与自然法有一定的关联,并且还应建立在完全源自自然法的原则之上。" Chipman, *Sketches*, supra note 48, at 188. 他还说道:"宪法无非就是由这样的契约制定和批准的基本法律。" Id. at 116. 宪法是"共同的契约"。Id. 一位来自肯塔基州的作为反联邦主义者的"共和党"写道:"就理性法则而言,如果政府无法保护共同体中每一个成员的生命、自由和财产,这就是不公正和邪恶,这样的政府也不配公民政府的名号。""Republicus","Essay", *K Y. Gaz.*, Feb. 16,(转下页)

当论及宪法和其他民法应该被制定来反映自然法时，通常来说美国

(接上页) 1788, reprinted in 5 *The Complete Anti-Federalist*, supra note 37, at 160, 162; see also statement of "Republicus", infra note 92. 关于这一分析更具宗教色彩的版本来自一位公理会的牧师古德里奇(Rev. Goodrich)，他辩称：

> 公民政府的目的……和本质意味着它必须以真理，以正义、公义(righteousness)、仁慈和敬畏上帝的原则与法律作为其基础，否则它永远无法增进人类的幸福。因为如果人类只是靠通过联合到社会中并将自身置于一个共同的政府之下来促进他们的真正利益，而不是通过对这些神法的遵循，那么这将是与理性相抵触的……

Goodric, supra note 55, at 11(Conn. election sermon 1787)(Evans 20, 393). 在讨论了法律对每个人具有同等约束力的必要性之后，蒂莫西·斯通牧师(Rev. Timothy Stone)说："因此，一部建立在公义与慈爱的普遍和永恒的法律之上，并与他们的特殊情况相适应的宪法，将成为明智和通情达理的人们的首要目标。" Timothy Stone, *A Sermon* 11(Conn. Election sermon 1792)(Evans 24, 820). 威廉姆斯牧师(Rev. Williams)布道时说：

> 作为体系的元首和宇宙的最高统治者的全能的上帝，将恰当地批评每一次……违反这些不变的平等法律的行为，以彰显他自身的权柄，并且对侵略者施加适当的惩罚。这不是出于复仇的精神，或者是因为他自身的缘故而引起的苦难。之所以施加这样的惩罚，为的是防止未来可能引起的伤害，并且使人的权利与财产像这个危险的不公正事例出现之前一样安全。在公民社会中，这一权利通常被让渡给有权掌握的机构或政府，这些机构和政府也有义务去惩罚那些违反自然法从而使人们的财产受到侵害的行为。每个社会都有权发布并执行公平的法律和法规，以维护人们的社会秩序、和平和福利，确定和保护公民的权利与财产，并对违法者进行适当的惩罚。哪些法律是或应当是自然法的诠释和应用？所有的法律和制裁都以理性与平等为基础。不合理的或无关紧要(如果有的话)的事情不应该由法律来强制执行。

Williams, supra note 48, 9-10 (Mass. Election sermon 1762)(Evans 9310). 根据海门威牧师的说法：

> 尽管有些人如此大胆地捏造了超自然权威、最高公民权力，伪装成受委托管理政府的人，但很显然，一个国家对其成员的整个职权是有限的。自由的共同体为公共利益制定和实施法律与条例的自由和权威，必须始终在这个限制下被理解，即无论如何都不能违反公义的神圣规则。一个国家的自由和主权意味着没有任何的权力或权威可以通过不公正或不道德的手段为它自己的利益服务；此类手段应当被用以维护公共利益。没有理由可以让它去找任何借口来违反上帝的法律或任何成员的权利，压迫或侵犯其任何邻国或伪造公众信仰。

Hemmenway, supra note 61, at 18 (Mass. Election sermon 1784)(Evans 18, 526). 这些自然法概念偶尔会借鉴欧陆有关自然法的道德说教著作。这些欧陆文本所宣扬的思想在偶尔断言立法——包括商业立法在内——应符合"平等"的主张中尤为明显。根据本杰明·洛德牧师(Rev. Benjamin Lord)所说：

(转下页)

人并没有暗示自然法是一种宪法或是不受成文宪法保护的宪法权利的来源。相反,在现代自然权利的分析中,宪法与自然法是截然不同的,扮演着完全不同的角色。根据上文讨论的关于自然权利的现代表述,处于自然状态下的个人寻求通过宪法或基本法的契约来建立政府,以保护自己和他们的自由。这种模式——尤其是一些大陆作家精心打造的版本——在18世纪对那些关注宪法的思想家有很强的吸引力。① 虽然英国人不得不在习惯法中寻找他们的宪法契约,并且被迫逐渐地意识到仅由他们自己对议会添加的约束已经失效了,但美国人可以在他们的各种宪章以及后来的宪法中观察到政府契约的更具体的例子。早在1770年,自然状态或现代自然权利的分析似乎就已经成为革命和宪法的主要理论依据。在美国人对这一分析的理解中,"宪法或整个社会契约"——用一位主要的反联邦主义者的话说——是"不多不少的一批条款或人民同意的规定;无论这个宪法或契约是由条款、段落、章节、权利法案或任何其他教派的分支所组成,都无关其本质"②。鉴于自然法是一种从人类自然状态的假设中得出的不成文的、神授性的推导方式,因此宪法是人类创造的——在美国,是成文的——产物。③

尽管美国人认为人们按照平等自由和自我保护的自然法原则订立宪

(接上页)无论其后果多么微不足道,公民立法机关总是有责任在它们的所有法律中遵守上帝的话语(伟大的真理标准和是非的尺度)。因为一切设计仍必须将所有人纳入其中,所以就其本质而言,也是为整个共同体的利益而设计。因此在他们之中没有任何不明智、不公正和压迫存在;即使是为了公共利益而指定的劳动和货币的法律,也应该以公平的比例对资金进行等分。因而所有有关商品和贸易的规章制度以及媒介,都应该严格遵守正义和平等的基本法。只有这才是国家能够长治久安的底线。确实,在立法机关的每项法案中,都必须格外小心谨慎,以确保不产生不公正和压迫,更不用说公共权威对其进行支持和鼓励。

Benjamin Lord, *Religion and Government Subsisting together in Society* 24-25(Conn. election sermon 1751)(Evans 6868).

① 洛克的分析对于处理革命问题非常有用,但是欧陆理论及其派生的英国分析更明确地提出了基本法的成文宪法。
② "Federal Farmer"(Jan. 20, 1788), reprinted in 2 *The Complete Anti-Federalist*, supra note 37, at 214, 323.
③ 用马萨诸塞州部长约翰·塔克(Jonh Tucker)的话说:"政府的存在和形式,连同它的所有宪法,均来自人民,因而是公民政府。这种存在和形式被恰如其分地称作人类的法令,它是人类的制度。"John Tucker, *An Election Sermon* (1771), reprinted in 1 *American Political Writting*, supar note 29, at 158, 163.

并组建了政府,但他们明白,人民可能采用的宪法并没有充分保护他们的自然自由,或者不符合自然法的含义。然而,在分析这类失败时,美国人倾向于说,人民有权利和责任改变他们的宪法,要么通过修改,要么——如果必要的话——通过革命。① 自然法远不只是宪法的一种形式,它通常被认为是个人对宪法的采纳所依据的推导,也是人们衡量其宪法是否适当的一种手段。宪法未能反映自然法是修改或废除宪法的依据,而非在法院提出诉求的理由。

美国人不仅更倾向于将自然法视为一种审慎的或道德上的指导,而非宪法的替代品,还通常认为自然法并没有明确地导向一套特定的民法。正如自然法通常被理解为对伤害的禁止,而不是去规定个人要选择非伤害行为一样,人们一般也认为它允许国家在制定宪法和法律方面有很大的自由。公理会的公职人员倾向于强调自然法的道德含义的广泛性以及自然法作为民法的道德基础的重要性,他们承认宪法和其他民法必须根据情况而有所调整。②

---

① See Berns, supra note 7; Michael, supra note 7; see also supra note 76 and accompanying text.
② 洛德牧师布道说:

> 对于所有特定的共同体而言,没有哪种特定的政府形式或管理模式是由理性或圣典(Scripture)直接决定的;但这更多要由不同王国和民间政治的审慎态度与政策按最适合自身特定情况和利益的方式来以做出决定。然而,这样或那样的形式是必要的;总体而言,似乎所有公民社会的权利图章都必须符合理性和圣典,因此也符合共同体的本质和目的,保护其所有成员的生命、自由和财产,反对掠夺性的、不义的和各种破坏性的暴力。

Lord, supra note 86, at 28(Conn. Election sermon 1752)(Evans 6868). 克拉克牧师(Rev. Clark)说:

> 只要稍微了解一下世界史和人类历史就会清楚地知道,在过去的几个时期的一切社会、民族和国家中,无法设想哪部宪法或哪种公民社会的形式能够逐一针对这种制度的最佳目的而做出调整。

Clark, supra note 37, at 12-13(Mass. election sermon 1781)(Evans 17,114). 古德里奇牧师认为:

> 伟大的正义法律必须用公民军事力量武装起来,决不允许任何人违法乱纪而不受惩罚。例如:"你们施行审判,不可行不义。在尺、秤、升、斗上也是如此。要用公道天平、公道砝码、公道升斗、公道秤。"……这就是那样的成文法。这项法律必须被每个公民州所接受;但是,为了使其在社会中生效,必须确定公共标(转下页)

自然权利、自然法与美国宪法   259

这样的情况可能随着时间的推移和地点的变迁才有所改变。① 在物理世界

(接上页)准；必须确定最方便的度量衡；必须确定考验他们的方式；必须针对违法设置可怕的惩罚。这些情况不是由自然法决定的，而必须由适应特定公共利益的公民法规来调整。

　　Goodrich, supra note 55, at 14-15(Conn. Election sermon 1787)(Evans 20, 393). 在将理性和自然法的一致性联系在一起之后，一位反联邦主义者写道："人类发现有必要签订庄严的契约来达成共同防御和确保安全，并在这些契约中建立某些规则，这些规则基于人类的普遍理性（自然法），或者至少是被其所接受的，他们也都应该同样地服从这样的理性。" "Republicus", *K Y. Gaz.*, Feb. 16, 1788, reprinted in 5 *The Complete Anti-Federalist*, supra note 37, at 160, 162. 当然，这样的观念并不局限于美国。例如，财政大臣亨利在他那本平淡无奇的书中写道："自然法是完美的、不变的和永恒的。"相反，"民法是由特定人群制定的法律，也是他们所专有的。它"并不完全符合自然法和国家法，也不是与之对立的。它可经由人民同意或公开的废除行动而改变"。*Henley's Commonplace Book*, British Library, Add. 26060, ff. 14v-15r.

　　此外，请注意，许多美国人（原文如此——译注），例如洛克或更早的思想家，有时会否认"上帝的律法"规定了一种特殊的政府形式。See, e.g., Josiah Bridge, *A Sermon* 9 (Mass. election 1789)(Evans 21, 713); Josiah Whitney, *The Essential Requisites to Form the Good Ruler's Character* 12 (Conn. Election sermon 1788)(Evans 21, 601). 这些论及公民政府的思想家应该已经意识到16、17世纪圣公会的维护者的观点，他们认为自然法和神法都没有规定一种特定的教会机构的形式。See, e.g., Richard Hooker, *Of the Laws of Ecclesiastical Polity* (J. M. Dent &Sons Ltd. 1907) (originally published in installments between 1593 and 1662); Edward Stillingfleet, *Irenicum* (rev. ed. 1662)(1659).

① 克拉克牧师宣称：

　　在社会的兴起和发展过程中，在不同阶段和不同时期采用不同的政府模式是毋庸置疑的。在类似的几个时代中——至少在许多种情况下——政府模式是否随着社会的进步而逐级变化，类似于在人类生存的几个阶段和时期被观察到的逐渐变化的状况……我们难道没有看到过一个人从自然状态，也许是默默无闻的状态中脱颖而出，带着全部的生命、活力、热血和激情，以及毫不掩饰的青年人的朴素进入社会吗？……

Clark, supra note 37, at 13(Mass. election sermon 1781)(Evans 17, 114). 克拉克还认为：

　　可以肯定的是，由于不同的社会和国家可能需要不同的政府模式，因此，相同的社会和国家在生存发展的不同时期和不同阶段可能需要不同的宪法。
　　……
　　总体而言，这种或那种宪法和政府模式对这个民族或那个民族而言是否合适，取决于各种情况，如性格、情绪、举止、风俗习惯、贸易、人际关系等等。对于这些情况，人民应当是最好的评判者，或者最确定地说，即便不是唯一一称职的评判者，那也应该是最好评判者的之一。

Id. at 16-17. 古德里奇认为：　　　　　　　　　　　　　　　　　　　　（转下页）

中自然法则可能是恒定的①,但它在人类社会中留下了很大的回旋余地,人类社会可以采用大相径庭的民法,且可以在不背离自然法的宗旨的前提下大刀阔斧地改变他们的民法。

事实上,民法对人们施加的限制经常要比自然法更大,因为即使民法以某种方式直接采用自然法本身也远远不够。长期以来,评论家们一直观察到自然法是如此笼统和含糊,以至于它的要求产生出各种相互矛盾的意见。② 因此,他们认为,民法必须提供自然法所没有的细节和明确

> (接上页)正义的原则和法律是固定不变的,它们不依赖于人的权威。但是当它们作为在社会中具备效力的特殊规定的民法时,正义的原则和法律就不是由自然法所决定的。一旦发现它们对社会造成不便和伤害时,就可以改变它们……
>
> 然而,在制定法律时应该非常谨慎,以使其适合于一个民族的独有状况,并为公共利益提供平等和统一的行动。新的、不同的情况要求社会中有新的、不同的规则,以适应这些规则的背景……

Goodrich, supra note 55, at 15-16(Conn. Election sermon 1787)(Evans 20, 393). 古德里奇同样认为:

> 新的、不同的情况要求社会中有新的、不同的规则以适应这些规则的背景。但是就像自然界的法则一样,把一个民族紧密联系在一起的根本法则必须有固定的一致性和持续性。一般说来,这些法律涉及人身自由、个人权利和治安官的权力,用于私人财产和司法,惩罚恶人和维护公共和平,婚姻、教育、宗教和良知的权利——公共形式和政府秩序以及国家赖以生存的税收。

Id. at 15-16.

尽管美国人可以利用这一分析来暗示即使是宪法也必须改变,但他们倾向于区分必须随着新情况而改变的法律和可能是永久性的法律。通常而言,他们认为宪法应该是永久性的。在1787年和1788年,联邦主义者甚至认为应该在宪法中草拟一些内容来避免随着时间流逝而产生修改的必要性。See Philip A. Hamburger, "The Constitution's Accommodation of Social Change", 88 *Mich. L. Rev.* 239(1989).

① See Goodrich, supra note 55, at 8(Conn. election sermon 1787)(Evans 20,393)("它们就像自然界中运行的法则一样是固定不变的。");see also Chipman, *Sketches*, supra note 48, at 283. Wilson, *Lectures on Law*, reprinted in 2 Works of James Wilson, supra note 41, at 293.

② 根据塞缪尔·帕克(Samuel Parker)的观点:"太多勇敢自信的人称每件想做或喜欢做的事情背后都存在自然法则,却没有提供相应的合理性或义务性的辩护。这只不过是写在他们自己心里的法则,必然与人类的普遍法则有相符或不符之分。" Parker, supra note 65, at 6. 洛克在解释政府的必要性时包含了类似的观点:

> 自然法是不成文的,所以除了在人们的头脑中之外,没有任何地方可以找到它;那些被激情或兴趣驱使的人会误引或误用它,在没有既定评判者的情况下,就不能那么容易地相信自己的错误。因此,它不能起到应有的作用来确定(转下页)

性。① 不然,自然法也是无效的。可悲的是,太多的人没有按照自然法来行

(接上页)权利、保护生活在自然法之下的人的财产,特别是当每个人都是它的评判者、解释者和执行者的情况下……为避免这些不便……人们联合起来组成社会,这样他们才能拥有团结的力量……并且可以用固定的规则来约束它;根据这些规则,每个人都可以知道自己拥有的是什么……他们将受到已经颁布的法律的管辖,否则他们的和平、安宁和财产仍将处于不确定状态,就像在自然状态下一样。

Locke, *Treatises*, supra note 37, at 376-77(bk. II, ch. xi, § 136). 杰斐逊观察到:

那些写自然法论文的人只在他们所陈述的几个案例中才拥有自己的道德感和理性所规定的东西。这些人恰好与聪明诚实的那类人有相同的感受和理由,他们会受到尊重,并在特定情况下被当作道德上正确或错误的依据。格老秀斯、普芬道夫、沃尔夫(Wolf)和瓦特尔均属于这一列。他们的相同之处在于都有着强大的权威性;然而不同之处(也经常是不同的)在于,我们必须……在他们之间做选择。

Thomas Jefferson, "Opinion on the Question Whether the United States Have a Right to Renounce Their Treaties with France" (Apr. 28, 1793), in Jefferson, *Writing*, supra note 57, at 319.

① 根据威瑟斯彭的看法:"这种观点中的一些事情可能会变得非法,而以前这些事情并非不道德。"Witherspoon, supra note 25, at 163(Lecture XIV). 然而他同样也认为:"每一种犯罪——亵渎、污秽、暴力和诽谤,在道德上都是应该受到责备的。如果它们可以由民事法官来判断,那么将会使法律和审判倍增到无法估量的程度。"Id. 一位来自肯塔基州的反联邦主义的"共和党"写道:

对自然法普遍而无误地观察和遵守,就是我们所说的正直或道德上的美德。在它盛行的地方,所有的公民政府必须被排除。对上述自然法而言,只有当自然法的原则得不到应有的重视,或者它的制裁显得太遥远,或者是难以施行时……公民政府才能够取而代之。但是,不仅有必要在平等权利的基础上建立政府,而且这些原则应该在最严格的约束下得到准确的描述和保障。这就是说,如果你愿意,我们将宣布这是一部宪法。

"Republicius", *K Y. Gaz.*, Feb. 16, 1788, reprinted in 5 *The Complete Anti-Federalist*, supra note 37, at 160, 161-62. 在谈到理性和良知时,威尔逊说道:"有时,他们的告诫还不够清楚……"Willson, *Lectures on Law, reprinted in* 2 *Works of James Willison*, supra note 41, at 143. 他还说:"确实,有些东西是国内法所禁止,而自然法并没有禁止的……"2 Id. at 587. 西帕尼亚·斯威夫特写道:

社会中的每一个成员都要服从道德法则所要求的对其行为的诸多约束。我们遵守许多有关契约的规则,这些契约是成文法的产物,而不是自然法的产物,为的是确保我们的财产安全。我们同意被限制做许多原本合理的行为,并有义务做许多自然状态下不需要做的行为,以对自身意欲享受的行为形成全面保护。　　(转下页)

事,而构成自然法的推导也无法迫使他们这么做。① 因此,民法不仅要比自然法更详细、更明确,而且还必须提供相应的制裁。②

(接上页)1 Swift, supra note 60, at 16; see also 1 id. at 38.
但是,自然法也可以被理解成过于宽泛而无法由公民政府付诸实践。古德里奇牧师认为,自然法是道德的"社会"义务——对他人的道德义务——的完整说明,民法不能也不应该定义和约束所有的道德义务:

> 在所有受到良好治理的公民共同体中,自然的、普遍的和不可改变的义务法则占据着核心序列:它们是稳定获取团结、和平与幸福的手段,没有任何其他事物可以或应该替代这些东西。然而,可以观察到的是,公民社会的力量不可能延伸到所有这种类型的法律,而只能延伸到人类共同的恬静所完全依赖的那些法则之中。要想邻人怎样对待自己,我们就要怎样去对待邻人,这是最朴素的理性要求之一,也是普遍的平等和义务的法则。它涵盖了所有的社会责任,并延伸到善良、人性、仁慈、真理和正义的价值之中。尽管它是我们行为的伟大规则和社会的纽带,但是在它整个的延伸过程中不能具有民法的效力。关于违反它的争议将是令人困惑和错综复杂的:诉讼将成倍地增加;善良和有德行的人们将被剥夺其人格中最有价值的部分;国家也会因此陷入不和谐与分裂。
> 然而,尽管没有任何自然法能够通过民事惩罚来执行,但每个正义的国家都会采纳那些对于维护公共安全和平等公正的分配奖惩所必需的法律。

Goodrich, supra note 55, at 13-14(Conn. election sermon 1787)(Evans 20,393).
强调民法在多大程度上不能充分执行自然法或道德律,通常被用来证明建立宗教是正当的。继沃伯顿(Warburton)之后,许多掌权派牧师争辩说,自然法或道德责任是如此广泛,以至于公民政府及其法律甚至不能充分执行维护政府所必需的道德责任。他们特别指出,民法只能够规范在时间和空间内能够被看见的不道德行为。与沃伯顿一样,他们也因此暗示了宗教的必要性,尤其是宗教的建立。小乔纳森·爱德华兹(Jonathan Edwards, Jr.)布道称:

> 治安长官通常并不会假装惩罚罪恶。他确实负责惩罚那些严重的罪恶,这些罪恶源于对人的完满权利的侵犯,而且那些侵犯行为必须是既明显又在恰当的法庭上得到清晰证明的。但是,所有这些侵犯公民权利的行为,如果是私下发生的,或者即便是公开发生的,却没有得到法律证明,都是完全不构成相应的民事侵害也不会受到惩罚。同样的道理也适用于所有侵犯所谓的不完满权利的行为,这些权利因忘恩负义、自私、无视善心等而受到侵害。

Jonathan Edwards, Jr., *The Necessity of the Belief Christianity*(1794), reprinted in *Political Sermon*, supra note 30, at 1189-90.

① 继普芬道夫、洛克等人之后,康涅狄格州首席大法官斯威夫特写道:"在实际经验中,我们发现人们并不会尊重道德法则的命令,也发现个人力量不足以抵制不公正的暴力行为。"1 Swift, supra note 60, at 15; see also James Wilson, *Lectures on Law*, reprinted in 1 *Works of James Wilson*, supra note 41, at 143.

② 在这个意义上,"公民社会成了美德的替代品"。"Republicus", *K Y. Gaz*., Feb. 16, 1788, reprinted in *The Complete Anti-Federalist*, supra note 37, at 160, 162. 这位声名远扬的约翰·迪沃蒂(John Devotion)鼓吹"公民机构",称其"可以代替失去的纯(转下页)

所以，美国人说他们应该采用符合自然法含义的宪法和其他民法。然而，他们通常把自然法和宪法区分开，并假设前者无法显示后者的确切内容，甚至不能显示任何确切的民法内容。

六、对自然权利进行限制的民法的自然法背景

自然法与民法之间的关系对民法授予的自然权利，包括宪法所保护的自然权利都有影响。如果自然法被理解为在自然状态下规定或限制自然自由（见第三部分），又或是民法被理解为反映自然法的含义（见第五部分），那么施行此类民法并不会侵犯自然自由，至少不会削弱它。正如本文前面所述，言论-出版的自然权利将被用来作为例证：如果诽谤、淫秽和欺诈的法律反映了自然法预设的对言论-出版的自然权利的限制，那么它们并没有侵犯或剥夺这一权利。

民法不否认、侵犯、伤害、削弱或减少自然自由的立场取决于自然法所定义的无害的自然自由，或更广泛意义上的道德自然自由的概念。例如，海门威牧师曾说：

> 我们的自然权利受到自然法的约束和限制，自然法要求我们必须服从上帝的意志和权威，热爱和侍奉上帝，也要公正且仁慈地对待我们的同胞，尽我们所能为他们做好事，不伤害和虐待任何人。因此，我们不被允许做错事，也因武力和惩戒约束而被禁止侵犯他人的权利和财产，而这些并不是对我们的自然自由和权利的干扰。①

（接上页）真". John Devotion, *The Duty and Interest of the People* 29 (Conn. election sermon 1777)(Evans 15, 285). 寇克(Coke)写道，国内法对违反自然法的行为施加惩罚，"因为该法律只包括命令或禁止；并没有任何特定的规诫或惩罚"."Calvin's Case", 77 *Eng. Rep.* 377, 392(Ex. Ch. 1608).

① Hemmenway, supra note 61, at 13-14(Mass. election sermon 1784)(Evans 18, 526). See also supra, note 86.

如果自然权利是由自然法"约束和决定的"——换句话说，如果自然自由只是不做任何违反自然法的事情的权利——那么作为对自然法的反映，民法就"对我们的自然自由和权利是无害的"。这是一个很有吸引力的命题。事实上，在 18 世纪末，无数美国人断言，政府不应而且也不能侵犯或否认任何自然权利。① 同样地，佛蒙特州首席法官纳撒尼尔·奇普曼曾说："'对自然权利与公民权利之间没有……对立的假设'是一种'令人愉快的反思'。"②他希望美国人能够实现"自然权利和公民权利的契合"③。在一个不那么复杂的语境中，宾夕法尼亚州的一家报纸曾报道说："让美国永远骄傲：她的公民自如而充分地享受自由财产以及上帝和自然赋予他们的所有自然权利。"④当然，持有这种观点的美国人并不认为他们是在挑战传统的观念，

---

① 南卡罗来纳州医生、大陆国会议员托马斯·图多尔·塔克（Thomas Tudor Tucker）写道："对邻人进行伤害的力量……即使在一个未开化的国家也不是权利问题，因此不应把社会在这方面对人的限制视为对其自然自由的任何侵犯。""Philodemus"[Thomas Tudor Tucker], *Conciliator Hints, Attempting, By A Fair State, To Remove Party Prejudice* (1784), reprinted in 1 *American Political Writting*, supra note 29, at 613. 威尔逊采取了相似的立场。他将自然自由定义为个人"按照他的意愿和看法所指示的"去使用其能力的权利，"只要他不伤害他人，只要某些公共利益不要求他劳动"。威尔逊随后辩称：

如果这种对自然自由的描述是公正的，它将告诉我们，自然法和人的法律都不允许自私和伤害。事实上，根据人类的法律，两者之后都可能附有主动的惩罚。但是，这些惩罚只是对不公正和过分自爱的约束，而不是对行使自然自由的约束。

James Wilson, *Lectures on Law*, in 2 *Works of James Wilson*, supra note 41, at 587; see also William Cushing, "Charge to the Grand Jury of the Circuit Court for the District of Rhode Island"(Nov. 7, 1794), in 2 *Documentary History of the Superme Court*, supra note 61, at 491. 还需要注意弗朗西斯·哈奇森（Francis Hutcheson）的观点：

正如自然自由是"在自然法的范围内按照个人意愿行动的权利"……因此我们说，当"每个人都被允许在民法范围内按个人意愿行动，不受任何人的任性所支配时"，人们就享有自由。

3 Hutcheson, supra note 41, at 257(bk. III, ch. Vii, §5).
② Chipman, *Sketches*, supra note 48, at 72-73.
③ Id. at 73. 他还写道："所有的民法和政治制度都应该适应于这个自然的宪法。这本身就可以产生和支持公民义务和道德责任之间的契合。"Id. at 231.
④ Pa. Packet, Aug. 20, 1787, reprinted in 13 *Documentary History of the Consitution*, supra note 39, at 188. 提阿非罗·帕森斯坚持认为："宪法没有赋予国会侵犯人民任何一项自然权利的权力；如果它们没有在宪法授权的情况下试图这样做，那么这一行为将是无效的，且不能被强制执行。" 2 *Ellot's Debates*, supra note 39, at 162. [提阿非罗·（转下页）

即一些自然自由成了政府的牺牲品。美国人显然倾向于认为,一些自由是为政府所牺牲的,而另一些则不是。说到身体上的自然权利(或能力),他们主张有必要牺牲一些自由;而说到非损害性或精神上的自然权利,他们则坚持政府永远不应该侵犯任何自然权利。①

(接上页)帕森斯在弥撒上的宣讲"公约的批准"。]理查德·布兰德写道:"议会的权力是巨大的,但是尽管如此,它也不能以宪法来剥夺人民的自然权利。"Richard Bland, *An Inquiry into the Rights of the British Colonies*(1766),reprinted in 1 *American Political Writting*, supra note 29, at 83.另一位美国人宣称:"任何自然权利的匮乏都会导致幸福的颠覆,而每一次对宪法的框架的侵犯都会趋向这样一种匮乏。"Daniel Shute, *An Election Sermon*(May 25, 1786),reprinted in 1 *American Political Writting*, supra note 29, at 131.在18世纪中叶,这样的思想也可见于另一些著作。3 Hutchueson, supra note 41, at 253-66(bk. III, chap. VII); see also Haddow, supra note 25, at 25.

① 美国人只是偶尔将这两种自然自由的角色混为一谈,他们是带着自身独创的理解来这样做。纳撒尼尔·奇普曼理解传统的做法,他指出,贝卡利亚(Beccaria)"谈到对行动的普遍自由做出牺牲——这种牺牲是所有人都要做出的,而且只受到我们自然力量的限制"。Chipman, *Sketches*, supra note 48, at 73.然而,在用传统的方式描述了对自由——也就是身体上的自然自由——的牺牲之后,奇普曼对此观点提出了挑战:

> 人有一种自然的、单纯在身体方面的能力(power),被用来伤害自己和他人。但是,自然法是否赋予了他这样做的权利呢? 这就是做错事的权利。权力(power,即能力——译注)和自由的含义各有不同。严格来讲,能力(权力)确保了我们能够自由地行使权利,但我们把自由当作一项权利时,能力(权力)本身不是自由。从更广泛的意义上而言,自由既包括权利,也包括权力。公民自由通常就是在这个层面上而言的。这并不是说自由和道德责任有差异。因此我认为,更公正地说,行动的自由是理智的人所共有的,受其自然力量、道德责任以及总的来说受其整个的自然法的限制。不再做道德和社会的自然法所禁止的任何行为,不能被看作是牺牲。

Id. at 74.

在杰斐逊的晚年,他同样否认了个人在自然状态下牺牲一些自然自由给政府以保护其余自由的庸常之见:"任何人的自然权利都不能用于侵犯另一个人的自然权利……当法律宣布并执行了这一切时,它们就充分发挥了自己的作用;那种认为人进入社会以后就放弃了一切自然权利的想法是没有根据的。""Letter from Thomas Jefferson to F. W. Gilmer"(June 7, 1816), 11 *The Works Of Thoms Jefferson*, at 534 (Paul L. Ford ed., 1888) [hereinafter Jefferson, *Works*].他没有采用一种新的社会观——一个没有法律约束的社会——而只是从非损害性的或道德方面的自然权利的角度来谈论社会和政府的形成,这种角度由自然法来定义而不是受自然法所限。对于杰斐逊在不同地方表现的不同观点,see infra note 135。

人们向政府牺牲部分自由是不言而喻的,其理由建立在这样一种假设之上:人们所放弃的自由是按自己喜好而行动的身体自由或能力,无须屈从于他人。然而奇怪的是,奇普曼和杰斐逊从另一种不那么广泛的自然自由——自然法所定义的非伤害性自由或道德自由——的角度来讨论政府的组建问题。如此这般之后,他们可以轻而易举地否认牺牲任何自然权利的观点。因此,他们试图通过忽略一种众所周知的 (转下页)

即使在讨论出于人的意愿的广泛自然自由时,美国人也坚持认为,公民政府和民法——包括一些实质性的道德和经济法规在内——不应该也不会限制或削弱他们的任何自然自由。① 纳撒尼尔·奇普曼写道:"行动的自由是理智的人所共有的,受其自然力量、道德责任以及总的来说受其整个的自然法的限制。不再做被道德和社会的自然法所禁止的任何行为,不能被看作是牺牲。"② 如果身体的自然自由受到已处于自然状态中的自然法的约

(接上页)前提来颠覆传统的政治理论观念。当然,接受这一驳斥的正是杰斐逊本人,他还给出了一种异常戏剧性的和极端的表述。

杰斐逊的提法后来被洛可-弗可(Loco-Foco)或平权党(Equal Rights Party)使用。例如,他们宣称:

> 那种认为一旦进入社会我们就会放弃任何自然权利的看法是完全没有根据的。所有立法的正当权力只是宣布和执行我们的自然权利和义务,而不是对其进行任何剥夺。任何人的自然权利都不能用于侵犯另一个人的自然权利,而这完全处于法律约束之下。每个人都有为社会提供必需品的天然义务,这也是法律应该强制他遵守的全部内容。当法律宣布并执行了这一切时,它们就充分发挥了自己的作用。

"Declaration of Rights", §3 in Francis Byrdsall, *The History of the Loco-Foco of Equal Rights Party* 68 (Burt Franklin ed., 1967) (1842); see also id. at 39, 57-58; "Democratic Equal-Rights Platform", adopted in the N. Y. Convention of 1836, reprinted in *Amercian State Papers*, supra note 38, at 166-67.

① 在有关批准美国宪法的争论中,大卫·拉姆齐(David Ramsay)写道:

> 在自然状态下每个人都是自由的,可以按自己的意愿行事。但在社会中,每个个体都必须牺牲一部分的自然权利;少数必须服从多数,集体利益必须控制特殊利益……当几个教区、县或区组成一个州时,各自为政的特殊利益必须服从于集体利益。当几个州合并为一个政府时,也应遵照相同的原则。对这些自然权利的放弃并不是真正的牺牲;每个人、每个县或每个州所得的收益远远大于其损失,因为这只是放弃了伤害他人的权利;作为回报,他获得了援助和强化,以确保自己安宁地享受其余一切权利。

David Ramsy, *An Address to the Freeman of South Carolina, on the Subhject of the Federal Constitution* (1788), reprinted in *Pamphiet*, supra note 79, at 373.

② Chipman, *Sketches*, supra note 48, at 74. 奇普曼也认为:

> 人有一种自然的、单纯在身体方面的能力(power),被用来伤害自己和他人。但是,自然法是否赋予了他这样做的权利呢?这就是做错事的权利。权力(power,即能力——译注)和自由的含义各有不同。严格来讲,能力(权力)确保了我们能够自由地行使权利,但我们把自由当作一项权利时,能力(权力)本身不是自由。从更广泛的意义上而言,自由既包括权利,也包括权力。

Id. at 74. 很久以后,奇普曼在讨论宗教自由时写道: (转下页)

束,并且如果民法反映了自然法,那么民法的施行并不会有损自然自由。

美国人可以使用这些自然自由的概念来讨论特定自然权利(包括言论-出版自由)的受限性特征。①有时,他们谈到的似乎是言论-出版自由的无害性或道德性。举例来说,罗杰·谢尔曼在一份内务委员会提交的关于《人权法案》的报告中写道:"人们在进入社会时,继续保有某些确定的自然权利。

(接上页)假借良知或宗教责任而侵犯他人的权利,与扰乱社会的安定良好秩序一样都是这样那样的托词下的犯罪行为。它们都受到自然法的限制;它们被至高无上的存在者——宗教的创造者和人们崇拜的对象——所禁止,并理应受到社会法律的惩戒。实际上,对自由的最大保障是使用惩戒,而非限制自由。

Chipman, *Principles*, supra note 48, at 101.

一项基于自然状态下对个人身体自由的假设的分析,或许可以解释第一修正案中的某些措辞。修正案对受保护的自然权利使用了"缩短"(abridge)一词,但不包括自由活动的权利。许多美国人假定宗教活动自由的权利是一项自然权利,不应该受到民法的任何限制。一个人不可能把他在宗教方面的良知交托给其他人,事实上,许多美国人认为,一个人无法让自己的宗教良知屈从于其他人,公民政府的世俗目的也决定了它只对世俗事务拥有管辖权。例如,著名的浸信会教徒塞缪尔·斯蒂尔曼在谈到他所谓"良知的权利"(Rights of Conscience)时指出:"在自然状态下和公民社会中,(二者)是完全相同的。"Stillman, supra note 37, at 11(Mass. Election sermon 1779)(Evans 16,537). 同样地,在谈到身体的自然自由时,亚历山大·阿狄森(Alexander Addison)将良知权利与出版权利进行了对比:"良知的权利是一种高级秩序下的自然权利,我们在其中践行上帝赋予的使命。出版权更多处于公民权威的控制之下,它通常被认为更多是一般性法律的主体。"Alexander Addision, *Analysis of the Report of the Committee of the Viginia Assembly* (1800), reprinted in 2 *American Political Writting*, supra note 29, at 1055,1090. 他还写道:"凭美国的权威无法改变良知自由,也不能剥夺出版自由。"Id. at 1092.

① 美国人也可以利用这些理念来讨论践行宗教自由的自然权利,他们可以说处于自然状态的个人有自由行动的权利,但没有伤害他人的权利。威瑟斯彭认为:"地方执法官应该捍卫良知的权利,并容忍所有对他人无害的宗教情感。"Witherspoon, supra note 25, at 160(Lecture XIV). 以色列·埃文斯(Israel Evans)认为:

> 当人们在实践中认同了破坏社会的和平与秩序的观念,那么他就是在歪曲和践踏人本有的自由;如果他因为扰乱了社会的安宁并因伤害同胞而遭受惩罚,那么这就不是因为他行使了良知的德行原则,而是因为违反了旨在防止对他人进行伤害的正直和仁爱的普遍性法律。

Evans, supra note 37, at 7(N. H. election sermon 1791)(Evasn 23,358). 之后,奇普曼认为:"不能通过司法手段把对社会无害的意见的传播置于人类法律的约束之下。"Chipman, *Principles*, supra note 48, at 101. 针对威瑟斯彭、埃文斯和奇普曼的观点,杰斐逊回应道:"政府的合法权力只适用于伤害他人的行为。但即使邻居说有二十个神或没有神,对我都不构成任何的伤害。它既不会掏空我的钱包,也不会打断我的腿。" Thomas Jefferson, *Note on Virginia* (1784), reprinted in Jefferson, *Writing*, supra note 57, at 185,275(Query 17).

这些权利是……以体面和自由的方式表达、写作和出版他们的观点。"①这种"体面的"表达、写作和出版的权利将在社会中保留下来，这是一种不容剥夺和侵犯的权利。或者，美国人将言论-出版自由描述为随意谈论或出版的身体自由——这种广泛的自然自由受到自然法的限制，在公民政府治下也受到民法的限制。在此基础上，马萨诸塞州的海门威牧师布道称："在自然自由的状态下，每个人都有权利免受任何他人权威的支配。同时也有权利自由思考、言说、行动，不受强迫或约束；有权利按人们所意愿的方式使用他们的能力和财产，只要没有人因此受到伤害，那么道德责任也不会受到损伤。"②在自然状态下，按自己的意愿发表和出版言论的广泛的身体自由受到自然法的限制；民法作为自然法的反映，很可能并没有减损或缩小这种自由。道德责任——或者至少意指的是从平等自由原则和自我保护原则得出的对伤害行为的否定——是公民社会的预设，因此，作为对这些预设中道德义务的反映，诽谤、淫秽和欺诈的法律并没有减少或限制言论自由。

其中的第二个提法——言论-出版自由是按其意愿行动的权利——在讨论出版后制裁和事前审查之间的区别时特别有用。17世纪的理论家曾指出，在自然状态下，每个个体都有去做他或她意愿做的事情的身体自由，但如果伤害到他人，即违反自然法，就会受到惩罚。③ 出于这些理论家没有

---

① Roger Sherman, "Proposed Committee Report" (July 21-28, 1789), in Creating the Bill of Rights, supra note 39, at 266-67.
② Hemmenway, supra note 61, at 14(Mass. election sermon 1784)(Evans 18, 526). 海门威说：

> 不可剥夺的自然权利中，最重要的是良知的权利、处置财产的权利，以及言论和行动的权利——这些权利不损害任何人或不违反自身所属公民机构的合理法律——当他们被允许自由使用这些权利而不受干扰和控制时，就可以恰当地说他们享有了自己的（公民自由）权利。尽管这些法律将主体置于不必要且繁重的约束之下，可能被认为是对自由的剥夺，但如果有人因邪恶和不道德的行为受到约束，或被强制履行恰当服从公民政府的责任，对政府进行必要的支持而遵守法令、缴纳税款，以及维护共同体社会的秩序、和平与福利时，任何人都没有丝毫理由抱怨自己因受到人类法律和惩戒的管束而被剥夺了身为自由公民的自由。

Id, at 23-24.
③ 对于这样一种观念的美国式例子，见 supra note 61 对斯蒂尔曼的引用。

预料到的原因,①他们的分析引起了英国和美国律师的独特共鸣。这些律师认为事先的审查往往是武断的,因此将出版自由定义为不受事先审查的自由———一种发表自己喜欢的东西的自由,但需要接受事后的审查。② 例如,在1788年宾夕法尼亚州弹劾审判反联邦主义印刷商埃利泽·奥斯瓦尔德(Eleazer Oswald)的法官期间,众议员威廉·刘易斯(William Lewis)(曾在奥斯瓦尔德的审判中担任检察官)为法官辩护的理由是,他们惩罚了滥用自由的行为:

> 那么,在这里,我们将看到《(宾夕法尼亚州)权利法案》中这一(出版自由)条款的真正含义。每个人都可以出版他所喜欢的东西,但是,如果他出版了任何侵犯他人权利的东西,或者扰乱了社会的安宁和秩序,那么他将为此承担后果。③

---

① 例如,普芬道夫讨论了与言论有关的责任,洛克似乎写下了对下院通过的审查制度的著名批判,但是这两位哲学家都没有运用此处谈到的分析来讨论事前管控和事后制裁之间的区别是否合理。See Pufendorf, supra note 53, at 457-90(bk. IV, ch. i);11 *H. C. Jour*. 305-06(April 17, 1695).
② 布莱克斯通认为:

> 出版自由确实是一个自由国家所必需的,这包括不对出版物施加任何事先的管控,但决不是在出版后不受任何指控的自由。每个自由人无疑都有权利向公众发表他喜欢的观点,而禁止这样的行为就是在破坏出版自由;但是如果他发表不合适、恶意的或违法的言论,那么他就必须为自己的鲁莽承担后果。像过去在革命前或革命后所做的那样,把出版置于某些审查者的限制之下,就是让所有的自由情感受制于一个人的偏见,使他成为学术、宗教和政府中所有争议的专断独行且唯我独尊的裁决者。但是,要惩罚(如当下的法律所做的那样)任何危险或煽动性的出版物,就应该经过公平公正的审判,判定其是否具有破坏倾向。这对于维护政府、宗教的和平良好秩序是有必要的,因为这是公民自由唯一的磐石。因此,个人的意志仍然是自由的,只有对这种自由意志的滥用才是法律惩罚的对象。这里也没有任何对自由思想和自由探究的限制,私人观点依然可以被自由地拥有。散布或公开不当观点、破坏社会利益,才是社会应该纠正的罪行……媒体不可能因为被滥用于各种不良目的而免受任何惩罚;然而,在检察官的监控之下,它永远不可能服务于任何良好的目的。

4 William Blcakstone, *Commentaries* 151-53.
③ Respublica v. Oswald, 1 U. S.(1 Dall.) 319, 329-31 n *(Pa. 1788)[libel held (转下页)

就像在自然状态中一样,美国人有按其意愿言说和出版的自然自由或权利,但如果这样做是以牺牲他人同样的权利为代价的,他们可能就会受到惩罚。然而在自然状态下,受伤害的人也会根据自己对自然法的理解来报复对方。但在公民政府治下,对伤害行为的惩罚是由国家来实施的,而且国家是根据已有规则即民法来这样做的。通过先于政府之前存在的自然法的意指或限制,民法保护言论-出版自由不受侵犯,并通过事后惩罚而不是预防损害性语言的方式构建了一种不会导致任意妄为的施行手段。

无论是身体自由还是非伤害性自由,美国人在描述出版自由时经常是在它的自然法背景下进行的。例如,1788年弗吉尼亚州在批准审议《权利法案》时,就在其中加入了一项保证:"人民有言论、写作和出版的自由;出版自由是自由的最大堡垒之一,不应受到侵犯。"①然而,《弗吉尼亚公约》还提出:"每个自由人都应该通过诉诸法律,为他的人身、财产或品格可能受到的一切伤害和错误找到某种补救办法。"②换句话说,对个人自然权利——人身、财产或品格——的损害将得到法律补救。《弗吉尼亚公约》显然假定:对名誉权或人格权的损害进行补救的法律措施符合宪法对言论-出版自由的

(接上页)contempt of court]. 1776年的宾夕法尼亚州宪法可能提到了道德上的自然权利:"人们有谈论、写作和出版其观点的自由;因此,出版自由理应不受限制。"Pa. Const. of 1776, ch 1(Decl. of Rights), §12. 在奥斯瓦尔德案和随之对法官的指控之后,宾夕法尼亚州宪法在1790年重写时被修改,它声称:"思想和意见的自由交流是人最宝贵的权利之一;每个公民都可以就任何主题而自由发言、写作和出版,但也对滥用这种自由负有责任。"Pa. Const. of 1790, art. IX, §7. 罗伯特·帕尔默(Robert Palmer)教授在谈到这一条款时表示:"它的文字本身表明,滥用自由仍然是对自由的行使;这种限制实际上是其他方面的,与出版自由本身无关。"Palmer, supra note 15, at 55,128. 然而,事实并非如帕尔默所说的那样。See id. 它似乎只是简单地反映了在自然状态中自然法对身体自然自由的限制。

① Amendments proposed by the Virginia Ratifying Convention(June 27, 1788), §16, in *Creating the Bill of Rights*, supra note 39, at 17, 18-19.
② Id. at 18(§12). 同样,《马萨诸塞州宪法》宣布:"每个共同体的成员都应该通过诉诸法律,为他的人身、财产或人格上的一切伤害或错误找到某种补救办法。"Mass. Const. of 1780, Decl. of Rights, art. XI. 此外,斯威夫特写道:"进入社会状态时",人们"被禁止在人身、财产和人格上相互伤害"。1 Swift, supra note 60, at 177; see also Benjamin Franklin, *An Account of the Supreme Court of Judicature in Pennsylvania, viz., The Court of the Press*, Fed. Gaz. Feb. 12, 1789, reprinted in 2 *American Political Writting*, supra note 29, at 710; Jefferson's proposal for a press clause in the Virginia Constitution, quoted supra note 83.

保障。①

在自然法的背景下,这种对言论-出版自由的分析经常被用于后来对美国宪法的讨论。例如,南卡罗来纳州国会议员罗伯特·古德洛·哈珀(Robert Goodloe Harper)在支持为煽动诽谤罪制定《煽动诽谤法》时指出,个人有身体的自然自由,但如果人们错误地使用它,就可能会受到惩罚:

> 每个人都有行动的自由;但是如果他利用这一自由来伤害他人,袭击他人或损害他人的财产,就会因为对自由的滥用而受到惩罚。出版自由也建立在完全相同的基础上。每个人都可以按自己的意愿发表言论,但是如果滥用这种自由来中伤他的邻居,或者发布对治安官或公民政府的虚假的、诽谤性的、恶意的言论,他也会受到惩罚。②

出于这种观念,哈珀表示,他对《煽动诽谤法》"被称为剥夺出版自由的法律"感到震惊。③

即便是《客籍法和惩治叛乱法》(Alien and Sedition Acts)的狂热批评者乔治·海伊(George Hay),也可以利用自然权利的自然法背景,但他迫切希望区分的不是事前或事后的限制,而是对个人的伤害和对社会或政府的伤害。在解释第一修正案中关于言论-出版自由的措施时,海伊断言只有两种可能的自由。一种是布莱克斯通所说的"绝对自由"即自然自由,或自然状态下的存在的自由。这是个体的"不受法律控制的权利,只要他不伤害任何

---

① 在关于批准美国宪法的辩论中,言论和出版的范围及其与自然法的关系似乎不在议题之内。通常情况下,美国人讨论的是宪法中是否应该含有这一权利,而不是如何理解这一权利。
② 8 Annals of Cong. 2167-68(1798).
③ Id. at 2168. 当弗吉尼亚州和肯塔基州立法机构通过决议谴责《外国人法》和《煽动法》时,马萨诸塞州立法机构以自己的决议对此做出了回应。此决议反映了一个常见假设,即自然法是对自然自由的使用和保护,此外它还决定:"出版自由即使不是所有州,也是大部分州宪法的明确保障;这一条款在开明的人中通常只有一种解释:它是对合理使用而非滥用出版自由的保障。"4 Elliot's Debate, supra note 39, at 535. 因此,美国宪法通常被理解为允许"合理使用"而不是"滥用"出版自由;换言之,它们被理解为关于自然自由的自然法推导。

其他人,他就可以随性而活。如果这种自由的定义适用于出版物(当然应该如此),将其人格化地看,它可以做自己喜欢的任何事情,不受任何法律的控制,但要注意不能伤害他人。这种伤害如果是诋毁或诽谤,在自然状态下和社会中都应该做出赔偿"①。

第一种自由是自然自由,受自然法中禁止伤害他人的含义所限。海伊论证称,与此相对的第二种自由是民法所允许的自然自由——也就是说,是立法机关恰好让民法保护其不受约束的自然自由。② 海伊驳斥了这样一种可能性,即所谓第一修正案涉及的出版自由只是国会屈尊降贵所批准的言论-出版的自然自由。他得出结论:第一修正案的言论-出版自由"意味着不受法律限制的、可以由个人自行决定发表真假言论的权力,前提是不对他人造成妨害"③。因此,海伊承认,"绝对"的或自然权利中的出版自由受不伤害他人的义务所限,并且他用这个定义来区分对个人的伤害和对政府的伤害。虽然一些作者声称,自然法只产生了一种反对伤害个人的含义,但另一些作家坚持认为,自然法也涉及对政府或整个社会的伤害。④ 通过故意忽略自然法包含的禁止对社会和政府造成伤害的潜在可能性,海伊表明,第一

---

① "Hortensius"[George Hay], supra note 39, at 37-38. 海伊还辩称,美国政府是一个享有宪法所列举的权力(enumerated power)的政府,但出版的权力并不在内。Id. at 18-19. 相比之下,各州有权惩罚"诽谤"。Id. at 19-20.

② 但是社会中的自由或所谓公民自由,则被界定为自然自由,且法律只能因公众利益而对其做出限制,不能超出此范围……根据这个定义,现在将自由用于出版,那么出版自由将等同于什么呢?正如立法权所说,这将精确地等同于公共利益所需的出版特权……如果自由这个词是在这个意义上使用的,那么按照修正案的制定者的意思,尽管出版自由是受法律所调节的,国会也不应该制定任何法律来对其进行限制。蠢话里本身不会有"自由"这种语言。

　　Id. at 38.

③ Id. at 40. 海伊在这句话的开头谈到了"言论自由",但上下文显示,他在这里并未将其与出版自由区分开来。

④ 例如,首席大法官约翰·杰伊说:"限制人们对社会和个体的权利进行侵犯,不偏不倚地给予所有人安全和保护,是一个自由政府最重要的目标之一。"John Jay, "Charge to the Grand Jury of the Circuit Court for the District of Virginia" (May 22, 1793), in 2 Documentary History of the Supreme Court, supra note 61, at 380, 381. 根据《马萨诸塞州宪法》:"建立、维持和管理政府的最终目的是保障国民(body-politic)的生存,保护国民,并让其中的每个人在安全和安宁中得享自然权利和美好生活。"Mass. Const. of 1780, pmbl.

修正案区分了保护个人的出版法和保护政府的出版法。他认为,修正案禁止国会制定后者。① 然而,海伊承认,第一修正案规定的言论-出版自由是一种自然权利,而且这项权利受避免伤害他人的义务所限。②

无可置疑的是,美国人确实经常讨论言论-出版自由的范围,但他们甚少指向自然自由或自然法的概念。例如,有时美国人直接根据普通法对自由的限制来定义自由。即便美国人将言论-出版自由作为更广泛的原则或普遍性来讨论,他们也经常区分自由和许可,而没有明确提及自然权利或自然法。③ 然而,当美国人不得不提供对言论-出版自由的更详细的分析时,通过自然权利分析,他们就获得了一种解释宪法权力的限制范围的手段。④

---

① 同样,请注意杰斐逊在他为弗吉尼亚宪法起草的出版条款中对私人伤害的强调:"出版应当是自由的,但相关的私人行为不能对他人造成伤害。"Thomas Jefferson, "Fair Copy of the Virginia Constitution, art. IV"(June, 1776), in 2 Jefferson, Works, supra note 104, at 180-81.

② 海伊在他的小册子的结尾处说:"因此,出版自由是指出版完全不受任何形式的法律管制……""Hortensius"[George Hay], supra note 39, at 50(Evans 35, 605). 然而在早些时候,他透露自己接受各种有关诽谤的普通法。(Id. at 19-20)本杰明·奥利弗(Benjamin Oliver)是一位法学学者、著名的国际象棋运动员,也是马萨诸塞州前州长的儿子,他用正文中所描述的分析来证明联邦政府对诽谤的监管是合理的:

> 在宪法第一修正案中,国会禁止通过任何法律限制言论-出版自由。从来没有人自认为国会有任何能力来扩大人与人之间交流情感的自然权利,因此该修正案仅仅是为了防止这一权利被剥夺。所以,一旦这种自然权利的范围得到了明确的界定,任何法律——尽管是国会为尽快惩罚那些超越这一权利界限的人而制定的——都会仅因为限制了言论自由就造成违宪。由于这是禁止被国会剥夺的自然权利,如果国会只是惩罚那些在自然权利中也不受保护的行为,宪法就不会被违反。对此问题的这种观点足以表明,国会可以颁布其认为适当的任何法律和惩罚那些诽谤政府日常管理事务的人,这并不被宪法所禁止。这是因为,任何人都没有随心所欲地编造、传播和发布恶意谎言来诽谤他人的自然权利。因此,为惩罚这类伤害而制定的法律并不侵犯任何自然权利。

Oliver, supra note 63, at 223. 顺便说一下,请注意早在1832年,他就没有提及联邦政府对出版物的监管缺乏宪法所列举的权力。See supra note 80.

③ See, e. g., Alexander Addison, Analysis of the Report of the Committee of the Virginia Assembly (1800), reprinted in American Political Writting, supra note 29, at 1055, 1089, 1093, 1096; Benjamin Franklin, An Account of the Supreme Court of Judicature in Pennsylvania, viz , The Court of the Press. Phila. Fed. Gaz., Feb. 12, 1789, reprinted in 2 American Political Writting, supra note 29, at 707, 708-09.

④ 最终,一些人会放弃该分析及其对言论-出版的限制。例如,弗吉尼亚州众议员约翰·尼古拉斯(John Nicholas)否认对出版自由的善用和滥用做出区分是可能的。8 Annals of Gong. 2140(1798); see also statements of Webster and Hamilton, supra note 82.

尽管美国人经常从自然法的角度讨论宪法对自然权利的保障，但他们并没有广泛地将自然法纳入宪法，而且通常也不会质疑这些文件的积极性质。与此相反，正如詹姆斯·威尔逊所说：

> 在自然自由的状态下，每个人都可以按照自己的意愿行事，只要他不违反自然法加给他的那些限制；在公民自由的状态下，只要他不违反国内法加给他的那些限制，他也可以按照自己的意愿行事。①

换句话说，只有"国内"法或民法——包括美国宪法在内②——在公民政府治下具有法律约束力。

因此，这里所描述的自然法的作用相对狭窄。自然法表明了在自然状态下行使自由的理论限制，也在这个意义上可以将其理解为在不否认或缩减自然权利的情况下，就理论而言确定民法可以在多大程度上限制自然权利。因此，当且仅当宪法将特定的自然权利保留在政府权力之外时③，自然法才会对宪法保护这一权利的程度做出要求。这不是因为自然法将被纳入宪法，而是因为自然权利被理解为受自然法的约束。例如，正如已经看到的那样，《权利法案》禁止国会剥夺言论-出版自由的自然权利，在此自然法可以被理解为非常笼统地指出了什么是对这一权利的剥夺。④

自然法远不是确定哪些法律符合宪法、哪些法律不符合宪法的可行措施，却往往是一种从理论上对限制自然权利的解释。尽管美国人理解的自然法建立在个人处于自然状态的假设之上，并且至少在自我保护和平等自

---

① James Wilson, "Lectures on Law", reprinted in 2 Works of James Wilson, supra note 41, at 587.
② 威尔逊认为："美国宪法和各州宪法是其国内法的基本组成部分。"Id. at 125.
③ 相比之下，美国宪法只有在其未授权给联邦政府干涉不在宪法中列举的自然权利的情况下，才保护这些权利。See Hamburger, supra note 80.
④ 当然，即便是在理论上，自然法也不一定是宪法权利被剥夺的唯一印证，因为宪法可能列举了一项自然权利，但确立或补充了对该权利的保护。例如，第一修正案规定的言论-出版自由被认为排除了出版前审查制度。如上所述，这种对出版后再进行限制的偏好与人身的自然权利概念高度一致，但却并不声称它源于自然权利分析。

由的假设上趋于达成一致,但是他们通常也认为这两条原则是如此地模糊和笼统,以至于让社会或政府有很大的操作空间来选择哪些特定的法律是合适的。例如,美国人经常认为他们对言论-出版的限制——包括诽谤、欺诈和淫秽的法律在内——符合自然法,因而没有限制或削弱言论-出版自由。① 然而,他们几乎没有声称自然法规定了这些普通法的限制细节。他们通常不把自然法作为可以采取什么具体措施的指示,而是把它作为限制对自然自由的伤害性使用的一般依据。因此,尽管没有在实践中确定什么构成了对自然自由的剥夺,自然法仍然可以暗示,民法虽对宪法列举的自然权利进行了规范,却不一定违宪。自然法为 18 世纪后期的美国人提供了一种理论解释,说明了他们对言论-出版自由以及其他自然权利的法律限制是如何与宪法对这些权利的保障相符的。

六、小结

自然自由和自然法让美国人认识到他们的成文宪法中所保护的权利的理念。这并不是说法律的制定者和批准者在审议过程中经常停下来,以具体说明某审查点的详细理论假设,或者说他们也没有别的理论假设。与此相反,这表明他们和其他美国人倾向于在自然权利的当代理论分析的背景下讨论权利,尤其是那些由成文宪法保障的权利。正如纳撒尼尔·奇普曼所说:

> 在美利坚合众国,政治观点虽然被认为仅仅是理论上的,但不可能完全无关紧要。在这些州之中,政府显然建基于人的权利……政府对法律必要性的见解、对法律所要实现的目的的看法,以及对实现这一目的的手段的认识,都将影响人民的立场和立法者的推理。②

---

① 即便这个假设偶尔也会受到挑战,但直到 1798 年才频频出现争议。
② Chipman, *Sketches*, supra note 48, at 16. 尽管奇普曼在许多州宪法中观察到的自然权利分析没有出现在美国宪法的序言之中,但它已经被公认为美国宪法的理论基础。在 1787 年 9 月向国会正式提交宪法前的一封信中,乔治·华盛顿用直接取自 18 世纪标准自然权利分析的言辞承认了起草宪法的困难: (转下页)

这些关于"人的权利"(即自然权利)的"理论"观点确实具有影响力。这些观点提供了一些最广泛和最重要的理论假设,美国人在此基础上制定和通过了他们的宪法,包括他们对自然权利的宪法保障。

如上所述,自然权利分析的宪法含义是惊人的,因为 18 世纪的美国人对自然权利的分析并没有在实质性限制之外主张扩张性权利的存在。当美国人说某些权利是自然的,并预设公民政府时,他们并不是想就此表明这些权利是无限的。相反,美国人对自然权利和既得权进行了区分。他们假设,在自然状态下自然权利受自然法的影响。同时他们也假设在公民政府治下,自然权利受民法的约束。此外,自然法可以被理解为非常含糊地暗示了民法是否否认或缩减了一些自然权利——如果在宪法中列举了这项自然权利,这个问题就具有非常重要的意义。

通过考察美国对自然权利范围的分析,我们不仅可以了解自然权利的限制性定义,还可以了解美国人如何将他们对自然权利和自然法的要求与他们相对限制性的民法协调起来。与许多现代学者的假设相反,自然权利和自然法通常被认为与成文宪法的概念是相容的。美国人通常认为,人们通过牺牲自己的一些自然权利——也就是他们的一些自然自由——以保护其余的权利,并且这些美国人认为成文宪法就是记录这种牺牲程度的文件。自然法不是宪法权利的残留资源,而是一种推导,这在成文宪法中暗示有必要牺牲自然自由给政府。美国人倾向于假定自然权利与自然法是对成文宪法进行解释和证明的思想。①

(接上页)当个人进入社会时,必须放弃一部分自由来保护其余的自由。牺牲的大小既取决于当时的情况和环境,也取决于所要达成的目标。在那些必须交出去的权利和那些可以保留的权利之间,始终难以准确地划清界限……

"Letter from George Washington to the President of Congress", in 1 *Documentary History of the Constitution*, supra note 39, at 305. 细节委员会(Committee of Detail)的一份文件解释了序言省略讨论自然权利的原因。See supra text accompanying note 84.

① 后来,这种情况就发生了改变。由于对他们的成文宪法和政治进程所产生的法律不满,一些美国人后来用一种改变宪法上的含义的方式发展了自然权利分析。根据 18 世纪美国人的说法,自然法推导表明宪法和其他民法应根据自然法制定。对于这一不起眼的 18 世纪的分析,一些 19 世纪的美国人提出了两种之前并不常见的重要假设:自然法的含义相对明确;个人而不是人民整体可以对这些含义做出判断。在宗教般(转下页)

同样重要的是,自然法对自然权利的约束解释了如何在不受侵犯的情

(接上页)的狂热追求下,这些假设会产生令人兴奋的后果。例如,一位主张政府作用相对有限的纽约人"面相学家"希望:"法律仅仅是对自然权利和自然错误(natural wrongs)的宣科,凡是与自然法无关的事物,人类的立法都不会对其进行关注。""A Phrenologist", "On Rights and Government", in 9 *U. S. Mag & Dem. Rev.*, Nov. 1841, at 459, 461 (Nov. 1841) (first of two installments with same title). 他用更强硬的语言写道:

> 如何法律禁止自然所允许的事情,那么它就限制了人类自由。如果它责成了一项自然没有强加的义务,那么它就是对人类施加了暴政。如果它授予了一项自然没有赋予的权利,那么它就剥夺了它所赋予的一项或多项权利,并在人们中间造成了不公正。

Id. 一个例子是"法律要求妻子在婚后需将财产立即转移给丈夫"。
Id. 之后,他说道:

> 成文宪法常常得到……崇高的敬意……人们被教导说它是神圣不可侵犯的……如果这些宪法确实如此的话,那就太好了;反之亦然。因此,第一个告诫应该是让成文宪法接受自然法的检验,将政府的宪法与人的宪法进行比较,看看前者是否建立在后者的基础之上。

"A Phrenologist", "On Rights and Government", 9 *U. S. Mag & Dem. Rev.*, Dec. 1841, at 568, 573 (second of two installments with same title). 同样,一位奴隶制的反对者辩称:

> 自然法在其法典中有自己的辩护,并通过惩罚违规和奖赏服从来实现自身。这种实现有时需要社会的帮助才能使其有效的运作。自然法中有一个反对一切邪恶的辩护。社会和政府应该展示这一辩护,并将其付诸实践;它们应当充当助手或代理人,服从并严格遵从自然法。

Elias E. Ellmarker, *The Revelation of Rights* 23 (1841). 就像"面相学家"一样,他认为:"政府试图通过赋予一些人以凌驾于他人自然权利之上的权力——掠夺其工业、财产和生命——来增加他们的权利。任何权利的增加都是邪恶的犯罪;任何权利的减少都是对上帝秩序的背离。"Id. at 46-47 n*. 从这个意义上说,奴隶制违反了自然法,因为"奴隶主通过大肆掠夺非洲人来增加自身的财富"。Id. 他继续追问道:"如果一名陪审员认为社会或政府制定的机构、规章或法律是错误的、不公或邪恶的,他是否应当坚守法纪从而导致不公正?"Id. at 99. 莱桑德·斯普纳(Lysander Spooner)在某些方面是这一观点最重要的倡导者。他说:

> 这种自然正义的规矩、原则、责任或要求起源于且必然产生于个人的自然权利,并始终将其作为目的和愿景,确保他们享有幸福,且确保他们不受伤害。它还确保了人们通过劳动和契约获得的所有财产、特权和权利要求。

Lysander Spooner, *The Unconstitutionality of Slavery* 6 (2d ed. 1860). 然后,他讨论到了自然法:"作为至高无上的法律,它必然是唯一的法律;因为它适用于任何可能出现的涉及人的权利的情况,任何其他随意染指这些权利的原则或规则都必然(转下页)

况下调节自然权利。我们经常将"纯粹的管制"与其他限制区分开来,而且经常假定必须在几乎没有任何对此概念定义的历史性指导的情况下做这种区分。然而,早期的美国人并不是对这个问题漠不关心,他们往往认为基于自然法的解决方案是理所当然的。如果在自然状态下个人自由受到自然法的约束,那么根据自然法而制定的民法就不会剥夺或否认任何自然权利。因此,自然法为公民政府提供了一种理论,即阐释法律如何在不侵犯或削弱自然权利的情况下调节自然权利。①

最富戏剧性的是,这里对自然自由的论述可以帮助我们理解宪法中出现的矛盾或悖论。例如,杰斐逊既说过自然权利是牺牲给公民政府的,又说过自然权利没有牺牲给公民政府。② 提阿非罗·帕森斯似乎也同样自相矛盾。在马萨诸塞州的批准大会(ratification convention)上,当帕森斯试图就国会权力的范围向其他代表做出保证时,他指出,国会不能侵犯任何尚未受

(接上页)与之冲突……因此,正确地说,除了自然法以外,没有法律。"Id. at 7. 斯普纳的结论是:"自然法审查政府契约,并宣布其合法或非法、有强制力或无效,其规则与自然法审判人与人之间的其他一切契约所依据的规则相同。"Id. at 8. 换句话说:

> 在任何形式的政府下,宪法只由成文宪法中那些与自然法和人的自然权利相一致的原则组成;并且宪法中任何文字可能表达的一切其他原则都是无效且非法的,所有的司法机构都有职责宣布这些原则。

Id. at 14. 斯普纳之所以能够得出这些非同寻常的结论,是因为他对自然权利的分析进行了调整,以适应他的需要。正如后来为自己的观点辩护时所做的解释那样,他"假设这是正确的,即自然法本身就是一件确定无疑的事情;它也是能够被学习的"。Id. at 137.

① 这种分析还提供了伤害的定义。See supra text accompanying notes 61-62.
② 杰斐逊写道:"我们的统治者不能只对我们提交给他们的自然权利拥有权威。"Thomas Jefferson, "Notes on the State of Virginia", in Jefferson, *Writtings*, supra note 57, at 274-75(Query 17). 从 1790 年的观点来看,杰斐逊认为一些自然权利被牺牲给了政府,这一点也很明显。他在书中谈到休会的权利时写道:"休会是一项自然权利,和其他的自然权利一样;在其行使时可以由法律来缩减或调整……"Thomas Jefferson, "Opinion on the Constitutionality of the Residence Bill", in Jefferson, *Papers*, supra note 83, at 194,197.

相比之下,杰斐逊后来写道:"任何人都没有侵犯他人平等权利的自然权利……当法律宣布并执行了这一切时,他们就履行了自己的职能。并且,这种认为'一旦进入社会,人们就会放弃任何的自然权利'的想法是完全没有根据的。"Letter from Thomas Jefferson to F. W. Gilmer"(June 7, 1816), in 11 Jefferson, *Works*, supra note 104, at 534.

马萨诸塞州立法机构限制的自然权利:"我们享有的不受我们自己立法机构限制的自然权利之中,有没有哪项是国会可以染指的? 答案是没有。"①言下之意,国会可以染指的自然权利是在任何情况下都处于马萨诸塞州政府控制之下的权利。然而,不久之后,他辩解道:"国会没有被赋予侵犯人民任何一项自然权利的权力。"②难道我们要设想一个在法律上几乎总是非常优雅、有条理,却又在数学上如此草率或不一致的人? 正如已经看到的那样,不仅是杰斐逊和帕森斯,还有其他的美国人,都在谈论不同类型的自然权利:身体自由和非伤害性自由——更准确地说,是自然法所限制的自由和通过它来定义的自由。

待解释的宪法悖论涉及《权利法案》中列举的特定自然权利,诸如言论-出版权利。在这里,正如前面所说的那样,言论-出版自由是本文重点关注的例证。③ 18 世纪的美国人如何享有言论-出版自由,却又不把因政治见解而雇佣和解聘公职人员当作违宪手段予以拒绝呢? 他们如何能够在接受有关煽动性言论、诽谤个人和淫秽行为的各种法律时,主张言论-出版权利? 18 世纪的美国人意识到,处于自然状态下的个体有按照其意愿言说和出版的自由。然而,他们还认为,自然权利与既得权不同——自然状态下存在的权利不同于仅在公民政府治下存在的权利——因此,言论-出版自由并不包

---

① 2 *Elliot's Debates*, supra note 39, at 93 (statement of Theophilus Parsons in Mass. Ratification Convention).
② 2 Id. at 162. 然后,他补充说:"如果他们在没有宪法授权的情况下试图这样做,这项法案将是无效的,且无法执行。"2 Id.
③ 对伤害的自然权利分析不仅对言论-出版自由,而且对其他自然权利都有重要意义。以财产权为例,美国的《权利法案》仅通过禁止无偿获得来间接提及财产权。自然权利与既得权之间的区别以及对他人平等权利的伤害的定义都具有暗示性。

其影响也涉及我们所说的国际法。当论及海盗时,威尔逊对一个大陪审团说:

他已经让自己堕落到一个野蛮的自然状态。结果是,既然在自然状态下,每个人都有权因其个人或个人财产所受到的侵犯而施加惩罚,那么根据自卫法,任何团体都有权对他施加惩罚。

James Wilson, "Charge to the Grand Jury of the Circuit Court for the District of Virginia" (May 23, 1791), in 2 *Documentary History of the Supreme Court*, supra note 61, at 166, 178.

括诸如保留政府职位的权利。此外,美国人还认为正是在自然状态中,自然法已经对个人按其意愿言说和出版的自由有所限制,并把个人的非伤害性的,或者更广泛地说,道德上的自然权利界定为言论-出版权利。因此,反映自然法的限制的民法既没有减损身体权利,也没有减损言论-出版方面的道德权利。

我们认为18世纪晚期的美国人对言论自由的自然权利持有矛盾的观点,这与我们对自己的法律中这种矛盾的看法有关。我们现在已经忘记了与言论自由相关的自然权利和自然法背景,并倾向于认为言论的"原则"或"通规"只是随心所欲说话的权利。所以,我们看到了这种通规和对它的限制之间的矛盾。① 确实,我们中的许多人都意识到,剥夺一项既得权可以像政府管制一样产生对言论的影响,因此大家认为根据第一修正案,政府在发布或否认一些过去被称为"既得"的权利时,不应该考虑人民的意见。② 看似无可辩驳的逻辑声称人们可以随心所欲发表言论,却在这些方面破坏了许多有关诽谤和淫秽的法律,甚至不允许基于言论而否定一些既得权。③ 因此,这就是米克尔约翰(Meiklejohn)教授的悖论。④

从这个现代的角度来看,我们容易将法律的制定者和审议者视为没有完全理解人们话语的含义的人,并且我们发现很容易证明现代的第一修正案的发展是对旧观念或原则的阐述或概括,早期的几代人没有我们所追求的那样开放或系统。⑤ 然而,这一观点可能会遭受质疑。在考察了自然自

---

① See supra note 17 & 18.
② See supra note 20 and accompanying text.
③ 对于一些相关的案例,see supra note 19 & 20。
④ See supra note 17 and accompanying text.
⑤ 例如,在注意到18世纪的美国人接受了公职人员诽谤诉讼的合宪性之后,扎卡利亚·查菲(Zechariah Chafee)总结道:"我认为,事实是法律的制定者对他们所说的'言论-出版自由'的含义并不十分清楚……"Zechariah Chafee, Jr., "Alexander Meiklejohn's Free Speech: And Its Relation to Self-Government", 62 *Harv. L., Rev.* 891, 898(1949)(book review)。根据大卫·A.安德森(David A. Anderson)的说法:"他们可能还不够成熟,无法意识到真正的自由必须让即使是最危险的思想也能够自由表达,但他们已经看到了出版批评(press criticism)和政治变革之间的关系。"Anderson, supra note 14, at 535-37; see also Leonard W. Levy, *Legacy of Suppression* 224, 247-48(1960); Melville B. Nimmer, "Introduction—Is Freedom of the Press a Redundancy: What Does it Add (转下页)

由和自然法的理念之后,18世纪晚期对言论-出版自由的理解不再显得毫无章法或是武断了,18世纪晚期的美国人也不再像他们所声称的那样忽视了话语的重要性。18世纪晚期对言论-出版自由的理解与18世纪晚期的知识背景具有相对的一致性和系统性。

(接上页)to Freedom of Speech?", 26 *Hastings L. J.* 639, 641(1975). 这种方法最仁慈的版本承认:我们的洞察力不可避免地遭受着失败。因此,米克尔约翰教授写道:"像大多数的革命家一样,在一个快速且急剧变化的世界中,当他们的'新思想'对一个高速发展的国家的统治活动行使支配权时,制定者们无法预见将出现什么样的具体问题。从这个意义上说,制定者不知道他们在做什么。同样地,两个世纪之后的我们仍然不知道他们在做什么,也不知道我们自己现在在做什么。这也是真的。"Meiklejohn, *Absolute*, supra note 8, at 246. 从如此笼统和宽泛的观点来看,我们应该慎重对待不同意见。然而,必须补充一个警告:对于制定者和审议者可能尚未理解的东西,米克尔约翰的关注掩盖了他们的失察程度。

全球化、帝国与自然法

哈罗德·詹姆斯(Harold James) 著

奚 望 译

谭翔鹏[*] 校

在讨论国际秩序是如何产生、如何运作以及我们最终应如何遵守它时,三个有争议的概念至关重要:全球化、帝国和自然法。它们中的每一个都会引起极强的情感和政治共鸣,也都会掀起激烈的辩驳。这三个概念源于截然不同的国际秩序思想传统。全球化方面的讨论把经济力量或市场导向的进程当作持续打造和重塑世界舞台的首要因素。按这种解释,我们应当欣然接受全球化,因为它对我们是有益的。此观点把经济方面原因放在首位,因而带有马克思主义的色彩,尽管它可以被称为颠倒的马克思主义,因为大多数全球化的捍卫者通常认为自己立于自由化的传统之上。以帝国和帝国主义思想或新帝国主义思想为中心的分析,源于现实主义和权力思维。没有什么东西能让每个人都分得利益,因为人们的利益之间总是相冲突的;如果我们这个群体攫取了利益,那一定是以牺牲其他群体利益为代价的。相反,第三种即自然法传统认为,人类社会是由共同的价值联系在一起的,而共同价值主要从人类理性的应用中产生,尽管它与神的计划也可能是一致

---

[*] 谭翔鹏,上海大学社会学院人类学专业硕士研究生。

的。国际秩序是一种良善,在逻辑上源于人类的基本情感。它令人信服,因为它是好的,而非因为它是必需的(对现实主义者而言)或令人信服的(对自由派的全球化主义者而言),所以是好的。

前两种解释性框架与第三种的不同之处在于,在某些(但并非所有)版本中,倡导者认为它们正在进行积极的而不是规范性的分析。但在实践中,许多(即使不是全部)积极的分析也在寻求方法来应对国际秩序参与者所营造的情节,这些情节明确地或隐含地依赖于规范。根据建构主义方法,其中一些分析包括了通过持续和重复的互动来产生或至少加强规范的可能性。从这个意义上说,规范被认为是从体系内部产生的,而不像自然法传统那样来自外部。

这三种思想模式之间不仅互相质疑,而且认为对方在很大程度上要么是错误的,要么是天真地掩盖了利益。现实主义者最专注、最执着地揭露那些被他们认为会产生对立解释的意识形态,也同样地把规范方法的发展谴责为虚伪的企图。对"市场的看不见的手"这种观念,现代现实主义的创始人E.H.卡尔(E. H. Carr)持怀疑态度,并解释说:"经济力量实际上是政治力量……经济学以给定的政治秩序为前提,而要对其进行有益的研究就不能脱离政治。"罗伯特·吉尔平(Robert Gilpin)认可"经济学作为一种理解社会特别是社会动态的手段,是有限的;它不能被当作政治经济学的一种整全方法"[1]。与E.H.卡尔一样,汉斯·摩根索(Hans Morgenthau)也反对"普遍道德法则"的概念:

> 尽管就民族主义的普世主义(nationalistic universalism)伦理而言,今天它在内容和目标上可能与原始部落或三十年战争时代有很大区别,但二者对国际政治所起的作用和所营造的道德氛围并无不同。这

---

[1] E. H. Carr, *The Twenty Years' Crisis 1919-1939: An Introduction to the Study of International Relations* (London: Macmillan, 1939), p. 149; Robert Gilpin, *The Political Economy of International Relations* (Princeton, NJ: Princeton University Press, 1987), p. 44.

个特殊群体的道德,非但没有限制国际舞台上的权力斗争,反而使这种斗争达到前所未有的凶猛和激烈。①

同样,自由主义者(他们趋于相信并喜欢全球化)确信,对权力的关注是短视的。他们还倾向于担心强权把自己的利益捆绑到秩序建构过程中。从熊彼特(Schumpeter)开始,信奉经济一体化逻辑的人们将民族主义视为一种返祖性的、错误的力量,会造成脱媒和毁灭。在最近的一个对熊彼特式的整合逻辑很好的陈述中,马丁·沃尔夫(Martin Wolf)展示了"十九世纪的民族主义是如何与……前现代帝国主义和保护主义思想的复苏相随的。这些国家的目标是建立一个自我保护的空间。从促进繁荣的角度来看,这些转变是错误的"②。因此,在运用体制性的利益协调手段时,需要发挥自由主义的聪明才智,以使冲突、功能失调和破坏性后果的可能性尽量减小。

自然法的基础令人惊讶地难以消除。而且事实上,另类传统(the alternative traditions)的建立者敏锐地意识到,他们的论证需要从关于人类天性和潜能的推理开始。最近,诺埃尔·马尔科姆(Noel Malcolm)证明了在何种程度上托马斯·霍布斯(其著作《利维坦》是现实主义者的基本宪章)其实完全依赖于自然法这个根基。像以前的自然法作者一样,霍布斯推导出的普遍法则并不依赖于主权者的意志:"自然法是永恒不变的,因为不公正、无礼、骄横、自傲、罪孽、偏袒等等,永远不可能变得合法。因为绝没有什么理由会认为战争可以延续生命,和平反而毁灭生命……(自然法的)这些科学才是真正的、唯一的道德哲学。"③霍布斯是现实主义者,而亚当·斯密则是自由主义者,他也致力于从霍布斯所谓"普遍道德准则"进行自然法的推导。

在本文中,我打算以讨论自然法传统的那些方面(它们从根本上源于国

---

① Hans J. Morgenthau, *Politics among Nations: The Struggle for Power and Peace*, 3rd ed. (New York: Knopf, 1963), p. 259
② Martin Wolf, *Why Globalization Works* (New Haven, CT: Yale University Press, 2004), p. 27. 原初陈述见 Joseph Schumpeter, *Theorie der wirtschaftlichen Entwicklung* (Leipzig: Duncker und Humblot, 1912)。
③ Noel Malcolm, *Aspects of Hobbes* (Oxford: Oxford University Press, 2002), p. 437, 引自 Thomas Hobbes, *Leviathan* (London: Andrew Crooke, 1651), p. 79。

际关系对立的思想传统)来提出一种替代方法,用以思考全球化挑战以及据称由其引起的"缺憾"(discontents)①。我尤其要建议,当前流行的观点把全球化仅仅当作互通联系的系统,(或是)当作跨越国家和文化边界的进程和网络,这种观点必然会引起强烈反弹,主要由于人们普遍认为那不过是某种帝国统治的委婉说法而已。随之而来的是(全球化的)瓦解。换句话说,全球化倾向于自我颠覆。这种发展与之前数次全球化浪潮的命运十分相似。如果我们想利用全球化的力量,并看到它不仅(在仍然极度贫困的世界中)更普遍地增进了繁荣,还因带来更多的选择而使生存更有意义,那么我们就应该思考那些可能指导特定选择的价值观。全球化的力量不仅取决于物质上的繁荣,还取决于大幅度跨越地理和文化距离而交流与分享观念及商品的能力。如果这种交流不会导致强烈的破坏性反弹,那么交换就必须以一种共同的价值观为基础,这种价值观源自阿奎那(Thomas Aquinas)所谓的人类拥有"一种特有的、基于自身理性本质的向善倾向"②。

全球化

经济学家将全球化理解为生产要素(劳动力、商品、资本)和思想(包括技术)的跨国流动。政治学家则认为,全球化是民族国家行使的传统权力的控制,或者是通过国际制度和规则网络来扩散权力——这些制度和网络建立了一种状态,罗伯特·基欧汉(Robert Keohane)称之为"霸权之后"(after hegemony)。③因此,经济学家很难理解这个概念为什么会有争议,而政治学

---

① 约瑟夫·斯蒂格利茨(Joseph Stiglitz)在 *Globalization and Its Discontents* (New York: Norton, 2002)一书中,将西格蒙德·弗洛伊德那本名著的书名(指弗洛伊德的《文明与缺憾》——译注)用于21世纪。
② Thomas Aquinas, *Political Writings*, ed. R. W. Dyson (Cambridge: Cambridge University Press, 2002), p.118.
③ Robert O. Keohane, *After Hegemony: Cooperation and Discord in the World Political Economy* (Princeton, NJ: Princeton University Press, 1984), p.244. "这种制度之所以重要,并不是因为它们构成了中央集权的准政府,而是因为它们可以在政府之间促进协定(的签署)及其具体执行。"

家却无法相信有人会天真地认为它没有争议。

可能经济学家正在胜出。现在关于全球化的辩论似乎比五六年前的21世纪头几年要少,质疑也减少了。关于全球化的意识形态大讨论已经基本结束。它们已被普遍的悲观情绪所取代,这种情绪与2002年后世界经济全面扩张和活跃的趋势形成鲜明对比。扰乱1999年世贸组织会议、2001年热那亚首脑会议、世界银行和国际货币基金组织年会和达沃斯世界经济论的大规模示威活动似乎属于一个遥远的、相当无辜的过去。现在,真正反全球化的声音来自一种完全另类的全球视野,即伊斯兰原教旨主义。许多前批评家现在至少看到了全球化的一些好处。更聪明的人坚持认为,他们总是希望"更好的全球化",而不是简单地让时间倒流。[1]尤其是印度和中国的迅猛增长似乎表明,向世界市场开放经济不仅是增加产出的方式,也是减轻贫困的方式。第三世界的活动家们希望增进而不是减少全球化,并拆除工业国家的贸易壁垒。

全球化看起来也非常富有活力。它似乎很容易就在"9·11"恐怖袭击的冲击中生存了下来。曾在1997—1998年蔓延的新兴市场危机没有重演。2007年的信贷市场焦虑对亚洲新兴市场几乎没有影响,以至于很多评论家开始谈论"脱钩"。[2]世界经济的回弹力有时被错误地解释为全球化势不可挡的体现。现实中,存在着巨大的漏洞。如果2007—2008年的金融动荡导致普遍和持续的衰退,那么贸易和移民的流转极有可能受到保护主义和民粹主义的强烈反对。知识分子是冷静的,但其他人却都在焦虑中,一些著名经济学家(肯·罗戈夫、布拉德·德隆、努里埃尔·鲁比尼)也已变得非常悲观。

许多之前提倡全球化的发达工业国家政界和商界人士现在深感忧虑,因为在他们的国家中,全球化似乎既要为失业和减薪负责,又要为稀缺资源

---

[1] See Stiglitz, *Globalization*, or Ulrich Beck, *Macht und Gegenmacht imglobalen Zeitalter* (Frankfurt: Suhrkamp, 2002), esp. pp. 416ff.
[2] 这一概念在高盛公司的吉姆·奥尼尔(Jim O'Neill)2007年9月的一份报告中广为传播,"The Changing World", *Global Economics Weekly* 7: 29, 5 September 2007.

拥有者的明显不合法的报酬负责——尤其是那些在体育或娱乐领域享有盛誉的超级明星，或像超级明星一样推销自己的首席执行官们。① 然而近年来，全球化最显著的影响还体现在非技术性劳动力市场上，对此大多数政策思考者只知道通过更好的培训来解决问题，但现在很明显的是技术性服务工作（最明显的是计算机软件领域，也包括医疗和法律分析领域）也可以"外包"。于是，当前西方巨大的中产阶级（20 世纪的大赢家）对未来走势非常不安，因为新兴国家中规模更大（工作也更勤奋）的中产阶级可能将他们取而代之。②

这不仅导致政治上的激烈抵制，还导致工业富国在公司治理架构、公司侵权和高管巨额薪酬方面出现强烈的民粹主义。新的反弹自然会让商业领袖们感到恐惧，他们希望设计出一些对自己伤害不大的恰当对策。在世界经济论坛（曾被戏称为全球化狂热分子的嘉年华）这类的活动中，现在不断上演的是对企业社会责任的批判和一致呼声。达沃斯论坛的创始人施瓦布（Klaus Schwab）说："我们必须为过去的罪恶付出代价。"而乔治·索罗斯（George Soros）在 2008 年声称："这不是一场正常的危机，而是一个时代的终结。"③在达沃斯这样的活动中，很难找到古典的规则约束型自由主义（classical rule-bound liberalism）的捍卫者。全球商界领袖们欣然接受他们的对手，这倒让我想起了佛罗伦萨的统治者和银行家美第奇（Medici）对多明我会修士吉罗拉莫·萨沃纳罗拉（Girolamo Savonarola）的赞助，后者是商业文化的最轩昂、最激进的批评家。④

换言之，世界的全球化者们正在遭遇整体性的颓丧。他们的不确定和紧张情绪是对的。全球化并非不可阻挡的。过去那些经历的结局很糟糕。当今人们有时会聊以自慰的观点是，世界上只有过一次各种问题并发的大

---

① 对于此现象的论述，见 Sherwin Rosen, "The Economics of Superstars", *American Economic Review* 71: 5, Dec. 1981, pp.845-58。
② See Surjit S. Bhalla, *Imagine There's No Country: Poverty, Inequality and Growth in the Era of Globalization* (Washington DC: Institute for International Economics, 2002).
③ "Ins and Outs of the Ups and Downs", *Financial Times*, 25 Jan. 2008.
④ See Donald Weinstein, *Savonarola and Florence: Prophecy and Patriotism in the Renaissance* (Princeton, NJ: Princeton University Press, 1970).

萧条，它由一系列奇怪的原因共同造成：第一次世界大战的后遗症、赔款、战争债务的财务协定，世界上最大经济体美国的银行体系出现混乱，以及身处一个仍渴求金属货币的世界却对货币政策的掌控缺乏经验。由于这种情况是独一无二的，那样的大萧条也就不会再次发生。历史学家会说，这种推理可能大错特错了。

大量关于全球化的可靠历史文献表明，曾经有一些时期出现过不断增长的世界一体化倾向，但之后出现各种恶果，这种倾向就停止并逆转了。[①] 现代全球化最为人熟知的先例是19世纪末和20世纪初的全球化进程，它们以两次世界大战间的大萧条而告终。但也有更早的一体化时期：罗马帝国；15世纪末和16世纪初的经济复苏（经济环境处于文艺复兴的背景中）；18世纪，即技术进步和通信便利为建立全球性帝国（英国和法国）开辟道路的世纪。所有这些过去的全球化进程几乎都伴随着战争而结束了。人们往往认为全球化会导致普遍的和平，因为只有在一个和平的世界中，贸易和思想的交流才能真正蓬勃发展。但在实践中，商品、资本和人的全球化往往会导致暴力的全球化。

糟糕的政策显然会以一整套层出不穷的方式破坏各个经济体，但制度性崩溃是军事冲突的产物。

作为一种经济现象，全球化取决于跨国的商品、劳动力和资本的流动。安全方面的问题使人们对所有这些流动性产生了高度的担忧。贸易可能造成对进口的依赖，从而导致战略上的脆弱性，而保护农业的最古老理由之一是在遭受攻击时要能自给自足。劳动力流动可能掩盖间谍或破坏分子的行径。例如，第一次世界大战期间，英国人对伦敦餐馆的德国雇员人数感到恐慌。最后，资本管制往往以国家安全为理由进行。破坏政治稳定的一种方式是图谋增加金融恐慌，而限制资本流动可能是增强对投机性攻击的免疫力的一种方式。

相比"反恐战争"对经济秩序和经济一体化产生的威胁，历史上的这些

[①] Kevin H. O'Rourke and Jeffrey G. Williamson, *Globalization and History: The Evolution of a Nineteenth-Century Atlantic Economy* (Cambridge, MA: MIT Press, 1999).

事件与之有明显的相似之处。在 9 月 2 日之后①的世界里，贸易、金融和劳动力流动都很脆弱。一揽子计划曾为许多国家带来前所未有的经济增长——人员、商品和资本流动的增加；而在 9 月 2 日之后，计划的每一个部分似乎都包含着对安全的明显威胁。来自贫穷国家，特别是伊斯兰国家的学生和游客可能是"潜在的"恐怖分子，或者他们可能因洞察和经历了西方自由主义、放任或市场经济的任意性而变得激进。很快，海关机构几乎不再管理货物的运输，炸弹甚至 ABC（原子、生物、化学）武器可能很容易被走私。资本的自由流动和复杂的银行交易可能被用来洗钱以及为恐怖主义活动提供资金。

在面临安全威胁的情况下，人们会自然且合理地认为所有这些地区都应受到更严格的管制。但把反恐战争当作绝对优先事项是危险的。任何形式的管制都有可能被那些别有用心的人滥用，理由是：技术移民工人提供了"不公平"的竞争；从劳动力价格低廉的国家进口的商品过多；或者资本流动被认为是不稳定的，产生了严重的和传染性的金融危机。新议题是关于全球恐怖主义所构成的安全挑战，它给了保护特定利益这个旧要求以机会，使之能以更引人注目和更有说服力的方式被提出。各种保护主义者突然间都有了一个好故事来讲述国际贸易所造成的危害。

诸多迹象表明，我们正处于一个新时代的开端，此处"全球化议题"再次被搁置。在新的世界里，差异变得很重要。商业领袖关注的是他们"传统"的经营方式。个人看到的是来自外部的风险，而非机遇。公民发现了腐败。各国愿意打贸易战和货币战，并抵制外部对企业事务的干预。政治领导人专注于重新设计贸易和货币体系，以改变政治和经济实力的平衡。当政治决策者看到的是一场零和博弈而不是合作的吸引力时，权力和霸权再次变得重要起来。在这个世界上，冲突趋于升级，并破坏繁荣和国际秩序的基础。它的居民想到的是马尔斯（Mars），而不是墨丘利（Mercury）②。

---

① 指"二战"后。——译注
② 马尔斯是战神，墨丘利是贸易之神。——译注

E. H. 卡尔目睹了国家权力不可避免地沦为帝国权力的附庸（projection）。他引用了莱因霍尔德·尼布尔（Reinhold Niebuhr）的话，大意是"不可能在生存意志和权力意志之间划清界限"，并在提到霍布斯和马基雅维利时得出了民族主义"几乎自动发展成帝国主义"的结论。[1]

帝国与帝国主义

当我们对全球化的前景感到担忧时，通常会以20世纪特有的想法做出回应，即政治可以提供解决方案，社会可以在一个安全的国家堡垒中得到更令人满意的保护。也许好的政治确实能在全球层面形成好的治理。毕竟，全球化在20世纪末确实如此强劲，而且没有重蹈以前的崩溃（如两次大战期间的大萧条）的原因之一是国际体系的成熟和稳健。

当今世界被密集的法律和规则网络所覆盖。但这个网络是不完整的。虽然贸易越来受制于世贸组织制定真正国际规则的过程，但在货币事务方面的发展情况却与之相反，背离了1944年布雷顿森林会议（Bretton Woods Conference）制定的规则。丹尼·罗德里克（Dani Rodrik）从这种贫乏得出的结论是"与传统智慧和许多权威观点相反，国际经济的一体化仍然是非常有限的"[2]。在实际操作中，国际监管仍主要经由国内法的域外司法活动过程来实现；通过这种活动，美国或欧洲联盟等有力主体的法律影响了全球法律标准。

在该体制的管理方面有一个严重的悬而未决的问题。为在"脱离霸权主义"之后运作而创建的大批机构既不能充分约束自身成员，也不能约束其他人。由于拥有太多中等规模欧洲国家的代理人，高盛的架构并不能很好解决全球化问题；联合国的组织结构失调；人们普遍认为国际货币基金组织已经没有使命感了，它只是用源源不断的项目对布雷顿森林体系"照葫芦画

---

[1] Carr, *Twenty Years' Crisis*, pp. 143-4.
[2] Dani Rodrik, *One Economics, Many Recipes: Globalization, Institutions and Economic Growth* (Princeton, NJ: Princeton University Press, 2007), p. 197.

瓢",并重建国家间的金融架构。然而,全球化的新弊病超出了与国际秩序结构相关的问题,还涉及两个进一步的事态发展:第一,主要工业国家日益感到无力,这样的话,任何严重的经济和金融改革都已不可能;第二,意识到强权政治(幸运的是20世纪后半叶基本上没有这种政治)又卷土重来。针对全球化问题而制定有效措施的整体努力,因这些事态发展而陷于瘫痪。

有时我们可能会认为这种瘫痪源于人们痴迷于近代史,眼光过于狭隘。评论家通常认为,乔治·布什对伊拉克的判断是灾难性的错误,这个偶然事件导致他和托尼·布莱尔被简单地、无望地抹黑,而布莱尔出于某种原因完全把自己和英国政府绑在一起。事实上,布什和布莱尔的显著缺陷掩盖了其对手和竞争者的不足。在其他不接受布什-布莱尔逻辑的国家,同样的瘫痪状况仍然存在。

该问题的最明显表现是财政过度紧张,这困扰着所有主要工业国。自20世纪90年代以来,全世界——包括欧盟国家——的财政纪律均有所进步。但自20世纪90年代末以来,日本(1998年中央政府财政赤字为-3.8%,2005年扩大到-7.0%)和美国(赤字从+0.5%增加到-3.4%)的赤字急剧增加。欧盟国家起初受到《稳定与增长公约》(The Stability and Growth Pact)的限定,但自2001年起各国普遍出现对该公约的敷衍应对,尤其是较大的成员国。在21世纪初,大国的政府赤字急剧上升。

这种瘫痪远不光体现在财政方面。这在欧盟"病夫"即四个大国中的三个——德、法、意身上尤为明显。在每一种情况下,增长缓慢和竞争优势下滑都造成了政治上的阻碍,导致选举和公决的结果非常狭窄,且在自由化和全球化问题上,左翼和右翼政党内部均出现严重分歧。左翼的新分歧出现在社民党、法国社会主义运动和意大利橄榄树联盟内部:每种情况下都有一部分人反全球化、反欧盟(这些争端尤其在法国公投过程中被公开化了),而中间派则希望在全球和欧洲两极体系的内部发挥作用。右翼中的现代化支持者和反对者之间的争端,表现为大型商业利益支持欧盟,而持传统观念的选民和小企业则担心移民,也担心《新巴塞尔协议》对小企业贷款的影响,以及来自亚洲生产商的竞争。意大利北方联盟(Italian Northern League)对欧盟感到不安,而法国国民阵线(National Front)是最成功的反全球化右翼政党。戴高乐运动和德国基督教民主联盟/基督教社会联盟(CDU/CSU)的部分成员也存在类似情绪。另外,许多社民党成员也对德国左翼的全球化怀有敌意。类似的发展在其他工业大国也很明显:美国共和党、民主党和日本自民党都有派系,彼此之间争斗的激烈程度不亚于政党间的争斗。整个欧盟和美国的政府都已经无力采取有效的行动,而这种情况也蔓延到了国际舞台上。

但为了实现新世纪第二次的、全新的发展,恰恰需要行动。21世纪初的世界所痴迷的权力在20世纪90年代却曾让人困惑,因为全球化的性质和相互作用方式已经发生改变。全球化(如20世纪90年代所见)曾承诺在世界上实现市场的直接运作,并有效提供更多消费者想要的商品。但全球一体化未能兑现这一承诺——至少对某些政治敏感群体而言。相反,在21世纪的头十年,市场失灵无处不在:与全球变暖和环境有关的状况,却又与能源市场有关。

美国人不光担心中东的稳定,也因中国努力与非洲和南美的能源、原材料生产商建立特殊关系而忧虑。欧洲人(尤其是中欧人)有理由担心,俄罗斯是否可能把对俄本土和中亚的天然气运输的管控当作一种政治手段。

在全球化的世界里,小国做得最好,因为它们更灵活,可以很容易地适应迅速变化的市场。① 20世纪90年代的赢家是新西兰、智利和阿联酋等小国,或者欧洲国家、爱尔兰、波罗的海国家、斯洛文尼亚和斯洛伐克。但这样的国家是脆弱的,过去的历史舞台上充斥着小而成功的全球化者,它们却因强权政治而败下阵来:文艺复兴时期的意大利城邦、荷兰共和国,或者20世纪的黎巴嫩或科威特。

当今世界,新的赢家似乎是人口众多、发展迅速的大国:中国、印度、巴西、俄罗斯。它们更容易投射(project)权力,但也需要通过投射权力来弥补自己的弱点。三个明显的缺陷对这些大的全球化者造成的影响远高于那些

---

① See Alberto Alesina and Enrico Spolaore, *The Size of Nations* (Cambridge, MA: MIT Press, 2003).

先前就有良好表现的小的全球化者。第一，这些人口大国如何在参与世界市场的过程中将贫穷和受教育程度低的底层（主要在中国和印度的农村）结合起来？第二，中国和俄罗斯的金融体系缺乏透明度，而巴西和印度的金融不发达，这些缺陷使世界经济在进一步一体化时面临风险，并使其易受金融危机的影响。第三，俄罗斯已经面临着大规模的人口下降、老龄化和患病人数增加，而几乎可以肯定的是到 21 世纪 40 年代中国将要面临日本式的人口下降，这是计划生育政策姗姗来迟的后遗症。有缺陷的地缘政治巨头在过去一直是不稳定的根源（"一战"前的德国就是一个典型例子）。我们有充分的理由认为它们在 21 世纪的未来将会导致更大的风险。

在一个根据权力来重新分配特权的世界里，即便如传统欧洲国家或日本这些中等大小的国家，其规模也不足以让它们自行采取的行动变得有效。在当前关于欧洲能源政策的辩论中，这种无助感尤为明显。英国、法国或德国（更不用说较小的中欧国家了）若不是借助集体谈判立场，连天然气管道这类问题都解决不了。由此产生的无力感加剧了政治瘫痪，特别是那些强调民主掌控的国家。

资本市场的运作也存在着新的（而且是 21 世纪的）问题，而那似乎又被看作 20 世纪后期全球化的主要驱动力。一个有效的竞技场供数不清的独立猜测、决定或策略相互作用而产生出结果，资本市场不再是这样的竞技场。相反，新兴市场的央行和新成立的主权财富基金（SWFs）提供了如此多的市场份额，以至于它们开始主宰市场。主权财富基金拥有至少 2.5 万亿美元的资金，其规模超过了全球对冲基金的总和，足以推动全球市场。当这种规模的各实体做出决定时，所采取的行动必然是战略性的。所有政党都开始怀疑这是政治操纵。

2007 年 11 月阿布扎比向花旗集团注资 75 亿美元，12 月新加坡政府投资公司收购了瑞士瑞银银行（UBS）194 亿瑞士法郎（约合 172 亿美元）的股份。行动更积极的新加坡淡马锡（Temasek）机构已收购了渣打银行（Standard Chartered Bank）、巴克莱银行（Barclays Bank）、中国银行和中国建设银行的股份，并于 2007 年 12 月收购了美林证券（Merrill Lynch）44 亿美元的股份。自 2007 年第二季度以来，主权财富基金已向发展中国家的金融公司投入了至少 460 亿美元。① 其他投资也吸引了大量注意力，例如迪拜港口世界（Dubai Ports World）尝试收购美国六大港口的管理者英国 P & O 公司却遭失败，或是 2005 年中国海洋石油总公司对加州优尼科（Uniocal）石油公司的竞购受阻。就算是新加坡淡马锡这个主权财富基金的优异范例，虽很长一段时间内基本被人们所忽略，但现在却受到关注，而从其所有者和管理者的角度来看，这是非常不受欢迎的；它已宣布，打算避免购买"标志性"（Iconic）公司的股份。我们可以期待主权财富基金主动制定一套良好管理的准则，使主权财富基金会采取自我否定的决议，不购买关键行业的主导性股票。但即便如此，也不足以安抚老工业国的神经。

即使撇开政治因素不谈，主权财富基金的庞大规模也使它们成为金融市场的主要参与者。在过去的五年里，它们为全球股市的大幅扩张提供了部分资金。2002 年 9 月，世界股市的总市值仅为 20.4 万亿美元，但到 2007 年 10 月已上升至 63 万亿美元。② 事实上，网络泡沫破灭后，新兴市场的储蓄流动推动了全球股市的繁荣，因此新兴市场大国正在引导资本流动，使其为世界工业经济体的支付和预算赤字提供资金。

全球性体制似乎需要全球性执法者，但似乎不可能建立一个令人满意的机制来对执法手段进行民主控制。尽管"帝国"几乎总是被用来贬抑别的国家的所作所为，新的弱点却助长了另一种对帝国的痴迷。被视为敌人的不光是现代美国：这个词现在经常被用来形容弗拉基米尔·普京复活沙皇专制政权，也被用来形容欧洲试图在全球舞台上展示自己的利益和理想。我对主要报纸上出现"全球化"的次数做了一个简单的调查，发现在 2000 年以前出现的次数是逐年递增的，但 2002—2004 年间出现下降；提到"帝国主义"和"帝国主义"的次数则有所增加。③

---

① " $ 46 Bn Invested in Western Institutions"，*Financial Times*，12 Dec. 2007，p.16.
② 数据来自世界证券交易所联合会（World Federation of Exchanges）。
③ 来自 Lexis-Nexis 数据库："全球化"一词在 2000 年的《纽约时报》(*New York Times*) 中出现了 665 次，但在 2003 年的《纽约时报》中仅出现了 484 次；而在 2000 年和 2003 年的《金融时报》(*Financial Times*) 中，则分别出现了 683 次和 435 次。

现代的、富裕的工业社会不习惯以帝国式的术语来思考,并对这种观念的内涵进行强烈抵制。他们认识到帝国主义在过去显然已经失败,而帝国主义的遗产也是一个充满怨愤和仇恨的世界。对帝国和帝国主义的争论,变得比过去有关全球化的讨论更加困难。这导致人们普遍感到绝望。除非全球化进程的参与者不再迷恋于修订制度,而是更深入地思考怎样的共同价值观才能将全球社区团结在一起,否则这种绝望不太可能消失。

自然法

在当代国际事务的议题中,自然法经常在重大争论中被援引,尤其是在确立"正义战争"的理由时。这种重点援引令人惊讶,因为阿奎那(和霍布斯)所设想的自然法主要是关于和平与安全的。传统上,它产生的只是较为一般和初级的结论,解释了为什么要为和平贸易提供基本安全,为什么允许航运不受干扰地通过等等。但这些结论对于争论牵涉的合法性至关重要,因为它们显示了有约束力的承诺是如何产生的。正如约翰·菲尼斯(John Finnis)所言,自然法传统的天才在于"在没有获得授权的制定者,甚至没有制定规则的权威平台产生便利条件的情况下,人们也会制定出权威性规则"。所以,有效的法律可以由坏人制定(或者在现代情况下由不合法和不民主的政府制定),因为"自然法则通过人来确立权力,不管他们是好人还是坏人"①。

这种解决办法似乎与以规则为导向的自由主义相一致,因为在这种秩序中,脆弱性的一个主要根源在于担心世贸组织或国际货币基金组织等机构被强加规则,以有利于现有大国的利益(在当今世界,这实际上指美国)。但是,关于终极价值和可能被滥用的实践规则之间关系的争论是一个非常

---

① John Finnis, *Natural Law and Natural Rights* (Oxford: Oxford University Press, 1980), pp. 238, 251. 基欧汉《霸权之后》,第 251 页)也提出了类似的观点,他说,"已经产生良好效果的合作应该受赞赏,即使我们对其缔造者不另加褒奖"(比如说,尼克松总统与中国的和解)。

古老的议题。它有时被视为对罗马帝国那些故事的反映(正如爱德华·吉本和亚当·斯密的经典著作中所描述的那样)。对吉本和斯密来说,罗马就是乔治三世帝国的各种弊病的一面镜子,正如20世纪末和21世纪在"美洲帝国"这个概念中,罗马又在各处都变成了镜子一样的东西。

这些帝国制度是如何将价值观转化为规则的? 最初,罗马帝国试图通过把新的疆域的本地神学收纳为帝国的多元宗教世界的一部分,来把那些区域融入其不断扩张的帝国统治之中。在宽敞的罗马万神殿里可以直接增加更多的神,而本地神灵可以与帝王神并肩而立,且没有竞争或冲突。多神教的建立基础是对差异和地方传统的尊重,这种尊重既深刻又带有政治动机。罗马人把多神教视为帝国统治的根基,因此罗马成为世界宗教的中心:不仅是传统罗马众神崇拜的中心,也是密特拉(Mithras)崇拜、埃及圣典活动的中心,当然还包括高度排他的基督教。其他伟大的帝国也对当地的信仰做出了类似的让步:中国的清朝皇帝试图接受西藏达赖喇嘛和班禅喇嘛的精神力量;奥斯曼帝国的皇帝,即使是穆斯林信徒的哈里发,也宽容和批准了德鲁兹、基督教和犹太机构的建立。

在对比过去和现在的帝国时,一个重要的考虑因素是对建立国际秩序以处理文化多元化的问题做出的大量尝试。21世纪意味着文化多元主义:鼓励广泛多样的文化,呼吁相互宽容和理解。在这样一个世界里,核心文化不再是宗教文化。工业国家的居民感到自豪的是,他们不再只有"西方"音乐或传统美食,他们买东方人烧的香和神秘主义的东西,也光顾出售法国香水的香水店。其结果无疑使现代生活特别是现代城市生活更加有趣和有益。最近,蔡美儿重申了她的观点,她认为现代新帝国的统治取决于是否对多样性予以宽容,甚至对其进行宣传。[①]

但是,作为全球治理的基本原则,宽容的增长把人类特有的"评判"(judgement)能力给中止了。多样性意味着对其他行事方式的热情接受,以及克制对差异或"他者"的评判。"评判"成为一种贬义属性。决策的唯一依

[①] Amy Chua, *World on Fire: How Exporting Free Market Democracy Breeds Ethnic Hatred and Global Instability* (New York and London: Doubleday, 2003).

据是无内容的功利主义,这种方法最初是在欧洲开始走向全球化的时候发展起来的。杰里米·边沁(Jeremy Bentham)有一个著名的论点:图钉和诗歌同样有价值,从立法者的角度来看这一点很重要。

正是因为这个原因①,罗马开始分崩离析。后来,基督教化的罗马帝国或伊斯兰扩张的早期阶段,对普遍性或世界性统治(及类似情况)的尝试将普世统辖与单一价值观或一神论联系起来。但是,一神论与单一且定性一致的强大信仰结合后,很可能引发持续不断的争论和冲突。

跨越巨大地理和文化距离的一体化也需要被充分理解和良好应用的规则,才能避免被视为反复无常和武断的。如果这是真的,那么现代社会对多神论或多元文化主义的驱使就是个大问题。相对主义颠覆了规则体系对外在事物的认可和接受。这是对我在别处称为"罗马困境"的另一种表达方式:在君士坦丁的统治下,罗马帝国从多神论自我改造为一神论——吉本对这种转变深恶痛绝。②

根据这种做法,国际机构和网络的合法性来自一个简单事实,即它们是存在的,也因此可以理所当然地被认为是合法的。该命令只是在其按照程序开展的实践中生成自己的规则。即使是大国也会进行合作,以解决有限范围的具体政策问题,并由此产生跨国家协议,构成实际的行为准则(如《布雷顿森林协定》或《巴塞尔协议》)。

功能主义的方法忽视了从长远来看建立合法性所需的伦理基础。对建立良好政治的要求在多大程度上能够通过内部程序性辩论(即讨论哪些国家应获得联合国安全理事会常任理事国席位,哪些国家在 G7、G8 或 G9 集团中应有代表,或是在欧盟投票应由《尼斯条约》决定还是由其他方式如根据 2004 年的《欧盟宪法条约》决定)得到满足,是有限度的。功能主义趋向于引起关于谁被纳入跨国"俱乐部"以及谁被排除在外的激烈争论。同时,

---

① 缺乏评判能力。——译注
② Harold James, *The Roman Predicament: How the Rules of International Order Create the Politics of Empire* (Princeton, NJ Princeton University Press, 2006). 另见: Garth Fowden, *Empire to Commonwealth: Consequences of Monotheism in Late Antiquity* (Princeton, NJ Princeton University Press, 1993).

架构性的争论不仅回避了主要问题,而且常常导致更激烈的冲突。实践经验表明,在基本原则上达成某种共识是国际会议成功制定议程的先决条件。辩论被仅仅局限于程序方面时,往往会增加不信任:议程被操纵了吗?对方是在使用不公平的谈判策略,还是他们仅仅是(且不公道地)更聪明?

纵观过去的例子,最成功的良性霸权事例是其对价值观的雕琢,将其他不同社会纳入一个和平秩序中。和平是一种价值观,它不是简单地从各种过程中产生的。古罗马发现这种构想完全不可能,自视为帝国的任何秩序也是如此。当代欧洲的问题在于混淆了对各种过程的崇敬与对某种更高目标的崇敬,而这种目标是不容易被构想出来的。

1959 年,伟大的牛津哲学家以赛亚·伯林(Isaiah Berlin)在一篇关于欧洲统一及其变迁的杰出论文中指出了这个问题。伯林看到了一个回归到共通性的欧洲,因为它拒绝为 18 世纪末浪漫主义的个别性和差异而喝彩。在那个时代之前,世界是一个"单一的、可理解的整体。它是由某些稳定的物质和精神成分组成的;如果这些成分不稳定,它们就是不真实的"。在 20 世纪中叶的灾难发生之后,从政治、心理上克服困境已不可能像从物质上克服那样容易(这在马歇尔时代原本是可以的)。此时需要一种新的愿景:"有一种对古老的自然法观念的回归,但对我们中的一些人来说,是以经验主义的方式回归,而不一定要诉诸神学或形而上学基础。"①

正如伯林所注意到的,18 世纪的思想家们非常清楚地看到了合法性原则的问题。亚当·斯密已经敏锐地意识到了制定他所说的"道德的一般规则"的必要性。这些规则来自经验,"尤其是我们对分辨善恶能力的经验,对长处和礼节的自然感觉方面的经验,赞成或不赞成什么的经验"。当这种一般的行为准则"被当作习惯性的反思在我们头脑中固定下来时,对于纠正我们在当前情况下被自私之心所扭曲的行为规范是非常有用的"。这个准则为人类立法提供了一个自然法框架。它作为一种首要的假定而存在。"如果人类对这些重要的行为准则缺乏普遍的敬重,那么人类社会将一事无成。

---

① Isaiah Berlin, "European Unity and Its Vicissitudes", in *The Crooked Timber of Humanity: Chapters in the History of Ideas* (London: John Murray, 1990), pp. 175, 204.

一种意见进一步增强了人们的崇敬之情,这种观点首先受到大自然的影响,后来又被推理和哲学所证实:那些重要的道德规则是神的命令和法则,上帝最终会奖励顺从的人,惩罚违反其职责的人。"①

阐述"罗马困境"的另一种方式是设问如何处理人类基本的暴力倾向。最明显的答案是,在文明进程中,需要法律(或者说规则体系)来遏制暴力。古罗马人发现实际上几乎不可能对规则和法律的基本原理进行系统化阐述。在亚伯拉罕信仰中,"十诫"给出了基本的阐述模式。这些戒律来自上帝,而不是来自关于实用必要性的争论,也不是已被增强的互动和交流方面的功能逻辑。但犹太教、基督教和伊斯兰教的传统都包含强大的诠释性张力,强调在确立自然法内容时理性的中心地位,并由此通向神圣目的(因为神性不可能是不合理的)。②

值得注意的是,这种解释并没有给塞缪尔·亨廷顿(Samuel Huntington)著名的文明冲突论的视野留下多少空间。1993 年亨廷顿的原稿在《外交事务》发表时,遭到了广泛的谴责和嘲笑。而自 2001 年 9 月以来,在大量专家眼中,它非常像是对 21 世纪新困境的先知式的分析。"文明冲突"是当前流行的非全球化思维的另一个版本,它有着独特而复杂的血统。伊斯兰(或者在之前的另一种说法中是亚洲人)和西方的观点之间存在不可避免的冲突,这一冲突实际上基于两种理由:一是关于经济和社会现代化对非西方传统社会的影响;二是关于无法避免的、不可磨灭的文化差异。在各种文明冲突中,对西方现代化模式的普遍排斥是传统秩序崩溃后产生的怨恨所引起的反弹。然后,理论家们创造和摆弄出一个理想化的过去,以对抗去精神性的世俗化进程,但这种反西方的反应自身却频频借用西方的字眼。这就是伊

---

① Adam Smith, *The Theory of the Moral Sentiments* (Indianapolis: Liberty Fund, 1969), pp. 264, 266, 271-2.
② 关于这一观点的现代表述,见约翰·保罗二世 1998 年的通谕: *Fides et ratio*, http://www.vatican.va/holy_father/john_paul_ii/encyclicals/documents/hf_jp-ii_enc_15101998_fides-et-ratio_en.html, accessed 19 Jan. 2008; 另见 David Novak, *Natural Law in Judaism* (Cambridge, UK, and New York: Cambridge University Press, 1998); 以及 Tariq Ramadan, Muhammad: (Paris: Presses du Chatelet, 2006). *vie du prophete. Les enseignement spirituels et contemporains*。

恩·布鲁玛(Ian Buruma)和阿维夏·马格利特(Avishai Margalit)在另一种不同的背景下所戏称的"西方主义"现象：希望推翻和克服西方现代性或"无根、傲慢、贪婪、颓废、轻浮的世界主义"。①

根据对以上分析模式的甄选，不同的解决方案被提出。如果文化差异真的像亨廷顿所说的那样深刻，那么帝国的冲突和征服就是唯一恰当的答案。另一方面，如果问题在于对现代性的不满，而贫穷和边缘化又是暴力与恐怖主义的温床，那么通过一个更好的、更接近社会平均主义的现代化，就能找到更有效的解决办法。当代的许多争论，尤其在2001年9月2日以后，在这两极之间摇摆不定。我们是应该在城门外与野蛮人战斗，还是收买他们？然而，这两种选择看起来都像是老旧的罗马式解决方案的不同方面——征服，并带来繁荣，只是侧重点不同而已。前者傲慢而好斗，后者傲慢地自视为施惠者。两者都崇尚更大的权力和更深入的现代化。

但针对现代化的进一步深入，有一种和原教旨主义一样基础且重要的反对意见被当作简化的答案。20世纪后半叶，强大的现代化范式成为一种解释进步和发展的必要性的方式。它非常明确地基于一种手段理性(means-rational)的论证，类似于在国内或国际背景下对规则合法性问题的功能主义方法。倡导发展的人们将发展本身就视为一种善，任何聪明的观察者也都会不假思索地这样看。通常，人们并不认为发展与任何更高的价值、任何更大的人性尊严或自由的实现有关联。相反，它被当作一座技术官僚式的磨坊，在那里，人性本会因进步和繁荣的事业而被碾碎。而正是技术官僚式的现代化愿景产生了一种新的反西方情绪，这种情绪号称比肤浅的唯物主义更深刻、更具精神性，同时又坚持着由国家定义的资本主义风格。

除了引起文明冲突的挑战和回应模式外，还有一种替代方案。这条备选道路依赖于在共同的知识框架内进行对话，这是自然法传统最清楚和最独特的表现。我们不应该认为技术发展会自动带来繁荣，从而通过某种神奇的方式解决人类价值问题；相反，我们需要清楚地思考和讨论在文化和地

---

① Ian Buruma and Avishai Margalit, *Occidentalism: The West in the Eyes of Its Enemies* (New York: Penguin, 2004), p. 11.

理鸿沟之间,在收入和财富不平等所造成的界限上(令人惊讶地)共享的价值观。在这场讨论中,我们将发现比最初设想更多的跨文化共性。一个象征性的,但也是重要的价值观统一的例证,发生在现代罗马,即教皇约翰·保罗二世(John Paul II)的送葬队列中,这是世界史上出席人数最多的葬礼。基督教、犹太教和伊斯兰教领导人同心同德,以色列总统与伊朗总统握手。英国《金融时报》评论说,自1910年8位欧洲君主齐聚英国国王爱德华七世(King Edward VII)的葬礼[1]以来,几乎没有发生过类似的事情。

在达沃斯世界经济论坛上,受惊的全球化者把一个保护他们自己及其批判者的天使当作会议的象征物,似乎要借此来把精神性当作论坛的主题。同时,这个天使足够模糊,不与任何特定的宗教传统产生过于明确的联系。

尽管存在差异,但价值观的共同性这一概念确实应该扩大,甚至超越连接不同宗教传统的那些层级,因为这些价值是通过人的推理获得的。在明显对立的思想传统之间(例如理性和信仰间长期的辩证关系)的持续性对话提供了一种方法,来建立一个遏制暴力的共同基本原则。这种基本原则独立于过程和步骤中的偶然性与必定令人不满意的结果。它不依赖于简单的功能主义逻辑。我们的争论必须避免简单的技术官僚式解决办法所给出的非价值导向的逃避主义;这种争论需要关注我们因承认人类固有尊严而遵循的基本价值观。

---

[1] "Funeral Presents Opportunity to Renew Diplomatic Contacts", *Financial Times*, 8 April 2005.

正 义[*]

大卫·米勒（David Miller）　著
陆鹏杰　范震亚^{**}　译

  正义的理念在伦理学、法哲学和政治哲学中都处于中心位置。我们把这个理念应用于个人行动、法律和公共政策，并且认为，如果它们是不正义的，那么我们就有一个强有力的甚至是决定性的理由来反对它们。在古代，正义被当作四种主要的德行之一（而且有时候会被当作四种主要德行中最重要的一种）；到了现代，约翰·罗尔斯（John Rawls）非常有名地把正义描述为著名的"社会制度的首要德行"（Rawls, 1971, p.3; 1999, p.3）。我们或许会争论：在实践哲学的这些领域中，哪个领域最先提出与正义相关的主张？比如说，正义首先是法律的一种属性吗？它作为个人以及其他制度的一种属性，仅仅是由此派生而来的吗？但更有启发意义的做法可能是：我们应该接受，随着时间的推移，正义这一理念已经深深地扎根于上述各个领域，并且为了理解正义这样一个广泛的概念，我们不仅要辨别哪些要素与正义的讨论相关，而且要考察正义在各种实践语境下的不同形式。本文旨在

---

[*] 本文依据《斯坦福哲学全书》（*Stanford Encyclopedia of Philosophy*）2017年版译出，感谢米勒教授授权让我们翻译这篇文章。在本文的翻译过程中，我们曾向曹钦博士和徐峰博士请教过部分术语的翻译，感谢他们的不吝赐教。此外，和永发先生帮我们通读了全文，提出了不少有益的改善意见，在此向他致以诚挚的谢意。——译注

[**] 陆鹏杰，四川大学哲学系博士后；范震亚，中国人民大学哲学院博士研究生。

提供一张粗略的地图，将古今哲学家们对正义的理解囊括在内。

首先，我们将辨别正义的四个核心特征，这些特征使得正义与其他道德理念和政治理念有所不同。接着，我们会考察四组重要的概念对比，它们分别是保守型的正义与理想型的正义、矫正正义与分配正义、程序正义与实质正义、比较性的正义与非比较性的正义。然后，我们转向关于范围的问题，即正义原则适用于什么人或什么东西。我们关心的是：正义的主体是否可以为非人类的动物，以及正义是否只适用于彼此已经处在某种特殊关系中的人群？此外，一旦基于正义的制度建立起来，人们是否仍然负有某些与正义相关的义务？最后，我们将考察三种极其重要的理论，这些理论或许能够把正义的不同形式统一起来，它们分别是效益主义（utilitarianism）、契约主义和平等主义。但总的来说，似乎没有哪一种理论有望取得成功。

针对正义的某些特定形式，更细致的讨论可参见其他词条，尤其是 distributive justice, global justice, intergenerational justice, international distributive justice, justice and bad luck, justice as a virtue 和 retributive justice。

目　录

一、正义：勾勒概念地图

（一）正义与个人要求

（二）正义、仁慈与强制性的义务

（三）正义与不偏不倚

（四）正义与能动性

二、正义：四组区分

（一）保守型的正义与理想型的正义

（二）矫正正义与分配正义

（三）程序正义与实质正义

（四）比较性的正义与非比较性的正义

三、正义的范围

（一）人类与非人类的动物

（二）关系型的正义与非关系型的正义

（三）个体与制度

四、效益主义与正义

（一）容纳正义的直觉

（二）效益主义的正义理论：三个难题

五、契约论与正义

（一）高蒂尔

（二）罗尔斯

（三）斯坎伦

六、平等主义与正义

（一）作为平等的正义

（二）敏于责任的平等主义

（三）关系平等主义

七、结论

一、正义：勾勒概念地图

我们对"正义"的某些使用方式有时候会导致它与一般意义上的"正当"（rightness）几乎没有区别。例如，亚里士多德区分了"普遍的"正义和"特殊的"正义：前者对应的是"整个德行"（virtue as a whole），而后者的范围会更加狭窄（Aristotle, *Nicomachean Ethics*, Book V, chs. 1-2）。古希腊语可能比现代英语更加明确地使用广义的"正义"。但亚里士多德也注意到，当正义被当作"全部德行"（complete virtue）时，它总是"与另一个人有关"。换句话说，如果正义被当作道德本身，那么这里所说的"道德"必定指的是在"我们彼此亏欠什么"这个意义上的道德（Scanlon, 1998）。但正义是否应该被理解得如此广泛，这个问题无论如何都是有争议的。在个体伦理学层面，我们经常把正义与仁慈(charity)进行对比,也经常把正义与怜悯(mercy)进行对比,而仁慈和怜悯也都是一些关注他人的(other-regarding)德行。在公共政策层面,正义的理由不仅与经济效率或环境价值等其他类型的理由有所不同,而且经常与它们相对抗。

正如本文试图表明的那样,正义在不同的实践语境下有不同的含义,而且为了充分理解正义,我们必须努力应对这种多元性。但仍然值得追问的是,我们是否能够找到一个将"正义"的所有用法都贯穿起来的核心概念,还是说,我们是否最好把正义视为一个具有家族相似性的理念——根据这个理念,每一个使用"正义"的场合,对应的是某些特征的不同组合。关于正义,一个看似最有说服力的核心定义出自《查士丁尼法学总论》(*Institutes of Justinian*),这是一部公元6世纪的罗马法法典。在这部法典中,正义被定义为"一种不变和永恒的意愿,要给予每个人他应当得到的东西(his due)"。如果不做进一步阐释,这个定义当然是非常抽象的,但它确实揭示了正义的四个重要方面。

(一) 正义与个人要求

首先,上述这个定义表明正义与个人如何被对待有关("给予每个人他应当得到的东西")。正义问题产生于这样的境况:人们会针对自由、机会或资源等东西提出有可能相冲突的要求,并且我们诉诸正义以确定每个人有资格(entitlement)拥有什么东西,以此来解决这些冲突。与此形成对比的是,如果人们的利益趋于一致,并且我们需要决定的是如何最好地追求某个共同目标——设想一下某个政府官员不得不决定贮存多少食物以便应对未来的突发事件——那么正义将让位于其他价值。在另一些情况下,由于资源实在是太丰富了,以至于我们不需要担心该给每个人分配多少份额,因此我们也许没有理由诉诸正义。休谟指出,在一个假想的富足环境中,"每个人都发现自己最贪婪的欲望完全得到了满足","没有人会渴望拥有正义这一谨慎、嫉妒的德行"(Hume, *An Enquiry Concerning the Principle of Morals*, pp. 183-4)。休谟同样相信,在诸如家庭之类的亲密关系中,正义没有立足之处,而这一点至今仍然在哲学上争论不休。休谟宣称,在亲密关系中,每个人都认同其他人的利益,这种认同如此之强,以至于他们既不需要也没有理由对个人资格提出要求(对这一观点的辩护,参见 Sandel, 1982;对此的批评,参见 Okin, 1989。另外,也可参见词条 feminist perspectives on reproduction and the family)。

正义是一个关于如何对待每一个独立个体的问题,这似乎给效益主义等理论制造了难题,因为这些理论对行为和政策的判断是以它们给人们所带来的总体结果为依据的。在这里,我假定这些理论都希望将正义的理念吸收进来,而不是将它排除在外。在第四节,我们会考察效益主义者是如何尝试回应这个挑战的。

即使正义主要关注的是如何对待个体,我们也可以谈论群体的正义。例如,假设国家正在向不同类别的公民分配资源,出于分配的目的,国家可以把每个群体都当作独立的个体来对待。

(二) 正义、仁慈与强制性的义务

其次,查士丁尼的定义强调,正义的待遇是某种应当提供给每个人的东西。换句话说,正义是一些针对某个执行正义的行动者(agent)而提出来的正当要求,无论这个行动者是一个人还是一个机构。这里我们可以把正义与其他价值进行对比:我们可以要求别人伸张正义,但如果想得到别人的仁慈或宽恕,我们只能通过祈求。这也意味着,正义是执行正义的行动者所负有的义务,并且如果该行动者拒绝给正义的对象提供他应当得到的东西,那么该行动者就是在错误地对待正义的对象。正义产生的义务应该是强制性的,这是它的一个标志性特征:出于正义的考虑,正义的对象或第三方可以要求我们把其他人应当得到的东西还给他们。然而,把正义的要求所具有的强制性特征当作正义的一个必不可少的特征,是言过其实的(参见 Buchanan, 1987)。一方面,有些正义的要求似乎不是强制性的(无法由任何人来强制执行)。当我们向自己的孩子或朋友分发礼物时,我们应该公平地对待他们。但无论是收礼物的人还是其他人,都无法正当地强迫送礼物的人必须这么做。另一方面,在紧急情况下,我们可能有正当的理由强迫人们做某些正义没有要求他们去做的事;也就是说,人们可能负有强制性的人道主义义务。不过,这些是极少数的例外。通常来说,作为一种义务,正义的本质与强制性是密不可分的。

(三) 正义与不偏不倚

查士丁尼对正义的定义还把我们的注意力引到了正义的第三个方面,即正义与"不偏不倚地且一致地应用规则"这一要求之间的联系,这是定义里"不变和永恒的意愿"这一部分所要传达的内容。正义与任意(arbitrariness)是相对立的。它要求当两种情况在相关方面相似时,我们应该以相同的方式对待它们[我们在后文会讨论与正义和博彩(lotteries)有关的特殊情况]。为了确保这一点,我们可以制定规则,规定那些拥有 X、Y 和 Z 特征的人应当得到什么东西,并且在每次遇到这种人时都遵循这条规则。虽然该规则不必是不可改变的(即不必在字面意义上是永恒的),但它必须相对稳定。这解释了为什么正义会体现在法律规则中,因为人们把法律理解为一些普遍的规则,并且我们能够长期地、不偏不倚地运用这些规则。在法律之外,那些想要按正义行事的个体和机构必须以某种方式模仿法律的运作[例如,法院会收集与申诉人(claimants)相关的可靠信息,允许人们对裁决提出上诉]。

(四) 正义与能动性

最后,这个定义提醒我们,正义必须牵涉到某个行动者,并且这个行动者凭借他的意志改变了其意志对象的状况。该行动者可能是一个人,也可能是一群人,或者是一个像国家那样的机构。因此,如果不是在隐喻的意义上,我们就不能把那些不是由行动者造成的事态说成是不正义的,除非我们认为有某个神灵已经将宇宙的秩序安排好了,并且每个事件的结果都是由他的意志造成的。诚然,我们很容易会认为某些事态构成了一种"宇宙不正义"(cosmic injustice)——比如当一个天才因癌症而英年早逝,或者当我们最喜欢的足球队因为一个反常的进球而遭到淘汰——但这是我们应该抵制的诱惑。

"只有当某个行动者以某种方式去行动，或者造成了某种结果，才会产生正义或不正义"，这种说法表面上看起来可能会对正义的使用方式带来很大的限制，但事实并非如此。这是因为行动者会因不作为（omission）而产生不正义。有些孩子生下来就患有唇裂，这无疑是令人遗憾的，但却不是不正义的。然而，一旦矫正手术是可行的，拒绝给那些会因为唇裂而毁掉人生的孩子实施手术这种做法就很可能是不正义的。

二、正义：四组区分

到目前为止，我们已经审视了人们在使用"正义"这一概念时所涉及的四个要素。现在是时候来考察某些同样也很重要的对比了。

（一）保守型的正义与理想型的正义

在针对正义这个主题进行写作的时候，有些哲学家观察到，正义有两种不同的面向，其中一种要求维护现有的规范和实践，另一种则要求对这些规范和实践进行改革（参见 Sidgwick, 1874/1907; Raphael, 2001）。因此，一方面，正义要求我们尊重人们基于现有的法律或道德规则而拥有的权利，或者更广泛地说，正义要求我们满足人们基于过去的实践、社会习俗等因素而获得的正当期望（legitimate expectations）；另一方面，正义经常要求我们对法律、实践和习俗做出相当彻底的改变，从而创造出新的资格和期望。这暴露了"让每个人获得他应当得到的东西"这个说法是含糊不清的。一个人"应当得到的东西"可能指的是，根据现有的法律、政策或社会实践，他可以合理期待他应当拥有的那些东西；也可能指的是，在理想的正义制度下，他应当得到的那些东西。这些东西可能是他应得的东西，可能是他需要的东西，可能是他依据平等分配原则而有资格获得的东西——这取决于我们诉诸的是哪一种理想的原则。

不同的正义概念对这些面向的重视程度会有所不同。一种极端的情况是,有些正义概念会把正义解释为,它仅仅关注在现有的法律和社会习俗下,个体可以提出哪些要求。例如,休谟认为有一套规则规定了如何把有形的物品分配给个体(例如,把某个特定的物品分配给它的第一个占有者),而正义指的是对这套规则的遵守(Hume, *A Treatise of Human Nature*, Book III, Part II)。我们可以根据人们头脑中所形成的个人与外部世界之间的自然联系来解释这些规则。此外,虽然我们可以表明整个正义体系对社会是有用的,但我们并没有相关的独立标准可以用来评估正义体系的各个原则〔休谟迅速地否定了这种观点,即平等和应得(merit)这两种原则可以指导我们如何把财产分配给人们〕。基于类似的思路,哈耶克认为,正义是个人行为的一种属性,指的是对"正义的行为规则"的遵守,而这种规则的存在是为了让市场经济能够有效地运行。对哈耶克来说,如果把"社会正义"当作一种理想的分配标准,那么讨论"社会正义"就像讨论一块"有道德的石头"一样毫无意义(Hayek, 1976, p.78)。

另一种极端的情况是,有些正义概念会支持某个理想的分配原则,例如它们可以支持平等,并且同时支持某种"通货"(currency),这意味着它们会以这种通货来规定正义要求人们应当在哪个方面保持平等。接着,这些正义概念会提倡,只要某个主张不是直接来源于我们对这个原则的应用,这个主张就不是正义的。因此,那些基于现有的法律或实践而产生的主张会被拒斥,除非它们恰好与这个原则所提出来的要求相吻合。然而,更常见的情况是,有些人会认为理想型的正义(ideal justice)提出了某些原则,我们可以用这些原则来评估现有的制度和实践,并且这么做是为了对这些制度和实践进行改革,甚至在极端的情况下,是为了把它们彻底地废除掉;但与此同时,人们基于现有的实践而产生的诉求会得到一定的重视。例如,罗尔斯提出了两个正义原则,并且把它们当作评估现有制度的理想原则。他煞费苦心地强调,对这两个原则的应用不应当无视人们现有的正当期望。罗尔斯的"差别原则"(the difference principle)要求我们对社会不平等和经济不平等进行调节,以便让这些不平等给处境最差的社会成员带来最大的利益。

针对这个原则,罗尔斯说:

> 它适用于已公布的公共法律法规体系,不适用于特定的交易或分配,也不适用于个人和团体的决定,但适用于人们在做出这些交易和决定时所处的制度背景。公民的期望和所得不会受到任何未经公布且不可预测的干扰。对资格的获取和使用是按照公共规则体系所宣告的方式来进行的。(Rawls, 1993, p.283)

在这里,我们看到罗尔斯试图调和保守型的正义(conservative justice)和理想型的正义所提出的要求。然而,他并没有直接回答这个问题,即当环境发生改变而导致差别原则要求我们制定新的法律或政策时,我们应当怎么办。那些先前的资格或期望得不到满足的人是否可以要求别人补偿他们的损失?我们可以把这个问题称为"转型正义"(transitional justice)问题(尽管人们现在通常会在一种更加具体的意义上使用"转型正义"这个短语,它被用来指代内战或其他武装冲突后可能会发生的和解过程,可参见词条 transitional justice)。

(二) 矫正正义与分配正义

第二个重要对比的源头至少可以追溯到亚里士多德。这个对比指的是:一方面,正义会被当作一种用来将各种可分配的事物分配给个体的原则;另一方面,正义还会被当作一种在某个人错误地干涉另一个人的正当财产时所适用的补救原则。例如,假设比尔偷了爱丽丝的电脑,或者他把自己声称完好无损但实际上有损坏的东西卖给了爱丽丝。在这些情况下,爱丽丝就遭受了损失,并且正义会要求比尔通过归还电脑或诚实地履行合同来弥补爱丽丝的损失。因此,矫正正义(corrective justice)本质上关注的是某个错误行事的人和他的受害者之间的双边(bilateral)关系,并且它要求错误行事的人消除他的过错,也就是说,他应当使受害者的状况恢复到其本该有的样子,就像那种错误行为没发生过一样。此外,矫正正义可能还会要求错误行事的人不能从他的错误行为中获益。而分配正义(distributive justice)则是多边的(multilateral)：它假定有一个执行分配的行动者和一些可以对正在被分配的东西提出正当要求的人。在这里，正义要求分配者把可供分配的资源按照一些相关的标准——如平等、应得或需求——分配给大家。在亚里士多德的例子中，如果可供分配的笛子数量比想演奏笛子的人数少，那么就应当把笛子分配给那些演奏得最好的人(Aristotle, *The Politics*, p. 128)。在现代的一些争论当中，有些人会把分配正义的原则应用于财产制和税收制等社会制度，他们认为在很多大型社会甚至是整个世界，分配的结果都是由这些社会制度产生出来的。

分配正义与矫正正义在概念上的区别似乎很明显，但它们之间的规范关系却很难解释清楚(参见 Perry, 2000; Ripstein, 2004; Coleman, 1992, chs. 16-17)。有些人主张，矫正正义只是一种用来实现分配正义的工具而已，它的目的是把一种由错误行为造成的不正义的分配状态转变为一种更接近正义(或完全实现正义)的分配状态。但这种观点会面临一些反驳。其中一个反驳是，只要爱丽丝对她的电脑拥有正当的所有权，她就可以基于矫正正义而对比尔提出相关的要求；也就是说，爱丽丝的这种要求并不需要依赖于这个事实，即她在被盗之前所拥有的资源份额与分配正义所提倡的理想要求是一致的。爱丽丝所拥有的财富可能比她应得的财富更多，但矫正正义仍然会要求比尔把电脑还给爱丽丝。借助本文第二节第(一)小节中所介绍的区分，我们可以说，矫正正义的目标可能是促进保守型的正义而不是理想型的正义。另一个反驳是，矫正正义要求由错误行事的人自己将受害人恢复到原来的状况或者给受害人提供补偿，哪怕我们可以从第三方转移资源，从而更好地促进分配正义——例如，如果查尔斯比爱丽丝拥有更多不应得的财富，那么我们就可以把查尔斯的电脑转移给爱丽丝。这个反驳强调了矫正正义所具有的双边特征，同时也强调了它是通过回应某个人的错误行为来发挥作用的。虽然矫正正义的主要要求是，人们不应当因为别人的错误行为或粗心行为而遭受损失，但矫正正义也包含了这样一种观念，即"任何人都不应当从自己的错误行为中获益"。假设爱丽丝在划船的过程中发生了意外,因此丢失了她的电脑。如果她购买了相关的保险项目,那么她可能可以基于分配正义而要求获得一台新电脑。但是,她却无法提出任何与矫正正义相关的要求。

如果矫正正义的规范效力与分配正义有所不同,那么我们就需要解释矫正正义的价值是什么。当我们让比尔把电脑还给爱丽丝的时候,我们实现了什么价值呢?亚里士多德认为,矫正正义旨在让双方恢复到一个平等的状态(Aristotle, *Nicomachean Ethics*, Book V, ch. 4)。通过让比尔把电脑还给爱丽丝,我们既消除了比尔的不正当收益,也消除了爱丽丝的不正当损失。但这种说法预设了电脑可以完好无损地归还给爱丽丝。矫正正义要求爱丽丝的状况不应当比她被盗之前更差,即便比尔会因此而遭受绝对的损失(例如,如果他损坏了爱丽丝的电脑,他就得花钱购买一台新电脑)。亚里士多德本人意识到,在一个人攻击了另一个人且必须对那个人受到的伤害进行赔偿的情况下,"让收益和损失保持平衡"这种观念就会变得毫无意义,因为这里并没有"收益"可以被重新分配。由此可见,矫正正义的价值只能体现在这样一个原则当中:每个人都必须对自己的行为负责,并且如果他没有尊重别人的正当利益,从而给别人造成了伤害,那么他就必须弥补这些伤害。这样一来,每个人都知道自己会受到某种保护,因此不会遭到某些特定的外部阻碍,于是他们就可以安心地规划自己的生活。那么,我们应当采纳什么样的责任标准呢?例如,是否只有当一个人故意或疏忽大意导致另一个人遭受损失时,他才需要提供赔偿?还是说,即便行为人没有犯诸如此类的过错,只要他对伤害负有因果责任,他就应当提供赔偿?针对这些问题,研究矫正正义的哲学家们和法学家们会有不同的意见。

(三) 程序正义与实质正义

第三组必要的区分是:一方面,我们会使用某些程序来确定该如何把各种利益和负担分配给人们,并且认为有些程序是正义的;另一方面,我们还会认为某些最终的分配结果本身也是正义的。虽然我们一开始可能会认为,一个程序是不是正义的,取决于该程序所产生的结果是不是正义的,但事实并非如此。首先，在某些情况下，"独立的正义结果"这个说法是没有意义的。用抛硬币来决定由谁开启比赛会是一种公平的方式，但无论是蓝队还是红队都无法基于正义而要求他们应当先发球或先开球。然而，即便我们设计某个程序是为了让它产生某些实质性的正义结果，这个程序仍然可能由于具有某些特殊的属性，因此是内在正义的（intrinsically just）。在这种情况下，使用不同的程序来产生相同的结果，就有可能是不正当的。约翰·罗尔斯对此展开过一次很有影响力的讨论，他将"完善的（perfect）程序正义""不完善的（imperfect）程序正义"和"纯粹的（pure）程序正义"进行了对比。"完善的程序正义"是由这样一个程序体现出来的：只要遵循这个程序，就一定会产生正义的结果（罗尔斯提供的例子是，要求切蛋糕的人自己拿最后一块蛋糕）。"不完善的程序正义"则由这样一个程序来体现：遵循这个程序有可能但不一定会产生正义的结果。最后，"纯粹的程序正义"对应的是诸如抛硬币的例子这样的情况，也就是说，在这些情况下，我们没有可以用来评估结果的独立方法——如果我们说某个结果"是正义的"，那只是因为这个结果是由人们遵循相关的程序而产生出来的（Rawls, 1971, 1999, §14）。

不同的正义理论对程序和实质结果的相对重视程度会有所不同，我们可以根据这一点来区分它们。有些理论在形式上是纯粹的程序性理论。罗伯特·诺齐克（Robert Nozick）区分了历史性的正义理论、最终状态的正义理论和模式化的（patterned）正义理论，并且他在捍卫第一种理论的同时，对第二种和第三种理论提出了反驳（Nozick, 1974）。最终状态理论对正义的定义是以某种分配（无论是对资源、福祉还是其他东西的分配）的整体属性为依据的，例如，这种分配是不是一种平等主义的分配，或者它是否如罗尔斯的差别原则所要求的那样，会让处境最差的人尽可能地获得更多的东西。模式化理论关注的是每个人所获得的分配份额是否符合他们的某种个人特征，比如他们的应得或需求。相比之下，历史性理论追问的是最终结果是通过什么样的过程产生出来的。以诺齐克的观点为例，如果某种资源的分配是正义的，那么这意味着在这种分配的适用范围内，每个人都有资格获得他们现在所拥有的资源；而这又意味着，他们的资源是通过正当的手段——例如自愿的合同或馈赠——从某个同样有资格拥有这些资源的人那里获得的,并且如果继续往前追溯的话,最终可以追溯到某个正义的获取行为——例如在某块土地上劳作——正是这个获取行为让这些资源的第一个所有者拥有有效的所有权。根据诺齐克的观点,最终的分配状态会变成什么模样,是一个不相关的问题,因为正义完全是由那些产生最终分配状态的事件来决定的(对诺齐克观点的批判性评价,可参见 Paul, 1982; Wolff, 1991; Cohen, 1995, chs. 1-2)。

然而,对于大多数哲学家来说,一个程序是不是正义的,在很大程度上取决于该程序通常所产生的结果是不是正义的。例如,由集体做出公平审判这类程序之所以是正当的,是因为它们在大多数情况下会产生这样的结果,即有罪者会受到惩罚,而无辜者则会被无罪释放。但即便是在这些情况下,我们也应该保持警惕,不要认定程序本身就没有独立价值。因为我们可以追问,这些程序是否正义地对待它们所适用的人群。例如,这些程序是否给他们提供充分的机会去提出自己的主张,以及是否不要求他们提供那些他们为了避免蒙受羞辱而不愿意对外透露的个人信息,等等。社会心理学家的研究表明,在许多情况下,人们更关心的是他们必须与之打交道的机构(或制度)是否能公平地对待他们,而不是他们在得知程序的最终结果时过得好不好(Lind and Tyler, 1988)。

(四) 比较性的正义与非比较性的正义

如果为了确定某个人应当得到什么,我们需要看看其他人可以提出什么要求,那么在这种情况下,正义就采取了一种比较性的(comparative)形式。例如,为了确定某块馅饼有多大一部分应当归约翰所有,我们需要知道还有多少人有资格要求得到这块馅饼的一部分,以及应当根据什么原则来分享这块馅饼(比如平等原则或其他原则)。而如果我们仅仅通过了解某些与某个人相关的事实,就可以确定他应当得到什么,那么在这种情况下,正义就采取了一种非比较性的(non-comparative)形式。例如,如果馅饼的所有者已经承诺把整块馅饼都给约翰,那么约翰就可以正当地要求整块馅饼都归他所有。有些正义理论似乎蕴含着正义永远是一个比较性的概念,比如有的正义理论会主张,正义意味着不存在任意的不平等。而另一些正义理论则蕴含着正义永远是非比较性的。但至少从概念的层面来看,这两种形式看起来都是可以接受的。事实上,我们可以发现,在某些情况下,我们似乎不得不在实现比较性的正义和实现非比较性的正义之间做出选择(参见 Feinberg, 1974;对 Feinberg 的批判性回应,参见 Montague, 1980)。例如,假设我们面对着好几位候选人,他们对于某项学术荣誉的应得程度大致上是同等的,但我们可授予的荣誉数量要比候选人的人数少。如果我们只把荣誉授予某一些候选人而没有把荣誉授予另一些候选人,那么我们的行为在比较性的意义上就是不正义的;但如果我们不把荣誉授予任何人,那么每一位候选人就都没有得到他们应得的待遇,因此从非比较性的角度来看,这种行为就是不正义的。

我们可以把正义理论分成三大类:(1)比较性的;(2)非比较性的;(3)既不是比较性的,也不是非比较性的。平等原则要求我们平等地分配某种利益,它们在形式上显然是比较性的,因为针对这种正在被分配的利益,每个人应当得到的是平等的份额,而不是任何固定的数额。在涉及应得原则的情况下,相关的立场就没那么直截了当了。应得原则采取的是这样一种形式,即"A 凭借 P 而应得 X",其中 X 指的是某种对待模式,而 P 则指的是 A 所拥有的某种个人特征(Feinberg, 1970)。无论是 X 还是 P,我们都可以追问,它们是通过比较性的方式还是非比较性的方式来确定的。例如,A 既有可能应得某种资格,或者某种利益的一个绝对数额,比如说 A 可能应得"一份基本生活工资"(a living wage);他也有可能应得某种集体利益的某一份额,或者 A 应得的数额是其他人所获得的数额的好几倍或几分之一,比如说 A 应得的数额是 B 所获得的数额的两倍。至于 P,也就是通常所说的"应得的依据"(the desert basis),虽然它指的是 A 的某个特征,但它既有可能是某个我们不需要参照其他人就能够识别出来的特征,也有可能是某个比较性的特征,比如说 A 是毕业班里最好的学生。因此,基于应得的正义主张,可以采取四种不同的形式,这取决于一个人所应得的待遇模式以及他应得的依据是比较性的还是非比较性的(讨论这个问题的相关论文,可参见 Olsaretti,2003;更细致的讨论,可参见 Kagan,2012,Part III)。

另一些正义原则显然属于非比较性原则,比如充足原则(sufficiency principles)便是如此。充足原则认为,正义要求的是每个人都应当在某个方面拥有"足够的"(enough)东西。例如,每个人的所有需求都应当得到满足,或者每个人都应当拥有一系列他们能够运用的特定能力(关于充足论的一般辩护,可参见 Frankfurt,2015,尽管这种辩护并没有专门把充足原则和正义联系在一起;对此的批评,可参见 Casal,2007)。然而,这些充足原则都需要由其他原则来补充完整,否则的话,我们不仅不知道当每个人都拥有足够的资源时,我们该如何处理剩余的资源(假设确实有剩余的资源),而且也不知道当资源太少而无法让每个人都达到充足门槛(the sufficiency threshold)时,我们该怎么办。例如,我们是应当最大限度地增加达到充足门槛的人数,还是应当最大限度地减少相关群体所承受的总差额(the aggregate shortfall)?① 除非我们打算说这些问题与正义无关,否则一个只包含充足原则而不包含其他内容的正义理论看起来就是不完整的。

还有一些正义理论既不能轻易被归为比较性的,也不能轻易被归为非比较性的。让我们来思考一下罗尔斯的差别原则,这是他的社会正义理论的一部分。如前所述,该原则要求社会不平等和经济不平等让处境最差的人获得最大的利益(Rawls,1971,1999,§12-13)。根据这一原则,社会制度的经济目标是让处境最差的人尽可能过得更好,并且我们需要确定每个人在这种社会制度下会获得什么东西,以此来确定理想的正义份额。这个份额既不是固定的,也不是直接由其他人正在接受或应当接受的份额来决定的。运用差别原则确实需要我们进行某些比较,但这是不同的社会制度(例如不同的税法或不同的产权界定方式)的效果之间的比较,而不是不同的个体和他们所获得的利益数额之间的比较。我们可以把这种理论称为"整体性的(holistic)理论"或"系统性的理论"。

---

① 这里所说的"差额"应该指的是某个人所拥有的资源数量与充足门槛之间的差距,而"总差额"则指的是把所有个体差额累加之后所得出来的总量。——译注

三、正义的范围

当我们提出关于正义范围的问题时,我们追问的是正义原则什么时候起作用,以及在什么人之间起作用。在讨论休谟的时候,我们已经遇到过这种观点,即正义可能会在某些情况下变得无关紧要,因为在这些情况下,资源是如此丰富,以至于为个体分配资源是毫无意义的;或者正如休谟也相信的那样,因为在这些情况下,资源是如此稀缺,以至于每个人都可以以自我保护的名义攫取他所能攫取的任何东西。但即使在不那么极端的情况下,也会产生关于正义范围的问题。比如说,谁可以提出与正义相关的要求?以及谁有相应的义务来满足这些要求?这是否取决于这些要求所针对的东西?又比如说,当我们运用比较性的原则时,谁应当算作对照组的一部分?以及是否有某些正义原则的范围是普世性的(universal)——也就是说,只要行动者 A 对受动者 B 采取行动,无论他们之间的关系如何,这些原则都适用——而另一些原则则具有某些与情景相关的特征,因此它们只能在某种特定的社会或政治关系中适用?本节将更详细地探讨其中的一些问题。

(一) 人类与非人类的动物

一种生物必须做什么或者具备什么特点,才能被纳入(至少是某些)正义原则的范围?虽然以往的大多数哲学家都认为,所有非人类的动物都应当被排除在这个范围之外,但最近有一些人开始尝试捍卫"针对动物的正义"(Nussbaum, 2006, ch.6; Garner, 2013)。对此,罗尔斯宣称,尽管我们对动物负有"同情和人道的义务",并且应当避免残忍地对待动物,但它们"并不在正义理论的范围之内"(Rawls, 1971, p. 512; Rawls, 1999, p. 448)。如何证明这种主张是合理的呢?

我们可以把注意力聚焦于那些人类拥有而动物缺乏的个体特征,尤其是那些会被当作与我们将人类纳入正义的范围相关的个体特征,或者聚焦于人类与其他动物之间的不对称关系。从后者出发,休谟声称,人类对动物的统治——例如,动物只有在我们的许可下才能占有某些东西——意味着我们"受人道法则的约束,应当温和地处置这些生物;但恰当来说,针对它们,正义不会向我们施加任何限制"(Hume, Enquiry, p. 190)。对罗尔斯和那些受他影响的人来说,分配正义的原则适用于这样一些行动者:他们是某项"互惠的合作事业"的参与者,并因此形成了某种关系。这种观点似乎可以把动物排除在这些原则的范围之外。但这种观点的批评者指出,在一些情况下,人类和动物之间也是一种合作关系(Donaldson and Kymlicka, 2011; Valentini, 2014)。然而,这些论证主要或完全聚焦于狗这个特例,而试图从这个特例归纳出人类与动物之间的关系通常具有某种合作的特征,看起来是不可信的。

但不管怎样,"正义只适用于合作关系的参与者"这个主张很容易就会遭到这种反驳,即它有可能将严重残疾的人、生活在孤立的社群中的人以及未来人口排除在正义范围之外。因此,如果这个主张是一个一般意义上的正义主张,那么它看起来并没有什么说服力(参见下文)。我们还有其他理由认为动物不能对我们提出与正义相关的要求吗?另一个受罗尔斯启发的建议是,动物缺乏必要的道德能力,尤其是缺乏按照正义原则来行动的能力。它们无法辨别哪些东西是它们基于正义的考虑而应当得到的,哪些东西则不是;它们也无法确定,基于正义的考虑,它们应当对他者做什么——无论是对人类还是对其他非人类的动物。这个建议认为正义涉及某种相互性(reciprocity):凭借拥有相关的能力,一个应当被正义地对待的行动者原则上也必须是一个能够正义地对待他者的行动者,即便由于身体原因(例如患有严重残疾),他在实践中无法做到这一点。

如果我们拒绝这个建议,而把动物——至少是某些动物——纳入正义的范围内,那么我们就可以追问:在这些情况下,正义应当采取什么形式?借助第二节第(四)小节所做的区分,我们可以说,针对动物的正义看起来必须是非比较性的。举例来说,我们可以将权利赋予那些会受到我们影响的动物,比如赋予它们免受残酷对待的权利,以及获得食物和住所的权利。这意味着我们将使用某种充足原则来确定,从正义的角度来看,动物应当获得哪些东西。而如果有人认为比较性的原则可以运用到动物身上，因此认为给某只猫提供特殊待遇而没有给另一只猫提供相同的待遇可算作一种不正义的行为，这种观点看起来就没那么有说服力了。

(二) 关系型的正义与非关系型的正义

我们在上一节介绍了罗尔斯主义(Rawlsian)的观点，这种观点认为社会正义原则适用于那些共同参与合作的人，这是关系型的(relational)正义理论的一个范例。另一些关系型的正义理论会对产生正义(justice-generating)的相关特征提供不同的说法。例如，内格尔(Nagel)认为，分配正义原则适用于这样一些人：他们是同一个国家的公民，因此他们不仅应当遵守那些支配其生活的强制性法律，而且还应当对这些法律承担责任(Nagel, 2005)。这两种观点都主张，当人们处于某种特定的关系中，他们就会受到某些正义原则的约束，并且这些正义原则的适用范围仅限于那些处在这种关系当中的人员。尤其是，比较性的原则只有在这种关系的内部才适用，超出这种关系就不适用了。如果 A 和 B 处在一种(恰当的)关系中，那么 A 相对 B 而言是如何被对待的，就构成了一个与正义相关的问题；但如果 A 和 C 并没有处在这种关系中，那么 A 相对 C 而言是如何被对待的，就不是一个与正义相关的问题。正义可能仍然要求人们应当以某种特定的方式对待 C，但这里的正义将会采取一种非比较性的形式。

正义是否如罗尔斯和内格尔所认为的那样是一个关系性的理念，这个问题对正义范围有很大的影响。尤其是，它会对下面的这个问题产生影响，即是否存在全球分配正义这种东西，或者反过来说，分配原则是否只适用于那些作为同一个社会的成员或同一个国家的公民而共同生活在一起的人。例如，在当今世界，富人和穷人之间存在各种各样的全球不平等。这些不平等本身就是不正义的吗？还是说它们仅仅因为阻碍穷人的生活质量达到我们认为可以接受的标准，所以才是不正义的？(可参见词条 international distributive justice 和 global justice)这个问题在很大程度上是由几个问题来决定的：分配正义具有某种关系性的特征吗？如果有的话，是什么导致它具有这种特征?以及我们有什么理由认为它具有这种特征?

假设有 A、B 两个人,其中有一个人过得比另一个人好很多,比如说,他拥有更多的机会或更高的收入。为什么基于正义的考虑,我们应当关注这种不平等呢?除非我们能够表明 A 和 B 之间的不平等是由某个个体行动者或集体行动者的行为造成的,否则这种不平等看起来与正义是无关的。因为如果是某个行动者的行动或不作为导致 A 过得比 B 好,那么在这种情况下,我们就可以追问,他们之间的不平等是不是可证成的(justifiable),比方说,以他们各自的应得作为依据,这种不平等是不是可证成的。这里是在重申本文第一节第(四)小节中的这个主张,即如果没有任何一个行动者要为结果负责,那么就只能有隐喻意义上的"宇宙"正义或不正义可言。关系论的支持者声称,当人们以相关的方式联结在一起时,他们就会成为正义方面的行动者。在规模很小的情况下,人们可以通过非正式的组织形式来确保每个人相对其他人而言都获得了他应当得到的东西。在规模很大的情况下,分配正义会要求人们通过建立法律制度以及其他制度来达到这一结果。此外,如果人们未能以这种方式协调他们的行动,那么他们的这种不作为就有可能构成一种不正义的行为。

因此,关于正义范围的争论就变成了这样一个争论,即不同形式的人际关联(association)能否创造出相关意义上的能动性。让我们以这个问题为例:社会正义原则是否应当适用于市场交易?如果我们把市场视为一个无数个体可以在其中自由地追寻自己目标的中立场所,那么答案将是否定的。这里唯一相关的正义形式是由每个行动者的行为所展现出来的那种正义形式,例如行动者必须避免伤害别人,以及必须履行自己的合同,等等。然而,如果我们认为市场是由人为构建的规则体系所支配的,并且市场参与者有能力通过集体行动(例如立法)来改变这个规则体系,那么我们就不得不追问:市场目前产生的结果是否符合相关的分配正义标准(无论我们认为这些标准是什么)?在上述关于全球正义原则的争论中,也出现了类似的问题:按照当前的世界秩序,我们是否有理由把全人类视为一个集体行动者,并且它应当为那些在它的允许下所产生的分配结果负责?

(三) 个体与制度

一旦人们建立起制度,以确保在规模很大的情况下,正义得以实现(以及其他目标的实现),我们就可以追问:此后,每个个体负有哪些与正义相关的义务呢?他们的义务是否仅为支持这些制度,以及遵守对他们个人适用的行为规则?还是说,他们有义务在日常生活中直接按照相关的正义原则去行动,也就是说,他们有进一步的义务去促进正义?没有人会怀疑,某些与正义相关的义务会直接落在个体身上。比如说,个体有义务在进行商业交易时不欺骗、不欺诈别人,以及当他做出错误的行为时,他应当承担某些矫正正义的义务。又比如说,当个体期望从某个非正式组织的项目获益,例如和邻居一起打扫住所旁边的公园时,他有义务履行他应尽的职责。而另一些与正义相关的义务之所以会落在个体身上,则是因为他们在社会机构担任了某种职位。比如说,雇主在雇用工人的时候,有义务不能根据工人的种族或性别去歧视他们。又比如说,地方政府官员有义务将公共住房分配给最有需要的人。但更有争议的是,个体是否负有更广泛的义务去促进社会正义?(对此的争论,可参见 Cohen, 2008, ch. 3; Murphy, 1998; Rawls, 1993, Lecture VII; Young, 2011, ch. 2。)

让我们来考虑两个例子。第一个例子关注的是这种情况:父母为其子女提供了某些优势,但他们这么做会破坏公平的机会平等(fair equality of opportunity)。如果"公平的机会平等"这一正义原则要求——用罗尔斯的话来说——"那些拥有相同水平的才能和能力,以及具有相同的意愿来使用这些天赋的人,不管他们出生在什么样的社会阶层,都应当拥有相同的成功前景"(Rawls, 2001, p. 44),那么有些父母可以用无数种方式给他们的子女提供其他父母所无法提供的优势,例如经济利益、教育机会、社会关系等等,而这些优势很可能会让他们的子女在以后的生活中取得更大的成功。因此,从正义的角度来看,父母的行为是否应当受到限制,以避免让他们为其子女提供这些优势(至少是其中某些优势)?还是说,他们可以按照自己的选择,自由地让自己的子女受益,从而把追求机会平等的任务完全交给国家来做？（对此的详细分析，可参见 Brighouse and Swift，2014。）

　　第二个例子关注的是工资差异。如果在劳动力市场上，某些个体拥有可以给自己带来高额回报的才能，那么他们是否有义务不利用自己的议价能力（bargaining power），而自愿只拿公平的工资？在这里，如果从平等主义的角度来理解公平的话，那么"公平的工资"可能意味着"和其他人一样多的工资"（也许会给那些工作异常繁重的人提供额外的补偿）。正如我们之前所看到的，罗尔斯认为，经济正义意味着社会不平等和经济不平等应当让处境最差的人获得最大的利益。当罗尔斯以这种方式制定原则时，他假定某些不平等可能会激励人们去生产更多的东西，从而提高处境最差的社会群体的境况。但是，如果个体愿意放弃激励的话，那么经济不平等就无法用来促进任何有用的目标；因此，对（在其他情况下）处境最差的人最有利的安排就会是一种严格的平等方案。科恩（Cohen）认为，罗尔斯的立场是内在不一致的：作为公民，我们在设计制度的时候应当接受差别原则的指导；但作为私人行为者，我们在市场中则被允许无视这一原则，并且可以为了得到更高的工资而进行讨价还价，即便这么做会对处境最差的群体不利（Cohen，2008）。按照科恩的观点，正义要求我们在提供服务的时候欣然接受一种蔑视物质激励的风尚（ethos）。

　　在诸如此类的情况下，正义会要求人们克制自己，避免去做某些社会公共规则允许他们做的事情（例如将利益传递给子女，以及寻求更高的工资）。为什么我们可能会对要不要同意这种主张犹豫不决呢？其中一个理由是，只有当大部分人都克制自己时，这种克制才能产生显著的效果，然而那些克制自己的人无法确保其他人会效仿他们；与此同时，比起那些更少顾虑的人，克制自己的人（或他们的子女）就会吃亏。另一个与此相关的理由与公开性（publicity）有关：我们可能很难发现人们有没有遵循正义所要求的那种风尚（参见 Williams，1998）。假设某个人声称自己的孩子有特殊需求，并且当地的公立学校无法满足这些特殊需求，因此他要把他的孩子送到私立学校。在这种情况下，他是真心实意的吗？还是说他只是想给他的孩子提供某种比较性的优势？再假设某个人说他的工作会给他造成异乎寻常的压力,因此他要求获得比别人更多的钱,以此来作为补偿。我们如何辨别他是否在如实汇报自己的情况呢?(科恩对此的回应,可参见 Cohen, 2008, ch. 8。)因此,似乎有一些正义原则只适用于罗尔斯所说的"作为公共规则体系的社会基本结构(the basic structure of society)",而不会以相同的方式适用于个体的个人行为,哪怕个体是在那种基本结构下生活的。由此可见,除了关注正义的内容以外,关注它的范围同样也很重要。

四、效益主义与正义

我们可以用效益主义的观点来理解正义吗?这可能首先取决于我们如何理解效益主义。在这里,我们将把效益主义视为一种规范理论,其目的是提供一个标准,即最大幸福原则,以便让个人和机构(例如国家)可以直接或间接地使用这个标准来决定该做什么。也就是说,这个标准不仅仅是作为一种评价事态的工具而存在。根据我们之前对正义和能动性所做出的评价,除非我们把效益主义理解为一种指导行动的理论,否则它就无法提供一种正义理论。我们还假定,规则效益主义(rule-utilitarian)的观点最有可能提供一种正义理论,这种观点认为正义原则属于这样一套规则:当相关的行动者遵循这些规则时,往往会产生最大的总效益。(以不同的方式来阐述这种观点,可参见词条 rule consequentialism。)

(一) 容纳正义的直觉

大多数效益主义者都认为,为了捍卫效益主义,他们需要表明效益主义既能够容纳也能够解释我们的直觉中关于正义所形成的大部分信念。作为两个最出色的效益主义者,约翰·斯图亚特·密尔(John Stuart Mill)和西季威克(Sidgwick)确实就是这么做的。他们都花了很大的力气来证明,从效益主义的理据(rationale)出发,可以得出那些广为人知的正义原则(Mill, *Utilitarianism*, ch.5; Sidgwick, 1874/1907, Book III, ch.5)。相比之下,边沁显得更傲慢一些,他说:"正义,在它唯一有意义的那个意义上,就是一个虚构的角色,是为了方便交流而捏造出来的,它的规定就是效益适用于某些特定的情况所得出的规定。"(*The Principles of Morals and Legislation*, pp. 125-6)如果我们跟随密尔和西季威克的脚步,希望认真对待人们关于正义所形成的常见理解方式,那么效益主义者就会面临两个挑战。首先,效益主义者必须表明,人们通常理解的正义要求和这样一些规则大体上是一致的:当个人遵循这些规则或由机构来实施这些规则时,最有利于促进幸福最大化。这两者不需要完全一致,因为效益主义者——例如密尔和西季威克——会认为,我们对正义的直觉往往是模糊不清或内在不一致的;但这两者必须有足够多的重叠,以确保效益主义理论所能够容纳和解释的信念确实是人们对正义的信念。[正如西季威克所说的那样:"可以说,我们对常见用法①的粗糙边缘进行了修剪,但我们绝对不能切除掉它任何大的构成要件。"(Sidgwick, 1874/1907, p. 264)]其次,效益主义者必须对正义的独特性给出某种解释。如果某组特殊的要求和主张,其规范基础仅仅是一般的效益,那么为什么我们会有一个用来标示这些要求和主张的概念呢?是什么东西解释了我们对正义的直觉感受?因此,效益主义者面临的任务是,在不消除正义的前提下,将我们对正义的理解系统化。

举例来说,密尔和西季威克都意识到,人们通常对正义的理解包含了这样一个关键要素,即有些奖励和惩罚是人们应得的。但密尔和西季威克认为,如果我们在试图分析应得的时候还停留在常识的层面,就会遇到无法解决的矛盾。比方说,我们倾向于认为,一个人的应得应当取决于他实际上所获得的成就,例如他生产的东西所具有的经济价值;但由于一个人的成就取决于某些他无法宣称有功劳的东西,例如某些天生的才能,因此我们还倾向于认为,人们的应得应当只取决于他们能够直接负责的因素,例如他们所付出的努力。当我们把这些不同的应得概念付诸实践,就会导致完全不同的奖励安排,而这些效益主义者声称,摆脱这个僵局的唯一方法是追问哪一种安排能够在社会上最高效地引导人们的选择和努力,从而产生最大的效益。

---

① 在这里,西季威克所说的"常见用法"指的是人们对"正义"这个术语的常见用法。——译注

类似的推理也适用于惩罚原则：我们应该遵循的是这样的规则，它们最有利于实现惩罚所要达到的目的，例如制止犯罪。

为了解释正义的独特性，密尔主张，正义指代的是这样一些道德要求：这些要求对促进人类福祉是非常重要的，因此人们有权利要求别人履行这些要求，所以这些要求属于完全义务（perfect obligation）。密尔主张，如果一个人做出了某种不正义的行为，那么他总是要受到某种惩罚的。因此，他根据我们对违反这些要求的人所产生的怨恨，来解释我们对正义的感受。虽然西季威克比密尔更强调正义与法律之间的联系，但他同样也强调了正义与感恩以及正义与怨恨之间的关系（感恩和怨恨在这里是一体两面的），以此来说明我们对正义的关注似乎与我们对一般效益的关注有所不同。

（二）效益主义的正义理论：三个难题

然而，尽管效益主义者为调和正义和效益做出了这些努力，但他们的理论仍然面临着三个严重的障碍。第一个障碍涉及这样一种东西，有些人可能会把它称为"正义的通货"（the currency of justice）：正义关注的是如何分配有形的利益和负担，而与人们所经历的幸福和不幸福无关。[①] 例如，我们应当为人们的工作支付恰当的报酬，这是一个与正义相关的事情；但撇开特殊情况不谈，约翰从他的公平收入中获得的满足感比简从她的公平收入中获得的满足感更多，这与正义无关（不同的观点，可参见 Cohen，1989）。我们可以说，这里有一种分工：各种权利、机会和物质利益是由正义原则来分配的，但将这些东西转化为效益（或负效益）单位则是每个个体的责任（参见 Dworkin，2000，ch.1）。因此，效益主义者会发现他们很难解释为什么正义关注的是如何分配那些用来获取幸福的工具，而不是幸福本身；从他们的观点来看，关注工具看起来像是一种拜物教的（fetishistic）行为。

[①] 分配正义理论需要规定，出于正义的考虑，我们应当把哪些东西分配给不同的人，例如收入、资源或福祉等等。有些学者把这种基于正义的要求而应当分配给人们的东西称为"正义的通货"。作者在这里的意思是：效益主义认为"正义的通货"应当是"幸福和不幸福"，而作者则认为"正义的通货"应当是"有形的利益和负担"。——译注

第二个障碍是,效益主义是通过计算效益水平的总和来判断结果的,而对效益在人与人之间如何分配这一问题缺少独立的关注。因此,即便我们撇开通货问题不谈,效益主义理论似乎也无法把握到正义的这个要求,即每个人都应当获得他应当得到的东西,而且这个要求和这种分配所产生的收益总量无关。效益主义的捍卫者会争辩说,我们在制定指导行为的规则时,确实应当把注意力放在分配问题上。尤其是当我们对某些人知之甚少而又需要把资源分配给他们的时候,我们有很好的理由支持平等,因为在大多数情况下,资源的边际效益(marginal utility)是递减的;也就是说,你拥有的资源越多,你从额外的资源中所获得的满足感就越低。然而,这只是一个偶然事件。如果有些人非常擅长将资源转化为福祉——他们是所谓的"效益怪物"(utility monsters)——那么效益主义者就应当支持那些会给这些人提供特权的规则。这看起来与正义是相抵触的。罗尔斯就提出了这个著名的一般性观点:"每个社会成员都被认为具有一种基于正义的不可侵犯性……即便是其他所有人的福祉也不能凌驾于此。"(Rawls, 1971, p. 28; Rawls, 1999, pp. 24-25)

第三个也是最后一个困难,来源于效益主义是一种彻底的结果论(consequentialism)。效益主义对规则的评估完全依据的是规则被采纳之后所产生的结果,而不是规则的内在属性。当然,行动者在遵循规则的时候,他们应该做规则要求他们做的事情,而不是直接计算结果。然而,如果我们之所以采纳某个规则,是因为这个规则会给人们提供他们应得或有资格获得的东西,并且他们之所以应得或有资格获得这些东西,是由于过去的某些事件(比如他们做了一件有价值的事情或签订过一项协议),那么对于一个效益主义者来说,这从来都不是一个支持采纳这个规则的好理由。回溯性的(backward-looking)理由必须转化成前瞻性的(forward-looking)理由才会被纳入考虑。当效益主义者基于效益主义的理由来采纳诸如"必须遵守协议"这样的规则时,这并不是因为违背已经签订的协议这种行为具有某种内在的错误(inherent wrongness),而是因为"必须遵守协议"是一个有用的规则——这个规则之所以是有用的,是因为当人们知道他们对未来的期望很可能得到满足时,他们可以协调他们之间的行为。然而,虽然正义并不总是回溯性的(在我们已经解释过的那种意义上),但它往往就是如此。在许多情况下,一个人应得什么东西,完全取决于他基于过去的所作所为而应得哪些东西,或者完全取决于他根据过去的交易而有资格获得哪些东西。因此,即使效益主义者有可能构建一个前瞻性的理据来制定规则,并且让规则与人们通常理解的应得概念和资格概念紧密相连,他们仍然无法把握到我们对正义的这种感受,即为什么让人们得到他们当时应得的东西是一件至关重要的事情,而这种感受恰恰是我们的常识判断的基础。

效益主义者可能会回应说,他们对正义的重构保留了常识信念中可以获得理性辩护的那些东西,而抛弃了他们经过持续的批判性反思发现难以成立的那些要素。但这会导致他们的观点更接近边沁的观点,即人们通常理解的正义只不过是一种"幻觉"。

五、 契约论与正义

效益主义的缺陷促使几位哲学家最近重新提出社会契约这种古老的观念,他们认为社会契约可以作为一种更好的方法来帮助我们一致地思考正义。这里的想法并不是说人们实际上已经签订了建立正义的契约,也不是说他们应当着手签订这种契约,而是说我们可以通过提出这样一个问题来更好地理解正义:如果人们必须提前选择某些原则来规范他们的制度、实践和个人行为,那么什么样的原则会得到他们的一致同意呢?换句话说,这里的契约是假设性的(hypothetical);而之所以要让人们达成协议(agreement),是为了确保一旦我们把人们所选择的原则付诸实施,不会带来人们无法接受的某结果。因此,尽管在某些情况下(例如当奴隶的痛苦被奴隶主的高度快乐所压倒的时候),效益主义者可能会支持奴隶制,但契约论者声称,没有人会接受一种允许奴隶制存在的原则,以免当该原则付诸实践的时候,自己注定要成为奴隶。

契约论者所面临的问题是,他们需要说明这种协议如何是可能的。如果我们去问现实世界中的人,他们更愿意在什么原则下生活,考虑到他们的利益和信念,他们很可能会从分歧非常大的立场出发来思考这个问题。对于某些人来说,如果他们相当确定自己最终不会成为奴隶,或者如果他们是虐待狂,并且以积极的眼光来看待奴隶所遭受的屈辱,那么他们甚至愿意支持奴隶制。因此,为了说明如何能够达成协议,契约论者必须以特定的方式为契约当事人建立模型(model):要么限制他们的信息,只允许他们掌握关于自己或未来的一部分情况;要么赋予他们某些动机,而把其他动机排除在外。由于人们可以用不同的方式来建立模型,因此会产生一系列契约论的正义理论,其中最重要的三种理论分别是高蒂尔、罗尔斯和斯坎伦的理论。

(一)高蒂尔

高蒂尔(Gauthier, 1986)认为,虽然理性的(rational)个体彼此之间的相互合作可以让他们获益,但他们会对如何分配合作成果提出相互竞争的要求,因此他把社会契约看作是理性个体之间的一种谈判(bargain)。高蒂尔假设每个人都只对最大化自己的福祉感兴趣;他还假设人们是从某个不合作的基线(baseline)开始谈判的,所以如果一个解决方案会让某个人过得比在这个基线条件下更差,那么他就会拒绝这个解决方案。虽然每个人都可以确定哪个结果会让他们过得最好(即获得最大的收益),但他们却没有理由期望别人会接受这个结果。高蒂尔认为,理性的谈判者会趋向于接受最小化"最大相对让步"原则(the principle of "Minimax Relative Concession"),该原则要求每个人先计算出比起不合作的基线,他们可能获得的最大收益是什么,然后再对这个收益做出相同比例的让步。例如,假设有一种可行方案,虽然它只能让每个参与者获得其最大收益的三分之二,但其他方案无法让每个参与者都过得更好,那么这种方案就是该原则会推荐的方案。按照这种原则,每个人都对他们个人可能获得的最好结果做出了相同的让步——请注意,他们不是接受相同的绝对福祉损失,而是接受相同比例的福祉损失。

高蒂尔的理论面临着一些内在的难题,我们需要把它们简要地记录下来(对此的全面讨论,参见 Barry, 1989,特别是第三部分)。其中一个难题是,关于高蒂尔所讨论的谈判问题,正确的解决方案真的是"最小化'最大相对让步'",而不是标准的纳什(Nash)解决方案?在一个简单的两人情形中,标准的纳什解决方案会挑选出那个能让双方的效益最大化的结果(对谈判问题的不同解决方案的讨论,可参见词条 contemporary approaches to the social contract, §3.2)。第二个难题是高蒂尔是否能够证明我们应当把一个"洛克式的"(Lockean)基线,而不是一个更具冲突性的"霍布斯式的"(Hobbesian)基线,作为人们针对合作成果进行谈判的起点。"洛克式的"基线假定每个人都会尊重别人的自然权利,而"霍布斯式的"基线则允许每个人在没有合作的情况下,可以使用他们的自然力量去威胁别人,以此来获得资源。但更大的问题是以这种方式建立模型的契约是不是传递正义原则的恰当工具。一方面,这种契约抓住了这样一种理念,即正义的实践应当对每个人都有利,同时它还要求所有参与者都降低对彼此的要求。另一方面,它规定了利益最终该如何分配,可这种分配看起来在道德上是任意的(morally arbitrary);这是因为 A 可以利用他相对于 B 所具有的谈判优势——这种优势来源于 A 的最大可能收益大于 B 的最大可能收益——并且以正义的名义去要求获得更多的利益。这看起来是难以置信的:如果某个分配结果是自利和理性的谈判者都会接受的结果,那么基于审慎理由(prudential reasons),我们可能会建议人们接受这个结果,但正义的主张需要一个不同的依据。①

(二) 罗尔斯

约翰·罗尔斯的正义理论是一种流传最广的契约论,但在概述该理论之前,有必要先做两点说明。首先,该理论最早出现在罗尔斯 1958 年的著

---

① 当某件事有利于促进某个人的(长远)利益时,我们就可以说,基于审慎理由,他应当做这件事。也就是说,审慎理由关注的是如何最好地促进自己的(长远)利益。不少哲学家都认为,我们不应当把道德理由等同于审慎理由(作者在这里显然也支持这种观点)。例如,假设有个抢劫犯拿着枪对着你说:"要钱还是要命?"在这种情况下,我们可以说:"基于审慎理由,你应当把钱拿给他。"但如果我们说的是"基于道德理由,你应当把钱拿给他",那么你可能会觉得这种说法是难以置信的。作者正是以类似的方式来批评高蒂尔的契约论。——译注

作中，随后其理论形态一直有所发展，它们分别体现在罗尔斯1971年的著作，也就是他的主要著作《正义论》，以及1993年和2001年的著作中。其次，罗尔斯一直声称，如果人们处在一个经过恰当设计的"原初状态"(original position)中，并且可以选择自己将在什么样的社会政治制度下生活，那么他们就会选择自己所捍卫的正义原则——这也是他的理论被当作是契约论的原因。然而，我们并不清楚契约本身在他的思想体系中所扮演的角色有多重要。如果我们把罗尔斯的正义原则当作一种针对现代自由社会的社会正义理论(对这些原则的讨论，可参见词条 John Rawls)，那么即便这些原则的契约基础(contractual grounding)被证明是不可靠的，我们也可以根据这些原则自身的优点来捍卫它们。按照罗尔斯的设想，契约当事人都以促进自己的利益为目的，并以此来决定要支持哪些原则，不过他们所掌握的信息会受到两方面的限制。第一，他们无法知道自己的"善观念"(conception of the good)，也就是说，他们无法知道对他们个人而言，什么样的目标最有价值。因此，我们必须用"基本益品"(primary goods)来表述正义原则的内容。在这里，基本益品指的是这样一些东西：无论你支持的善观念是什么，这些益品对你来说都是多多益善的。第二，他们被放置在"无知之幕"(veil of ignorance)的后面，从而导致他们对自己的个人特征——例如他们的性别、社会地位、才能或技能等等——一无所知。这意味着他们无法在谈判过程中要求获得更多的东西，并且只能把自己当作某种一般意义上的人，也就是说，他们可能是男人也可能是女人，可能有才能也可能没有才能，等等。因此，罗尔斯认为，所有人都会选择支持那些不会给任何人提供特殊优势的原则，并且选择按照这些不偏不倚的原则来安排他们的生活。

然而，罗尔斯面临的问题是，他需要表明我们实际上能够知道，当人们处在这样一种原初状态中，他们会选择哪些原则作为正义原则。有人可能会认为，契约当事人会先计算如何权衡各种不同的基本益品[罗尔斯把基本益品分成这几类：权利和自由(liberties)，机会和权力，收入和财富]，接着再选择这项原则作为他们的社会原则："把所有人都纳入考虑，然后让基本益品的平均加权总和最大化。"但这会让这个理论变得跟效益主义非常接近，因为衡量基本益品的一个自然而然的方法是,我们可以追问:如果人们拥有一定数量的基本益品(无论是哪一种基本益品),那么平均而言,这可能会给他们带来多少效益(有学者主张,当人们处在"罗尔斯式的"原初状态中,他们会选择效益主义,参见 Harsanyi, 1975)。既然罗尔斯希望拒绝效益主义,他就必须调整契约当事人的心理状态,使得他们在原初状态中采取不同的推理方式。因此,他提出,至少在发达社会,人们有特殊的理由优先考虑自由(而不是其他益品),并确保自由得到平等分配。他认为这对于维护他们的自尊而言是至关重要的。在后期的著作中,罗尔斯的论证不那么依赖于经验,此时的契约当事人被赋予了某些必须行使的"道德能力",因此罗尔斯很容易就可以表明,契约当事人应当拥有一系列的基本自由。

而当罗尔斯讨论如何分配收入和财富的时候,他必须表明为什么契约当事人会选择差别原则(该原则只考虑处境最差的社会群体的状况),而不是其他原则(例如"让整个社会的平均收入最大化")。在《正义论》中,罗尔斯通过赋予契约当事人某些特殊的心理特征来做到这一点,这些心理特征会使得契约当事人认为,当他们在不确定的情况下做出决策时,遵循"最大化最小值"(maximin)规则是恰当的;也就是说,他们会选择这个选项,即它最坏的可能结果对他们来说是最不坏的。例如,罗尔斯认为,契约当事人更在乎自己的收入能否达到差别原则所保证的最低水平,而没么在乎自己能否享受高于最低水平的收入增长。在罗尔斯后来的著作中,他不再依赖于"最大化最小值"推理,而更加突出《正义论》中提示过的另一个论证。这个论证主张,契约当事人一开始假定收入和财富应当平等分配,但随后他们意识到,允许某些不平等出现,会让所有人都受益。当这些不平等受到差别原则的制约时,我们就可以向所有人——包括那些处境最差的人——表明这些不平等是合理的,从而为建立一个更稳定的社会创造条件。但我们需要追问:为什么我们应当把平等分配作为基准(benchmark)?也就是说,为什么我们需要提供特殊证成才能偏离这一基准?罗尔斯说,对于任何一个契约当事人而言,一开始就期望得到比平等分配更多的份额,是"不合理的"(not reasonable)(Rawls, 1971, p. 150; Rawls, 1999, p. 130)。罗尔斯之所以这么说，仅仅是因为契约当事人作为理性决策者，当他们处在"无知之幕"的后面时，他们必然会形成这种看法，还是因为罗尔斯额外赋予了他们某种实质性的正义感，并且这种正义感会支持这个平等的假定（presumption of equality）？

虽然罗尔斯始终把他的正义理论当作契约论，但我们现在可以看到，契约的条款在一定程度上是由立约前的规范原则所决定的，因为罗尔斯要求契约当事人必须遵循这些规范原则。因此，与高蒂尔有所不同，在罗尔斯这里，契约不仅仅是自利的立约人通过谈判而达成的一种协议。罗尔斯明确承认，我们必须对签订契约的境况进行调整，使其产生的结果符合我们对正义的既有信念。但这样一来，我们便可以追问，契约的机制到底有什么作用（关于这一点的批判性评价，参见 Barry, 1989, ch.9）。

（三）斯坎伦

斯坎伦（Scanlon, 1998）的契约论对"我们彼此亏欠什么"这一道德问题给出了详细的说明，虽然他并没有试图提出一种罗尔斯那样的正义理论，但他的契约论涵盖了正义理论所关注的大部分内容（有学者明确采用斯坎伦式的术语来分析正义，参见 Barry, 1995）。像罗尔斯一样，斯坎伦希望发展出一种不同的理论来替代效益主义。为此，斯坎伦指出，任何一种潜在的道德原则都必须通过这个检验：为了达成一种知情且非强制性的普遍协议，没有人能够合理地（reasonably）拒绝这个原则（对此的讨论，可参见词条 contractualism）。在斯坎伦这里，立约人没有被放到"无知之幕"的后面。他们可以看到，当人们采纳某种被提议的原则时，这会对他们个人产生什么影响。如果这种影响对他们来说是不可接受的，那么他们可以拒绝这种原则。可以说，每个人对任何用来规范行为的一般原则都有否决权。那些能通过这个检验的原则便可以作为正义原则而获得辩护。斯坎伦承认，在不同的社会条件下，能通过这个检验的原则可能会有所不同。

然而，给每个人提供否决权似乎会直接导致僵局，因为每个人都可能基于以下这个理由来拒绝某个原则：相对其他备选原则而言，这个原则会让他过得更差。在这里,"合理拒绝"(reasonable rejection)这一理念就变得很重要。斯坎伦认为,假设某个原则确实会让某个人过得不好,但其他所有备选原则都会让另一个人过得比他更差,那么拒绝这个原则就是不合理的。他需要把其他人拒绝这些备选原则的理由纳入考虑。这样看来,斯坎伦的契约论似乎会支持差别原则——这一原则要求我们应当让处境最差的社会群体尽可能地过得好。但这并不是斯坎伦所得出来的结论[尽管他承认我们可能有特殊的理由听从罗尔斯的这个建议,即基本的社会制度(basic social institutions)应当遵循差别原则]。斯坎伦认为,其他群体的主张也必须被纳入考虑。如果某项政策会给许多人带来巨大的收益,同时会让少数人的处境稍微有所恶化但却不会让他们过得非常差,那么这项原则可能是无法拒绝的。斯坎伦的观点为汇总(aggregation)这种做法留下了一些空间——尽管不是效益主义者所捍卫的那种简单形式的汇总——因为按照斯坎伦的观点,我们需要考虑,如果把某项原则付诸实践的话,会让多少人受益。①

斯坎伦还说,如果某项原则不公平地对待人们,比如说,它基于任意的理由让一些人受益而没有让其他人受益,那么人们就有理由拒绝这项原则。这个观点预设了一种关于公平的规范,而契约论本身并没有试图为这种规范提供解释或证成。因此,这个理论的目的似乎是要为道德推理(和道德动机)提供一个独特的说法,而不是要捍卫任何实质性的分配正义原则。在这一点上,斯坎伦的契约论就不如高蒂尔和罗尔斯的契约论那么雄心勃勃。

六、平等主义与正义

近来,许多哲学家试图在正义与平等之间建立一种紧密的联系,他们追问"正义要求什么样的平等?",并且已经对这个问题给出了几种相互竞争的

---

① 汇总指的是这样一种做法:我们在权衡不同原则的时候,应当把所有受影响的人都纳入考虑,然后以某种方式对这些人的收益进行汇总,最后挑选出那个会让总收益最大化的原则。效益主义所支持的分配原则就是一种简单形式的汇总。除了这种简单的汇总形式以外,我们还可以有其他不同的汇总形式,例如我们可以在汇总的过程中,赋予不同个体的利益不一样的权重。——译注

答案(例如,参见 Cohen, 1989;Dworkin, 2000;Sen, 1980)。但是,我们不应该太草率地假定正义所要求的永远是平等,无论是平等对待还是结果平等。也许正义只是在形式上要求平等。正如我们在第一节第(三)小节中所看到的,正义要求我们应当不偏不倚地以及一致地应用规则。从这个要求推出的是,当两个人在所有相关方面都相似时,他们必须得到平等的对待。但是,正如亚里士多德等人所看到的,正义还包含了成比例的(proportional)对待方式这种观念,这意味着无论我们关注的益品是什么,人们所获得的益品的数量都将是不平等的(Aristotle, *Nicomachean Ethics*, Book V, ch. 3)。如果甲的应得是乙的两倍,或者他的需求是乙的两倍,那么正义可能会要求他获得比乙更多的东西。因此,在这里,形式上的平等对待——把相同的规则应用到甲和乙身上——会导致不平等的结果。再次可见,当正义采取"尊重现有的资格或正当的期望"这种保守的形式时[见第二节第(一)小节],我们没有理由预期不同的人所应当获得的东西在实质上是相同的。

(一) 作为平等的正义

因此,我们需要追问在什么情况下,正义要求我们应当在实质上平等地分配优势(advantages)。一种显而易见的情况是,在某个群体分配东西的时候,它的成员缺乏独特的相关特征,因此我们没有理由认为某些成员能够要求比其他成员获得更多的利益。假设某个群体获得了一笔意外之财,没有人能够宣称对此有任何功劳,例如一桶黄金莫名其妙地出现在他们中间。那么,除非某个成员能够提出一个与正义相关的要求——比如说他有特殊需求,但却缺乏足够的资源来满足这些需求——否则正义便会要求我们应当平等地分配黄金,因为其他分配方案都会是任意的。在这里,平等是一种默认的(default)原则:如果没有人能够基于正义的理由而提出特殊要求,那么平等就适用于这种情况。

在下述这种情况,平等也会作为一种默认的原则而发挥作用:尽管人们可能确实对正在分配的益品有不平等的要求,但我们没有可靠的方法来确定和衡量这些要求。通过平等地分配益品,我们至少可以确保每一个人的要求都得到部分满足。比方说,假设某种可以用来治疗疟疾的药物的供应是有限的,而许多病人都有这种疾病的症状,但由于缺乏专业的医学知识,我们无法判断一个人的病情是否比另一个人更严重;因此,通过平等地分配药物,我们可以以保证每个人至少尽可能多地得到他们真正需要的东西。其他分配方案都必定会让某些人(至少是某个人)获得更少的药物。〔当然,这里预设了该药物没有阈值量(threshold amount),即如果服用的数量少于这个阈值,那么该药物就是无效的。如果这个预设是错误的,那么在目前假定的条件下,正义也许要求我们应当抽签,以确保让那些抽中的人获得跟阈值一样多的药物。〕

如果正义仅仅要求我们把平等当作一种默认的原则,那么它的适用范围看起来是很狭窄的。如何才能让平等主义的正义变得更加强有力呢?其中一种方法是声称很多因素都与正义的分配无关。例如,一种运用该方法的理论主张,当拥有某个特征的人无法宣称拥有该特征是他的功劳时,这个特征"在道德上就是任意的";并且我们不应当让此类特征导致任何人过得比别人差。虽然这个主张抓住了一种普遍流行的直觉,即人们不应该因为他们的种族或性别而处于优势(或劣势),但它把这种直觉扩展到所有具有基因基础的个人特征,比如天生的才能和性格(这种扩展引起了更大的争议)。在这样做的时候,它否定了大多数关于应得的说法,因为当人们被认为应得各种各样的好处时,一般来说,人们所采取的行动或所展现的品质都依赖于某些先天特征,比如体力或智力。在下一节中,我们将看到平等主义的正义理论是如何在回应批评的过程中纳入一些类似于应得的要素的。否则的话,作为平等的正义和作为应得的正义看起来是冲突的。这给平等主义的正义理论带来的挑战是,它们需要表明,当人们在应得方面是不平等的时候,什么东西能够表明平等对待是正当的。

应对这一挑战的第二种方法是,提供理由来解释为什么即便人们展现出某些看似能够证成差别对待的特征,平等对待他们也是有积极价值的。这种方法的主要倡导者是德沃金(Dworkin)。德沃金主张正义的根基是这样一项原则:对人们表达平等的关切和尊重;更具体来说,这意味着资源应当平等地用来改善每个社会成员的生活(Dworkin, 2000)。[这里提到的成员资格并不是多余的,因为德沃金将平等主义正义理解为一项只能适用于主权国家内部的原则;因此,借助第三节第(二)小节的术语,我们可以说,这是一种关系型的正义观。]这里的想法是,即便在一些情况下,我们有相关的依据可以区别对待不同的人,但为了对人们表达平等的尊重,有时候我们仍然应当平等地对待他们。比方说,尽管我们知道人们做出政治决策的能力存在很大的差异,但我们依然坚持政治平等,即一人一票。

(二) 敏于责任的平等主义

如前所述,把正义理解为一种简单的平等对待的观点似乎容易遭受这种反驳,即它没有承认人们的能动性,因为无论正在被分配的利益是什么,人们看起来都能够通过他们的行动而让自己有资格获得更多(或更少)的利益。为了回应这种反驳,近期有好几位哲学家提出了另一种版本的替代理论,即"敏于责任的平等主义"(responsibility-sensitive egalitarianism)。这些理论都把平等分配当作起点,并且允许结果偏离平等这一基线,只要结果是由个人的选择造成的,并且他们应当对这些选择承担责任(例如,可参见 Knight and Stemplowska, 2011)。不过,这些理论对以下几个问题都有不同的主张:第一,用来定义平等基线的"正义的通货"是什么;第二,个体对选择承担责任必须满足哪些条件;第三,在评估某个结果是否正义时,由选择造成的哪些后果才是我们应当关注的对象(假设人们的某些坏选择带来了一些他们无法合理预期的后果,此时让他们为这些坏选择承担所有后果可能尤其显得不正义)。人们经常会给这些理论的一个子类贴上"运气平等主义"的标签。根据运气平等主义者的观点,正义要求任何人都不应当由于"原生"(brute)运气不好而处于劣势(相对他人而言),但正义允许我们保留那些由个人责任所产生的不平等(对运气平等主义的充分讨论,可参见词条 justice and bad luck)。运气平等主义者对"原生"运气采取了一种宽泛的解读,它不仅包括外部环境(例如,某个人一开始就有途径获得比另一个人更多的资源),而且还包括内部因素(例如人们拥有某些天赋或残疾,或者非自愿地习得了某些代价高昂的嗜好)。所有这些不平等都将通过再分配或补偿来解决;与此同时,无论人们如何使用他们的合法资产,我们都应当尊重他们的选择,哪怕长此以往,这会导致严重的不平等。

尽管运气平等主义面临着某些显而易见的困难——例如,为了建立补偿机制,我们该如何量化"原生运气所带来的劣势"——但事实证明,在近期关于正义的争论中,运气平等主义具有惊人的影响力。然而,有一些问题是运气平等主义不得不面对的。通过给个人责任保留空间,运气平等主义试图抓住传统的应得观念中最有吸引力的部分,即人们应当因做出好的选择而受到奖励,并且因做出坏的选择而受到惩罚;与此同时,运气平等主义会消除(不应得的)天赋对人们所产生的影响。但实际上,人们恰好已经拥有的那些天赋和其他品质都会对他们的选择产生影响。例如,如果某个人投入很多时间去学习如何高超地演奏钢琴,而我们允许她通过这种方式来获得优势,那么我们就必须认识到,除非她早年的经历表明她有音乐天赋,否则她几乎肯定不会做出这种选择。我们无法判断,在一个她是音盲的反事实(counterfactual)世界里,她会选择做什么。因此,我们要么接受健全的(full-blooded)应得观念,要么拒绝这种观念,即人们可以通过行使责任以及做出选择而正当地要求他们应当获得某些相对优势;在这两者之间,似乎没有一致的折中方法(更多的讨论,参见 Miller, 1999,第 7 章)。

第二个问题是,一个人在行使责任的时候,可能会对其他人有利,也可能会对其他人不利,但这种变化的发生并不是由其他人的行为引起的,所以从其他人的角度来看,这必须算作"原生"运气。例如,当人们在某个领域为了超越别人而相互竞争时,情况便是如此。在这种情况下,如果 A 做出了某些选择并且取得了成功,那么他的这些选择就会导致 B、C 和 D 的处境相对而言变得更糟了。同理,如果 A 的行动对 B 有利,但 A 没有采取相应的行动去改善 C 和 D 的处境,那么 A 的行动就会产生一种不平等,并且从 C 和 D 的角度来看,这种不平等就是一种"坏的原生运气"。作为运气平等主义最有影响力的倡导者之一,科恩在晚年的一篇文章中似乎意识到这个问题,他说:"与朴素的平等主义(plain egalitarianism)有所不同,运气平等主义是自相矛盾的(paradoxical),因为人们对分配份额的使用必然会导致分配结果受到运气的影响。"(Cohen, 2011, p. 142)①

(三) 关系平等主义

我们已经看到,平等有时候可以被理解为正义向我们提出来的一种要求。然而,平等也可以具有独立的价值。事实上,当正义要求的是结果不平等时,这两种价值就会发生冲突。而那种有独立价值的平等是社会平等(social equality),我们最好把这种平等理解为社会关系的一种属性,它意味着人们彼此都把对方当作平等的社会成员来看待(regard),也都把对方当作平等的社会成员来对待(treat),并且社会体制的目标是促进该社会形成这些态度,以及把这些态度展现出来。与一个由平等的人所组成的社会形成鲜明对比的是这样一个社会:在这个社会中,人们属于不同的社会等级,并且他们会根据彼此的社会等级所规定的方式来对待彼此。我们可以提出不同的理由来反对社会不平等,或者反过来说,我们可以提出不同的理由来支持社会平等是有价值的这一观念(参见 Scanlon, 2003)。

那些基于分配正义以外的理由而认为平等有价值的人,通常被称为"关系平等主义者"(参见 Anderson, 1999; Wolff, 1998; Fourie, Schuppert and Wallimann-Helmer, 2015)。人们很容易将关系平等主义当作一种与我们在第六节第(二)小节中所概述的运气平等主义理论相抗衡的正义理论,但我认为更有启发性的做法是,把关系平等主义解读为它提供了另一种说法来解释为什么我们应当限制物质不平等。例如,面对像我们目前所处的这样一个贫富差距悬殊的世界,正义理论的支持者很可能会反对这种贫富差距,理由是这种贫富差距是不应得的,或者它是由"原生"运气引起的,等等。而关系平等主义者会说,这种贫富差距创造了一个分裂的社会,在这个社会中,人们彼此疏远,不能以相互尊重的方式进行交往。关系平等(relational

---

① 科恩所说的"朴素的平等主义"指的是这样一种观点:不管人们采取了什么样的行动,他们都应当平等地拥有某些东西。也就是说,朴素的平等主义是一种对责任不敏感的平等主义。——译注

equality)并没有直接解决分配问题,因此它无法作为正义理论来发挥作用。但由于实施某种特定的正义理论可能更有利于创造或维持一个由平等的人所组成的社会,因此关系平等可以为我们提供理由,使得我们更偏好某一种正义理论,而不是它的竞争理论。

七、 结论

我们在本文的开头已经看到,正义可以采取多种不同的形式,这取决于我们在什么样的实践语境下使用"正义"这一概念。虽然我们发现有某些共同的要素始终贯穿在"正义"的不同使用方式中(查士丁尼的公式"给予每个人他应当得到的东西"最早捕捉到这些要素),但这些要素都是形式上的,而不是实质上的。在这种情况下,人们自然而然想要寻找一个总体框架,以便将各种与具体语境相关的正义概念纳入其中。我们考察了三个这样的框架:效益主义、契约主义和平等主义。然而,没有一个框架能够通过"西季威克/罗尔斯检验"(我们姑且这么称呼它),因为这个检验要求此类框架至少应当纳入并解释我们关于正义所形成的大多数深思熟虑的信念(considered convictions),也就是这样一些信念:它们关注的是在广泛且不同的情况下,正义要求我们做什么,并且我们有信心认为它们是正确的(关于罗尔斯如何看待这种检验,可参见词条 reflective equilibrium)。因此,除非我们愿意为了支持某个总体框架而把这些信念中的许多内容抛弃掉,否则我们就需要接受这一事实,即目前没有一个整全的(comprehensive)正义理论可供我们使用,我们不得不将就使用局部的(partial)正义理论——这类理论关注的是在人类生活的特定领域中,正义要求我们做什么。虽然罗尔斯给他的第一本书取了一个很大胆、自信的标题(即《正义论》),但他开始意识到,他所概述的理论充其量只是一种社会正义理论,并且它只适用于现代自由国家的基本制度结构。其他形式的正义(包括家庭正义、配置正义、联结正义和国际正义)及其相关原则将适用于它们各自的领域(以一种更加明确的方式来讨论多元论的正义观,可参见 Walzer, 1983;至于如何更充分地捍卫一种语境主义的正义观,可参见 Miller,2013,尤其是第 2 章)。

如果我们把更多的注意力放在"正义"这一概念的历史上,那么我们可能就会以一种更加松散的方式来思考正义。通过阅读亚里士多德、阿奎那或休谟对"正义"这个概念的论述,我们可以学到很多东西。但是当我们这样做的时候,就会发现,我们找不到我们期望找到的那些要素(比如亚里士多德没有讨论权利),而另一些不在我们预期之内的要素却会进入我们的视野。在某种程度上,这可能是因为每个思想家都有自己的独特之处,但更重要的是,它反映了每个思想家所处的社会生活——尤其是他们所处的经济、法律和政治结构——是不一样的。人们已经尝试以不同的方式来撰写正义史,而这些著作不仅仅是在收集个别思想家说了些什么,确切来说,它们的目标是展现并解释人们对正义的解读方式经历了哪些系统性的转变(对照性的例子,可参见 MacIntyre,1988;Fleischacker,2004;Johnston,2011)。我们不应该把这些转变解读成这样的启蒙故事,即随着时间的推移,我们对正义的理解已经逐步提高了。例如,麦金太尔的观点是,正义这个概念只有在某些实践中才能够找到其恰当的归宿,但现代自由社会无法维持这些实践。通过把引起我们关注的各种不同的正义观念和我们所在的这个社会的某些特征联系起来——这些特征在过去并不存在,在未来同样也很可能会消失,我们可以更好地理解正义对我们来说意味着什么。

参考文献

Anderson, Elizabeth, 1999, "What is the Point of Equality?" *Ethics*, 109: 287-337.

Aristotle, 2000, *Nicomachean Ethics*, translated by Roger Crisp, Cambridge: Cambridge University Press.

——, 1962, *The Politics*, translated by Thomas Sinclair, Harmondsworth: Penguin.

Barry, Brian, 1989, *Theories of Justice*, Hemel Hempstead: Harvester-Wheatsheaf.

——, 1995, *Justice as Impartiality*, Oxford: Oxford University Press.

Bentham, Jeremy, 1948, *The Principles of Morals and Legislation*, edited by Laurence Lafleur, New York: Hafner Press.

Brighouse, Harry and Adam Swift, 2014, *Family Values: The Ethics of Parent-Child Relationships*, Princeton, NJ: Princeton University Press.

Buchanan, Allen, 1987, "Justice and Charity," *Ethics*, 97: 558-75.

Casal, Paula, 2007, "Why Sufficiency Is Not Enough," *Ethics*, 117: 296-326.

Cohen, G. A., 1989, "On the Currency of Egalitarian Justice," *Ethics*, 99: 906-44.

——, 1995, *Self-Ownership, Freedom, and Equality*, Cambridge: Cambridge University Press.

——, 2008, *Rescuing Justice and Equality*, Cambridge, MA: Harvard University Press.

——, 2011, "Fairness and Legitimacy in Justice: Does Option Luck ever Preserve Justice?" in *On the Currency of Egalitarian Justice and Other Essays in Political Philosophy*, edited by Michael Otsuka, Princeton NJ: Princeton University Press.

Coleman, Jules, 1992, *Risks and Wrongs*, Cambridge: Cambridge University Press.

Donaldson, Sue and Will Kymlicka, 2011, *Zoopolis: A Political Theory of Animals Rights*, Oxford: Oxford University Press.

Dworkin, Ronald, 2000, *Sovereign Virtue: The Theory and Practice of Equality*, Cambridge, MA: Harvard University Press.

Feinberg, Joel, 1970, "Justice and Personal Desert," in *Doing and Deserving: Essays in the Theory of Responsibility*, Princeton, NJ: Princeton University Press.

——, 1974, "Noncomparative Justice," *Philosophical Review*, 83: 297-338.

Fleischacker, Samuel, 2004, *A Short History of Distributive Justice*,

Cambridge, MA: Harvard University Press.

Fourie, Carina, Fabian Schuppert and Ivo Wallimann-Helmer (eds.), 2015, *Social Equality: On What It Means to be Equals*, Oxford: Oxford University Press.

Frankfurt, Harry, 2015, *On Inequality*, Princeton, NJ: Princeton University Press.

Garner, Robert, 2013, *A Theory of Justice for Animals*, Oxford: Oxford University Press.

Gauthier, David, 1986, *Morals by Agreement*, Oxford: Clarendon Press.

Harsanyi, John, 1975, "Can the Maximin Principle Serve as a Basis for Morality? A Critique of John Rawls's Theory," *American Political Science Review*, 69: 594-606.

Hayek, Friedrich, 1976, *Law, Legislation and Liberty, Vol. II: The Mirage of Social Justice*, London: Routledge and Kegan Paul.

Hume, David, 1978, *A Treatise of Human Nature*, edited by L. A. Selby-Bigge, revised by P. H. Nidditch, Oxford: Clarendon Press.

——, 1975, "An Enquiry Concerning the Principles of Morals," in *Enquiries Concerning Human Understanding and Concerning the Principles of Morals*, edited by L. A. Selby-Bigge, revised by P. H. Nidditch, Oxford: Clarendon Press.

Johnston, David, 2011, *A Brief History of Justice*, Oxford: Wiley-Blackwell.

Kagan, Shelly, 2012, *The Geometry of Desert*, New York: Oxford University Press.

Knight, Carl and Zofia Stemplowska (eds.), 2011, *Responsibility and Distributive Justice*, Oxford: Oxford University Press.

Lind, E. Allan and Tom Tyler, 1988, *The Social Psychology of Procedural Justice*, New York and London: Plenum Press.

MacIntyre, Alasdair, 1988, *Whose Justice? Which Rationality?*, London: Duckworth.

Mill, John Stuart, 1964, "Utilitarianism," in *Utilitarianism, On Liberty, Representative Government*, edited by A. D. Lindsay, London: Dent.

Miller, David, 1999, *Principles of Social Justice*, Cambridge, MA: Harvard University Press.

——, 2013, *Justice for Earthlings: Essays in Political Philosophy*, Cambridge: Cambridge University Press.

Montague, Phillip, 1980, "Comparative and Non-Comparative Justice," *Philosophical Quarterly*, 30: 131-40.

Murphy, Liam, 1998, "Institutions and the Demands of Justice," *Philosophy and Public Affairs*, 27: 251-91.

Nagel, Thomas, 2005, "The Problem of Global Justice," *Philosophy and Public Affairs*, 33: 113-47.

Nozick, Robert, 1974, *Anarchy, State and Utopia*, Oxford: Blackwell.

Nussbaum, Martha, 2006, *Frontiers of Justice: Disability, Nationality, Species Membership*, Cambridge, MA: Harvard University Press.

Okin, Susan, 1989, *Justice, Gender, and the Family*, New York: Basic Books.

Olsaretti, Serena (ed.), 2003, *Justice and Desert*, Oxford: Oxford University Press.

Paul, Jeffrey (ed.), 1982, *Reading Nozick: Essays on Anarchy, State, and Utopia*, Oxford: Blackwell.

Perry, Stephen, 2000, "On the Relationship between Corrective and Distributive Justice," in *Oxford Essays in Jurisprudence, Fourth Series*, edited by Jeremy Horder, Oxford: Oxford University Press.

Raphael, D. D., 2001, *Concepts of Justice*, Oxford: Clarendon Press.

Rawls, John, 1958, "Justice as Fairness," *Philosophical Review*, 67: 164-94.

——, 1971, *A Theory of Justice*, Cambridge, MA: Harvard University Press.

——, 1993, *Political Liberalism*, New York: Columbia University Press.

——, 1999, *A Theory of Justice*, revised edition, Cambridge, MA: Harvard University Press.

——, 2001, *Justice as Fairness: A Restatement*, Cambridge, MA: Harvard University Press.

Ripstein, Arthur, 2004, "The Division of Responsibility and the Law of Tort," *Fordham Law Review*, 72: 1811-44.

Sandel, Michael, 1982, *Liberalism and the Limits of Justice*, Cambridge: Cambridge University Press.

Scanlon, T. M., 1998, *What We Owe to Each Other*, Cambridge, MA: Harvard University Press.

——, 2003, "The Diversity of Objections to Inequality," in *The Difficulty of Tolerance: Essays in Political Philosophy*, Cambridge: Cambridge University Press.

Sen, Amartya, 1980, "Equality of What?" in *Tanner Lectures on Human Values, Volume 1*, edited by S. McMurrin, Cambridge: Cambridge University Press.

Sidgwick, Henry, 1874/1907, *The Methods of Ethics*, London: Macmillan.

Valentini, Laura, 2014, "Canine Justice: An Associative Account," *Political Studies*, 62: 37-52.

Walzer, Michael, 1983, *Spheres of Justice: A Defence of Pluralism and Equality*, New York: Basic Books.

Williams, Andrew, 1998, "Incentives, Inequality, and Publicity," *Philosophy and Public Affairs*, 27: 225-47.

Wolff, Jonathan, 1991, *Robert Nozick: Property, Justice and the Minimal State*, Cambridge: Polity.

——, 1998, "Fairness, Respect and the Egalitarian Ethos," *Philosophy and Public Affairs*, 27: 97-122.

Young, Iris Marion, 2011, *Responsibility for Justice*, New York: Oxford University Press.

国内论文

双重效果原则的道德意义及证成
——以战争中的攻击行为为例

夏子羿*

【摘要】好的意图是一个客观上造成损害的行为的可允许性的必要条件吗?双重效果原则主张一个行为的可允许性部分地取决于行为人的意图是否正确,并且区分了意图和预见。忽视了这种区分就会很难解释恐怖轰炸与战术性轰炸的道德区别。这种区分需要对意图进行一种狭义的定义,意图包括了行为的目的以及为了实现该目的而选择的行为计划。围绕着双重效果原则的道德争论的根本分歧是对可允许性的理解的不同:拥护者持有一种整体论的观念,而反对者持有一种分离论的观念。本文认为,基于对行为的可允许性的宽泛理解,以及意图对于培养美德的必要性,整体论的观念更具有理论吸引力。

【关键词】意图;双重效果;可允许性;美德

导　言

人在采取行为时,有时会面临着这样一种情境:该行为会在实现其良好

---

* 夏子羿,中国政法大学法学硕士研究生。

目的的同时,不可避免地损害到另外一种价值,并且行为人在做选择时能够预见到这种损害后果。例如,一位空军指挥官意图精准地摧毁一个敌方军事设施,同时导致了轰炸目标附近的无辜平民的伤亡;一个医生为了消除患者的病痛而给他注射一种神经药物,而这种药物同时也损害了病人的身体,加速其死亡。一般人的道德直觉通常不会默认这些行为是不可允许的,但是如果他们直接地意图轰炸平民或者加快病人死亡的话,那么一般直觉就会默认否定这种行为。双重效果原则(Doctrine of Double Effect,以下简称为DDE)的应用就是为了解释这种现象。DDE 的核心命题认为,意图的(intended)效果和仅仅是预见到的(foreseen)副作用(side effect)分别具有不同的道德意义,意图(intention)的好坏可以决定一个行为在道德上是否可允许。DDE 为人们日常的道德判断提供了具有直觉吸引力的解释,因此在现今的伦理学领域具有广泛影响力,包括关于战争①、堕胎②等话题的讨论。但是对 DDE 的批评同样非常多,有人认为 DDE 所依赖的对于"意图"和"预见"的区分是难以理解的,③也有很多反对者认为,DDE 的道德吸引力是虚幻的,一个行为的道德可允许性并不取决于行为人的意图是什么。④

  对 DDE 的这些批评是正确的吗?本文试图从以下两个方面来为 DDE 的核心命题提供支持:(1)在意图的概念方面,阐明"意图"的狭义概念,对意

---

① 例如,Steven Lee, "Double Effect, Double Intention, and Asymmetric Warfare", *Journal of Military Ethics*, 3 (2004): pp. 233-251; Kasper Lippert-Rasmussen, "Just War Theory, Intentions, and the Deliberative Perspective Objection", in *How We Fight: Ethics in War*, Oxford, Oxford University Press, 2014, pp. 138-154; Jeff McMahan, "Intention, Permissibility, Terrorism, and War", *Ethics*, 23 (2009): pp. 345-372。
② 例如,John Finnis, Germain Grisez, and Joseph Boyle, "'Direct' and 'Indirect' in Action", in *Intention and Identity*, Oxford: Oxford University Press, 2011, pp. 235-268; Philippa Foot, "The Problem of Abortion and the Doctrine of Double Effect", in *Virtues and Vices and Other Essays in Moral Philosophy*, Oxford: Clarendon Press, 2002, pp. 24-33。
③ 例如,Foot, "The Problem of Abortion and the Doctrine of Double Effect", p. 26; H. L. A. Hart, "Intention and Punishment", in *Punishment and Responsibility*, Oxford, Clarendon Press, 1968, pp. 123-125。
④ 例如,Judith Jarvis Thomson, "Physician-Assisted Suicide", *Ethics*, 109 (1999): pp. 517-518; Thomson, "Self-Defense", *Philosophy & Public Affairs*, 20 (1991): pp. 293-296; T. M. Scanlon, *Moral Dimensions: Permissibility, Meaning, Blame*, Cambridge: Belknap, 2008, pp. 20-27。

图与预见的区分进行界定;(2)在意图的道德意义的证成方面,分析相关的批评与争论,指出其背后的基础性理论分歧在于对意图与可允许性之间的关系的理解不同,本文支持一种整体论的理解,并且反对与之相对的分离论。

本文采用一种从现象直觉出发到一般理论的解释性的思考方式。第一节从具体情境和与之相关的直觉出发,来阐明 DDE 所主张的核心命题和应用,并且指出初步的问题。第二节将处理概念问题,对"意图"这一概念进行更精确的界定。第三节将处理道德证成问题,即"意图—预见"的区分的道德相关性的基础的问题。

一、双重效果原则的核心命题和初步问题

(一) 双重效果原则的主张以及应用

简单地说,DDE 的核心命题是:一个行为的好意图是该行为的可允许性的必要条件。更具体地说,一个行为 A 同时导致了一个好的效果 G 和一个坏的效果 B,如果 A 意图实现的是 B 的话,那它就是不可允许的。如果 A 不意图 B,B 就仅仅是一种可预见的副作用,那么 A 就有可能是可允许的。[①] 为了更好地理解这一表述,让我们首先来思考下面这一对被当代的伦理学家们经常引用的例子:

> "恐怖轰炸"(The Terror Bomb):一位指挥官为了迫使敌国政府尽快投降,试图通过杀害平民的方式来制造民众恐慌。他向一座靠近敌国军事设施的平民建筑物发射导弹,最终造成了 10 名无辜平民的死

[①] 关于双重效果原则的具体主张的更详细论述,可参见 Joseph Boyle, "Toward Understanding the Principle of Double Effect", *Ethics*, 90(1980): pp.527-538; Michael Walzer, *Just and Unjust Wars, A Moral Argument with Historical Illustrations*, New York: Basic Books, 2006, p.153。

亡,军事设施也被摧毁。

"战术性轰炸"(The Tactical Bomber):一位指挥官为了削弱敌军的武装力量来迫使敌国政府投降,而计划向敌国一个靠近平民建筑物的军事设施发射导弹。他预见到此次轰炸行动将会造成一定数量的附近平民伤亡,但他最终还是选择了轰炸,并且造成了10名无辜平民的死亡,军事设施也被摧毁。

这两种轰炸行为造成的后果是相同的,并且两位指挥官都事先预见到了平民死亡的后果,但是二者受到的道德评价却完全不同。恐怖轰炸行为总是不可允许的;而战术性轰炸行为只要符合了某些条件就是可允许的,这种判断也被现行有效的国际法所接受。① 而这两种行为的差异就在于意图的不同:恐怖轰炸中的指挥官意图实现平民的死亡,并且以此作为逼迫敌人投降的手段;战术性轰炸中的指挥官虽然预见到了平民的死亡,但是并不意图杀死平民,10名平民的死亡只是他的轰炸行为所导致的一个可预见的副作用。需要我们注意的是,伦理学家们在这里所称的"恐怖轰炸"专指这种意图轰炸无辜平民的情境,这并不完全等同于我们日常用语中的"恐怖主义"。

这种关于意图的微妙区分导致了道德直觉的差异,也构成了DDE的核心主张。目前英语学界对DDE的具体内容存在多种不同的解释,但是总体来说可以被化约为以下两个要求。一个意图是可接受的,但是造成了一种坏效果的行为,如果同时符合了这两个要求,那么它最终就得到了一个可接受的理由的支持,因而是可允许的:

(1)坏效果并不是行为人所意图的(intended),它只是一种可预见的(foreseen)副作用(side effect);

---

① 有条件的战术性轰炸也同样被现行有效的国际法所允许,参见《日内瓦四公约第一附加议定书》第51条第4款和第5款、第57条第2款和第3款。按照这些规则的内容以及国际法惯例,国际法允许作战方有条件地造成可预见的平民伤亡。但是恐怖轰炸无论如何都是被绝对禁止的。

(2) 除此之外，行为人要有一个通常被笼统地称为"合比例地"（proportionately）重要的理由来实施造成了这种副作用的行为。

其中，第一个要求反映了 DDE 的核心命题的要求。但是为了避免对 DDE 的误解，在对核心命题进行探讨之前，我首先要强调第二个要求的意义。它表明了一个正确的意图并不是可允许性的充分条件，DDE 绝不意味着只要行为人的意图是正确的，他就可以不管不顾，或者不用对其造成的副作用负责了。因为存在着一些针对"可预见地造成副作用"的行为的道德要求，而该行为必须不违反这些道德要求，才会得到一个可接受的理由的支持，因而最终是可允许的。① 例如，即使是在战术性轰炸的情境中，指挥官也负有相应程度的保护平民生命的义务，所以他必须在计划轰炸行动时采取那个能够使平民伤亡最小化的行动方案。② 只有当行为人适当地履行了其负有的所有义务时，可预见地造成平民伤亡的副作用的行为才最终是可允许的。与之相反，一个想要通过轰炸无辜平民来获取胜利的恐怖主义指挥官，就算做出了和战术性指挥官一模一样的（甚至更多的）尽可能降低平民伤亡的举动，就算在客观上造成了更少的平民死亡，他的恐怖轰炸行动也依然是不可允许的，我会在下文中详细讨论这一点。

DDE 的第一个要求中的"坏效果"的判断标准取决于某种特定的道德规范。需要我们注意的是，这种规范在一开始就确定了某种行为本身就是（内在地）"坏的"，因此它必然是某种决定性的基本的规范。这似乎意味着，DDE 预设了某种能够与之相符合的道德哲学立场。作为 DDE 的提出者和最主要拥护者，基于亚里士多德-托马斯主义哲学传统的自然法学者们普遍认为，"坏效果"的判断标准是对人类的基本善（basic good）的直接破坏，因为所有的基本善（例如生命）都是绝对不可侵犯的内在价值。但各种基本善

---

① John Finnis, "Intention and Side Effects", in *Intention and Identity*, Oxford: Oxford University Press, 2011, p.190.
② 可参见沃尔泽的详细论述：Michael Walzer, *Just and Unjust Wars*, pp.155-156。这些要求也同样体现在了国际法之中，参见《日内瓦四公约第一附加议定书》第 51 条和第 57 条。

之间是不可通约的，无法直接地互相衡量，所以，当一个行为在客观上不可避免地会损害到至少一种基本善时，DDE 就具有了现实必要性，它使人们在这种情况下依然有可能以尊重基本善的方式来行动：只要该行为在意图上并不是为了损害基本善，并且也满足了所有其他的道德义务的话。① 反之，如果一个行为在意图上就是为了损害某种基本善，那么该行为本身就是绝对地不道德的，也不会得到任何可接受的理由的支持。

本文的最后一节将会专门地讨论道德问题。而在这里我要先指出的是，DDE 必然预设了一种道德绝对主义的基本立场，并且必然是反对后果主义的。这并不意味着采用 DDE 的人必须是天主教徒或者托马斯主义者，但是他们至少必须持有某种道德绝对主义的观念。例如，"人绝对不能仅仅被作为手段，而是应当同时被作为目的来对待"这一康德式的绝对律令，同样可以适用于 DDE。实际上，这一律令本身就包含了"意图"的要素，这里的"作为手段"和"作为目的"都不可能仅仅是客观上发生的事态，它们都是行为人所意图的。② 例如，战术性轰炸的指挥官并不意图把平民仅仅作为手段来对待，所以造成平民死亡的战术性轰炸不会被初步地默认为是错误的。

然而，或许有的人会认为，我们可以不借助双重效果原则，而是直接用这种康德式律令来解释恐怖轰炸与战术性轰炸之间的区别：恐怖分子把平民作为其实现军事目的的手段，因而是不可允许的，而与之相反，战术性轰炸中的指挥官并没有把他们作为实现军事目的的手段。本文认为，这种解释方式面临的一个巨大困难在于，我们很难证明战术性轰炸是可允许的。即使我们承认，恐怖轰炸的指挥官的确把无辜平民视为手段，但是战术性轰炸的指挥官也不可能把无辜平民视为目的，我们几乎不可能相信指挥官炸

---

① 参见 Joseph Boyle, "Who Is Entitled to Double Effect", *The Journal of Medicine and and Philosophy*, 16（1991）: pp. 486-488.; John Finnis, *Natural Law and Natural Rights*, Oxford: Oxford University Press, 2011, pp. 119-124. 这种观点最直接的思想渊源是托马斯·阿奎那及其理论传统。DDE 的原始版本也来自阿奎那的一段关于正当防卫和杀人的论述，参见 Aquinas, *Summa Theologica*, II-II q. 64 a. 7.
② T. A. Cavanaugh, *Double-Effect Reasoning: Doing Good and Avoiding Evil*, Oxford: Clarendon Press, 2006, p. 157.

死无辜平民是"为了"他们。那么,既然战术性轰炸的指挥官既没有把平民视为目的,也没有把他们视为手段,平民究竟处于一种什么样的地位呢?最有说服力的回答就是:他根本没有把平民的死亡作为他的行动计划的一部分,尽管他确实预见到了平民的死亡。这也就是双重效果原则的第一个观点的体现,即"意图—预见"区分的观点,我将在本文的第二节中详细地讨论这一区分。而在这里,我们可以看出,仅仅依靠这种康德式的道德律令来解释战争情境是不够的,我们必须依据行动者的意图来做判断。

总而言之,DDE 独特的道德意义在于,它调整着某种决定了"好"与"坏"的绝对的道德规范的作用方式:如果"坏效果"仅仅是预见到的副作用,而不是被行为人意图的,那么该行为的可允许性就进一步地取决于它对其他各种道德规范的满足(包括通常所谓的"合比例性");而如果这种"坏效果"就是行为人所意图的,那么该行为的可允许性就直接被否定了。

(二)对战争情境的解释力:借助正义战争

我们已经知道了 DDE 的核心主张,并且知道了 DDE 的初步吸引力来源于对重要共同道德直觉的解释力,而 DDE 所支持的一种最重要的道德直觉是不可允许的恐怖轰炸行为和可允许的战术性轰炸行为之间的道德区别。由于现实条件的限制,战争中几乎无法避免伤害无辜者。所以,只要一个人不想成为和平主义者——认为所有的战争行为都是不道德的,战争本身就是错误的——那么他就必须区分可允许地造成无辜者死亡的战争行为和不可允许地造成无辜者死亡的战争行为。但可能存在着其他能够解释这种区分的方式。接下来,本文将在道德直觉的层面上说明,我们为什么要优先接受 DDE 的解释方式而不是其他的方式。本文将会考察一种较为常见的不依赖于意图的解释方式,并且指出它的问题。

这种解释直觉的方式诉诸正义战争,以及战争胜利的重要性。作为最有影响力的 DDE 反对者,汤姆森(Judith Jarvis Thomson)教授支持这种解释方式。她认为,战术性轰炸之所以是可允许的,在一定程度上是因为轰炸方正在进行一场正义的战争,并且站在正义的一边,因此,从整体上来看,其赢得战争的重要程度(stakes)要高于被他杀死的无辜平民的生命。① 那么为什么恐怖轰炸是不可允许的呢？她给出的理由是，因为在现实中，针对无辜平民的轰炸或者无差别地大范围轰炸无辜平民对于实现正义战争胜利的目标来说通常是不必要的，因此它在大多数情况下是错误的。② 因此，前文所描述的恐怖轰炸与战术性轰炸之间其实并没有根本上的道德区别。可允许地导致平民死亡与不可允许地导致平民死亡之间的区别就在于，平民的死亡对于取得正义战争的胜利而言是否必要，而不在于指挥官的意图是什么。

这种诉诸正义战争的解释方式，对于"正义战争"的定义仅限于整体上的战争的正义性(可被称为"诉诸战争权"，即 Jus ad Bellum 的层面)，并且认为战争中的具体行为的正确与否(可被称为"战时法"，即 Jus in Bello 的层面)取决于它是否有利于实现前者的胜利。③ 然而，我认为这种解释方式忽略了正义战争论的拥护者们通常所分享的道德观念的两个重要方面：第一，"战时法"层面也是正义战争体系的一部分；第二，"战时法"层面与"诉诸战争权"层面之间是相互独立的，没有必然联系。也就是说，无论是正义一方的阵营，还是与之敌对的邪恶阵营，在作战时都应当遵守 Jus in Bello 层面上的不得杀害无辜者的道德要求。一场在战争中故意杀害无辜平民的自卫战争在 Jus ad Bellum 上是正义的，但是故意杀害无辜平民的战争行为(无论杀害平民是多么地有利于获胜)在 Jus in Bello 上依然是错误的，而后一种行为正是本文所关注的。如果依照汤姆森的说法，那么我们其实根本没有理由谴责"杀害无辜者"的恐怖轰炸行径，我们可以谴责的只是"杀无辜者杀得过多了"的行为，这与我们反对恐怖轰炸的道德直觉是不一致的：我们一般认为恐怖轰炸是错误的，是因为它本身就是错误的。汤姆森的这种解释方式需要进一步地论证 ad Bellum 和 in Bello 这两个层面是必然联系，然后还要论证 ad Bellum 的重要性高于 in Bello。而 DDE 则既可

---

① Thomson, "Self-Defense", pp. 297-298.
② Thomson, "Self-Defense", p. 297.
③ 关于 Jus ad Bellum 和 Jus in Bello 的理论阐述，可参见 Walzer, *Just and Unjust Wars*, ch. 3.

以尊重这种通常的正义战争理念，又能够解释恐怖轰炸和战术性轰炸的道德区分。

（三）关于核心命题的争议与问题

在探讨了直觉解释力以后，接下来，本文将针对 DDE 的核心命题展开讨论。DDE 的核心命题暗含了两个主张：

(1) 一个行为的"意图"不同于行为人对后果的"预见"；

(2) 正确的意图是决定一个行为的道德上的可允许性的必要条件。

这两个主张都存在着争议。首先，DDE 所要求的"意图—预见"的区分在有些时候（甚至是经常地）是无法理解的，因为这两者在因果关系的层面上太过于紧密了，以至于我们难以相信一个人真的只意图前者而不意图后者。① 假如一个人敲碎了一面玻璃，他预见到他的敲打会让玻璃破碎，但他仅仅想要制造玻璃破碎的噪声，如果说他仅仅意图玻璃破碎的声音而不意图玻璃的破碎本身就会显得很荒谬，因为"产生玻璃破碎的声音"必然地与"产生玻璃破碎"联系在一起。② 如果想要"意图—预见"的区分成立，那么就必须找到它与上述情境之间的界限到底在哪里，这需要我们在概念上精确地划分意图和预见。

更重要的问题是，就算这种区分确实成立了，为什么对于评价一个行为的道德可允许性而言，这种区分会产生如此巨大的道德差异？如果一个人明知他的行为将会导致无辜者死亡的后果，却依然选择了去这么做，那么他是否"意图"这种后果？又为什么会有 DDE 所声称的那种道德上的差别呢？

为了解决上述的争议，本文接下来将分别处理两个更进一步的问题：(1) DDE 所谓的"意图"到底指的是什么？(2) 为什么"意图"的好坏会具有 DDE 所主张的道德意义？

---

① Foot, "The Problem of Abortion and the Doctrine of Double Effect", p. 26.

② Hart, "Intention and Punishment", p. 120.

二、意图的狭义概念

本节只准备澄清"意图"概念，不涉及道德证成问题，关于道德规范性的问题将会留在最后一节中处理。前文所述的第一种质疑在很大程度上是由于在理解"意图"时采用了广义概念。意图的广义概念认为，意图包括了所有行为人预见到的将会发生的效果。如果这样理解意图的话，那么我们确实无法区分，甚至也不会想去区分所谓的"意图"与"预见"。本文接下来会阐明并且支持一种意图的狭义概念。

意图的狭义概念认为，意图的内容仅仅指行为人所选择的行为计划，① 更具体地说，当且仅当行为人 X 把 E 作为其行为 A 的目的，或者认为 E 是导致 A 的目的的"手段—目的"链条中的一部分时，E 才是其选择的计划中所包含的效果，因而是其意图的一部分。除此之外，任何其他的效果都不在其意图之中，无论它是否被预见到。并且，该意图为 A 提供了一个恰当的解释性理由（explanatory reason），使得 A 在依其理由的意义上是合理的。② 对于理解这一点而言，戴维森（Donald Davidson）教授的相关讨论是有帮助的。他认为一个"有意图的行动"意味着，X 要相信他在实施 A 时，将会（或者基本上会）实现 E。③ 只有这样，A 才有了相应的解释性理由并且被合理化。

因此，战术性轰炸与砸玻璃的情境之间的区别就在于，在战术性轰炸中，平民的死亡对于实现指挥官所选择的行为计划而言并不必要。指挥官在实践慎思的过程中，确实会考虑到这些被他预见到的死亡效果，但是这种考虑要么扮演着多余的角色，要么起着干扰性的反向作用。④ 就算没有它，

---

① Finnis, "Intention and Side Effects", p. 176.
② Donald Davidson, *Essays on Actions and Events*, New York: Oxford University Press, 2001, pp. 75-76.
③ Donald Davidson, *Essays on Actions and Events*, p. 78.
④ 关于预见的效果在实践慎思过程中所扮演的角色的详细论述，可参见 Boyle, "Toward Understanding the Principle of Double Effect", p. 535.

指挥官的计划也会照常实现（战术性轰炸的指挥官甚至往往会想方设法地躲避它），指挥官的行动也因此会有一个恰当的解释性理由，所以它无法被视为必然是指挥官意图的一部分。相反，在砸玻璃的情境中，如果砸玻璃的行动是合理的，那么玻璃的破碎就得是意图的一部分。这是因为如果缺了玻璃破碎这种效果，那么砸玻璃的行为人所意图制造玻璃破碎声音的行为计划就根本无法实现，其砸玻璃的行动也就缺少一个恰当的解释性理由。

除此之外，如果我们仅仅通过预见来确定行为人意图什么，而不看行为人所选择的行为计划的话，那么将会得出难以置信的结论。因为现实中的事态具有无限种可能性，我们不可能把每一种行为人预见的必然发生的事态都视为行为人意图的一部分。例如，我选择坐飞机去巴西，我预见到了这次飞行必然会导致我遭受倒时差的痛苦；我选择明天去看牙医，我预见到了治疗牙齿的过程必然会让我痛苦。但我不可能意图这些痛苦，如果不考虑行为人真正的选择和目的，那么我们对意图的理解就容易滑向菲尼斯（John Finnis）教授所说的"关于意图的伪受虐狂理论"，认为一个人经常会意图对他不利的效果，是很难理解的。①

综上，基于这种意图的狭义概念，DDE 所需的"意图—预见"的区分在大体上就是可理解的。当然了，在特定的情境中对于"手段—目的"链条的具体内容的鉴别往往也是一个难题，但这种技术问题就不在本文探讨的范围之内了。

三、意图对于可允许性的意义

（一）意图与可允许性

到目前为止，我们已经知道了"意图—预见"的区分对于解释我们的重要道德直觉的必要性，以及这种区分是如何可能的。接下来，本节将会讨论

---

① Finnis, "Intention and Side Effects", p. 183.

道德证成方面的问题。我们现在面对的问题是：在评价一个行为的可允许性时，为什么意图是必要条件？这个问题更加重要，因为 DDE 的反对者几乎都持有这种观点：意图与预见的区分并没有 DDE 声称的这种道德意义。与之相反，菲尼斯等自然法学家为意图对于可允许性的道德意义提供了辩护。本节将会试着探究这种争论背后的基础分歧。

正如斯坎伦（T. M. Scanlon）教授正确地指出的那样，行为具有无数种特征，而其中只有某些特征与可允许性直接相关。DDE 的反对者们对于什么与可允许性相关的理解与 DDE 的支持者们不同。汤姆森就认为，对其他人的权利的侵犯会使一个行为是不可允许的，决定了一个行为是否侵犯权利的并不是行动内部的意图，而是行动对于客观情况的影响。① 为了解释 DDE 为何会具有直觉上的吸引力，她承认了意图的好坏确实具有某种道德意义，但是这种道德意义与行为的可允许性无关，只与评价行为人是否是一个有缺陷的（at fault）人有关。然后她主张，评价一个人是否有缺陷和评价他的行为是否可允许之间没有必然联系。② 斯坎伦承接了汤姆森的这个主张，并且对汤姆森的主张进行了发展。他把道德的维度区分为两个维度：针对行为的"慎思维度"和针对行为人的"批评维度"。可允许性问题存在于"慎思维度"中，它问的是"我可以采取 P 吗？"能够决定 P 的可允许性的是某个关于 P 符合了道德要求的考量，这种对于行为的考量（通常是客观事实）与行为人的意图是好是坏没有必然联系。③

斯坎伦和汤姆森在这里的基本主张是一致的，批评一个人在做决定时的想法不正确，实际上就是批评他缺乏做道德上正确的决定所需的那种品质。④ 此处值得我们留意的是：反对 DDE 的人并不否认行为人应当去做一个好人，或者应当出于正确的意图而去做决定。

与之相反，作为 DDE 的一个有影响力的捍卫者，菲尼斯并没有断然地

---

① Thomson, "Physician-Assisted Suicide", p. 517.
② Thomson, "Physician-Assisted Suicide", pp. 510-517; Thomson, "Self-Defense", p. 295.
③ Scanlon, *Moral Dimensions: Permissibility, Meaning, Blame*, pp. 22-24.
④ Scanlon, *Moral Dimensions: Permissibility, Meaning, Blame*, p. 28.

区分上述的两个维度。菲尼斯认为意图之所以具有道德意义,是因为一个人意图的东西就是他所选择的行为计划,而如果一个选择是基于理性而做出的合理选择,那么他就有了一个采取该行动的规范性理由。① 这种理由与上一节所述的解释性理由的不同之处在于它是评价性的,它的作用在于为行动提供道德上的辩护。一个行为的可允许性问题关注的就是该行为是否具有这样的理由,因此,如果其意图是不可接受的,那么他就不会有一个道德上可接受的理由去那么做,那么其行为就是不可允许的了。按照菲尼斯的这种观点,一个行为的可允许性维度与意图所在的维度并没有分开。

现在,关于行为的可允许性与意图之间的关系的理解,存在着两种基本立场:

(1) 道德存在两个互相独立的维度:针对行为人的品质的维度和针对行为的可允许性的维度。意图的正确与否只与第一个维度中的品质直接相关,而在第二个维度中并没有这种关系。

(2) 道德不存在上述的两个独立维度,正确的意图对于行为的可允许性而言是必要的。

这两种基本观念之间的分歧引发了关于 DDE 的核心命题的争论。本文将第一种立场称为"分离论",将第二种立场称为"整体论"。接下来本文将会证明整体论在理论上更具有吸引力,以此结束本文。

(二) 整体论的吸引力

为了探究哪种立场能够更好地说明意图与可允许性之间的关系,我们需要先阐明可允许性到底意味着什么。我们先从最没有争议的定义出发,当我们说"P 是可允许的"时,这其实预设了两个条件:(1)P 与可允许性直接相关(适格性);(2)P 没有违反某种道德要求(可辩护性)。

分离论的支持者认为,整体论之下的行为并不符合适格性条件,因为意

---

① Finnis, "Intention and Side Effects", pp. 194-195; Finnis, *Natural Law and Natural Rights*, pp. 100-101, 126-127; Finnis, "Intentions and Objects", in *Intention and Identity*, Oxford: Oxford University Press, 2011, pp. 163-171.

图并不与可允许性直接相关,也不是必要的。整体论则认为,分离论之下的行为不仅不符合适格性条件,而且在符合可辩护性条件时也是有问题的,因为它难以解释一些看起来违反了道德要求但又显然是可允许的行为,正如战术性轰炸的例子所展现的那样。由此可见,二者的分歧主要在关于适格性的问题上。接下来,本文将会证明,整体论之下的行为符合适格性条件。

到底什么才是与"可允许性"直接相关的呢?菲尼斯认为是规范性理由。而斯坎伦坚决反对理由与可允许性直接相关,因为在他看来,可允许性与自由选择密切相关:可允许性问题问的是"哪个选项是我可以选择的?"然而,一个人不能选择基于哪种理由而行动,他在做选择之前,会先决定某个考量是不是一个规范性理由,然后才有可能基于理由而做选择,但是这种决定并不具有自由选择的元素,他仅仅是把它看作理由而已。① 一个人有能力去选择的选项,仅仅包括若干个改变外部世界情况的客观举动(behavior),以及该举动所导致的特定事态,他没有能力去自由地选择把什么东西看作规范性理由。所以,对于理由的判断错误是"批评维度"中的问题,而不是可允许性的维度(也就是"慎思维度")中的问题。按照斯坎伦的这种观点,可允许性似乎可以被表达为:

"可允许性 1":如果行为人能够在实施 P 和 Q 之间进行自由选择,且 P 没有违背相应的道德要求,那么实施 P 就是可允许的。

一个人没有能力去自由地选择把什么东西看作理由,这的确没错。在实际的道德推理过程中,"什么是做 P 的规范性理由"这一问题总是被人们提前预设好了。但本文并不认为我们有任何理由假定可允许性只能和斯坎伦所谓的自由选择联系在一起。我们完全可以对于可允许性的适格情境进行更加宽泛的理解,而不是局限于这种在多个选项之间进行挑选的情境。可允许性可以有以下三种意义:关于事实的;关于行动者的信念的;关于证

---

① Scanlon, *Moral Dimensions: Permissibility, Meaning, Blame*, pp.58-62.

据所提供的决定性理由的。只要在其中任何一种意义上,它在道德上不是错误的,那么它就至少是可允许的。①此处的"可允许"仅仅作为一种与"禁止"相对立的概念而被使用。而判断某一个对象是不是"错误的",并不意味着它必须首先作为可被自由选择的多个选项之一。在这个意义上,我们可以主张规范性理由与行为的可允许性直接相关。我们可以说:

"可允许性 2":如果行为人有某个道德上可接受的(不是错误的)理由去实施 P,那么实施 P 就是可允许的。

在这两种关于可允许性的理解中,哪一种能够更好地解释本文探讨的主题呢?斯坎伦把一个完整的人类行为拆成了两个部分,然后把可允许性限制在完全外部的部分,主张道德可以在完全客观的层面上约束一个行为。然而令人感到奇怪的是,当我们在现实中进行道德讨论时,几乎不会采用这种视角。以前文中的恐怖轰炸为例,当我们说"故意轰炸平民是不可允许的"的时候,我们当然同时也在表达对指挥官的谴责;而当我们谴责做出恐怖轰炸的指挥官时,我们不可能会同时主张他可以从事这种恐怖轰炸。

至于斯坎伦的这种表述,我们在大体上是可理解它的,然而有一个很令人费解的问题:如果行为人在做决定时并没有认识到他本该知道的规范性理由,这是应当谴责的,那么,为什么我们要回避对于这种错误的道德决定的可允许性的判断呢?假如我们都承认,在其他条件足够的前提下,一个行为人的确有能力对于某个考量是不是一个真正的规范性理由做决定,并且在道德上也应当做出这种正确的决定,那么按照斯坎伦的观点,我们就得说:"某个人没有做出他本应当做出的关于理由的正确决定,这的确是值得批评的,但我们不能说他不可以(不可被允许)做出这个错误决定,因为他并不是在做自由选择。"这种说法是很古怪的,如果此处的"批评"针对的是"做关于什么是理由的决定"的话,那么对其可允许性的回避就会使得此处所谓

---

① Derek Parfit, *On What Matters*, Oxford: Oxford University Press, 2011, pp. 150-154.

的"批评"变得意义不明,因为一个真正的道德批评不可能同时允许它批评的对象;如果批评针对的不是"做决定",而仅仅是行为人的品格的话(本文更倾向于认为,斯坎伦表达的就是这个意思),那么整体论者又该如何对待这种"做决定"本身呢?本文认为,对此的最佳解释就是,斯坎伦的这种可允许性并不是DDE所涉及的"道德可允许性",也不足以解释两种轰炸情境的道德差异。这种分离论之下的可允许性为行为人的决定提供了所需的预测性的依据,也是其理由的内容的一部分,但是仅仅靠它本身还不足以形成一个完整的关于道德可允许性的判断,因为一旦缺少意图的要素,它就无法构成一个完整的规范性理由。

除此之外,值得我们注意的是,汤姆森和斯坎伦为了解释DDE为何会具有直觉上的吸引力,都诉诸"品格"的道德角色。他们承认了一个人应当去做一个好人(或者应当具有某种做决定所需的品质),而意图在这个维度中是决定性的。但是,既然道德真的要求一个人去做好人,那么我们就没有理由不认同道德要求他去做他欲成为好人则必须去做的事情。因此,行为的道德性就与该行为如何影响行为人的品格联系在一起了:一个行为如果违背了做好人的道德要求的话,就是错误的,因而是不可允许的。上述判断的规范性基础在于:道德(美德)是通过有意图的实践选择而逐渐地养成的,同理,我们也会因为这种相反的实践选择而丧失美德。① 只要我们承认一个人应当去做一个有美德的好人,那么他就应当有意图地去做出有利于形成这种美德的实践,并且有意图地避免相反的实践。② 所以,如果反对者依然想通过"应当做好人"来解释DDE为何具有直觉吸引力的话,那么他就得证明意图与一个人的美德的形成无关,或者还有其他更好的途径可以后天地培养一个人的道德(美德),否则的话,他就不得不承认道德的两个维度并不是相互独立的。

到此为止,我们知道了整体论是可以成立的。既然整体论之下的行为

---

① 亚里士多德:《尼各马可伦理学》,廖申白译,商务印书馆2001年版,第37—40页。
② 可参见 Germain Grisez, Joseph Boyle, and John Finnis, "Practical Principles, Moral Truth, and Ultimate Ends", *The American Journal of Jurisprudence*, 32(1987), p.131.

能够同时满足可允许性的适格性和正当性,而分离论在解释重要直觉时很难满足正当性的要求,那么整体论就比分离论更具有吸引力。但是在本文结束之前,我还想简单地补充一点,其实分离论在满足适格性要素的方面也是有待商榷的。

我们可以认为,在更基础的层面上,分离论所主张的"慎思维度"中的客观举动根本就无法单独地成为道德评价的对象,更别说是道德可允许性的对象了。道德层面上的人类行为在概念上必然包含了意图这种要素,并且在概念上由其意图来定义,因为只有基于意图的实践选择才能决定我们会被塑造成什么样的人。这是一种具有浓厚的亚里士多德-托马斯主义哲学色彩的主张。但是我在这里并不想过分地依赖于某个特定的伦理学传统。实际上我们通常也分享了这种观点:道德评价的真正对象并不是那些在客观上偶然地发生的事件,而是行为人为了达到某种目的所做出的实践选择。仅仅谈论某个客观的举动(比如梦游)是毫无道德意义的。所以,虽然对于可允许性未必存在唯一正确的理解,但是却存在着一种错误的理解:从外部举动的视角来谈论道德可允许性。我们在评价一个行为的道德性质时,必须把"关于意图的内部面向+外部举动"视为一个整体,否则的话,很难说在"慎思维度"中的可允许性判断真的具有道德意义。

结　语

本文首先通过一对能够揭示人们的道德直觉的典型例子,较为直观地区分了意图与预见,然后在道德规范性的方面证成了为什么这种区分具有DDE 所主张的那种道德意义,最终为 DDE 的核心命题提供了支持。需要指出的是,在理论的细节方面,目前英语学界对于 DDE 的理解和批评是非常多样化的,DDE 的支持者们对此也存在分歧。[①] 本文无法一次性回应所

---

①　可对比 Boyle, "Who Is Entitled to Double Effect", pp. 527-538; Warren S. Quinn, "Actions, Intentions, and Consequences: The Doctrine of Double Effect", *Philosophy & Public Affairs*, 18(1989), pp. 334-351.

有的这些争论，但是无论如何，DDE 的核心命题是共同的。而且由于 DDE 的核心命题可以基于具有深厚思想传统的亚里士多德-托马斯主义哲学来证成，这也就意味着，如果 DDE 在理论上是有吸引力的，那么它所立足的更基础的伦理学立场和传统也应当得到我们的重视。

第二人称观点、权威正当化与依赖性命题
——为服务性权威观辩护

吴佳训*

【摘要】约瑟夫·拉兹的服务性权威观被看作是当代最为重要的权威正当化方案,近年来,斯蒂芬·达沃尔通过他的第二人称观点的框架对拉兹的主张展开批评,其中主要包括信念跳跃论证和错误类型论证。然而,首先,如果能够区分出通常证立命题所要求的一阶信念与二阶信念,那么信念跳跃论证不能成立;其次,如果将依赖性命题看作是服务性权威观的核心命题,并且将拉兹在其道德哲学中强调的福祉与自主价值融入依赖性命题所应反映的背景性理由中,那么错误类型论证也能得到妥当的回应;最后,结合以上两点,本文提供了一种对于服务性权威观的新诠释,即将其理解为一种建立在权威的工具性价值之上,能够容纳多种实质性主张相互竞争的二阶证成性框架。

【关键词】服务性权威观;第二人称观点;依赖性命题;福祉;自主

---

* 吴佳训,西南政法大学行政法学院2020级法学理论专业硕士研究生,主要研究方向为分析风格的法哲学与政治哲学。

引 言

权威是一种特殊的社会关系,某人对我拥有正当的权威就意味着他对我拥有统治的权利(right to rule),即当他要求我做 φ 的时候,我就负有了一个做 φ 的义务,并且我的义务来自于他的要求。为什么权威会具有这么强大的能力,尤其是当考虑到我们每一个人的首要义务是自主(autonomy),而自主代表着拒绝被统治时?① 所以,在 1970 年出版的《捍卫无政府主义》中,罗伯特·沃尔夫(Robert Wolff)论证说权威无法与人们的自主并存,在不考虑直接民主制的前提下,我们最好的方案就是接受哲学无政府主义。

约瑟夫·拉兹(Joseph Raz)的服务性权威观(Service Conception of Authority)被看作是回应沃尔夫等人的哲学无政府主义挑战中最有竞争力的方案。拉兹试图说明正当权威能够帮助行动者更好地服从那些独立适用于他们的理由,所以,正当权威与自治的理想并不矛盾。然而,自 1986 年拉兹系统地阐述这一主张以来,三十年间,服务性权威观遭受了诸多的批评。这些批评大致上围绕着其中的通常证立命题(Normal Justification Thesis)与优先性命题(Pre-emptive Thesis)展开。具体而言,史蒂芬·佩里(Stephen Perry)认为,优先性理由对于正当权威而言并不必要,权威指令应当被推定为具有相当分量的一阶理由;此外,服务性权威观能否很好地说明"义务"的概念也很成问题。② 莱斯利·格林(Leslie Green)认为,即使在解决协调性难题中,形成稳定的社会成规(social convention)也并不需要优先性理由的介入。③ 民主权威观的支持者们则认为,通常证立命题无法反映民主决策

---

① Robert Wolff, *In Defense of Anarchism*, University of California Press, 1998, p.18.
② Stephen Perry, "Second-Order Reasons, Uncertainty and Legal Theory", *South California Law Review*, 1988, pp.913-994; Stephen Perry, "Law and Obligation", *The American Journal of Jurisprudence*, Vol.50, 2005, pp.279-286.
③ Leslie Green, *The Authority of the State*, Clarendon Press, 1988, pp.108-117.

程序所蕴含的内在价值。①

这篇文章并不打算为服务性权威观做一个整体性的辩护,相反,我将视角放在近年来斯蒂芬·达沃尔(Stephen Darwall)通过他的第二人称观点对服务性权威观提出的批评上。虽然总体上而言我认为达沃尔的批评是失败的,但是我们仍然能够通过达沃尔的批评进一步加深对于权威现象的认识。因为在我看来,要想完整回应达沃尔对服务性权威观的批评,需要将重点转向其中的依赖性命题,而非传统讨论中理论家们所关注的通常证立命题。在论证结构上,在第一节中我将简要地说明权威的基本性质,以及权威的正当化所遭遇的困境;在第二、三节中,我将重构拉兹和达沃尔各自的核心主张,并且总结出达沃尔对于服务性权威观的主要批评,即信念跳跃论证和错误类型论证;在第四节中,我将论证即使把通常证立命题理解为一种信念模式下的命题,但如果区分出其中的一阶信念和二阶信念,那么信念跳跃论证将不能成立;在第五节中,我将回到依赖性命题,主张如果要想完整回应错误类型论证的挑战,需要将福祉与自主的价值容纳进依赖性命题所应当反映的背景性理由中,并提出一种对服务性权威观新的理解的可能性;在文章的最后,我将说明为什么这种可能性是对拉兹主张的一种最强的呈现方式,以及由此带来的影响。

一、权威的性质与困境

理论家大都同意权威具备改变行动者规范状况(normative situation)的能力,从这一点上来说,权威意味着一种霍菲尔德(Weseley Newcomb

---

① Scott Hershovitz, "Legitimacy, Democracy, and Razian Authority", *Legal Theory*, Vol. 9, 2003, pp. 201-220. 夏皮罗(Scott Shapiro)的"公断模式"也可大致被归于这一类,见 Scott Shapiro, "Authority", in Jules Coleman and Scott Shapiro eds., *Oxford Handbook of Jurisprudence and Philosophy of Law*, Oxford University Press, 2002, pp. 431-439; Kenneth Himma, "Just Cause You Are Smarter than Me Dosen't Give You a Right to Tell Me What to Do: Legitimate Authority and Normal Justification Thesis", *Oxford Journal of Legal Studies*, Vol. 27, 2007, pp. 121-150.

Hohfeld)意义上的道德权力(moral power)。权威能够通过施加义务、授予权利的方式来行使这种规范性权力。① 为了论证上的方便,本文主要关注权威施加义务的能力,这不仅是因为在诸多实践权威的行动中,施加义务是最为常见的一种行使权威的方式,更是因为义务关系到每一个生活在权威之下的人应当做什么(ought to do),从而更深刻地影响我们的生活。例如,在政治权威的语境下,权威总是主张受治者有义务服从其发布的指令,并且这种义务能够在道德上能够得到辩护(justified)。

进一步地,理论家通常主张权威是通过给出理由的方式来实现这一切的。具体来说,大卫·以诺(David Enoch)区分了三种给予理由的模式:认知性给予、触发性给予和强健给予。前两者分别是通过使行动者认识到他们已经拥有的行动理由以及触发行动者蛰伏的背景性理由的方式给出理由。② 而在强健给予的模式下,A 意图给予 B 一个做 φ 的行动理由,B 不仅需要识别 A 给予理由的意图,而且还必须把 A 的意图当作是自己做 φ 的理由。③ 换句话说,在强健给予的模式下,行动者的行动理由与他所具备的背景性的理由之间的透明关系被切断了,A 如此说(say so)的事实本身就构成了行动者如此做的理由。而权威给出理由的方式必然属于强健给予的模式。④ 强健给予的理由通常又被称作独立于内容的理由(content-independent reason,CIP 理由),也就是说,权威所给出的理由通过独立于其内容好坏的方式作用于我们的实践推理中。⑤

---

① 这可能说明了为什么权威不大容易化约为单一霍菲尔德意义上的要求权(claim-right),因为权威除了施加义务之外还能够授予权力(power)和自由(liberty),这些功能都无法直接化约对应为主张权。此外,要求权也无法说明权威具备单方面改变受治者规范性状况的能力。See Stephen Perry, "Political Authority and Political Obligation", in Leslie Green and Brain Letier eds., *Oxford Studies in Philosophy of Law*, Vol. 2, 2013, pp. 1-8.
② David Enoch, "Authority and Reason-Giving", *Philosophy and Phenomenological Research*, Vol. 89, 2014, pp. 302-307.
③ 强健给予理由的模式与意图(intention)密切相关,这一点构成了本文第五节中对达沃尔"权威闹钟"例子的核心反驳。
④ David Enoch, "Authority and Reason-Giving", *Philosophy and Phenomenological Research*, Vol. 89, 2014, p. 308.
⑤ 虽然以诺认为强健给予的模式只是一种特殊的触发理由模式,因为它触发了"如果权威要求做 φ,那么我就有理由做 φ"这个条件性理由,而这个理由的成立有赖于规范性的论证。不过,强健给予模式和触发性给予模式仍然存在着重要的差异。在后(转下页)

此外，权威不仅旨在创造新的理由，而且主张具备能够改变行动者已有的理由分量排序的能力。权威性的理由排除并且取代了在没有权威的情况下行动者本来应当据以考量的行动理由。需要注意的是，权威并没有因此"消灭"这些被排除的理由，而仅仅使得这些理由在权威作用下的实践推理中变得无关(irrelevant)了，一旦权威被证明是不正当的，或者脱离了权威所管辖的领域，那么行动者仍然应当根据这些理由行事。这就是拉兹所说的排他性理由(exclusionary reason)。①

结合上面的讨论，权威所给出的行动理由就成了一种受保护的理由(protected reason)：它不但本身就构成了我们行动的理由，而且取代和排除了我们本应当进行考量的理由，后者成了前者的保护膜，使得权威指令可以免于同行动者所具有的一阶理由进行权衡。② 所以，权威性理由就接近于义务(obligation)的概念。

完成了这一幅权威的自画像，我们就能理解为什么权威的正当化会成为一个极端困难的问题，以至于构成了马默(Andrei Marmor)所说的"权威的困境"(dilemma of authority)。一方面，如果权威只是忠实地反映我们所本来拥有的背景性的理由(或者换一个更强的表述，义务)的话，那么权威就不享有某种说明上的优先性(priority of explanation)，因为行动者的理由实际上来自于背景性理由，而不是权威。在这种情况下，权威只是一个传达理由的透明管道，这一概念是冗余的；另一方面，如果权威的指令并没有反映我们所具备的背景性的理由的话，那么权威凭什么能够创造出一种受保护的理由？或者说，我们凭什么能够正当地屈服于他人的意志，以至于将权威给出的指令看作是一种义务？③

同时，我们还不能够求助于诸如规则和制度这样现存的社会事实

（接上页）者的情况下，被触发的理由与触发的非规范性事实之间是透明的。而在强健给予模式中，被触发的条件性理由的存在与否本身是规范性论证的结果。所以，触发理由的非规范性事实与我的背景性理由之间的关系是不透明的。See David Enoch, "Giving Practical Reasons", *Philosophers' Imprint*, Vol. 11, 2011, pp. 15-19.

① Joseph Raz, *The Authority of Law*, Oxford University Press, 1979, p. 17.
② Joseph Raz, *The Authority of Law*, Oxford University Press, 1979, p. 18.
③ Andrei Marmor, "The Dilemma of Authority", *Jurisprudence*, Vol. 1, 2011, pp. 121-124.

(social facts)，这些都是拉兹所说的相对化的权威(relativized authority)。"根据某条规则 R,A 对我具有权威"并不能够帮助我们进行实践推理，因为任何一种相对化的权威都必然预设了一个非相对化的正当权威，而前者只是揭示了特定社会中的人们对于权威的信念，并不能够说明一个非相对化的正当权威的概念。① 正如西蒙斯(John Simmons)所指出的，制度性规则本质上是一种道德中性(morally neutral)的事实。在欠缺背景性道德义务的支持下，制度性规则无法给我们提供有效的行动理由———一位盖世太保忠于职守，很难被看作是任何意义上的道德成就。② 一旦看到了这一点，就能够知道为什么像马默这样试图通过制度性规范说明权威性义务的尝试必然失败。因为仅仅依赖制度性规范本身无法说明权威所施加的道德义务的概念。③

二、服务性权威观与第二人称观点

（一）服务性权威观的证成

面对权威困境，一个看起来比较有希望的突破口似乎是从困境的前半段入手，即在肯定我们拥有独立于权威所具备的背景性理由的前提下，试图

---

① Joseph Raz, *The Authority of Law*, Oxford University Press, 1979, pp. 9-11.
② A. John Simmons, *Moral Principles and Political Obligations*, Princeton University Press, 1981, pp. 16-24.
③ 当然，马默可能会说自己尝试说明的是权威是什么(is)，而不是权威应当是什么(ought to be)，但是基于下面两个理由，我仍然认为他的主张是失败的：首先，如果把权威看作是一种道德概念的话，那么权威所施加的义务就无法脱离于支持权威的规范性条件，考虑一下马默文章中提到的承诺的道德实践，当一个承诺缺乏某些规范性条件时（例如遭受欺骗，或者承诺道德上邪恶的事情），我们并不会说这个承诺应当无效，而会说这个承诺就是无效的。既然马默的文章中明确承认了承诺是独特的(sui generis)，我看不出为什么权威不适用于这个例子。其次，马默明确表示制度性规范需要依赖于人们参与这一制度的理由，这一理由至少部分来自于制度性规范的道德有效性，如此一来，我们很难将制度性规范施加的义务与制度性规范的道德正当性区分开。See Andrei Marmor, "The Dilemma of Authority", *Jurisprudence*, Vol. 1, 2011, pp. 121-141; Andrei Marmor, "An Institutional Conception of Authority", *Philosophy and Public Affairs*, Vol. 3, 2011, pp. 238-261.

说明权威指令仍然是重要的,而不会沦为一种认识论上的工具。这正是拉兹的服务性权威观(Service Conception of Authority,以下简称 SCA)的核心洞见所在,拉兹通过三个命题说明了这一想法:

依赖性命题(Dependent Thesis,以下简称 DT):所有的权威性指令应当基于已经独立适用于主体的理由,并且在指令涉及的情境中,与他们的行动相关。[1]

通常证成命题(Normal Justification Thesis,以下简称 NJT):说明一个人对另一个人拥有权威的通常方式是去表明,相比起主体直接尝试去服从那些适用于他的理由,如果他把权威的指令当作是有约束力的并且尝试去服从他,他可能会更好地服从那些适用于他的理由。[2]

优先性命题(Pre-emptive Thesis,以下简称 PT):权威要求采取行动的事实是采取某一行动的理由,并且该理由并不是被增加到已有的理由中进行评估,而是排除或者取代其中的某些理由。[3]

其中,DT 和 NJT 承担了服务性权威观中的证成任务,而 PT 只是 DT 和 NJT 成立后的必然后果。DT 表明权威所给出的指令必须要基于行动者已经拥有的背景性的理由,这就意味着权威无法肆意行事,而必须基于行动者的考量。在政治权威的语境下,这与人们的直觉相一致,即政府本身并不拥有任何目的性的内在利益,政府所拥有的全部价值都在于帮助其受治者更好地生活。[4] 这样一来,权威就在行动者所应考虑的终极理由与具体行动之间扮演了一个中介角色。

---

[1] Joseph Raz, *The Morality of Freedom*, Oxford University Press, 1986, p.47.
[2] Joseph Raz, *The Morality of Freedom*, Oxford University Press, 1986, p.53.
[3] Joseph Raz, *The Morality of Freedom*, Oxford University Press, 1986, p.46.
[4] Joseph Raz, *The Morality of Freedom*, Oxford University Press, 1986, p.5.

NJT 则表明权威指令为何不会沦为某种认识论上的工具,因为权威不仅仅是传达行动者已有的理由,也是基于依赖性理由进行权衡,从而使得行动者能够更好地服从那些已经适用于他的理由。首先,与日常行动理由的传递性不同,权威性理由的分量无法传递,因而具备一种不透明性(opaque),我们无法通过权威制定的规则直接察觉到其根据的依赖性理由。所以,即使当人们对于某些议题的深层理由存在广泛分歧的时候,权威仍然能确保其具有做出公共判断的能力。[1] 其次,权威能够帮助行动者具体化他们所拥有的背景性理由。例如,即使我们每一个人都拥有"安全驾驶"的背景性理由,但是我们仍有可能对于依赖性理由的具体适用发生争议(例如,限速多少算安全? 55 千米/小时? 60 千米/小时?)。一旦权威发布一条规则"高速公路限速 60 千米/小时",权威的公共判断就取代了我们每个人的理由权衡,并给我们创设了一个新的行动理由。[2] 结合 DT 和 NJT,行动者就拥有了优先性理由,进而避免了拉兹所说的无差异命题(no difference thesis)的困扰。

SCA 通过肯定行动者背景性理由的方式解决了权威困境。行动者所具备的优先性理由的根据来自权威作为一种在正确理由与行动之间的中介所发挥的作用,在这种情况下,正当权威具备诸多优点:在医疗这样的专业领域中,权威能够根据其所具备的专业知识的信息更好地指导主体的行动;权威相比于一般人能够更好地避免偏见、愤怒等不理性情绪的影响;相比于根据个人的理由权衡行动,根据权威能够减少实践推理的成本,更为高效地采取行动;在面对大规模的协调性难题时,权威能够确定一个公共的行动标准;权威还能够更为有效率地解决囚徒困境。[3] 这些考量使得权威不仅是

---

[1] 例如,虽然我和你都支持妇女拥有堕胎权,你支持这一主张的深层理由可能在于对社会效益和政府形象的考虑,而我则是基于妇女拥有对自己身体的处分权。虽然我们的深层理由有分歧,但是一旦权威做出公共判断,我们深层次理由之间的分歧便没有那么重要了。拉兹把这一点称作规则的不透明性,见 Joseph Raz, "Reasoning with Rules", in Joseph Raz, *Between Authority and Interpretation*, Oxford University Press, 2009, p. 205。

[2] See Joseph Raz, *The Morality of Freedom*, Oxford University Press, 1986, p. 45.

[3] Joseph Raz, *The Morality of Freedom*, Oxford University Press, 1986, pp. 48-53.

正当的,而且在一个分工日益精密化的现代社会中看起来甚至是必要的。如果欠缺权威的指导,那么很多我们本可以获得的公共善(public good)就无法实现。最后,SCA 也回避了沃尔夫这样的先验哲学无政府主义者对于权威的诘难,因为在 SCA 下自主(autonomy)这一价值非但没有消失,反而通过权威被强化了——注意到根据 DT 和 NJT,自主价值以一种"不在场的在场"的方式出现在了优先性理由中。[1]

在我看来,拉兹最为深刻的洞见就在于他正确地指出了权威是一种工具性概念,作为一种人造物的权威只是帮助我们更好地适用那些独立适用于我们的理由的工具而已。因而,权威的正当性很大程度上依赖于其指导我们适用理由的正确性。从另一方面说,权威也并不是唯一能够使我们符合理由的工具。例如,我们也能够通过听取他人的建议来提高我们的理性能力,甚至通过设定闹钟这样的技术设备来达成相同的目的。毫无疑问,无论是权威还是建议、闹钟,除了在某些例外情况下(例如闹钟是爱人送的纪念物),它们本身不具有任何意义上的内在价值(intrinsic value),它们所拥有的仅仅是帮助我们提高理性能力进而更好地依照理由行动的工具性价值。[2]

(二) 达沃尔的第二人称观点

最近这十年来对于拉兹的 SCA 最重要的批评来自于哲学家斯蒂芬·达沃尔。达沃尔的主张建立在他的一整套被称作"第二人称观点"的道德哲学的理论之上。事实上,在他的理论构架中,不仅是权威、权利、责任、义务

---

[1] 后期拉兹回应批评时为 SCA 增加了一个独立性条件:简单来说,只有当服从理由比自主做出决定更为重要的时候,NJT 才能够适用。See Joseph Raz, "The Problem of Authority: Revisiting the Service Conception", in Joseph Raz, *Between Authority and Interpretation*, Oxford University Press, 2009, pp. 134-137.

[2] 所以我不认同埃德蒙德森(William A. Edmundson)所说的权威给出的理由具备任何意义上的内在价值。此外,依照这一看法,甚至连解决社会协调性难题这样最典型的权威性实践都无从解释了。关于权威理由的内在价值,见 William A. Edmundson, "Political Authority, Moral Powers and the Intrinsic Value of Obedience", *Oxford Journal of Legal Studies*, Vol. 1, 2010, pp. 179-191。

乃至几乎所有的道德概念,本质上都是一种"第二人称"的概念。达沃尔最后论证说所有的第二人称观点都通过我们作为道德社群(moral community)的成员对于彼此所负有的责任这一契约论的主张而得到辩护。① 当然,本文将只关注第二人称观点在权威上的应用,所以我将忽略达沃尔对于其他问题的讨论。

达沃尔让我们设想这样一个例子:你踩到了我的脚,这时我有两种方式要求你挪开。在第一种方式下,我可以主张你使我感受到了痛苦,并且这种痛苦是世界上任何一个人都有理由避免的;所以,我实际上是通过一种前述以诺所说的认知性给予理由的方式给出建议(advice),使得对方意识到他已经有一个减轻我痛苦的理由;并且这是一种行动者中立的(agent-neutral)理由,也就说世界上任何一个人都有这么做的理由(并且任何人的痛苦都应当避免),而你仅仅只是恰好处在了适当的位置(能够通过行动最有效率地减轻我的痛苦)。达沃尔认为这种情况下的理由给予存在两个特点:我的理由是针对对方的信念,而非行动;同时,我的理由并不预设我和对方之间存在一种权威的关系,也就是说,对方没有义务与责任(accountability)挪开脚,对方的理由完全基于痛苦是一种需要被避免的事态。②

在第二种方式下,我同样要求你挪开你的脚,只不过根据的是一种"第二人称观点"。也就是说,我是以一个"被你踩到的人"身份要求你挪开你的脚。此时,我不是一个芸芸众生中碰巧遭受此痛苦的人。我所给出的理由本质上依赖于"你—我"的第二人称关系,这是一种行动者相关(agent-relative)的理由。我预设了我们之间共享的第二人称权威,并且预设了你有根据我所给出的理由而行动的第二人称能力(competence)。这种权威赋予我要求你挪开脚的权利,因而你就负有挪开脚的义务,以及如果不挪开脚所要承担的责任。所以,道德义务在概念上就蕴含了道德责任。更为重要的是,这里的义务与责任全部都是指向我——被你所踩到的人的地位

---

① Stephen Darwall,*The Second Person Standpoint*,Harvard University Press,2006,pp.300-323.
② Stephen Darwall,*The Second Person Standpoint*,Harvard University Press,2006,pp.5-7.

(standing)。我通过第二人称观点给出了使你挪开脚的行动理由,而不仅仅是一个使你相信你有挪开脚的信念理由。达沃尔进一步认为,义务、责任和权利这些概念只有在第二人称传达中才能够得到理解。①

显然,如果达沃尔的看法是对的,那么拉兹关于权威的讨论便被釜底抽薪了。因为拉兹的三个命题当中没有包含任何意义上的第二人称的理由传达。在 SCA 中承担证成性任务的 DT 与 NJT 本身也没有预设所谓的第二人称观点。但是,达沃尔也注意到,如果仅仅依赖于第二人称的看法批评拉兹的主张,那么这只能是一种外部批评。它的有效性高度依赖于第二人称主张的合理性,而这本身是一个有争议的问题。所以,达沃尔在他的第二人称框架外融入了对于拉兹主张的内部批评,即在满足 SCA 的前两个命题的前提下,仍然无法证成 A 对 B 存在一种正当权威的关系。

三、达沃尔的批评

(一) 错误类型论证

达沃尔认为,如果我们把 NJT 中的"权威的指令看作是有约束力的并且尝试去服从"的约束力解释为行动者将权威的指令看作是一种第二人称意义上的理由的话,那么我们必须假设行动者不仅认为权威的理由构成了某种分量(weight),同时也认为自己有责任(answerable)服从权威的指令。②然而,第二人称解释下的 NJT 会遭遇到所谓的"错误理由类型"论证的攻击。简单而言,达沃尔借用了斯特劳森(Peter Frederick Strawson)在《自由与怨恨》(*Freedom and Resentment*)中对于道德责任的一个论证。斯特劳森指出,我们认定一个人是否应当为其行动承担道德责任,与我们认定他负有责

---

① Stephen Darwall, *The Second Person Standpoint*, Harvard University Press, 2006, pp. 7-10.
② Stephen Darwall, "Authority and Second Personal Reason for Action", in Joseph Raz, *Morality, Authority, and Law*, Oxford University Press, 2013, p. 145.

任所能够带来的可欲效果（desirable effects）无关。相反，达沃尔从道德现象学出发，观察到道德责任与我们所拥有的一种"反应性态度"有关，即责怪、怨恨、抱怨等。反应性态度预设了人们对待彼此的一种"正当的期待"（warranted expectation）。这才是我们使某人承担道德责任的正确反应；更进一步，反应性态度与非第二人称的态度（轻蔑、鄙视）不同，后者不依赖于传达，也不依赖于能够期待对方承认这些要求，而仅仅是一种表达。反应性态度则必然预设了所传达的对象能够理解并且依照这一理由而行动。①

所以，道德责任所能带来的社会/个人效益相对于认定一个人是否负有道德责任而言是一种"错误类型"的理由。达沃尔在这里还引用了一个信念理由的例子，对于某一个命题 P 而言，P 的真假取决于是否有足够正确类型的信念理由支持 P。即使我相信"1+1=3"能够给我带来巨大的经济利益，这也与"1+1=3"是否确实为真没有关系。

在应用到权威时，达沃尔举了一个例子：

> 投资专家（financial expert）：假设我有为我的退休生活准备资金的审慎理由（prudential reason），而且这是我目前所拥有的全部依赖性理由。进一步地，假设我拥有的自主决定投资方式的理由弱于我交由一位投资专家代替我投资的工具性理由。最后，假设比起我自己投资，我遵循投资专家的方案更符合我已经拥有的依赖性理由。但是，这仍然无法说明我有义务服从投资专家的指令，以及在没有服从义务后所负有的责任（accountability），更无法说明投资专家对我拥有权威。②

为了更好地说明这个直觉，我们甚至可以想象出当我们的"推定权威"是一种技术装置时，情况是怎样的：

---

① Stephen Darwall, *The Second Person Standpoint*, Harvard University Press, 2006, pp. 15-18.
② Stephen Darwall, "Authority and Reasons: Exclusionary and Second Personal", in Joseph Raz, *Morality, Authority, and Law*, Oxford University Press, 2013, pp. 152-153.

权威闹钟(authority clock):A 拥有的最强的依赖性理由就是早上 7 点钟起床,但是正常的闹钟对 A 没有作用。所以,A 设计了一个"权威闹钟",这个闹钟能够在每天早上 7 点的时候说:"权威要求你现在立刻起床!"并且 A 拥有一种权威性的人格,这使得他能够将闹钟所说的话当作是一个真正的权威向他下达的指令。假设 A 只有这样做才能够更好地服从他的依赖性理由。即使如此,认为闹钟对 A 拥有权威仍然是荒谬的。①

显然,即使在一些 NJT 能够说明权威性义务的情况下,义务的来源也不是 NJT,而是 NJT 所依赖的背景性考量中已经预设了第二人称的道德义务概念。而在达沃尔的第二人称框架中,道德义务在概念上蕴含了责任关系。所以归根到底,权威只有可能存在于相互负有责任的第二人称关系中。如果不借助第二人称义务的介入,NJT 根本无法说明义务的概念。同时,一旦承认 NJT 所依赖的背景性考量是一种第二人称的义务的话,那么背景性的道德义务本身无法化约为另一个 NJT 证成的结果,不然就会导致无穷回溯(infinite regress)的难题。因为正如达沃尔所说,他的第二人称主张、理由、责任、义务构成了一个第二人称的循环,这些概念只有在第二人称的框架内才能得到说明,"第二人称进,第二人称出"②。最终,拉兹必然要承认,在义务链的起点总会是一个无法化约为 NJT 的第二人称义务。

(二) 信念跳跃论证

达沃尔也注意到对拉兹主张的第二种解读方式,即拉兹所说的权威可能并不预设任何意义的所谓第二人称的观点,而仅仅是指其拥有创设受保护的理由的能力。亦即,NJT 下的推定权威能够创造出 PT 所说的优先性

---

① Stephen Darwall, "Authority and Reasons: Exclusionary and Second Personal", in Joseph Raz, *Morality, Authority, and Law*, Oxford University Press, 2013, pp.161-166.
② Stephen Darwall, *The Second Person Standpoint*, Harvard University Press, 2006, pp.11-15.

行动理由。如果这种解读方式能够成立的话,那么拉兹的主张总体上而言仍然是成功的,因为优先性行动理由非常接近于我们所说的义务的概念。①

然而,这种对于 NJT 的解读方式也无法成功,NJT 不构成优先性理由的充分或者必要条件。具体而言,达沃尔区分了以下三个命题:

(1) 如果把 A 的指令当作给出了优先性理由,B 会更好地服从本来适用于他的理由。

(2) B 有理由将 A 的指令当作给出了优先性理由。

(3) A 的指令的确(actually)给了 B 优先性理由。②

即使认为(1)和(2)是真的,我们也无法从(1)和(2)推到(3),因为仅仅将 A 的指令当作是优先性理由,或者有理由将其当作是优先性理由,无法说明 A 的指令确实是优先性理由,就好像我们无法从"有理由认为存在 UFO"推出"UFO 的确存在"一样。一个信念的真假与否,取决于它与外部世界的符合程度,仅仅相信 P 有理由为真并不意味着 P 就是真的。在(2)和(3)之间,存在着一种信念跳跃(belief jump)。而拉兹的 NJT 命题充其量只能够说明(2),无法说明(3),进而也就无法说明其拥有创造优先性理由的能力。我将其称为信念跳跃论证(belief-jumping argument)。

达沃尔给出的这个例子有助于我们理解这一观念:

有一位奇怪的百万富翁告诉我,只需要我相信"美国对伊拉克的入侵在每一个方面都非常成功"这一信念,他就会给我提供足够的物质条件来使我更好地抚育我的孩子。假设我所拥有的全部依赖性理由就是为我的孩子创造一个更好的生活,显然我有理由使我自己形成这一信

---

① Stephen Darwall,"Authority and Reasons: Exclusionary and Second Personal", in Joseph Raz, *Morality, Authority, and Law*, Oxford University Press, 2013, p.158.

② Stephen Darwall,"Authority and Reasons: Exclusionary and Second Personal", in Joseph Raz, *Morality, Authority, and Law*, Oxford University Press, 2013, p.160.

念(例如,使自己每天沉浸在关于伊拉克战争的虚假宣传中)。但是,无论我多么真诚地相信这一信念,这一信念也不可能为真,更无法说明百万富翁对我拥有权威。事实上,美国在伊拉克的战争的很多方面上都是失败的。①

信念跳跃论证同样延续了错误类型论证的思路,但是其有赖于另一个前提的成立,那就是将拉兹的 NJT 转变为一种"信念模式"的解读,即 NJT 根本上并不指向行动者的行动,而指向行动者的信念。它要求的仅仅只是行动者将权威的指令当作是优先的,而并不涉及是否的确存在优先性理由。然而,是否能够将 NJT 解读为一种针对信念的命题本身存在着争议,至少就拉兹本人而言,他多次强调服务性权威观是针对行动而非于人们的信念。② 当然,哲学论证的目的不是还原作者的本意,而是试图呈现出作者论证的最佳样貌。在下一节中,我将考虑信念模式下 NJT 的可能性。

四、 信念跳跃论证能成立吗?

对于拉兹而言,他并不认为自己的主张会受到信念跳跃命题的困扰。事实上,他认为达沃尔完全误解了他的主张,因为 NJT 没有涉及任何所谓的信念跳跃的问题。简单来说,在拉兹看来,NJT 命题涉及的仅仅是一个工具推理的原则,即"A 有理由做 φ,做 X 有助于做 φ,A 有理由做 X"③。重构一下 SCA 的论证,主要涉及以下几步:

1. A 有理由服从那些独立于权威指令本来就适用于他的依赖性

---

① Stephen Darwall, "Authority and Reasons: Exclusionary and Second Personal", in Joseph Raz, *Morality, Authority, and Law*, Oxford University Press, 2013, pp. 160-161.
② 拉兹也多次区分了符合理由而行动(conform to reasons)与出于理由而行动(act on a reason)。
③ Joseph Raz, "On Respect, Authority, and Neutrality: A Response", *Ethics*, Vol. 120, 2010, p. 299.

理由。

2. B已经考虑并且权衡了A所需要考虑的依赖性理由。(DT)

3. 相比A自己权衡理由,服从B能够更好地帮助A实现其依赖性理由。(NJT)

4. A有理由做φ,如果做X有助于做φ,A就有理由做X。(工具推理原则)

5. 根据1、2、3、4,A有理由依照B给出的理由行动,并且排除、取代自己原本应当考虑的理由。(PT)

6. 根据第2、3、5点,B对A具有权威。

显然,第1—6点并没有涉及所谓的信念跳跃,或者进一步说,根本连信念都没涉及。在拉兹看来,NJT命题中所说的"将权威指令接受为(accept as)有约束力的"仅仅只是"服从权威的指令"的另一种说法而已。① 尽管我不质疑这个回应的有效性,但是达沃尔仍然有可能不满意这一回应,一方面是由于拉兹对于NJT的描述本身存在相当大的模糊地带。② 将NJT原文中的"接受为"理解为"服从指令",更像是一种托词而不是一种辩护。另一方面,一种对于达沃尔的批评更宽容的解读方式是将他的主张视作对是一种信念模式下的NJT的挑战。如果NJT的确可以被展现为信念模式,并且在信念模式下会遇到信念跳跃的问题,那么,至少作为一种特定理解下的NJT仍然是失败的。

那么,信念模式下的NJT会有达沃尔所说的那种信念跳跃的问题吗?我的回答仍然是否定的。考虑一下信念模式下的NJT:

---

① 类似的解读,见 Ezequiel Horacio Monti, "On Darwall's Case Against the Normal Justification Thesis", *Ethics*, Vol. 128, 2018, pp. 435-436。

② 实际上,根据拉兹原文中对于NJT的描述——The normal way to establish that a person has authority over another person involves showing that the alleged subject is likely better to comply with reasons which apply to him (other than the alleged authoritative directives) if he accepts the directives of the alleged authority as authoritatively binding and tries to follow them, rather than by trying to follow the reasons which apply to him directly,的确,将其解读为一种信念模式是比较自然的。

NJT':如果 A 持有信念 P(B 的指令具有权威约束力,并且服从 B 行动能够更好地服从那些适用于 A 的理由),A 更好地服从了那些适用于 A 的理由,B 就对 A 拥有权威。

对比一下 NJT' 与奇怪富翁的例子,我们就能够发现差别在何处。在达沃尔看来,奇怪富翁例子中的我即使有理由形成"美国入侵伊拉克十分成功"的信念,但由此无法推出这一信念为真。但是很明显,NJT' 并不要求这一信念为真,NJT' 所要求的是一种针对权威的二阶信念(second-order belief)为真,而不是作为权威指令的具体内容的一阶信念(first-order belief)。在奇怪富翁的例子中,我们可以区分两种信念,将 NJT' 所要求的二阶信念称为 P1(B 的指令具有权威约束力,并且服从 B 行动能够更好地服从那些适用于 A 的理由),将权威所要求的一阶信念称为 P2(美国入侵伊拉克在每个方面都很成功)。那么,NJT' 下:

如果我持有信念 P1[富翁的指令具有权威拘束力,服从富翁的指令,即持有 P2(美国入侵伊拉克在每个方面都很成功),能够更好地服从那些适用于我的理由],我更好地服从了那些适用于我的理由,那么富翁就对我拥有权威。

信念 P1 是否为真只取决于我相信 P1 行动是否的确能够促进我所拥有的依赖性理由,而与 P2 无关。即使 P2 为假,P1 仍然可能为真。达沃尔在这个方面是正确的:的确,有理由拥有信念 P2 并不会让 P2 为真。但是 NJT' 没有要求 P2 为真,NJT' 要求的是持有 P2 能够使 P1 为真,而这对 P1 是否为真而言,是一种正确类型的理由。因为信念 P1 构成了满足 NJT' 的必要条件之一:即使客观上服从权威的指令能够更好地服从依赖性理由,但我仍然可能在个案中依赖自身的理由权衡,这就会导致拉兹所说的双重计算(double counting)的错误。我还有可能只是将权威的指令看作是通过分量竞争的一阶理由,但这样一来 NJT 的效果就无法达到了。①

当然,我们可能觉得在奇怪富翁的例子中,虽然错误地持有 P2 能够使我更好地服从我的依赖性理由,但直觉上好像仍然不大容易将富翁看作对我拥有的权威。没错,富翁确实不对我拥有权威。但是在我看来,问题出在作为 NJT' 前置性命题的依赖性命题。因为 NJT' 所要求的"适用于主体的理由"是那些应当被 DT 所考虑的理由。② 回想一下,依赖性命题要求"所有的权威性指令应当基于已经独立适用于主体的理由,并且在指令涉及的情境中,与他们的行动相关"。这里的依赖性理由指的是当独立于权威指令时我们所拥有的背景性理由。背景性理由的范围非常广泛,从最抽象的"我有理由过一种好的生活"到相对具体的"我有安全驾驶的理由""我有不得伤害他人的理由"等。只有当权威的指令基于并且考虑到我们每一个人所具有的背景性理由的时候,权威才有可能是正当的。③ 权威所依赖的背景性理由具有一个非常重要的特征:它们是一种被嵌套的理由(nested reason)。④ 也就是说,行动者所拥有的广泛的背景性理由像树木的根蔓和枝干一样不断扩散和交织在一起,我们可以把那些作为目的而追求的理由称为目的性理由(telic reason),而把那些作为追求某些目的的工具而存在的理由称为工具性理由(instrumental reason)。⑤ 首先,不同的目的性理由需要和相匹配的工具性理由嵌套在一起。我有理由过一种好的生活,这使得我至少有初步的理由生存下去;但是,我需要一种合适的工具性理由生存下去,比如,通过自己的努力和合法的工作养活自己,而不是去抢劫、盗窃。其次,一个层面

---

① 拉兹强调,只有让权威的指令全面取代行动者自己的判断,才能够最大程度地体现出权威的服务功能。See Joseph Raz, *The Morality of Freedom*, Oxford University Press, 1986, pp.68-69.
② 如果 DT 都没有满足的话,NJT 必然也无法被满足,但是这种情况下,问题并不在 NJT 本身,而是权威指令并没有满足作为 NJT 前置性命题的 DT 的要求。
③ 当然,这并不意味着正当的权威需要考虑到我们所有的背景性理由,相反,权威的性质要求他必须忽略某些背景性理由,本文第五节将详述之。
④ 斯坎伦也认为,理由的嵌套模式相比于欲望之间单纯凭借强度竞争的模式而言,更加符合我们的实践推理结构。See T. M. Scanlon, *What We Owe to Each Other*, The Belknap Press of Harvard University Press, 1998, pp.50-64.
⑤ Derek Parfit, *On What Matters*, Oxford University Press, 2011, p.52.

的目的性理由在另一个层面有可能作为一种工具性理由而存在。我有理由写这一篇论文,很大程度上是因为我有理由成为一名学者,而后者又是嵌套在我更为广阔的人生计划中。我之所以想成为一名学者,一方面是因为我有理由为我自己找到一份体面的工作,这是它作为工具性理由的层面;另一方面是因为在我看来学者的生活是有某种内在价值的,它使得我的生活从整体上看(as a whole)更有意义了,这是作为目的性理由的层面。

注意到了背景性理由的嵌套性,我们就能够发现为什么在达沃尔的例子中富翁并不对我拥有权威,例子中设定的情形是"假设我所拥有的全部依赖性理由就是为我的孩子创造一种更好的生活",但是这并不是依赖性命题的全部。根据依赖性命题,应当是"我所拥有的全部依赖性理由是我(以合适的方式)为我的孩子创造一种更好的生活",并且,这个依赖性理由应当是与我的整个人生目标嵌套在一起的,也就是说,存在一个更为抽象的理由能够解释我为什么拥有这个依赖性理由。这就使得我"所拥有的全部依赖性理由"不大可能就是为我的孩子创造一种更好的生活,我们很难确定一个一生只为他的孩子而活的人是否拥有真正属于自己的人生。

当能够通过不同的方式达到同样的目的时,我们就会有一些独立于目的(telic-independent)的工具偏好;甚至即使当目的性理由的实现程度较低时,我们仍然会认为合适的方式比最终的目的更为重要。目的性理由与相匹配的合适工具性理由共同构成了权威指令应当反映的背景性理由。这就意味着如果权威指令仅仅反映了目的性理由,而没有反映工具性理由,那么它就不满足 DT 的要求。在富翁的例子中,无论如何,故意欺骗自己拥有虚假的信念不是为我的孩子提供一个良好生活的合适工具性理由,甚至不是一个相关的理由。① 从另一个方面说,我们所依据的工具性理由可能本身就构成了目的性理由的一部分,例如,当我通过合法勤劳地工作养育我的孩子的时候,我也在给他树立一种自力更生的榜样,这会影响到他对于什么才是良好生活的看法,进而,合适的工具性理由成为了"良好生活"这一目的性

---

① 它也有可能与我们所拥有的其他的目的性理由相冲突,例如"旨在探究真(truth)的生活""不被欺骗地生活"等等。

理由的一部分。试想一下，如果富翁要求我杀掉他的仇人来获得这一笔资助，我们也可以进一步假设我只有服从富翁的指令才能够更好地为我的孩子提供良好生活，但富翁仍然不对我拥有权威。因为富翁的指令不但与我已经有的目的性理由（例如不得杀人）相冲突，而且也不是一个合适的为我的孩子创造良好生活的工具性理由。此外，我们可以想象，假如我通过这种方式养育我的孩子，我孩子的生活可能总体来看会变得更糟。①从这个意义上说，它甚至是自我溃败的（self-defeating）。

上面的讨论并不在于为信念模式下的 NJT 辩护，而在于说明即使将 NJT 理解为达沃尔所设想的信念模式，NJT 仍然不会受到信念跳跃论证的困扰。并且我们的视角从 NJT 转移到了 DT，因为 NJT 所拥有的证成性力度恰恰来自于 DT 中权威的指令反映了我们的背景性理由。而 NJT 只是使得权威能够帮助我们更好地适用这些作为"原料"（data）的理由。形象地说，NJT 更像是一个扩音器，而声音的来源在于 DT 中权威指令应当考虑与权衡的背景性理由。如此看来，DT 而不是 NJT 才是我们应当关注的重点。

五、 重访依赖性命题：道德理由、审慎理由与个人福祉

如果回到错误类型论证，似乎就能看到达沃尔的批评更为直接地指向依赖性命题。具体来说，错误类型论证蕴含了这样的论证结构：

    1. 正当权威是一个道德概念，正当权威所施加的义务是一种道德义务。

    2. 行动者的背景性理由至少包括了道德理由与审慎理由，前者关乎在道德上我们有何种理由行动，后者关乎我们有何种理由自利（self-interested）地行动。所以，道德理由与审慎理由属于不同的领域，二者

---

① 一旦这种情况出现，那么富翁的指令甚至连 NJT 都满足不了，因为我服从富翁的指令反而让我更难服从我的背景性理由。

无法相互化约,也必然存在冲突。

3. 如果 DT 所反映的是背景性的审慎理由,那么 NJT 也只能够使我们更好地服从那些适用于我们的审慎理由,无法使得我们负有道德义务。

4. 所以,SCA 无法证成正当权威。

除了前提 1 相对而言是一个共识性的前提,这个论证高度依赖前提 2 的可靠性。在这一节中,我将考虑前提 2 能否成立。①

就前提 2 而言,涉及一种日常道德的看法,即道德理由要求我们依照道德律行动,而审慎理由却总是指示行动者做出利己的行动,并且这两种理由是不可比较的。一旦这两个要求冲突的时候,便会遭遇到西季威克(Henry Sidgwick)所说的"最深刻的问题"(profoundest question)。② 不同的道德理论尝试通过赋予优先级的方式解决这一冲突,要么赋予审慎理由以优先级,即道德理由派生于审慎理由,或者只有在不与审慎理由冲突的时候才能够进入到实践推理中(霍布斯式的道德理论);要么赋予道德理由以优先级,即在形式上以一种"绝对命令"(categorical imperative)的形式凌驾于审慎理由之上(康德式的道德理论)。总之,无论何者拥有优先级,各种道德理论都承认审慎理由与道德理由之间存在着逻辑上、本质上的冲突。

所以,在投资专家的例子中,之所以投资专家不对我拥有权威,是因为即使我听从投资专家的指令能够更好地服从那些适用于我的理由,投资专家的指令也只涉及我所拥有的审慎理由,而不是道德理由。所以,我没有道德义务听从投资专家的建议,更没有责任去按照这一建议去行动。达沃尔

---

① 当然还存在一种可能性,即否定前提 3 的可靠性。简单来说,就是认为即使 DT 反映的是审慎理由,在一定条件下审慎理由仍然可以产生道德义务。在有的理论家看来,达沃尔的奇怪直觉只是由于我们往往无法确定投资专家是否真的能够使我们的生活过得更好。如果听从专家的指令的确能够服务于我们的一些重要利益的话,那么专家就对我拥有权威。但是我认为这种过于依赖道德直觉的论证不太可信,所以将不考虑这种可能性。关于这种看法,见 Daniel Star and Candice Delmas, "Three Conceptions of Practical Authority", *Jurisprudence*, Vol. 1, 2011, pp. 143-160。
② Derek Parfit, *On What Matters*, Oxford University Press, 2011, p. 142.

指出,拥有权威,实际上就是拥有要求与责备的地位(standing)。当我没有按照专家的指令行动的时候,充其量只能够说我是不理性的甚至是愚蠢的。但是这都不意味着我在道德上错待(wronged)了专家,所以专家没有资格要求与责备我,我更没有责任按照专家的指示行动。

面对这一问题,一个自然的解决方案是尝试将 DT 所反映的背景性理由加强到至少接近于道德义务的属性上。所以,拉兹认为,DT 所反映的背景性理由实际上是所谓的"绝对理由"(categorical reason),即那些并不依赖于行动者的主观目的、偏好而适用于所有人的理由。[1] 但是这一补救在我看来并不能够达到相应的目的,因为绝对理由并不意味着道德理由。一方面,存在着相当多具备绝对理由属性的审慎理由,例如,维持基本的生存条件对于不管具有何种目的、偏好的人而言,都是进一步活动的前提条件;另一方面,道德理由也并非完全不依赖于行动者的主观目的和偏好。这不仅是因为任何可以接受的政治道德都应当为我们对于偏倚性(partiality)的诉求留出空间,[2]更在于许多道德批评只有针对拥有特定目的、偏好的人才是适当的。"玩忽职守"只有对那些自愿选择并且接受相应职务安排的人来说才是适当的批评,假设我是被人威胁被迫接受相应的职务安排,那么"玩忽职守"对我而言并不是一个适当的批评。

归根结底,这一前提的吸引力来自于我们往往会通过两种维度去评价一个人的一生:一个人的一生是否尽可能地过得好(well),以及是否尽可能地成为一个有德之人(being moral)。而这两种维度是无法比较的,也是时常冲突的。过得好的人不一定是有德之人,而有德之人也不一定是过得好的人。但是,在拉兹一整套道德哲学的框架中,我们却很难看到这样二分式的评价标准。在拉兹看来,当评价一个人的生活是否过得好的时候,我们更常使用的概念是福祉(well-being)而非自利(self-interest)。福祉的概念与行动者自主设定的目标(goal)、人生计划(project),以及他是否全心全意地成

---

[1] Joseph Raz, "On Respect, Authority, and Neutrality: A Response", *Ethics*, Vol. 120, 2010, p. 291.
[2] 托马斯·内格尔:《平等与偏倚性》,谭安奎译,商务印书馆 2016 年版,第 3—23 页。

功参与这些目标与计划有关;①同时,人们是基于理由选择目标与计划的,而理由至少来自于目标与计划对行动者而言具有某种价值(value)和吸引力,这些价值独立于行动者自主选择的事实。② 这就意味着只有自主地选择一些本身具备有价值的目的和计划,才能促进行动者的福祉,进而才能算得上一种好的生活。

与福祉不同,自利是一个关于生理需求和欲望(biological needs and desires)的概念。③ 诚然,适当的生理健康状况构成了任何人追求自己福祉的前提条件,在其他条件相同的情况下,一个生理状况更佳的人总体上而言会有更好的福祉。但是如上所述,福祉更多地关乎行动者的目标、计划以及参与。所以,如果一个人的生理需求和欲望没有得到满足,或者遭受了巨大的痛苦,那么他的自利必然会受到影响,但这并不意味着他的福祉没有实现。如果一位登山者历经千辛万苦最终完成了攀登珠穆朗玛峰的伟业,我们仍然可以说,从整体上看他过了一种更好的人生,尽管在这过程中遭受了生理上的巨大考验。同时,福祉还可以通过帮助其他人提高自利来获得。国际组织的志愿者们通过帮助贫困地区的人们来实现自己的人生目标,但是,与登山者一样,他们往往需要牺牲自利来实现自己的福祉。④

福祉依赖于人们对于有价值的目标和计划的选择及成功参与,所以,理论上来说,我们无法直接帮助其他人提升他们的福祉。行动者的福祉归根到底只取决于他们自己,没有人可以代替和接管其他人的生活,使得他们的生活变成一种"更好"的生活,只有我自己才能使我自己成为一个好的学者。另一方面,好的生活预设了对于行动者而言有着足够多有价值的选项以供选择,而这在相当程度上依赖于特定的社会形式(social forms),即某个社会

---

① Joseph Raz, *The Morality of Freedom*, Oxford University Press, 1986, p.317.
② 这涉及拉兹在元规范理论上对于理由和价值的看法,这是一个极端复杂的话题。See Joseph Raz, *Engaging Reason*, Oxford University Press, 2003, pp.22-46.
③ Joseph Raz, *The Morality of Freedom*, Oxford University Press, 1986, pp.295-296.
④ 这里的"牺牲"是一个比喻性的用法,因为从长远来看,他的生活非但没有遭到贬损,反而变得更有意义了。Joseph Raz, *The Morality of Freedom*, Oxford University Press, 1986, pp.296-300.

正在进行的社会实践。例如,在 A 社会拥有的一些目标和人生计划在 B 社会却可能很难实现。① 所以,尽管我们无法直接帮助人们促进他们的福利,但是我们可以帮助人们提升他们选择的条件。这实际上就是权威的"服务功能"的重要体现,权威能够扩展人们的备选项以及提高他们的选择能力,例如,使他们获得所需要的技能,为他们提供足够的物质资源以及相应宽容的社会和文化环境来为他们的选择留有空间。这就是拉兹所说的"基本能力原则"(Basic-Capacities Principle),权威使得人们能够获得那些对于任何有价值的人生计划而言都不可或缺的普遍性(universal)能力。②

一旦成功地区分了福祉与自利,我们就会发现是福祉而非自利构成了对一个人是否生活得好的主要评价标准。借用诺奇克(Robert Nozick)批评功利主义的著名的体验机思想实验,我们不会认为一个一辈子生活在体验机里的人过的是一种好的生活,尽管他所有的生理需求都得到了最大程度的满足。③ 所以,如果把视角转移到福祉与道德之间的关系,二者之间表面上的内在张力就逐渐减弱了。从根本上来说,福祉对于我们的重要性来自各式各样的人生目标所拥有的价值,无论这些价值是来自我们的选择(自主的价值),还是我们成功地参与这些目标所带来的内在价值。而道德要求对我们的重要性同样来自不同的道德要求所满足的不同价值,在这个意义上,"不得杀人"不只是一个空洞的道德规则,还体现了对于"生命"这一重要价值的尊重,"价值的本质在于它既对个人福祉的构建有所助益,又定义了道德目标(moral objectives)"④。个人的福祉与道德的规范性的共同来源都是价值。当然,这并不意味着追求福祉与道德没有冲突,但是这种冲突是偶然的、后天的,而不是先天的、概念上的。因为福祉所依赖的目标很大程度上来自于不同的社会形式,如果成长在一个有着充分可供选择的有价值选项的社会当中,我们在实现自己福祉的同时也满足了道德的要求。在这里,行

---

① Joseph Raz, *The Morality of Freedom*, Oxford University Press, 1986, pp. 307-312.
② Joseph Raz, *Ethics in Public Domain*, Clarendon Press, 1996, p. 17.
③ 罗伯特·诺奇克:《无政府、国家与乌托邦》,姚大志译,中国社会科学出版社 2008 年版,第 51—54 页。
④ Joseph Raz, *The Morality of Freedom*, Oxford University Press, 1986, p. 318.

动者对道德与福祉的回应是一致的。但是如果成长在一个道德上邪恶的社会中，我几乎没有多少有价值的选项可以选择，我所选择的糟糕的人生目标不仅会使我的福祉受到贬损，同时也会与道德要求相冲突。但这种冲突敏感于特定社会的形式和条件，是偶然的、后天的，而不是必然的。① 所以，当我们对于福祉的追求同道德要求相冲突的时候，并不是说两种有着截然不同的形式、性质、来源的要求的冲突，其中一方是审慎理由，另一方是道德理由，而是说不同的价值无法在同一个行动中得到满足。这与非道德考量之间的相互冲突别无二致，同样，即使在相互冲突的道德考量之间也是类似的模式。这是不同行动的价值之间的冲突，而价值没有"道德"与"审慎"之分。所以，如果权威的指令能够反映出行动者塑造自己个人福祉的追求，并且更好地帮助行动者满足其追求福祉的基本条件，那么权威指令在间接地帮助行动者实现福祉的过程中，也成功地施加了服从的道德义务。

　　讨论到这里，上一节中关于依赖性命题所需要考虑的背景性理由就逐渐明朗了。首先，依赖性命题所应当考虑的理由并不是直接地帮助人们追求福祉，这是由福祉的概念决定的，福祉敏感于不同主体对于目标、计划和态度的选择与承诺。其次，权威指令所应当反映的背景性理由很大程度上在于帮助每一个人尽可能地提高他们进行选择和参与人生计划的基本能力，创造合适的选择条件与充足的选择机会，我将其称为权威的"基本条件功能"。这体现了对于权威治下人民的福祉与自主的双重尊重。一方面，权威承认每一个人的生活与福祉都是重要的，权威的根本目的就在于帮助人们过上各种各样好的人生；另一方面，由于福祉是一种目标依赖（goal-dependant）的概念，权威的行动只限于为每一个人的福祉创造合适的条件，而不能够直接地参与到一个人对自己生活的塑造中去，这也契合了一种有限政府的理念，体现了权威对自主的尊重。最后，这里的自主是依赖于福祉的，所以自主能力尽管是福祉重要的一部分，但是它不等同于福祉。当权威的基本条件功能所要求的理由比实现自主更为重要的时候，权威就应当指

---

① Joseph Raz, *The Morality of Freedom*, Oxford University Press, 1986, pp. 317-320.

示行动者服从理由。从另一个角度说,这也更好地实现了自主。① 例如,在中国,义务教育之所以被规定为一个强制性的要求,就在于义务教育的目的是帮助适龄儿童提高在未来选择和参与自己人生计划方面的能力,它是实现自己人生福祉的重要手段。毫无疑问,无论抱持着何种人生目标和选择,接受基本的教育都是必要的,并且也是为人们在未来更好地行使自主能力创造条件。

当然,这些并非权威应当考虑的唯一理由。正如拉兹所列举的,权威同时也应当在特定领域中扮演专家的角色,确定最佳的方案;解决反复出现的大规模协调性难题;减少行动者的慎思成本;等等。但是很明显,这些理由都是派生甚至附属于上述讨论中权威所应当反映的关于基本条件的理由,他们的目的在于创造"权威性环境"(circumstance of authority),即为权威的基本条件功能创造合适的背景性条件。② 可以想象,只有在一个大体平稳、安定的秩序下,权威的基本条件功能才能得到实现。而创造权威性环境的能力与事实权威的概念密切相关。一般而言,只有事实权威才能够有效地创造并且维持一个相对稳定的权威性环境。这些权威性环境对于权威的正当化而言同样重要,甚至构成了权威正当化必要的非规范性条件。所以,虽然正当权威和事实权威在概念上是相互分离的,例如,我们完全可以承认,"二战"时期法国的正当权威是戴高乐将军领导的自由法国,维希政权只是法国领土内的事实权威,并不满足正当性的要求。但是这些充其量只是正当权威的边缘事例(borderline case)。至少在现代政治权威的语境下,由于权威性环境对于权威的重要性,在经验层面,任何能够实现自我服务功能的正当权威必然要先成为事实权威。③

---

① Joseph Raz, "The Problem of Authority: Revisiting the Service Conception", in Joseph Raz, *Between Authority and Interpretation*, Oxford University Press, 2009, pp.134-137.
② 我在这里借用了罗尔斯对于"正义环境"的表述,尽管我和他的用法并不一样。参见约翰·罗尔斯:《正义论》,何怀宏等译,中国社会科学出版社2019年版,第97页。
③ 拉兹也用这一点回应了所谓的"门槛批评"。See Joseph Raz, "The Problem of Authority: Revisiting the Service Conception", in Joseph Raz, *Between Authority and Interpretation*, Oxford University Press, 2009, pp.154-159.

简单来说，人们所拥有的背景性理由呈现出一种三层架构：

  A. 行动者的福祉塑造：a. 自主地选择人生目标、计划；b. 所选择的人生目标、计划本身是有价值的；c. 所选择的人生目标、计划是整全性的（comprehensive），它涵盖了人生的各个方面；d. 全心全意地投入，并且成功实现了自己选择的人生目标、计划。

  B. 福祉塑造所需要的基本条件：a. 存在着足够数量可供选择的关于人生目标、计划的备选项；b. 确保行动者拥有选择和追求自己人生目标的基本能力；c. 确保行动者拥有选择和追求自己人生目标的基本资源。

  C. 权威性环境：a. 维持大致稳定的社会秩序和治安；b. 存在着满足基本形式要求的可供指引行动的规则和相应的程序；c. 提供基本的公共服务；d. 形成稳定、有效的社会成规（social convention）等等。

  首先，基于福祉的概念要求，DT 所应当反映的理由只限于 B 和 C 两个层次，而不能涉及 A 层次，这是对权威的范围要求。其次，A、B、C 三个层次之间的证成力度由上到下嵌套传递，B 层次理由的重要性和道德分量来自 B 能够有效地实现 A 的要求，而 C 层次的重要性来自满足 C 是权威进一步实现 B 的前提条件。最后，我们可以注意到，广义上权威反映的所谓审慎理由都来自 C 层次，C 层次所具备的道德分量来自它能够正确地反映 A 和 B 的要求，所以 C 层次的要求才能够施加道德义务。换言之，如果 C 层次要求的实现无法满足 A 和 B 的要求，那么 C 层次的要求自然也无法施加道德义务。例如，纳粹的权威实践可能满足了 C 层次的要求，但是它无法满足 A 层次和 B 层次的要求，所以纳粹无法施加服从的道德义务。

  C 层次所构成的非规范性条件的出现也解释了为什么权威通常表现为担任特定职务的党派、团体。回想一下本文开头讨论的权威是一种强健给予理由的实践，所以意图构成了权威实践的必要条件，只有可能拥有并且传达意图的主体才有可能成为权威。在另一篇讨论法律权威的文章中，拉兹就指出，法律是一种主张正当权威的事实权威，而任何一个真诚地主张自己是正当权威的法律体系，必须要能够（can）成为权威。能够成为权威意味着需要满足一些非规范性的条件，例如，权威不能是一种自然现象，权威必须具有与人类交流的能力。① 只有满足了非规范性条件，才有资格进一步考虑它是否满足了正当权威的规范性条件。一旦注意到这一点，我们就能够清楚为什么"权威闹钟"无法对我拥有权威。这不是因为达沃尔所说的它满足了 NJT 的要求却没有满足所谓的第二人称的责任要求，而在于作为一种技术装置的闹钟欠缺权威的非规范性条件，它无法拥有和传达意图，更无法与人交流，所以根本就不可能拥有权威。进一步而言，闹钟甚至没有资格成为权威。

在投资专家的例子中，专家尽管满足了非规范性的条件，但他是以一种理论权威的方式满足了非规范性条件。在这种情况下，即使我们承认专家所依赖的背景性理由中包括了对于我的福祉的考虑（例如，为我创造良好的经济条件，使我更好地追求我自己的生活），专家的指令也无法满足 NJT 的要求。因为我所拥有的理由（听从专家的计划）与专家的指令（听从我的计划）是一样的，我服从专家的指令并没有更好地服务于我的福祉。所以，当判断权威指令的正确性的唯一标准在于权威的理论地位时，NJT 就无法得到满足。只有将理论知识同其他的实践要求（例如协调行动）混合起来，才能够有资格成为正当权威。② 这同时再一次说明了正当权威和事实权威的关联，以及为什么 SCA 下的实践权威不可能化约为理论权威。

如果将 DT 解读为对于 B 层次和 C 层次理由的反映，我们就能够理解为什么拉兹在政治哲学的讨论中会坚定地反对自由主义的政治中立性承

---

① 拉兹随后进一步论证了要能够拥有权威所需要具备的两点要求，即权威指令必须表现为关于某人对于受治者如何行动的观点，以及无须参酌权威所考量的理由而识别出权威的指令。这些构成了对于他的"来源命题"（source thesis）的有力支持。See Joseph Raz, *Ethics in Public Domain*, Clarendon Press, 1996, pp. 216-219.
② Joseph Raz, "On Respect, Authority, and Neutrality: A Response", *Ethics*, Vol. 120, 2010, pp. 300-301.

诺。这不仅仅是因为在拉兹看来中立性本身是不可能的,更在于如果政治权威应当反映的依赖性理由中包括了自主与福祉,进而预设了一系列本身就有价值的选项集合,那么政治权威就不可能在好与坏的选择中保持中立。政治权威可以在不同意义上的"好"中保持中立,即为各种各样好的人生计划提供必要的资源,但是它也必然要消除那些可能引导公民做出错误选择的道德上邪恶的选项,例如种族歧视、性别歧视,而这本身就使得政治权威不可能在不同的关于善的看法之间保持中立。

六、结语

本文的任务是半批判半辩护性的。首先,我论证了为什么达沃尔所建构的信念跳跃论证和错误类型论证无法达到摧毁 SCA 的效果。其次,与大多数理论家认为 NJT 构成了拉兹权威理论的核心命题不同,我主张 DT 而非 NJT 可能是更为根本的命题,因为 NJT 的可靠性很大程度上依赖于 DT 是否正确地反映了它应当反映的背景性理由,而 DT 所反映的背景性理由到底是什么,以及应该在多大范围内反映行动者的背景性理由,这些问题都没有得到足够的重视。所以,本文对这个问题仅仅提供了一种拉兹式(Razian)的理解,将福祉与自主的基本要求放在了 DT 的核心位置,同时,这样一种解读方式也在最大程度上宽容地对待了拉兹的主张,即并没有把 SCA 看作是一个权威正当化的实质方案,而将其看作是一个开放的二阶证成性框架。不同的理论都可以通过往 DT 中注入实质性的考量来为自己的主张辩护。所以,拉兹最著名的批评者们,包括民主权威观和夏皮罗所说的"公断模式"乃至于达沃尔的第二人称观点,都可以被纳入 DT 的框架中从而成为 SCA 的一部分。如果你不同意我对 DT 所需要依赖的理由的实质性主张,但是同意 DT 而非 NJT 应当成为我们关注的重点,那么本文的目的也就达到了。最后,这不会使得 SCA 由此变成一个关于权威的概念框架,因为 SCA 尽管在反映何种理由的问题上保持开放,但是它仍然在权威的"服务功能"这一点上选边站,即权威的正当性来自它能够帮助行动者更好地实现一些重要的价值。所以 SCA 不可能容纳任何一种认为权威独立于其服务对象而拥有内在价值的主张。在这个意义上，每个人都需要警惕地审视周边那些主张自己具有正当性的权威们，他们并不天生值得尊重；相反，他们的重要性源于你、我以及每一个自由而平等的个体。

资　料

政治丛书提要

载　泽　著

陈　颐*　点校

【点校者案】《政治丛书提要》四卷，著者不详，清光绪宣统间内府抄本，现藏京都大学人文科学研究所。内页版式每页 9 列，每列 20 字，计列书目提要 30 种。各数据库及书目均未见著录；提要所列 30 种书，亦未见著录。

查《奏设政治官报》第一号［光绪三十三年（1907 年）九月二十日］至第十九号（同年十月初八日）专设"译书类"栏目，连载《译书类提要》，标示为"考察政治大臣咨送"，所载各书提要 30 种，虽著录次序不同，[①]而内容皆同。[②]惟本书各书提要首载该书目录，则为《译书类提要》所无。由是知该书应为考察政治大臣上奏册子的抄本。

《奏设政治官报》第八十七号（光绪三十三年十二月十七日）"本局广告"

---

* 陈颐，同济大学法学院教授。
① 《译书类提要》各提要次序与本书有所不同，其次序如下：《日本宪法说明书提要》《日本宪法疏证提要》《日本自治理由提要》《日本地方自治提要》《日本立宪史谭提要》《日本宪政略论提要》《日本议会诘法提要》《日本行政官制提要》《日本统计释例提要》《日本统计类表叙论提要》《日本岁计预算制度考提要》《日本丙午议会提要》《日本丙午预算提要》《日本税制考提要》《日本关税制度提要》《日本国债制度提要》《日俄战时财政史提要》《日本中央银行制度提要》《日本货币制度考提要》《日本教育诠义提要》《日本教育行政考提要》《日本现行学制要览提要》《日本司法纲要提要》《日本陆军行政要览提要》《英国宪法正文提要》《日英法比警察制度提要》《英国政治要览提要》《法兰西税债币制度要览提要》《法国司法制度提要》《比利时司法制度提要》。本文中脚注皆为点校者注。
② 个别文字出入，则据之以参校。

栏载"本局(政治官报局)刊印新书广告"称：

《译书提要》 上年考察政治大臣奉使列邦，采辑东西各国政书数十百种，择其精要，进呈御览。此三十种，系泽公进呈之本，每种各为提要，撮其大指宏纲，则精要中之尤精要也。本报发行之始，首先附印，已邀阅报诸君快睹。兹复重印发行，以饷海内。观二十页之提要，而数十种书之纲领精髓，无不备载，不可谓非守约施博之一助也。

光绪三十一年(1905年)十月二十九日《设立考察政治馆参酌各国政法纂订成书呈进谕》："前经特简载泽等出洋考察各国政治，着即派政务处王大臣设立考察政治馆，延揽通才，悉心研究，择各国政法之与中国治体相宜者，斟酌损益，纂订成书，随时呈进，候旨裁定。"①而载泽《考察政治日记》"序"称：

(光绪三十二年)六月至京复命。谨以四国(日、英、法、比)之所周咨政教法制之大要，分属参赞随员，译纂成书，凡三十部九十六卷。部为提要，恭呈御览，而以其书上考察政治馆备采择。②

据此可以确认本书系考察政治大臣载泽进呈御览之本的抄本，亦大体明了本书编著之由来。本书的形成时间由此大致可以确定为光绪三十二年(1906年)，著者为考察政治大臣载泽。

本书提要诸书中，《奏设政治官报》"译书类"自第二十号(光绪三十三年十月初九日)起至第七十九号(光绪三十三年十二月初九日)止全文连载《日本宪法说明书》，自第八十号(光绪三十三年十二月初十日)起至第一百十三号[光绪三十四年(1908年)正月二十一日]止全文连载《日本丙午议会》，自第一百十四号(光绪三十四年正月二十二日)起至第二百七十六号(光绪三十四年七月初七日)止全文连载《日本行政官制》。

---

① 故宫博物院明清档案部编：《清末筹备立宪档案史料》上册，中华书局1979年版，第43页。
② 载泽：《考察政治日记》，商务印书馆1909年版，"《考察政治日记》序"。

另，前述《奏设政治官报》第八十七号（光绪三十三年十二月十七日）"本局刊印新书广告"中，除"译书提要"一书外，尚载有《日本统计释例》《日本宪法说明书》《日本宪政略论》《驻奥使馆报告书》诸书内容简介及售价；第一百十五号（光绪三十四年正月二十三日）"告白"栏"本局出版新书预告"，登载《日本议会诘法》《日本政治要览》二书内容简介及售价。自第一百四十七号（光绪三十四年二月二十五日）起，"告白"栏不定期刊登"本局新印 考察政治大臣编译各书广告"，列明《日本统计释例》《日本宪法说明书》《日本宪政略论》《译书提要》《驻奥使馆报告书》《日本政治要览》《日本议会诘法》《法国政治要览》《比国政治要览》《日本丙午议会》《日本宪法疏证》十一种书名及售价；自第一百八十一号（光绪三十四年四月初一日）起，该广告增加《英国财政要览》《日本官制通览》二种；自第七百六号［宣统元年（1909年）九月初一日］起，再增新出《英国议院答问》《英国政府臣民答问》二种；宣统二年（1910年）十一月该广告再增《英国皇室制度答问》《核订现行刑律案语》二种。总数为十七种。此后再无增加。

核对上述广告，与本书提要诸书重合者仅《日本统计释例》《日本宪法说明书》《日本宪政略论》《日本议会诘法》《日本丙午议会》《日本宪法疏证》六种，①加上《奏设政治官报》连载者《日本行政官制》一种（去除重复的《日本宪法说明书》《日本丙午议会》），实为七种。换言之，此或即为本书提要诸书中实际译出并出版者。②

目　录

第一卷

　　日本宪法疏证提要

---

① 所谓《日本官制通览》是否即为《日本行政官制》，未能确认。
② 据第一历史档案馆检索，东三省总督徐世昌先后于光绪三十四年二月二十四日、四月二十一日、五月十九日、五月二十四日为解送订购《日本统计释例》等书籍、《日本宪法疏证》等书籍价银及收到上述书籍致宪政编查馆咨文；另有光绪三十四年湖南巡抚岑春萱为购政治官报馆所印《日本统计释例》等书致宪政编查馆电报。上述咨文、电报中的"等"字包括哪些书籍，尚待确认。

日本立宪史谭提要

英国宪法正文提要

（日本）宪法说明书（提要）

日本宪政略论提要

日本议会诘法提要

日本丙午议会提要

日本行政官制提要

第二卷

日英法比警察制度（提要）

日本地方自治提要

日本自治理由提要

英国政治要览提要

日本教育行政提要

日本教育诠义提要

日本现行学制要览提要

日本陆军行政要览提要

第三卷

日本丙午预算提要

日本岁计预算制度考提要

日本国债制度提要

日本税制考提要

日本货币制度考提要

日本关税制度提要

日本中央银行制度提要

第四卷

法兰西税债币制要览提要

日俄战时财政史提要

日本司法纲要（提要）

法国司法制度提要

比利时司法制度提要

日本统计释例提要

日本统计类表叙论提要

第一卷

日本宪法疏证提要

卷一　天皇之章

卷二　臣民权利义务之章

卷三　帝国议会之章

　　　国务大臣及枢密顾问之章

卷四　司法之章

　　　会计之章

　　　补则之章

附录　皇室典范

上译日本宪法之条文,都七十六条,谨逐条疏通其本义,并引西洋各国宪法以证其异同。此日本国体与政体之纲领也。

【谨案】宪法之制,古所无有。至于近世文明诸国,始次第立宪。洎乎今日,俄国亦立宪法,则世界大国,几无不立宪者矣。此实古今政界之一大进步也。顾立宪国之中,实分二种。一君主立宪国,一共和立宪国。而君主立宪国之中,又分二种。一君权重之立宪国,一民权重之立宪国。是之差别,各依其本国历史而不同,未易议其优劣。而日本则君主立宪中又偏重君权之立宪国也。其原因亦由历史之特质而来,已别编《日本立宪史谭》以述其沿革。本编所载，皆主疏通证明日本宪法之条文，以标日本政治之主要也。其所以必首及之者，则以其国既已立宪，则其宪法即为其国体、政体之本原。其他之百为万变，皆范围于宪法之内。宪法为纲，而庶政为目。宪法为根，而庶政为枝。立宪国之政治，使不先明其宪法，则其他之事无从得其要领矣。宪法之为物，其性质与效用，学说至繁，不易辨悉。质而言之，则宪法者，不过合其国之君臣上下，明订一契约。约成之后，全国之人遵是而行，以保全其幸福而已。所以其用虽博，而造端实简。日本宪法七十六条，举其要义，不外六事。一天皇、二臣民、三议会、四政府、五司法、六会计，如是焉止矣。仅定此六事之范围，而能使全国之精神，遂与不立宪之国有天渊之异，此其中有至理焉。就日本之宪法论之，以天皇为立法、行法、司法之原，立乎至尊无上之地位，圣神不可犯，天经地义之本原立矣。然天皇不能躬亲细务也，则此三权各有其实行之机关。立法之权，为国家至重之部，其本义非国家全体之人，不足制定之。而就事实言，则国家全体之人，断无同时会于一处议事之理，则设为投票选举议员代表议事之制，是为议会。既有议会，即与国民全体亲临会议无异。虽然，使议会自议之而自行之，则议会之权，大至无限，而国家之秩序日坏。故议会之权，止于可否各事，而议决之后，必付大臣执行，是为政府。政府之对议会，代天皇受责任。此因天皇不可受责任，而国事又不能无责任。必如此则天皇可永立于神圣之地位，而万几又不忧其不举矣。此立宪国所以永无革命之事也。至于司法别立一部，不与立法、行法二部相混者，取其无所牵掣，可以持法之平而已。至于皇室之制，则不入宪法，别有《皇室典范》六十二条，亦缀于此篇之末。此日本宪法之大概，亦即日本政治之大概也。觇日本者，必先明此而后可。

日本立宪史谭提要

　　卷一　自日本开港至明治元年

　　　　　自明治元年至六年

　　卷二　自明治六年至十四年

卷三　自明治十四年至二十二年

卷四　明治二十二年以后

上为日本创行宪法之历史,分五期以述之。第一期自日本开港通商,以至王政复古之时代。此时代中,日本方覆幕府、灭封建,王政统一之基已立,而宪法之思想尚未萌也。第二期为王政复古,至征韩论起、内阁溃裂之时代。此时代中,日本中央集权之实渐举,而庙堂之势力以意见不合而分裂,分为朝野二方面。在野者愤在朝者处理之不公,而思有以救正之。是时,求立宪之机已见矣。第三期为明治十四年(1881年)政变前后之时代。此时代中,经多次之叛乱,民间之政学家大声呼号,言宪法之不可不立,异同蜂起,党派林立,而政府则思竭力扑灭之。盖斯时,国民始知宪法之必要矣。第四期为上下相争至宪法颁布之时代。此时代中,日本之民智大开,人人知宪法之要,各发挥其精神面目,据至理以为言,而政府亦渐知拒无可拒。于是天皇因万民之愿,颁开国会之诏,日本之立宪,于是大定。此四期,皆日本宪法预备之时代也。第五期自宪法颁布以至今日,实行立宪之时代。此时代中,日本政党纷歧,更仆迭进,亦有多数之困难,而有甲午(1894年)、甲辰(1904年)两次之大战,表明其为上下一心。国运日进,不得谓非立宪之效,然此后方未艾也。以上五期,所以叙日本宪法历史之概略。

然凡事莫不有历史,今于日本他政治上皆不详其历史,而独于宪法详其历史者,则以宪法一事,为各国政治之根本,不能不详其沿革。且宪法之异同,亦由其历史而定。不明其历史,无以知其宪法之必如此制定。试观今世界各国,虽同为立宪,而宪法中之权限,各国之分配不同,此即历史所致。有本一部落,初无君主,后其团体发达,成为国家,因而制定宪法者。此等国家,本无所谓君主,如北美合众国等是。有其国虽旧有君主,而古来本有君民并治之习惯,其后遂以成不成文之宪法者。此等国家,民权甚重,如英国等是。此二种国家,其宪政均极稳固,而其国亦易发达。有君民因权利而相争,遂致决裂,有时则君统全去,有时则君统仅存,而改为立宪者。此等国家,上下之权本不定,宪法时有摇动之象,如昔之法、今之俄等是。亦有君民尚未致冲突,而其君观天时人事之所趋,知欲固国基必不可以不先立宪,而钦定宪法以颁之民者。此等国家,君权至重,而其宪法亦甚稳固,国力亦易发达,如昔之德、今之日本是。此皆宪法根于历史之实据也。故既有宪法疏证,即不能不有立宪史谭,以见日本立宪之由,有如是之波澜委曲云尔。

英国宪法正文提要

大宪章
权利请愿书
权利法典
皇位继承法

上《英国宪法正文》一卷,凡四种,宪法学者称为不成文宪法。不成文宪法者,谓宪法之理,混合于寻常法律之中,而未尝特标宪法之名义,别为一编,显分界限也。

【谨案】英国宪法,萌芽于十二世纪以前,而昌明于十八世纪之末。其历史上之重要事体有三:一为约翰王时之《大宪章》,一为查理斯一世[①]时之《权利请愿书》,一为威廉即位时之《权利法典》及《皇位继承法》。英国学者以此为宪法三大经典焉。英国虽以不成文宪法著称于世,而其运用敏活,舒展自如,常使欧洲文明各国望尘不及。盖各国之宪法,本乎法典;英国之宪法,本乎历史。各国之宪法,在乎形式;英国之宪法,在乎精神。今所述者,皆当时制定之原文,不必为今日施行之实事。如泥文字以求之,直谓今日之英国并无宪法可也。然此数种经典,其精意之流衍于今日者,昭昭然若揭日月而行,为保障臣民权利之证书,即为成立议院政治之基础。其所以巍然为诸立宪国之模范者,恃有此也。英国既寓宪法于寻常法律之中,故因事制

---

① 即查理一世。

宜，随时损益，即以修正寻常法律之方法，次第行之。其运用宪法，又时时轶出于文字之外，而依事势以为消息。盖宪法之原理，已深入乎人人之心，初无俟编条教订法制，日讨国人而申训之。而政令所施，动合符契，以视拘拘于成文宪法以为步趋者，实有绝景而驰之象。欲知英国宪法之实际，必当深窥英国政治之精神。若此编者，其犹筌蹄也欤？

（日本）宪法说明书（提要）

第一次　立宪政体

第二次　宪法

第三次　君位及君主之大权

第四次　臣民之权利

第五次　国会制度及上院之组织

第六次　下院之组织

第七次　帝国议会之权限

第八次　国务大臣及枢密顾问

第九次　法律及命令

第十次　预算

第十一次　司法权

第十二次　地方制度、中央行政各部

上日本法学博士穗积八束《宪法说明书》，共十二次。其承用之学说，大都出于德意志，参佐之以英、法，旁及于荷、比诸国，而归重于日本，持论反复详尽，切近事理。

【谨案】各国宪法，于其政体之差别、风俗之习惯，参观互证，必当融会政法之精理，准照国势民情，自立不敝之法典，不得据纸上空谈，遂成定案也。何则？各国宪法，互有情形、历史之不同。彼国之所利，未必即利于我；我国之所利，未必即具于彼。倘立法之初，昧于事情，徒袭近似，害即伏于无形，强为附会,弊且出于不备。然则如之何而后可？必经数年之试验,审时会之所趋,不耻效人,不轻舍己,详慎改革,以求其适宜。此研究宪法必要经过之理也。博士日本法学大家也。明治维新初,随使欧美,于各国宪法,既寻其渊源,考其沿革,于本国国势民情,尤多经验,本编特发明体裁与模范之迥殊、形式与精神之互异。日本宪法改良政体,国体益以尊崇,摧抑私权,君权愈以巩固,实熔铸欧美而成日本之特色。其中慎始防微之意,因势利导之方,博引旁通,时流露于意言之表,感情良匪浅已。

日本宪政略论提要

预备宪政之主意

施行宪政之顺序

成立宪政之效果

中国兴革谈

上日本男爵金子坚太郎所讲述者。略谓日本宪法,取法欧美,而能远驾欧美者,其端有三:一在预备时期,从容研究,能将欧美宪法舍短取长;二在取日本历史上风俗习惯以为基础,而斟酌欧美宪法政治,祈于适用;三在宪法颁发自上,仅举大纲,不详细目,法律随时可更,宪法百世不易。其得力之本原,在能折中于我中国《尚书·大禹谟》"可爱非君,可畏非民。众非元后,何戴;后非众,罔与守邦"四语,以为宪法之总纲。惟时代递嬗,今与古殊,伏莽潜滋,外交强迫,势不得不参累朝之历史,酌今日之情形,择取欧美之政体,组织而仿行之。因革损益,莫要于是。至振兴教育以启民智,扩张海陆军以御外侮,注重农工商以裕国用,仿元老院与府县会之例以为先导,分别国家费用与地方费用,无使混同,固日本次第实行,转弱为强之所借,亦我中国于预备宪法时期所当详核本末,急起以图者也。爰撮录以著于篇。

日本议会诂法提要

卷一　议院法之一
卷二　议院法之二
卷三　贵族院令
　　　　贵族院伯子男爵议员选举规则
　　　　贵族院纳税多额之议员互选规则
卷四上　众议院议员选举法上
卷四下　众议院议员选举法下
　　　　众议院议员选举法施行令
卷五　贵族院规则
卷六　众议院规则

上专述日本议院之制度。凡《议院法》九十九条，此两院所共也。其两院所独者，《贵族院令》十三条，《众议院选举法》一百二十条。以上皆逐条译其全文，而谨加以解释。后则附以《贵族院规则》一百八十八条、《众议院规则》二百一十三条。日本全国立法权之所寄也。

【谨案】议院者，即三权分立中立法部之机关也。自宪法表面观之，则议院不过宪法之一端。然自宪法之原理观之，则议院实为宪法之主脑。立宪与非立宪之分，其他皆细事，其重要者，惟此而已。考国家应有议院之故，其学说言人人殊，然其大概，不过用以发表舆论。尝观世界各国，其先正之格言，无不劝政府之听从舆论。即考之各国历史，为人上者，亦莫不以从谏而兴，以愎众而亡。是舆论之不可太拂，已为世人所夙知矣。然但勉政府以从舆论，而不设立机关、明定规程，是使政府将以何者为舆论而听从之？惑亦甚矣。是以古来虽有此言，而或得或失，治乱靡常。此不能仅咎政府，实机关不备，有以致之。故议院者，所以制定舆论。其发言之方，必有其人其时其地其事之定法，不能妄也。其发言之效，亦必有不经议院议决，政府不得妄行之定法，非空言而已也，较无机关之舆论为少弊矣。惟各国设议院之时，其时议院之真理尚未发明，大都因国步艰难，政府欲为筹款征兵等事，不得已集众议之。斯时在上者之力已穷，不得不分权于民，以共救国难。于是始渐有宪法之制。当立议会时，人君咸以为于己有损，惟迫于时世之无如何，不得已而一为之。及其既立，而上下两利，国乃大兴，乃共悟议院为国家至妙之枢机。其后遂有不待时迫而亦为之者，而其效亦绝胜，日本是已。考无议会之国，一切政治，皆君主独裁之，一切责任，即不啻君主自任之。是虽以衡石程书，御灯火以达旦，万机岂能悉当？而又上下不相通，积为疑贰，遂有横决之一日。彼大臣或可无事，而君主则独蒙其祸，是君主代大臣受责任也。其理之悖，莫此为甚。有议院而使大臣受责任，则民人之所责难，皆在大臣，而于君主无与。大臣岁岁有任免，君主千古无改易，此立宪国所独有之利，一也。又无议会之国，上与下常不相习，遇有敌国外患，民人恒以为此君主之事，而非己之事，故财、兵二者，必不能亿兆一心。有议会则民人知君主之事即己之事，必出其全力以维持之。对外之勇怯，不可以道里计也。此立宪国所独有之利，二也。有此二利，此宪法所以为政治之纲，而议院所以尤为宪法之本也。

日本丙午议会提要

  卷一 开院敕语及奉答
     新政府组立
     众议院选举议长
     众议院选举委员及常任委员
     政府委员任命
     预算问题
     减债基金问题
     非常特别税继续问题
  卷二 铁道国有问题
  卷三 关税定率改正问题

　　　　诸法律案
　　　　诸种建议案
　　　　事后承诺问题
　　　　重要质问
　　　　各种问题
　　卷四　丙午议会件数

　　上纪日本明治三十九年（1906年）丙午议会之事，其事之纲要，已具于目录之中。

　　【谨案】日本以明治二十二年庚辰（1889年）开第一次议会，至明治三十九年丙午为第二十二次议会。每一次议会，皆有每一次之记载，即其议会之历史也，亦不啻其国家之历史矣。前编译《日本宪法疏证》，因宪法为日本政治之至要，故译述其《立宪史谭》，以见宪法之历史，所以特详其事也。而议会者，宪法之主点，故有议会之法，则亦宜编译其议会之历史以详之。惟日本议会已有二十二次，若逐次详之，则卷帙太多，为之不易。且近人已有逐次译之者，故不复详及，而仅译其最近之一次。其中问题多属彼国之内政，与他国无大关系。然观其开议之形式，提议之事件，政党之纷歧，可否之变幻，则此日日本之议院作如是观，往日日本之议院亦可作如是观矣。且日本此年之议会，实亦为其至重大之议会。何也？倾全国之力以与俄战，其兵费不资，战胜之后，与俄言和，又不能得其兵费，此已为议会极难担任之事。况大战之后，一切费用不能不扩张，此尤为议会所难堪。今观日本，其旧内阁不能不对于议会而辞职，而议院对于新内阁之提议，初无所阻扰，盖群知其用之不可已也。盖宪法之效力有二者不同，有自上所颁之宪法，有自下所撰之宪法。自上所颁之宪法，则以君主为宪法之原，权利皆其所固有。所谓宪法者，乃君主所让与人民，而人民不啻沐君主之赐也。自下所撰之宪法，则其法实为国民所自定。既定之后，择一人以使行之，自无论为皇帝、为伯理玺天德[①]，皆不过代行宪法之一经理人而已。二者均由其历史而成。使出

----
① 即 president。

于第二例者，则其议会有绝对之大权；使出于第一例，则议院不能不承政府之意旨。而日本宪法之成立，则为由于第一例者，故君权之大，为列国宪法之冠。且日本旧行封建，藩阀贵族独握利权，不与齐民等此，阶级已深入人心。今在位诸元老，大率为藩阀之遗，又为维新之元勋，积威重矣。议员来自田间，岂能与之相抗？故西人谓日本欲有完全之议会，尚非今日所能为也。然此亦不得谓非日本臣民之特色也。

日本行政官制提要

卷一　内阁
　　　枢密院
　　　会计检查院
卷二　各省官制通则
　　　外务省
　　　内务省
　　　大藏省
卷三　元帅府
　　　军事参议院
　　　战时大本营
　　　陆军省
　　　参谋本部
　　　教育总监部
　　　各司令部
卷四　海军军令部
　　　海军省
　　　要港部
　　　镇守府
　　　舰队

　　　　侍从武官
　卷五　司法省
　　　　文部省
　卷六　农商务省
　　　　递信省
　卷七　警视厅
　　　　贵族院事务局
　　　　众议院事务局
　　　　地方官北海道厅
　　　　文官惩戒委员
　卷八　台湾总督府
　附卷　宫内省

　　上详日本全国职官之制，附以解释，即日本全国行政权之所寄也。
　　【谨案】日本举全国之政，分隶九省：曰外务省，凡外交之事皆属焉；曰内务省，凡国之内政皆属焉；曰大藏省，凡财政皆属焉；曰陆军省，凡国之陆军皆属焉；曰海军省，凡国之海军皆属焉；曰司法省，凡关于裁判之事皆属焉；曰文部省，凡国之教育皆属焉；曰农商务省，凡畜牧、种植、制造，关于实业之事皆属焉；曰递信省，凡汽船、铁道、电信、邮便，关于交通之事皆属焉。有是九省，则国家所应有之政，已各有所隶属。遂合九省长官，再加一总理大臣，共组织以成内阁，以为全国政治之枢机，所谓中央政府是也。政府之外，复设枢密院，以备大事之顾问；设会计检查院，以监国用之当否，行政之道于焉备矣。惟宫内省专掌皇室之事，与行政无涉。至于台湾总督府，则别成一行政部，而受中央政府之监督，此殖民地总督之通例。高丽则设一统监，而直隶于天皇，亦保护国之通例也。以上所陈，为日本全国职官之定制，其条理亦可谓简而不疏、密而不繁矣。虽然道有进于是者，日本为立宪国，立宪国之职官与未立宪国之职官，其面目亦无大异，而其精神所以大异者，则以未立宪国立法、行法、司法之权不分，大小臣工，仅对于国君负责任，而无对于国家之一方面可言。立宪国以立法权归议会，行法权归政府，司法权归审院，其实则议会代表国民为全国之基础，政府各员不过受其委托而实行之。故行政长官对于议会，遂有代国君负责任之义。议会有参劾政府之权，即不参劾，而政府所提议于议会者，若屡为议会所不许，则政府亦必自行解职，此大臣代国君受责任之实。此惟立宪国所独有，而适与未立宪国相反者也。夫制既如是，自浅识者观之，必以为议会与政府既处于相敌之地位，则斯二者殆将日相冲突，而天皇且为之不安，欲其国政之举，盖必不可得矣。然考日本自设议会以来，二者之冲突盖寡。此固因日本议会尚在幼稚时代，不能尽行其应有之权。然亦以宪法既立，为执政者有议会以持其后，不能不顾全名誉，陈力就列，以赴功名。行政之效，遂以大著。而为天皇者，既有大臣以代其责，夐然物外，为腹诽所不能至，其安富尊荣，有非未立宪国之君所能同日语者矣。由是君臣上下，各得其职，谓非其行政官制之良而能如是哉！

第二卷

日英法比警察制度（提要）

第一　日本东京警视厅制度
第二　英吉利伦敦警视厅制度
第三　法国巴黎警视厅制度
第四　比利时比律悉①警察制度

上述日、英、法、比四国都城警察制度。此次轺车所历，各都会殷阗熙攘之状，及其整齐严肃之规，既得之目击矣。兹将其警察制度，略为诠次。

---

① 即布鲁塞尔。

【謹案】欧洲各国之首都，以伦敦为最繁盛。其警察制度之完备，亦推伦敦。以其事制曲防，纤悉周至，非恃以搜索罪人于既发之后，乃恃以防遏犯罪行为于未发之前故也。法、比二国警察制度，与英国稍有所异，而其为用也则同。故此三国者，警察与人民冲突之事，不数数见。日本警视厅之存废，现今尚嚣然于士大夫之口，将来果能隶属于东京市与否，虽不可知，然以去岁市民骚扰事件言之，则警视厅之予人以口实，或非无故也。夫警察者，防禁奸慝之利器也。然利器者，既能贼人，则亦足以自贼。俄国警政之精密、警官之强悍，声称烂然，几为各国所不及。然常以警察与人民之冲突，以致政府之威信，因之消失。以日本近事言之，因市民与警官之冲突，而归责任于政府，终致有更换内阁之事。则防禁奸慝之干城，固亦有时为招延怨毒之标帜也。今叙述日、英、法、比警察制度为一编，其推行警政方法，多可采者。若其所以用之，则有道矣。

日本地方自治提要

卷一　市制总则　町村制总则

卷二　市会　町村会

卷三　市行政　町村行政

卷四　市有财产之管理　町村有财产之管理

卷五　有特别财产市区之行政　町村内各部之行政

　　　町村组合

　　　町村行政之监督

　　　市制附则　町村制附则

卷六　府县制总则

　　　府县会

　　　府县参事会

卷七　府县行政

　　　府县之财务

府县行政之监督
附则

上详日本市町村之制及府县制，此即地方自治之实也。先胪其制定之条文，而后逐条解释其义，皆本于日本学者之说。都凡市制一百三十一条，町村制一百三十六条，府县制一百四十七条。

【谨案】立宪之国与未立宪之国，其政治之精神所以大异者，蔽以一言，则未立宪国之政治，皆自上而递推之于下，而立宪国之政治，皆自下而递积之于上而已，而其利害之效遂以大殊。近世各国，皆知以下为基之政治，为顺理而适用，故无不采用宪法。日本者，亚洲之最先采用宪法者也。市、町、村为最下级之政治团体，所行皆微末之事。然微末之事不理，则宏巨者无由而举。故市、町村制亦居要政之一。日本分全国为三府、四十三县；分府县为各若干郡，则各隶于各府县。府县知事、郡长皆官也。又分全国为若干市与若干町村。市、町村之会员，皆本市、町村之民也。其义乃以市对府县，以町村对郡，相辅而行。而自治团体之中，又仿佛分立法、行政二部，以议会为立法之部，以参事会为行政之部。议会自府县而郡市而町村皆有之，参事会自府县而郡市皆有之。町村之行政不繁，故无参事会。此议会与参事会之设，推其用意所在，盖以闾阎委曲之事，非其地方之人不能知，且非与地方有关系之人，亦知之而不尽力，此所以不能不行地方自治之故。且由此则有民会，即不能不有选举权，有选举权，则不能不分别有公民之资格与无公民之资格，民始自知人格之当尊矣。其所议者，皆一方之政，民始自知己与国家之关系矣。此二者皆立宪之本也。而政府亦得省其干涉之劳，以一意于大政。虽然府县、郡市、町村之政，各由其议会议决，而由参事会与町村长执行之，是虽合于自治之义，而充其极则人自谋其地方之利，遂致国异其政，家异其俗，致全国失其一致，此非国家之利也，所以必设府、县、郡各官以统一之。盖一所以尽自营之益，一所以求统一之方，其法乃相倚而不弊。而其自治之权限，亦由法律所限定，不能为所欲为，其庶乎有自治之利无自治之害矣。夫地方自治为立宪之本源，在国家既立宪之后，自治之能力固可日形发达，而在国家未立宪以前，地方自治已不能不实行，以为他日立宪之预备。若其国先无地方自治而能一旦立宪者，未之闻也。究之民人之程度未高，则大计犹可勉为，而小事必不能尽职。盖大计者，有一二豪杰主持即可集事；为小事者，非人人有普通之教育不能也。日本之兵力可与西方强国抗行，而地方自治则成效尚浅，时时仰赖政府之维持，始不隳越，是令人益叹欧美之不可及矣。

日本自治理由提要

卷一　总论
卷二　市町村会
卷三　市町村行政
卷四　市町村财产管理
卷五　市町村内特别财产、市区及各部行政
　　　町村组合
　　　市町村行政监督

是编为日本明治二十二年（1889年）颁行市町村制时，恐地方人民不知其义，而附此以解释其理由之书也。其纲领分为七：一、总论。论市町村之等级及区域，及市町村住民籍及公民权，并市町村自主之权。二、市町村会。论会之组织及选举权，并职务权限及事务规程。三、市町村行政。论各职员之位置。四、市町村财产管理法。论市町村之岁入，并市町村财政之要件。五、论市町村特别财产及市町村各部行政。六、论市町村组合。七、论市町村行政监督。是七编者，无非用以解释所以设立市町村之原理，而使地方人民得熟习而遵行之也。

【谨案】宪政之与非宪政，其原理之不同，皆出于一则自上而推之、一则自下而积之之故。而其良楛之分，即由于此。盖自上而推之者，政令无巨细皆出于上，地方人民皆退处于无为，是举地方之桥梁、道路以至门庭、圊溷之微，皆必赖庙堂之宵旰为之规定。是其精神之必不能及，而其条教之必不能适可知也，于是上与下皆病矣。且在上者无所制限，则日流于纵肆，在下者无所习练，则日即于愚惰，此又为退化之原因，而其祸将不止于一时一事。惟自下而积之，则地方人民一切切己之事，皆可听其自为，无官吏操切放任之弊。又得于此明习吏事，滋长公德，即以养成异日之人才。而为其上者，亦得总揽大纲，不亲细务，既可节劳，亦易尽职。非两利之道哉？然而此等至理，在既发明以后，则人人可以与知；而在未发明以前，使乍闻其说，上与下皆不免于疑惧。在上之人既疑分己之权以予地方，他日恐成尾大不掉之势，国家将隐蒙其害。即上之人悟矣，而下之人久处压力之下，举其性命财产一皆仰付于官，为之既久，习与性成，若以此为定理然者。于此而一旦予以自治之权，平日所仰赖于人者，至此皆须自为，其劳费且十倍于昔，则不视为民义所当然，而视为繁扰之无艺者有焉。又其谬者，误会其义，以为自治之权一予而无不予，因此以逾其范围，则亦非国家之福。此日本市町村制理由所由作也。市町村制理由者，所以申明市町村制之宗旨，以使民不疑，预表市町村制之果效，以使民乐从，终复明定市町村制之权限，以使民不越其分，亦可谓日本政府之苦心矣。然而日本用是，亦适以自证其国民之程度，不及欧美远甚。盖欧美各国之历史，皆先有地方自治而后有国会，故至立宪之时，其国家之原理已为其民所周知，无政府预教民以自治之事也。虽然，法令者，所以明民，非以愚民，日政府固可当之不愧焉，此其所以富强也欤？

英国政治要览提要

第一编　宪法史略

第二编　立法部

第三编　君主及行政各部

第四编　司法部

第五编　地方制度

第六编　救济贫民制度

第七编　殖民地制度

上《英国政治要览》，都七编，分十九章，为目四十有三。其中于立法、行政、司法及地方自治制度，虽未敢言翔实，而纂录纲要，亦可见英国政治之精神矣。

【谨案】英国在欧洲为立宪政体之先进国，承用不成文宪法，渐昌渐炽，以迄于今。其内阁进退，常视国会多数人之向背。言责任内阁者，必首推英国。其国会之设，权舆于数百年之前，势力最为强盛。非独专有立法之全权，亦有时侵入行政、司法范围之内。故宪法学者谓为立宪政体内之议院政治，非虚言也。夫政体与国体，常不必相合，往往同一立宪君主国，而其政治上之精神则大有异。英国政体，实由历史之代嬗与人民之习惯而来，其法制整齐，不若德意志，而君权之严重，亦不如日本。惟其国民根柢深厚，程度高尚，臣庶奉法于下而有和亲康乐之风，君主垂拱于上而有泮奂优游之象，君民辑洽，敷政优优。其所以熔冶而陶成之者，实非一日。崛起三岛，雄视五洲，非偶然也。英国地方自治，亦根原于历史，制度致为复杂，而其程度之优善，亦为他国所不及。德国①地方自治制度之改良，多取资于英国。而日本地方自治制度之成立，又多取资于德国。沿流溯源，滥觞有自。今欲采用宪法，固当以地方自治为基。而近代地方自治之发达，又无如英国。论英国政治者，但惊其国会基础之巩固，而不知其地方自治精神之完足，犹皮相也。有心于国计民生者，当以是编为先路之导焉。

日本教育行政提要

卷一　总论
卷二　小学校
　　　盲哑学校及类小学校之各种学校并幼稚园

---

① 《奏设政治官报》此处作"法国"，寻绎语义，恐有误解。

卷三　中学校

　　　卷四　高等女学校

　　　卷五　师范学校

　　　卷六　高等师范学校及女子高等师范学校

　　　卷七　高等学校

　　　卷八　大学校

　　　卷九　专门学校

　　　卷十　实业教育

　　　附录　图书馆、博物馆等

　　　　　　学校卫生顾问会议　　附学校卫生

　　　　　　高等教育会议

　　　　　　东京学士会院

　　　　　　气象台及纬度测候所

　　　　　　调查会

　　上编述日本教育上现今所行之政。彼邦谈教育行政者，名家七八①，而以今任文部次官、法学博士木场贞长所谈为首屈。书成于明治三十五年（1902年）。木场氏持论务平，表彰其国之行政精神，而亦不自讳其缺陷。近四年来，教育行政无大改更，故采取其十之八九，补以近事，以成是编。首叙国家与教育关系之不可忽视，及宗教与教育关系之不可牵涉，皆洞观内外、确有心得之言，再论学校系统之不可紊乱，又贯彻始终、确有经验之言。分叙小学校、中学校、高等女学校、师范学校、高等师范学校、高等学校、大学校七种之用意及内容。教育大纲，已庶乎其备。附论专门学校、实业学校，旁及图书馆、博物馆等，更总括无遗。洵行政之指南也。夫治国之道，无论为立宪政体、为非立宪政体，苟不以学校为行政首务，必无术以唤起国民道德之心。行政多端，无论为理财行政、为治军行政、为种种行政，苟不以学校

————————
①　《奏设政治官报》此处作"七人"。

为诸政根本，亦无术以唤起国民忠爱、朝野相助之心愿。学校设备，非国库所尽能担任，又非借成于地方自治不可。彼欧美各国，自有其相沿之宗教教育，故虽未有教育行政以前，其教育亦未尝断绝。日本则维新前所谓寺子屋者，其教人也不过以习字为大端，进而至于吟诗作文，便造乎其极，更无他学。不但于教育无行政，直可谓之无教育。乃维新后翻然憬悟，次第行教育之政，不三十年，而大效著于俄战一役。战之胜岂仅兵之胜，抑亦教之胜耳。而其握要方针，尤在勤励地方自治。俾郡市町村各分任其小学校之设备，而教育乃广。虽然彼谈教育者，犹汲汲焉谋扩张、谋普及，一若萌芽初茁、枝干未成，本根未固也者。夫亦环顾列强，近鉴北陆，知教育上尽一分人力，即国本上增一分势力，而国赋上宽一分民力，又市町村教育上厚一分实力。反是，决无能立于世界者。不可谓不知本矣。溯日本教育之有政也，实权舆于同治六七年间，历二十余年，而始具今日之规模。论者每叹进步之缓，然举行向未曾有之新政，安得有如许经验富、学识富之人以供国家之任使？得人不易，即成事愈艰。幸其国考究欧美已成之局者踵相接，政府即倚赖其说以措施教政。观于木场所述，知其比较各国短长，参酌本国宜否，其用意果深。尤可重者，不徒震惊于外国、舍己以从人，而独成东方教育之政耳。故教育诠义，为实行教育者共资之成鉴；教育行政，为主持教育者抱定之方针。二者固交相为用者也。

日本教育诠义提要

卷一　小学校令、施行规（制）①

卷二　小学校教授要目

卷三　中学校令、施行规则

卷四　中学校教授要目

卷五　师范学校

---

① 可能是指"规则"，与"卷三　中学校令、施行规则"类似。

卷六　高等学校
　　　　　　大学校
　　　卷七　实业学校
　　　卷八　女学
　　　卷九　学校卫生
　　　卷十　学校令

上编详日本各学校之设施，即日本全国教育之法也。日本为国之道，尽见于此矣。其基曰小学校，再上曰中学校、曰师范学校、曰高等学校，而终之以大学校。其特别者，曰实业学校、曰女学。莫不详其规则，举其要义，以备借镜之资。

【谨案】学校之设，实为古义，天下文明之国，莫不皆然。而中古之世，忽有不悦学之风。至于近时，天下各国，又莫不知学之要矣。盖昔之不以学校为重者，其意见常狃于国家以不合宜之法取士。而其时未尝无人才，因以为才本天成、不假人为之证。不知行此法之时，原未尝无人才。然此特其非常杰出之资，故能不为习俗所困耳。其稍次于此者，则皆沦于不可见之地矣。且此不学而成之人，若其少年曾受完全之教育，而又得无限受教育者供其指挥，其成就不更远且大耶？今之各国，皆知凡事皆赖人为，不能束手而邀天幸。况世运进步，其理解分析日益愈繁，有断非坐照所能知者，非自幼传习于学校不可。其为道，在预计国家当需何种之人才，即预养此等人才，以备国家之用。其专职一事者，需才矣，则有各科之教育。即为平民者，亦必具民人之资格，则有普通之教育。即至女子，亦有女子应尽之责，则有女子之教育。其原理，则以人莫不有事，即当莫不有学而已。然教育者，非可徒为教育，而无统一之精神也。尤不可仅知他国之所为，而不知己国之特性也。盖国之于世，必有其古来之历史，因此以成国民一种之特性。凡国之建于千百年以前，而能至今不灭亡者，其特性中必有一可自存之道。若何保存，若何补救，此皆主教育者所当研究。又以其国现今所处之地位，当以何者为急，亦不可不预定其祈向，而鞭一国之人才以赴之。以此之故，内界外界各国不同，而各国学校之制亦有异，即其某学问之发达，亦各有偏长。日本于普通教育，专以爱国为主要，而其专门学之发达者，则莫如兵学，其次则法律，再次则医学，此盖其国注意之所在。而兵之一事，尤其国民之特性也。其他各科，则治者不多，而人才亦不及欧美。然其所专注意之途，亦可谓知其所急矣。

日本现行学制要览提要

  日本教育事业沿革
  教育制度
  普通
  专门
  实业
  师范
  行政组织
  教育理论

  上述日本现行学制，首述教育沿革及学制大概；次普通教育，分小学、中学、高等、女学、幼稚园及盲哑学校等；次专门教育，分高等学校、帝国大学等；次同于专门学校之医学、外国语、美术学校等；次实业教育，分工业、徒弟、农业、商业、商船及补习学校等；次实业专门学校，分高等农业、高等工业、高等商业及公立、私立实业专门学校等；次师范教育，分师范学校、高等师范学校、女子高等师范学校、临时教员养成所、实业教员养成所，附以图书馆、文部省、博士、学士诸会规则；次行政组织；次教育理论。都为七卷。东瀛学制，灿然具备。

  【谨案】列国竞争，其独处优胜者，皆国民之道德能力为之。故为国家者，不可不养成国民之爱国心，而增进其技能与智识也，则教育之术兴，学校之制成焉。学校者，所以陶铸国民，非以造就人才也。而人才之出，即出于学校之中。譬之艺谷然，犁土辟畦而散播其种，俄而句萌焉，俄而植茎焉，弥望皆油油然，盈畴被野，如茨如云，则国民之程度齐一之象，普及教育之为功也。而其中有传种本厚、得地独优者，遂挺然独秀，或两歧焉，或九穗焉，则人才之说也，专门教育之为功也。故言教育之道，普及尤重于专门，何则？天生人，当使各尽其耳目心思之用，不能择人而教，尤不能于多数不教之中，择其少数者施以教育，而预以人才期之也。故各国学校制度，欲使全国人民咸出于学校之中，虽盲哑之人，必进而授以技能，以补其官骸之缺陷。而专门、高等，又多悬其格以待聪明才智之士，研求精进，以达于高深之域。兹其所以民智日开，人才辈出，而国因之以强且富也。日本三十年来，改良教育，其民既有尚武爱国之精神，其士之力于科学者，复较欧美有独到之处。其学制多仿德法，犁然奂然，可详语焉。兹编所述，皆其学校建设之规模。汇辑成书，垂览及之，可以观立学之方矣。

日本陆军行政要览提要

第一章　纲领

第二章　部分

第三章　教敕

第四章　统帅

第五章　校阅

第六章　编制

第七章　官署

第八章　学校

第九章　义务

第十章　军队

第十一章　军籍

第十二章　将校

第十三章　服役

第十四章　军礼

第十五章　警卫

第十六章　征募

第十七章　召集

第十八章　卫生

第十九章　军律

第二十章　赏赐

第二十一章　文籍

第二十二章　军需

第二十三章　军号

上译《日本陆军行政要览》，都二十三章，为目一百八十有六。凡编制之术、教练之方、养成将弁之法、经理军需之道、征募之规则、服役之章程，千条万绪，略具于是。观其整齐划一，一切皆有壁垒森严之气象行乎其间，则其所以摧折劲敌、发扬武略，有由然矣。凡士卒之所以能制胜者，必在将校之得人；欲求将校之得人，必有养成将校之法。日本陆军教育事业，以教育总监部统摄全体，而其养成士官之法，则以中央幼年学校、地方幼年学校、士官学校，及户山学校、炮工学校、陆军大学校等，自成一系统，学科完备，程度齐一。故其从事军旅，得以胜任有余。其骑兵、炮兵、工兵、军医、电信等，则又随事设立专门学校，以应无方之用。盖战略既日趋于复杂，而整军经武之术，亦不得不分门别户为之研究。陆军教育，遂蔚然成一大宗。虽然，教育者，所以养成处理军事之知识也。至于料敌决胜之机宜，又非仓猝所能取办，运筹帷幄，必有专家，故其参谋本部之构成，尤为重要。日本陆军官署，以陆军省、参谋本部、教育总监部，三者各为独立，纲举目张，洪纤毕具。其设施之完备，实有能自树一帜于欧美各国军政之外者。其军制虽取法德意志，自日俄战争以后，遂以陆军有名于世界，几有凌驾而上之势。虽曰国民教育实使之然，毋亦编制之善有不可没者欤？

第三卷

日本丙午预算提要

卷一　岁入经常别册甲之一
　　　岁入临时别册甲之二
　　　岁出经常别册甲之三
　　　岁出临时别册甲之四
　　　别册乙
　　　别册丙
卷二　特别会计别册甲
　　　特别会计别册乙
　　　特别会计别册丙
卷三　临时军事费预算追加
　　　乙巳预算追加一
　　　乙巳预算追加二
　　　乙巳特别会计追加
　　　预算以外国库应负担之契约

此为日本明治三十九年丙午（1906年）议会之预算。其大类凡三：一、经常之岁出岁入，及临时之岁出岁入，并别册甲乙丙三种。此即以本年通国之所出制通国之所入者。二、特别会计甲乙丙三种。此以一部分之所出即取诸一部分之所入者，其中亦以经常、临时分之。三、临时军事费预算追加，及乙巳（1905年）预算追加，及预算以外国库应负担之契约等。日本丙午一年之出入，皆备于是。

【谨案】此编不仅为考察日本本年之财政起见。盖宪法之本原，则在于议会,故既详宪法之历史,尤必详议会之历史。丙午议会,所以见议会历史之一斑也。然议会之第一要义,即为制定预算,此为西方各国肇造议会之本义。自古及今,仍以此为议会之特权,未之或改。即议会之所以能维持宪法,永保其立法之地位者,亦因握预算权之故。是预算案者,议会之实际也。不然,议员以数百文人,手不持兵,徒为空言之可否,其何以能使行政者听其指挥哉?然此非议会之过也。国用之所入,不外取之于民。取之于民者,不能不求民之许诺;国用之所出,亦无非所以为民,为民者亦不能不受民之监督,亦其分矣。所以议会通例,每年开会时,政府必有所请求于议会,盖常欲加岁入也,而议会又常不免反对夫政府,盖常欲节岁出也。是二者恒不免有冲突之虞。而在国民程度未甚发达之国,则弊尤数见。此所谓预算不能通过。预算不通过,实为国家至险之事。日本知其如此,故有预算不能通过,天皇可以敕令仍用去年预算之制,此所以免不通过之难。此制恒为法学家所指摘,要亦无可如何之事也。至于观日本以蕞尔之国,岁入如此其多,而民不加困,则财政之就理可知;负担如此其重,而民不加怨,则政府之信用可知。此犹预算案之余事云尔。

日本岁计预算制度考提要

岁计预算及执行之顺序

预算编制顺序

论继续费

论预备费

岁出开支顺序

岁入征收顺序

岁出岁入之变通章程

论决算顺序

论出纳官

大藏省主计局长荒井贤太郎问答

　　　　会计检查院沿革

　　　　会计检查院法

　　　　会计法

　　　　会计细则

　　　　大藏省国库课长谈话

　　上《日本岁计预算制度考》一册。

　　【谨案】预算者，议会之要义也。议会者，宪法之根本也。欧西各国，当未有宪法之始，政府遇有大兵大役，集国人而议之，使之各出金钱，以纾国难。其后因缘以成宪法，于是人民之对于国家享莫大之利益，即为国家负担无穷之义务。政府以民间之财治民间之事，无不予人以共见，而国与民一体之义乃愈明，其民人爱国之心遂日增长而不能自已，国基亦因之愈固而不可动摇，此环球所以无不立宪之国也。是编列预算之法，其大纲有九：一曰岁计预算及执行之顺序。盖总论大藏省之职掌与主计局总司预算决算，并监督出纳官吏之原则，为财政之纲要。二曰预算编制。其法由大藏省将来年之岁入岁出约计书详审而平均之，内阁集国务大臣会议而决定之，付诸议会以待其协赞，评决以后，奏请裁可而公布之，以为一年之经费。三曰继续费。预算概限以一年，其费有非一年所可竟者，入于此项，而别求议会之协赞。四曰预备费。预算为岁出立限，凡款项彼此不得挪移，故为第一预备费以补预算之不足，为第二预备费以防预算之不及。取之有定额，用之有定限，事后必告议会以求其承诺，皆所以济预算之穷也。五曰岁出开支顺序。其法以开支命令权属之各省大臣，以管理现金权属之国库，互相维持，以期无弊。六曰岁入征收顺序。其法征收官当征收租税时，发布纳额告知书于纳税者，使如期如数纳之金库，金库以其所收租税通知于征收官，使征收官据以报告。其立法之意与岁出同。七曰岁入岁出之变通章程。金库不能遍设于国中，故特设收入所，使收集岁入现金，以时缴于金库；特设开支所，以时至金库领取现金，以备岁出付款之需，而限制其数，以通岁出岁入常法之变。八曰决算顺序。决算者，盖对于预算，具实用实销之数以告之议会者。其法各省大臣，计一岁出入之数告之大藏省，大藏省综核之以为总决算书，送内阁交会计检查院详审之，仍由内阁付之议会以求承诺。九曰出纳官。所谓出纳官者，凡特设之收入官、开支官及物品会计官皆是也。此特论其选任之法。以上九篇，凡预算纲要略具焉。附以问答十三条，以尽推行之义。并附以会计检查院沿革、《会计检查院法》二十五条、《会计法》三十三条、《会计细则》一百二十三条、《会计检查院事务章程》三十四条，末缀以日本大藏省国库课长谈话一篇。会计院处于政府、议会之间，为独立衙门，以检查全国财政、纠正政府、征信国人，法至善也。其沿革凡三变，至立宪后始直隶于天皇，其组织亦渐完备。行之以至今日，益推行尽利焉。夫财政为国家命脉所系，理之得其道则富且强，不得其道则贫且弱。然而天下无无弊之法，待其弊而补救之，不如于其始而制限之。观于日本处置财政之始，即于宪法上为立峻极之大防，知此意也夫？

日本国债制度提要

  国债概要
  内国公债偿还方法
  各种公债缘起
  外国公债募集理由及契约法律等述要
  各种公债募集实况
  各种公债证券名称及式样
  各种公债重要收支
  战时公债
  战后公债整理计划

  上专叙日本国债制度。其大纲可分为三：曰日本国公债，曰外国公债，曰战时公债。自金札引换公债以下，其目凡十三，此本国公债也。九厘七厘公债以下，其目凡五，此外国公债也。发布国库债券，输入外国资本，而附以整理国债之计划，此战时公债也。

【谨案】公债之妙用，在能补剂财政，充实国防。凡交通界、实业界、军事界中，有赖国家经营者，莫不恃国债以巩其基础。世界各国，于经济上问题，未有不注意国债之发达者。然设网必提其纲，振衣必挈其领，国民负担，过重则蹷，非补救不足以资周转也。于是有预备偿还之法。金额交付，空言无补，非证凭不足以昭信守也，于是有契约法律之用。债务之条例棼如，非综核无以齐其制也，于是有债券之名称、式样。岁计之盈虚有数，非预算无以剂其平也，于是有债金之重要收支。若战时之规划，其要义尚不止是。盖平时之规划易，战时之规划难。无论兵机万变，为贷金者所危险，而军费过巨，不免有耗竭元气之虞。故篇末战后公债整理计划一章，于减轻本利、酌核时期，尤兢兢三致意焉。尝观欧美历史，其发行公债之方法，视乎国家之信用。信用一失，则经济上必大见困难。盖举方尺腐败之券以奔走一世，使其倾囊倒箧毫无难色者，全在信用。信用可恃，全在预备。英以杜兰斯哇尔①战事②停偿令下，债券之价格骤低，国家之信用几替，此整理基金法所以盛行于二十世纪也。其行用此法之故，由平时债额既巨，一旦筹制军备，负担愈重，使不早定办法，昭示中外，则影响所被，不独内地市场为之摇动，即海外视听亦将混淆。而战后之财政，其急迫更难言状。故创行整理基金法，由历年普通会计内次第支拨资金，以为偿还公债之预备。欧美行之，金库渐裕。其后有应非常之准备，躔其法以济时艰者，而成效亦卓著，日本是已。虽然犹有进，当夫日俄宣战，举国景从，无论都鄙，不分妇孺，莫不缩衣节食，醵金以献。不旬日间，竟达巨额，至期核算，已逾募集额四倍有奇。外债之输入者亦称是。固不第收效于整理基金也。谓非日本债史之特色哉？

日本税制考提要

大藏省主税局之职掌及官制

---

① 即德兰士瓦。
② 指第二次布尔战争。

地租论

所得税论

营业税论

相续税论

酒税论

糖税论

酱油税论

卖药税论

登录税论

印纸税论

矿业税论

取引所税论

银行税论

狩猎税论

骨牌税论

织物税论

通行税论

国税与地方税之区别论

管野税务监督局长谈话

英法租税比较论

上《日本税制考》一册。

【谨案】是册,记录日本现行租税制度。首载大藏省主税局职掌,以次列各项租税制度,其目曰:地租、所得税、营业税、相续税、酒税、糖税、酱油税、卖药税、登录税、印纸税、矿业税、取引所税、银行税、狩猎税、骨牌税、织物税、通行税,凡为类者十七。地租者,以土地之价计分课之,而乡社公地、沟池、铁道等地则不课其租。垦荒有年限,灾祲有蠲缓,征收有期会,略如中国之法。所得税,从其所得而课其税者,盖计各家财产所得子息而征之。营业税者,盖就其所经营之业而征之。相续税者,从子孙继续父祖之业或他人继续他人之业而征之。酒税者,分四类:曰造酒税,曰酒精税,曰麦酒税,曰冲绳县酒类出口税,各为法以征之。糖税者,盖课其运销。其行销于内地者,从其取运时征之;输出外国者,无税。酱油税者,盖与盐法有关系,故制造者皆须经政府之允许。一年分两期征之,贩卖、家用皆纳税。卖药税者,分二类:曰卖药印纸税,以定价计分征之,而所贴印纸之价即为课税;曰卖药营业税,或调制各药或从外国输入而贩卖者,分别课之。登录税者,类极复杂,要之其事须登于公家簿籍者皆课之。印纸税者,凡关于证明财物之券书、账簿,皆购国家所制之印纸粘贴,国家即以售卖印纸为课税。矿业税者,凡三类:曰矿山税,计其价格征之;曰矿区税,计其坪数征之;曰采取砂金地税,计其町数征之。取引所税者,凡证券、债券,按其券中之金数计分课之。银行税者,就所发行之兑换纸币课之。狩猎税者,凡猎必从官领执照,分用火器与否,分别课之。骨牌税者,凡制造、贩卖,皆须经政府之允许,而按具课之。织物税者,凡二类:曰毛织类,从其制成运销时征其现金;曰非毛织类,从其制成运销时以印纸之法征之。通行税者,就火车、电车、轮船之乘客课之。综其税课,每岁所入,凡三百兆有奇,而地方之税不与焉。日本臣民之负担,亦重矣哉!然其取之也至纤至悉,其为法也至精至微,民不怨而国不病者,何也?盖其名目虽繁,而取数则少,防闲虽周,而遵行则易。又必经议会之协赞,此其所以能推行而无扞格也。又管野①税务监督局长谈话一篇,则将各种税则,皆详述其用意之所在与其查定之法、征收之方,则其立法之精意、行法之机关略具于是矣。末附英法②租税比较论一篇,则将两国所有之租税一一比较而详论之。盖日本未变法以前,地租之外,其他税制亦至简矣。今日之税制,皆采自列邦而斟酌损益以行之,其运用之善,乃有突过其本来者。四十年来,学士大夫之研究,亦至矣哉!今并录之,可以互镜焉。

---

① 《奏设政治官报》此处作"管理",仍恐有误。
② 《奏设政治官报》此处作"英法"。

日本货币制度考提要

明治以来改革币制始末
改革币制之理由及其利弊
币制改革实行之方法
日本现行货币法
货币之铸造
纸币发行制度
  第一节 兑换银行券条例
  第二节 纸币发行机关
  第三节 纸币发行法
  第四节 中央银行兑换手数科
  第五节 制造及发行规则
  第六节 课税
附录
  货币制度问答录要
  采用金本位要领
  设立中央银行要领

  上述《日本货币制度》，首言币制改革始末，及现行货币法，及造币诸规则，以见由银本位进于金本位之次第。次言纸币发行制度，以尽流通之用。附以各种问答，以为吾国改良财政之津导。

  【谨案】环球各国，俱以金币为易中之本位，权之以银、铜二币，辅之以钞币、证券。其流通聚散之机关，则统于国家银行。铸币行钞之权，惟国家银行得有之。盖财政大纲，不可不统一于中央政府也。故入其都市，观其廛肆，所挟以为交易之用者，皆形制有定象，轻重有定衡，无朝夕，无远近，若斠若划一，细民不得挠其分量，持其缓急，而国家常握其操纵之柄焉。微特其轻赍划一,利于商战之竞争也,即以行政言,国家之岁入岁出既有一定之圜法,上下之交无可容其欺蔽。故预算决算可以持筹数计,无或爽失。而又有银行以为出入之枢纽,使国中之财,常贡于国家以效用,无府库封殖之虞。其纸币既得信用,尤可以补三品之不给,鼓铸无匮乏之患。兹其财政之所以善也。日本自德川世金、银、铜三货并用,其后与海外各国交通,顿形竭蹶。经计学家几经研讨,而后财政机关得以整理。区区三岛,对于欧美各强国,得以支拄,不为其所吮吸。且兴学练兵,縻无数金钱以战胜强邻,亦云难矣。兹编所述,可灿然考其成绩。中国欲整理财政,庶乎借镜不远也。

日本关税制度提要

税关各种问题
　　税关行政实况
　　税关设备
　　从价税从量税
　　评价不服时得上诉
　　税关官吏人才
　　税关官制
　　税关经费
税关制度概要
关税法述要
关税定率法之要旨
　　附论各种租税征收法
日本关税条文
日本税关官制

上《日本关税制度》,为横滨税关长榎本圭三郎讲述者,计十九条;大藏省铃木经理课长讲述者计三十八条,内十五条统论各种租税征收法;后附日本关税条文、日本税关官制,都为一编。

【谨案】关税之分类,不外输出、输入两途。近来欧美各国,于输出税均渐减免,存者仅一二国而已。盖自国际贸易竞争日烈,欲本国之商品流衍于外国之市场,必令价格低廉,而后可以扩张销路。若重课税,则使货价昂而赢利薄,不啻自蹙其生机。是减免输出税者,实为对外竞争之要着。至于输入之品,则又以保护本国工商之故,特为重税以限之。诚以列强角峙,商战方殷,欲维持本国之富源,不得不压制外来之商品。则所谓保护政策者,亦政府不得已之苦心。且征收关税,本为一国之特权,从未闻以加税问题而启干戈之衅者。然我既重税他国之货,他国亦重税以报之,矛戟相攻,适足碍两国工商之事业。故各国政府商社,近颇研究关税同盟主义,期免彼此之竞争,此亦世界和平之进步也。日本于开港通商之始,受各国之劫制,以关税载入约章。于是外货之输入日本者,征税不得过若干,内货之输至他国者,征税多寡惟所命。揆诸公理,实失其平。且输出与输入并征,尤为失策。自改正税率以后,输出税一律免除,仅由税关检查,为编制统计之预备。输入税虽亦采用保护政策,终以限于商约,不能实行。彼国通人,深以为病。然观其关税之制度,与其任用官吏之方,事事与欧美相合,而又有国力以盾之,则改正条约之期,知其不远矣。

日本中央银行制度提要

  第一章　中央银行设立理由
  第二章　中央银行营业大旨
  第三章　政府委托事务
    附中央银行监理规则

上《日本中央银行制度》一册。首详设立之理由,次营业之大旨,次政府委托之事务,而以监理规则附焉。

【谨案】银行者,全国财政之枢纽;而中央银行者,又全国银行之枢纽也。

各国中央银行，大抵为国家所设立，故亦称国家银行。间有由商民集股开办者，政府亦必设条例以监督之，所谓国家银行条例是也。其特别之权利，为发行纸币；其重要之职务，为出纳国帑、经理公债、制金货之平准、都泉布之汇输。平时则以低利供各银行之流通，有事则出资以维持市面。盖握一国财政盈虚消长之机关，使国家与社会交受其益，而不专以营利为主义者也。日本国立银行之制，权舆于明治五年（1872年）。其时通国所设银行，仅东京、大阪、横滨、新潟四处，资本薄弱，不能得民间之信用。又值金贵纸贱、物价腾踊之时，公私俱生困难。于是政府力图整理，于明治十五年（1882年）改立中央银行，予以发行纸币之权，全国财政之机关始归统一。是编虽述中央银行之制，而维新以来财政之历史，亦略可考见焉。其间规划经营之迹、维持补救之方，亦理财者所宜留意也。

第四卷

法兰西税债币制要览提要

第一章　中央税制
第二章　公债
第三章　币制
第四章　地方税债

上述法兰西税债、币制大概。首中央税制，言国家维正之供，为经常之收入。次公债，言国有所需，发债券于民，民输其资，国给以息。此为一时一事之吸集。次币制，货币之分别，造币之轻重，纸币发行之机关，以赡一国流通之具。次地方税制，夫里之布，入市之征，以供国家及地方兴举之用。都为四章，举其纲要，法国财政于兹可见。

【谨案】法兰西自见覆于德人以后，既为赔款所创，又为军备支出所困，其财政之拮据，百倍于畴昔，其巧立名目征取租税者，亦多为各国所无，如人别动产税（人别动产税者，不问内外国人及男女之别，凡享有自己之权利者，而不得以贫民论，即寡妇及未成年之男女，皆须输纳）、兵役税、广告税、醅税等，几有取之惟恐不尽之势。其所以揎拄强邻、恢复前业者在此，其所以精华销竭、生殖不繁，致不免有外强中干之象者亦在此。顾其征敛虽繁，而仍输将恐后，民人无转徙沟壑之恸，国家无宣告破产之悲。一因其人民知国家之休戚即一己之休戚，国家倾危，己亦不能独存，遂不惜竭其手足之所入以急公而奉上，而又日淬厉于学，其能力足以发造物之藏以继其后。故不三十年而元气昭苏，蒸蒸日进，蔚为西方强国焉。今观其设立筑路兴学特别资金，及使私设银行贷与自治团体之法，多可采用者。垂览及此，而富国裕民之道，得其大概矣。

日俄战时财政史提要

第一编　军事费总额及临时预算特别会计法支出内规

第二编　岁计剩余

第三编　增税等收入

第四编　特别会计资金移用

第五编　公债

上编为日本明治三十七八年与俄国开战时财政之要领，都五编：一为军事之总额及临时预算特别会计之法。此举岁计之收入、军事之支出统筹而合计之者。二为两次岁计剩余。此就经常岁计收入节省剩余以补充军费者。三为两次非常特别税及烟草、盐专卖制度。此为一时权宜之计，斟酌物价民情而出之者。四为移用特别会计资金。此为动用一切资本金移缓而就急者。五为发行国库债券及募集外债之计划。此系明定公债规律，得内外之信用而通行者。日本战时之财政，略具于是。

【谨案】日俄之战，二十世纪开幕之一大战争也。日本于甲午还辽以后，举国上下尝胆卧薪,誓雪国耻,教训生聚,迨十年而后用之。然当战衅初开,蒐讨军实,断非经常岁入所能支办,不得不别筹新辟之财源。今考其筹款之事,共分三期:第一期为明治三十六年(1903年)十二月政府所筹备战军费,计一亿五千六百余万元;一亿合一百兆。第二期为明治三十七年(1904年)三月议会预算之案所筹临时军费,计四亿二千万元。第三期为同年十一月议会追加预算之案所筹翌年军费,计七亿八千万元。此关乎军费上所支出者也。其筹款之途,约分五类:曰岁计剩余;曰非常特别税;曰特别会计资金;曰公债及临时借入金;曰军事献纳金。出于岁计剩余及增税等收入者,约十之二三;出于公债及借入金者,约十之六七。此关乎军事上所收入者也。夫强敌在前,日夜发兵转饷,不绝于道,而起视其国中,则士习于庠、农服于亩、工商安于市,若不知征缮之烦者,于此见财政之整理得宜,而宪法之大有造于国也。大抵立国之道,莫患乎上下相睽,而国民不知有应尽之义务。往往羽书交警,戎马临边,君臣宵旰于庙堂,士庶酣嬉于草野,虽坐拥素封,不闻出毫末以佐公家之急者,彼固以为国家之事而于己无与也。若宪法既立,则君与民一心,国与家一体,平时有利害相关之谊,有事必出全力以担负之。是故言征兵则人人有敌忾同仇之志,言募饷则人人有急公好义之忱,有不待驱迫而然者。且议和宣战之事,虽出于君主之制裁,而筹饷之事,则归诸议院。议院之所承诺,即为国民之所担任,亦即为法令之所当执行。列国之兵政、财政,所以能集权于中央者,实恃议院为之关键耳。今观日本两次预算之案,政府所提议者,议院未尝阻挠;议院所赞成者,国民未尝反抗。盖群知兵之不得已而用之不可无也。迨至功成事定,君主享其荣名,而百姓仍充然而乐业。以视秦汉之开边、宋明之加赋,其气象之舒蹙,有不可同日语者,夫非宪法之明效大验欤?

日本司法纲要(提要)

　　卷一　裁判所构成法一
　　卷二　裁判所构成法二

卷三　裁判所构成法三
卷四　裁判所构成法四
卷五　辩护士法
　　　执达吏规则
卷六　行政裁判法
　　　诉愿法

上略举日本司法部之概略，附以解释，以见立宪国立法、行法、司法三权分立之实情。其主体凡四篇：曰裁判所及检事局之区域及组织；曰裁判所及检事局之官吏；曰裁判之办法；曰司法行政及监督权。凡四篇，以辩护士、执达吏规则附焉。其行政裁判法，为防行政官吏之违背法律也，特畀人民以控诉官吏之权。此等裁判，职权尤专，故不属于通常裁判，而自为一编，所谓特别裁判者是也。

【谨案】行法、司法之权，当未有孟德斯鸠学说以前，大都混而为一。其中容有设一部分之官吏以掌之者，而其至下级之裁判权，则出于令长，是行法与司法不分也。其至上级之裁判权，则属之元首，是行法与司法不分也。至下级为裁判所自始，至上级为裁判所自终，此而不分，则中间虽设一二专司裁判之官吏，固犹之不分也。自孟氏创三权分立之说，凡各立宪国，有议会以立法，有政府以行政者，莫不设立各级裁判所，以完全司法独立之权。日本为立宪国，则司法自必独立明矣。其要义凡四：各级裁判所自相联助、自相监督，而必不受政府之节制，一也。任其事者，必有专门之学，二也。其官皆任以终身，若无大故，不能变更，与政府各官随政党为进退者，质性全别，三也。凡经其所裁判者，人民有服从之义务，四也。其立此制之命义，在必使为法官者有学问、有经验，无内顾之忧，无旁骛之事，而后一意以持法律之平而保国家民人之安全。此犹之布帛菽粟之值，必有待度量权衡也。若司法失职，则是非无所取准，秩序遂不可保，国家危矣。故欲专司法之任，即不能不重司法之权，此其使司法独立之意欤？夫司法为内政之官，原与外交无涉，而在今日东方之国，则司法一部，若与外交有绝大之关系者，则以西方各国对于东方,又有所谓领事裁判权也。领事裁判权者,谓甲国之民移居乙国,则立于乙国统治权之外,而得享其特别权利也。此说之行,虽根于强弱不同而起,而其口实,则必以民法、刑法之不善,裁判之腐败,不便于受治为言。自有领事裁判权之说,则外国人之入内国者,政府有保护之责而无监督之权。夫被保护者不予保护者以权,是使之不能保护也。事后乃从而责之,于是国际之困难极矣。故谋自立者,不能不谋收回治外法权。而欲收回治外法权,非使司法部精良不可。日本于收回领事裁判权之成绩,虽半由兵力之强与外交之巧,而其主要则在改良司法部。盖其君臣上下谋之二十年,而后达其目的者。司法之于国,岂不重哉!

法国司法制度提要

  第一编 绪论
  第二编 裁判所及理刑局
  第三编 裁判所办理诉讼

  上列三编,凡十二章,分二十二节,为法国共和现行刑法,即全国司法部之概略也。制度纲要,已具于目录之中。其关于民事者,自始审裁判所以下,其种类凡五;其关于刑事者,自违警章罪裁判所以下,其种类凡三。而皆受其成于破毁院。破毁院者,即评定官阶级之最高者也。其他附属吏之制限、理刑局之组织、检察官之职务、控诉院之管辖,靡不逐条剖解。而以代讼人、律师、公差、差总附焉。其裁判所办理诉讼,为防官吏民人之违背法律也,特于和解起诉、评议疑问、采决理由、判决文告等详加诠释。此种办法,范围极广,故不属以上各章,而自为一编,所谓特别审理办法也。

  【谨案】司法者,据三权分立中最要之方面,即宪法精意所流衍也。自宪法外表观之,则司法只居宪法之一部,然自宪法内容观之,则司法实握宪法之大纲。文化优劣之原、政界治乱之机,其他无足论,至要者,惟司法制度而已。考司法应行独立之故,聚讼纷如。自孟德斯鸠倡立法、行法、司法三权鼎峙之说，世之政治家、法律家研究此问题者，固无俟赘言，即著作、哲学两家，亦罔弗竭虑殚精，穷其究竟，其说遂有不胫而走、不翼而飞之势。法国现时司法权，由立法分离而独立，亦立宪国之通例也。试举立法、司法分立之要义：一、裁判所不得反对法律之施行；二、不得如前时高等法院得施行一切命令；三、司法部员不得为一切政治上议论。此司法不能侵立法之权限也。一、立法部无裁判权；二、立法者当裁判失当之际，无矫正或破坏权；三、不以新法驳旧法所裁判之事件；四、除裁判官自身废止外，不得制新法令其退职。此立法不能侵司法之权限也。此制既立，然后为法官者，事权一，界限清，一意持平，而决无徇法徇情之弊。故立宪国之人民，皆有服从法律之性质，实由司法独立之效有以致之。法国律例，渊源罗马，久为各国之模型。然司法制度，屡经改革，而始有今日之完备。此犹日躔月离之有经度，古疏今密，可得而稽也。若司法区划，悉由控诉院之管区分之。本国有管区凡二十四，殖民地有管区凡七，内以法官操其柄，外以领事秉其枢。至与波斯、埃及诸邦缔约，则又有所谓领事裁判权，以扩张其国力焉。然则司法制度者，非第治内之矩矱，抑亦治外之准绳也。

比利时司法制度提要

  第一章 裁判所

  第二章 裁判官

  第三章 书吏及以外裁判所之附属吏

  第四章 理刑局

  第五章 司法事务之执行

  第六章 司法行政之监督

上译比利时现行司法制度，都六章，凡二十三条，逐条诠释，以见脱离和兰[①]，

---

① 即荷兰。

仍采法兰西宪法之主义，成一独立之立宪君主国。其大纲凡四：曰裁判所及理刑局之组织；曰裁判所及理刑局官吏之资格、席次；曰司法事务之执行；曰司法行政之监督。而以书吏及附属吏附焉。

【谨案】比利时隶属法国以前，其司法制度全受法廷支配。轻重出入，如轮附轴，而失其自由改革权。然司法部之组织，犹根据法律，未至秩序紊乱也。自千八百十四年为和兰所并，任意更张，成规顿失，支离棼错，举国哗然。揆其不合公理之处，约有四端：一、废陪审制度；二、停开审重罪轻罪事件；三、破坏裁判官转任、停职规则；四、于二三州之地设破毁院三处。此千八百十四年及十五年之敕令也。迨千八百三十年，法兰西王室变更，影响所及，震荡全欧。比利时遂乘此时机，脱和兰之羁轭而成为独立。自是以来，颁布立宪，厘订规制。又以法典之编，非参酌现情，难以遽收实效也。于是顺国民习惯，体社会风俗，溯司法制度沿革，仍取千八百十年法国所定之法律，补苴罅漏，公布遵行。其稍与法国歧异者，惟比国破毁院只有民事、刑事两部，不能如法之又设请愿部；比国治安裁判所审判官任至终身，而法国无此特权；重罪裁判所在各州之首府设之，而法国则非常设。数端以外，其审定区域、布置职务，皆与法国同。此比利时现行法制之大概也。盖未立宪之国，行法与司法合，立宪之国，行法与司法分。合则有牵掣之弊，分则有独立之权。刑法之平与不平，其原因实造于此。自孟德斯鸠建三权分立之议，立宪之国莫不设立各级裁判所，以祛混一之害，而完全其独立权。比利时为世界立宪国，司法固当独立者也。当其服属法国之时，事事禀承，必有难舒展自如者，而政法之精理，亦颇得其遗传。读千八百八十五年颁布之法律，原本法国，不相径庭。饮水思源，非无故也。

日本统计释例提要

卷一　土地之属　凡十二

　　　人口之属　凡三十二

　　　教育之属　凡二十七

　　　　社寺及教会之属　凡七
卷二　民事及刑事裁判之属　凡四十
　　　　警察之属　凡十三
　　　　监狱之属　凡十四
　　　　陆军之属　凡二十二
　　　　海军之属　凡二十五
卷三　农业之属　凡十七
　　　　山林及狩猎之属　凡七
　　　　渔业及制盐之属　凡四
　　　　矿山之属　凡四
　　　　工业之属　凡二十三
　　　　外国贸易之属　凡二十二
　　　　内国商业之属　凡七
　　　　会社之属　凡十
　　　　储金及保险之属　凡五
卷四　陆运之属　凡十六
　　　　水运之属　凡二十五
　　　　邮便及电信电话之属　凡二十三
　　　　筑造之属　凡九
　　　　卫生之属　凡四
　　　　教育之属　凡八
卷五　银行及金融之属　凡四十三
　　　　财政之属　凡三十二
卷六　爵位勋章及褒章之属　凡七
　　　　议员选举之属　凡六
　　　　官制及附录之属　凡十三
　　　　北海道之属　凡十一
　　　　台湾之属　凡六十二

上历举日本至近统计各表，一一释其所以立此表之故，以见日本国势之实状，而日本政府之注意亦显著于是矣。其纲①凡三十一，目凡五百五十八，其表中所列实数不可胜书。但著其目，而详其用而已。

　　【谨案】统计之为式，乃举凡天时、人事、物产，无论百为万变，苟其有数可稽，无不列之于表。而其用意，则在观所著之实数，而知其致此之原理，因以筹其消息迎拒之方。其端亦发于西人，初亦不过供学者研究学理之用。一千六百二年间，法国始设立统计局，其后泰西各国次第设立。至一千八百五十三年，始设万国统计会。日本明治初年，其国之政治家即注意于此。后经营之久，至明治十五年（1882年），始刊行统计年鉴，自是日本亦得入于万国统计会之间。今日统计一门，已成为专家之学，于各科皆有关系，而惟于政治上则关系尤大，几为研究政治者所必需。盖人事蕃滋，不可纪极，其实数不明，斯其实理必不能测，而其实数则必隐于繁复之中，不可得见。往昔之言治者，无统计学以为之根据，惟凭一时一事之见闻，见一以为然，则以为莫不然；其见一以为不然，则亦然。于是影响附会，以一人之幻想绳社会之实事，而政治斯病矣。此政治之所以不进也。晚近以来，天下皆知从事于征实之学，事事皆先求外界之实状，而徐绎其所以然之故，然后立为义例。不合则再改，必求其密合而后已。彼声光化电之学，皆如是也。而政治学之研究，亦复如是，故统计学遂为政治学实验之法。政治中必赖统计而后明者凡六：一、人口统计，则疏密、增减、寿夭、性情、职业之理可见焉；二、经济统计，则生产、消费、分配、交通、贸易、储蓄、价值之理可见焉；三、政法统计，则领地、人民、立法、司法、财政、陆海军、警察、监狱之理可见焉；四、社会统计，则劳力、贫民及其他慈善事业之理可见焉；五、道德统计，则犯罪、自杀等之理可见焉；六、教育宗教统计，则教育、宗教之理可见焉。凡此诸事，其理非冥悟可得，非知其数即无着手之方，此即统计之大用也。然而统计之学，在国家法制已定之后，固不可不日为调查，以自镜其为治之得失。而在国家法制未定之先，则统计尤不可不先为预备。盖非此则无以知己国之虚实及其趋

---

① 即某事之属。

势，而徒为法制，亦终不能实行而有效也。至于己国之实状已明，而后持以与他人之国相比较，则己国之所当自谋者，有不洞如观火者哉？此统计学所以为立法、行法之大要也。

日本统计类表叙论提要

土地之属第一　列表二

户口之属第二　列表十二

教育之属第三　教会附　列表六

官制之属第四　爵位勋章附　列表七

财政之属第五　列表十

陆军海军之属第六　列表九

民事刑事裁判之属第七　列表四

警察之属第八　列表三

监狱之属第九　列表二

卫生之属第十　教育附　列表六

农业之属第十一　列表八

山林狩猎之属第十二　列表三

渔业制盐之属第十三　列表三

矿山之属第十四　列表三

工业之属第十五　列表七

会社之属第十六　保险附　列表三

筑造之属第十七　列表二

银行之属第十八

外国商业之属第十九

内国商业之属第二十

陆运之属第二十一

水运之属第二十二

邮便电线电话之属第二十三　邮便储金附　列表三

【谨案】统计之学,始于西人,盖深得《周官》遗意。日本于明治十五年(1882年),仿行统计,岁出一册。是编为明治三十七年(1904年)统计,凡三十一门,为表五百五十有七。兹就其体例,删并门类为二十三门,小者以类相附,为表一百一十有六。增进日本各校儿童学龄表、日本全国陆军一览表、日本全国海军一览表、日本远洋渔业时地分数列表、台湾历年吸烟人数列表,凡五表。皆删节简要,便于观览。复论其治国大要,综括精义,各为论说,列于表首。而则效损益之意,即寓乎其中。日本维新之初,首颁御誓五章,与一国臣民共守宪法。励精图治三十余年,纲举目张,凡行政、司法、练兵、理财,以至振兴工艺、推广贸易,事事效法西人,善取众长,一变旧俗。其急功趋利,近于霸术,而本末兼权,归于明体达用而止。然其国人稠地狭,殖产不繁,生计颇绌。虽人才奋出,殚力竞进,而终有限制,未能遽达其志。徒以家国一体、朝野一心,其民有聪强勤朴之风,其治有划一整齐之象,用能崛起三岛,发愤自雄。故论天时地利,日本实远逊于我,而人和过之。程子[①]曰:"有《关雎》《麟趾》之精意,而后可行《周官》之法度。"事固如此。是编所列,自土地、户口、学校、职官、财政、军备、司法、警察、监狱、卫生、农工商矿、林渔狩牧、轮路邮电之属,灿然悉备。以山海贫弱之国,而数载战胜,骤致盛强,岂非综核名实之效哉!

[①] 即程颢。

书　评

法权的理性奠基
——评《良好的自由秩序》[*]

张大卫[**]

与康德的道德哲学相比,国内学界较少关注他的法哲学。事实上,在德国也有类似情况。几年前我在柏林攻读哲学博士学位,其间旁听柏林工业大学关于康德实践哲学的一门课程。记得课上一位德国老师曾说,康德的《道德形而上学》,尤其是其中的法权论部分在当下德国未被受到广泛研究,其原因或许是:一方面,该著作在哲学界往往不被视为康德先验哲学的代表性文本;另一方面,法学界一般将康德的法权学说视作法理学/法哲学的一部"对读者不太友好"的历史文献。

以上述研究境况为背景来反观德国康德专家凯尔斯汀(Kersting)的名著《良好的自由秩序》(Wohlgeordnete Freiheit),其独创性与深刻性立即显露出来。值得一提的是,该作品目前已由汤沛丰博士所汉译,并且由商务印书馆出版。

作者在该书中,凭借"追问到底"的哲学精神、开阔的哲学史视野、扎实的文本功底,向我们展示了以下两个相互关联的方面:

---

[*] 本文为2019年度上海市浦江人才计划"黑格尔对康德'法治国'思想的批判研究"(项目编号:2019PJC040)成果。
[**] 张大卫,华东政法大学马克思主义学院特聘副研究员。

第一,要真正理解康德的先验哲学,尤其是他以先验哲学方法论为基础所提出的道德学说中的理想性的一面,我们必须深入其法哲学中现实的那一维度。有时这一现实的维度会因其彻底性而令人不安,但是正是这种理想与现实之间所形成的张力乃至不安,饱满地刻画出了康德先验哲学深刻、独特、充满魅力的特征。

第二,《道德形而上学》是一部200多年前出版的历史文献,但是也是一部绕不开的法理学/法哲学的经典著作。因为它所提出并尝试解答的是我们现代社会无法回避且亟待解决的问题:在一个祛魅化、价值多元的时代,个人自由通过何种手段才能避免相互冲突,得到保障并实现?如果说法权是这种手段的必要形式,那么法权的规范性根据又在哪里?此外,当法权的现行实行方式与其最终价值旨趣发生激烈冲突时,人们又该如何应对?这些问题永远都不可能通过法学实证层面的技术完善与创新得到解决,而是需要一种哲学式的、在规范层面的反思与回答。而康德的法权学说正体现了这方面的宝贵努力。

为了具体阐明以上两点,我将从《良好的自由秩序》这一著作中示例性地挑选三个方面予以阐发。它们分别是:(1)形式性的法权观;(2)法与道德的关系;(3)反叛权。

在阐释康德的法权观时,凯尔斯汀首先从思想史角度出发确定康德的法权观的坐标位置。他认为康德的法权观"对于整个自由主义而言具有典范意义"[1]。其根据是,他提出的法权观建立在对现代社会特征的切要把握之上。该特征即为,伴随着"文化的、社会的、政治的以及经济的现代化过程","生活世界已经失去理所当然的优先价值"。[2] 这种优先价值在现代化过程发生之前或由古希腊的城邦伦理,或由中世纪的宗教真理,或由近代早期的其他形式的权威来提供。随着现代政治、经济、意识形态的发展,这些权威纷纷垮台。与这种垮台相伴随的一个结果便是,个体从权威及其提供

---

[1] 凯尔斯汀:《良好的自由秩序》,汤沛丰译,商务印书馆2020年版,第57页。(以下引用皆为此版本。)
[2] 凯尔斯汀:《良好的自由秩序》,第57页。

的相对统一的优先价值的约束下解放出来,从而"个体对幸福生活和成功生活的观念变得纷繁复杂"①了。

一旦潘多拉的魔盒开启,回到过去的任何尝试都将变得徒劳,有时甚至是有害的。如果说法国大革命还试图以"普遍意志"为名动员并整合共同体全体成员,那么革命所留下的历史创伤已表明,现代社会的发展结构已不能容忍以某种集体/政治的形式来实现所谓的普遍善或幸福。正是在此语境下,康德的形式性的法权观才彰显出它的时代意义。根据这种法权观,人们应"把良序社会的宪制奠立在形式法权原则的基础上。形式的法权原则运用严格的伦理中立立场,授予所有个体以平等权利,让个体有权坚持自身对成功生活的理解方式"②。

法权所采取的严格的伦理中立立场既是一种解放,也是一种限制。说是解放,是因为个体在法权所制定的框架内可以不受束缚地自行决断对幸福生活意义的理解及其实现方式;说是限制,是因为个体不再有任何理由——无论这种理由是出于何种高尚的借口——可在超出法权规定的框架情形下强制他人,干涉他人生活。正如凯尔斯汀所评论的那样,在康德那里,"法权是所有道德狂热、偏重情感的人性以及'心软的恻隐'的敌人"③。黑格尔在《法哲学原理》的序言中事实上也继承了这一思想。他在批判弗里斯哲学的肤浅性以及其"虔敬"的表象时便指出:"法则(Gesetz)主要是识别所谓人民的假兄弟和朋友的暗号(Schiboleth)。"④

然而值得注意的是,就法权的优先性问题而言,康德所采取的立场要比黑格尔激进得多。如果说在黑格尔那里,伦理才是抽象法的"真理",才是抽象法的真正实现场所,那么对康德而言,法权本身就享有一种无条件的优先性地位。就此凯尔斯汀恰当地解释说,在康德那里,"法权的优先性体现在:德行行动,即义务目的的实现行动,恰恰要服从于合法性前提。法权就像一

---

① 凯尔斯汀:《良好的自由秩序》,第58页。
② 凯尔斯汀:《良好的自由秩序》,第58页。
③ 凯尔斯汀:《良好的自由秩序》,第217页。
④ 黑格尔:《法哲学原理》,邓安庆译,人民出版社2016年版,第8页。

个过滤器一样承接各种德行表达,并且仅只滤出那些与合法事物相兼容的表达方式。有效性的边界在于正义的规定性;行动的不法不能由善行所弥补"①。

与这种法权的严苛性相联系的另一问题是,在康德的法治国思想中是否能直接读出一种社会国思想。就这一问题,凯尔斯汀认为如果严格按照康德文本本身提供的信息,那么回答将是否定的。按照他的看法,康德的文本表述仅仅支持一种对国家作用的"极简主义阐释",根据这种阐释,"国家的恰当功能在于……保护个体自由,强制执行契约以及阻止诈骗的发生"②。至于对穷人的救助等问题,这并非涉及法权上的应然,而只是道德上的应然。就此凯尔斯汀提出的理据是,在康德那里,"'需求'无法为'权利'奠基,而仅仅构成道德上的苛刻要求"③。

上面所论述的康德的形式性的法权观不能仅仅被解读为他单纯回应时代发展的一种理论尝试。事实上,这一法权观还涉及法权的规范性奠基问题,或者用凯尔斯汀的术语来说就是"效力理论"(Geltungstheorie)问题。前文已指出,形式的法权原则采用严格的伦理中立立场,它让个体有权根据自己对成功或幸福生活的理解来生活。然而在康德看来,成功或幸福本身不能为法权原则奠基或者说提供任何规范性的辩护。凯尔斯汀在论述康德的法权哲学时,敏锐地看到了这一点,而且在论述财产权、国家、原初契约等康德法哲学的一系列具体概念时,一刻也没有忘记规范性奠基这一核心主题。

凯尔斯汀的这一令人敬佩的理论毅力自然与他深厚的哲学史功底相联系。与一般的康德哲学专家不同,凯尔斯汀在论述康德法哲学时,不仅兼顾《反思录》、各种法哲学学生笔记等辅助研究材料,而且始终将其置于近代哲学史的框架内,尤其以洛克、霍布斯、卢梭等思想家为参照系。这种持续的对比,使凯尔斯汀成功地以一种令人印象深刻的方式展示出:对康德而言,法权——其中涉及财产所有权、建立国家的权利等——的规范性奠基始终与经验性的事实无关,无论是这种经验性的事实涉及权利在时空中的量化

---

① 凯尔斯汀:《良好的自由秩序》,第 216 页。
② 凯尔斯汀:《良好的自由秩序》,第 69 页。
③ 凯尔斯汀:《良好的自由秩序》,第 70 页。

表现(比如经验性的占有之于所有权),还是涉及权利的历史性产生条件(比如暴力建国)。此外,它与人类学的、自然法传统的工具—实用性范畴(如采取合理的手段达到自我保存的目的等)也无任何关系。在康德看来,这些只能解释权利的具体内容是什么,在时间上权利产生的原因是什么,权利能够带来何种好处,这种好处又是作为何种手段促进其他时间—经验性的目的等。然而,这些都未直接明了地解释权利的规范性来源是什么这一法哲学核心问题。就此问题,康德的回答是:规范——包括道德的、法权的规范——的规范性只与人的(实践)理性相关。因为该理性本身"不仅仅规定其法则的内容和目的,而同时也构成意志的唯一规定根据"①,用黑格尔的术语来说就是,它是它本身所希求的对象。正是在此意义上,(实践)理性,或者确切地来说,它在抽象掉一切经验性规定因而只剩形式性规定的先验立法后"才能成为客观的、必然的以及无条件地具有约束力的法则的来源"②。在康德那里,(实践)理性立法首先意味着道德自律/自主。因此,道德自律/自主在规范层面上就构成了法权的规范性来源。凯尔斯汀也正是在这一意义上描述康德实践哲学中道德与法权的关系。

值得注意的是,凯尔斯汀在考察道德与法权之间的问题时,始终强调人们应该区分法权的实现问题与规范性的奠基问题。前者涉及法权在经验上的确立及其维护,而后者只涉及先验的规范层面。这种区分具有重要意义,尤其是当人们考察康德的反叛权理论的时候。

凯尔斯汀提醒人们说,康德用实践理性或道德自主为法权规范奠基,这并不意味着康德认为,当某种现行法权秩序违反道德规范时,人们就有权反叛及推翻这种秩序。为了说明这一点,凯尔斯汀首先恰当地指出,在康德看来,根本性的差异不是"在正义和不义的统治之间",而是在"强力(或暴力)和法秩序之间"。③ 换言之,"强力和法权的差异优先于不义与正义的差

---

① 凯尔斯汀:《良好的自由秩序》,第130页。
② 凯尔斯汀:《良好的自由秩序》,第130页。
③ 凯尔斯汀:《良好的自由秩序》,第83页。

别"①。在此语境下,僭主这一古代政治哲学概念在现代政治语境中获得新的定义,即现代"僭主不再等同于实施恶治的统治者,而是通过暴力和恐怖来破坏作为生命保障共同体的国家"②。与这种定义相对应,人的德行在现代政治语境中便成为一种理性义务:走出充满暴力或冲突的自然状态。这是康德沿着现代政治哲学的思路得出的结论。这一结论蕴含着对某种不义的法权秩序的辩护。因为当不义的法权秩序本身也是一种秩序时,它在康德心中便已胜过没有任何秩序可言的自然状态。就此凯尔斯汀正确地评论道:在康德那里,"对强力或暴力予以否定的法权不可等同于对不法予以否定的法权,否则,只要正义一天不实现,便可以认定,强力或暴力仍然一直支配着;否则,只要缺乏正义,人们便能够把一个现存的法体系斥责为强力主宰的状态"③。

康德的另一种反对反叛权的论证思路是,他通过抽离"所有经验性—偶然性的抵抗事由的规定"④(这些规定可以包括前面论及的对不义的法权—政治秩序的不满,或者说为共同体成员的幸福等),仅就反叛权作为一种权利本身做出分析,以指出其内在的概念结构性矛盾。如凯尔斯汀精辟地总结的那样,这种结构性矛盾在于"抵抗权仅只在一个法权状态下才是可设想的。当法权状态不复存在的时候,抵抗的授权前提便消失了,抵抗权是否存在的问题便成为假问题"⑤。

如上所述,在康德看来,以暴力反抗现存法权—政治秩序,既违反理性义务,也在概念层面自相矛盾。因此他坚定地反对这种革除法权—政治时弊的激进方式。与之相对,康德认同的方式是临时性地诉诸一种"由君主承载的道德立宪主义"⑥,即借助一种"君主们在道德层面自上而下的改良"⑦,

---

① 凯尔斯汀:《良好的自由秩序》,第 83 页。
② 凯尔斯汀:《良好的自由秩序》,第 533 页。
③ 凯尔斯汀:《良好的自由秩序》,第 83 页。
④ 凯尔斯汀:《良好的自由秩序》,第 519 页。
⑤ 凯尔斯汀:《良好的自由秩序》,第 534 页。
⑥ 凯尔斯汀:《良好的自由秩序》,第 463 页。
⑦ 凯尔斯汀:《良好的自由秩序》,第 498 页。

"通过谨慎且能够管控风险的'形变'(Metamorphose)"①,使"利维坦般的统治关系"逐渐过渡为一种反映人民主权原则的"良好的自由秩序"②。当然,在这一渐进的改良过程中,臣民并非无所作为。然而其政治参与必须纳入到有组织的现存秩序的轨道中去,以避免因"脱轨"而重回"自然状态"这一灾难性后果的任何可能性。

从敬畏心中道德法则、视其为法权规范性根基的哲学家转变为"由君主承载的道德立宪主义"③的辩护者,康德的这一思想面貌耐人寻味的转换被《良好的自由秩序》一书以一种细腻、严谨的笔触徐徐刻画出来。然而值得注意的是,凯尔斯汀的康德研究不仅仅是一种写实、一种澄清,而且还是一种批判、一种提示。

就前面提及的从康德思想中是否能直接读出社会国理论这一问题而言,虽然凯尔斯汀的回答是否定性的,但是他细致的文本研究并未妨碍他跳出康德的理论框架,来思考严苛的形式性的法权观所蕴含的内在问题。正如他在书中所评论的那样,康德的形式性的法权观事实上以一种"社会革命乐观主义"④为底色,以一种"社会自发主义"(Autonomismus)⑤的信念为指引,根据该信念,在法权秩序持续稳定运行的前提下,"自生自发的社会能够使人们足够平等地自由发展"⑥。对此,凯尔斯汀指出,"后来两个世纪的经济和社会结构变化"已经驳倒了康德的这一信念。历史已经证明,为"需求和利益"保有一定的位置是合理的:"如果要注意自由权和自我规定性的伦理面临的风险(尤其当经济结构急速改变,劳动宪法、劳动法秩序和社会法秩序之间却不能协调运作,导致日益增长的失业成为主要问题的时候,则一个以法权形式被构造的市场经济就会导致这些风险),则必须考虑保障个体

---

① 凯尔斯汀:《良好的自由秩序》,第526页。
② 凯尔斯汀:《良好的自由秩序》,第96页。
③ 凯尔斯汀:《良好的自由秩序》,第463页。
④ 凯尔斯汀:《良好的自由秩序》,第72页。
⑤ 凯尔斯汀:《良好的自由秩序》,第73页。
⑥ 凯尔斯汀:《良好的自由秩序》,第73页。

的需求和利益。"①显然,这里存在权利与利益之间的平衡问题。

与上述问题类似的其他经典哲学问题在《良好的自由秩序》一书中多次出现。该书作者显然没有为读者提供最终答案的意图。与之相对,他或许更愿意通过他的写实与批判、陈述与提示,邀请读者一道走进康德法哲学思想的深处,领略其深刻,感受其张力,进一步探索由康德开辟的法哲学论域。

---

① 凯尔斯汀:《良好的自由秩序》,第73—74页。

附 录

富勒著作及研究文献目录

赵亚文* 整理

一、富勒的作品

(一) 书籍类

1. *The Law in Quest of Itself*, Beacon Press, 1966.
2. *Basic Contract Law*, West Publishing Company, 1996.
3. *The Problems of Jurisprudence*, Foundation Press, 1949.
4. *The Morality of Law*, Yale University Press, 1969.
5. *Legal Fictions*, Stanford University Press, 1967.
6. *Anatomy of the Law*, Greenwood Press, 1976.
7. *The Principles of Social Order*, Hart Publishing, 2001.

(二) 文章类

1. "Adverse Possession—Occupancy of Another's Land under Mistake as to Location of a Boundary", *Oregon Law Review*, Vol. 7, Issue 4, June 1928,

---

* 赵亚文,同济大学法学院硕士研究生。

pp. 329-339.

2. "Book Review: Bentham's Theory of Fictions", Harvard Law Review, Vol. 47, Issue 2, 1933, pp. 367-370.

3. "The Legal Mind", Atlantic Monthly, Vol. 152, 1933, pp. 85-94.

4. "American Legal Realism", University of Pennsylvania Law Review, Vol. 82, Issue 5, 1934, pp. 429-462.

5. "The Special Nature of the Wage-Earner's Life Insurance Problem", Law and Contemporary Problems, Vol. 2, Issue 1, January 1935, pp. 10-48.

6. "The Reliance Interest in Contract Damages: 1", Yale Law Journal, Vol. 46, Issue 1, November 1936, pp. 52-96.

7. "The Reliance Interest in Contract Damages: 2", Yale Law Journal, Vol. 46, Issue 3, January 1937, pp. 373-420.

8. "Williston on Contracts", North Carolina Law Review, Vol. 18, Issue 1, December 1939, pp. 1-15.

9. "Book Review: Readings In Jurisprudence", University of Pennsylvania Law Review, Vol. 87, 1939, pp. 625-627.

10. "Book Review: The Formative Era of American Law", Illinois Law Review, Vol. 34, 1939, pp. 372-374.

11. "My Philosophy of Law", in My Philosophy of Law: Credos of Sixteen American Scholars, Boston Book Co., 1941.

12. "Consideration and Form", Columbia Law Review, Vol. 41, 1941, pp. 799-824.

13. "Book Review: Jurisprudence", Columbia Law Review, Vol. 41, 1941, pp. 965-967.

14. "Book Review: Historical Introduction to the Theory of Law", Harvard Law Review, Vol. 55, Issue 1, 1941, pp. 160-163.

15. "Book Review: A Dialectic of Morals: Towards the Foundations of Political Philosophy", University of Chicago Law Review, Vol. 9, 1942, pp.

759-761.

16. "Reason and Fiat in Case Law", *Harvard Law Review*, Vol. 59, Issue 3, February 1946, pp. 376-395.

17. "Book Review: *Some Reflections on Jurisprudence*", *Harvard Law Review*, Vol. 59, Issue 5, May 1946, pp. 826-828.

18. "Objectives of Legal Education", *Record of the Association of the Bar of the City of New York*, Vol. 2, Issue 3, March 1947, pp. 120-127.

19. "The Teaching of Labor Law: Basic Approaches", Proceedings: Conference on the Training of Law Students in Labor Relations, 1947.

20. "Book Review: *A Text-Book of Jurisprudence*", *Harvard Law Review*, Vol. 61, Issue 2, January 1948, pp. 383-385.

21. "Book Review: *Lawyers, Law Schools and the Public Service*", *Harvard Law Review*, Vol. 62, Issue 1, 1948, pp. 155-158.

22. "What the Law Schools Can Contribute to the Making of Lawyers", *Journal of Legal Education*, Vol. 1, Issue 2, Winter 1948, pp. 189-204.

23. "Introduction", in *The Jurisprudence of Interests*, edited by M. Magdelena Schoch, Harvard University Press, 1948.

24. "The Case of the Speluncean Explorers", *Harvard Law Review*, Vol. 62, Issue 4, February 1949, pp. 616-645.

25. "Pashukanis and Vyshinsky: A Study in the Development of Marxian Legal Theory", *Michigan Law Review*, Vol. 47, Issue 8, June 1949, pp. 1157-1166.

26. "The Place and Uses of Jurisprudence in the Law School Curriculum", *Journal of Legal Education*, Vol. 1, Issue 4, Summer 1949, pp. 495-507.

27. "On Teaching Law", *Stanford Law Review*, Vol. 3, Issue 1, December 1950, pp. 35-47.

28. "What is the Bar Examination Intended to Test", *Bar Examiner*, Vol. 20, 1951, pp. 111-120.

29. "Book Review: *Jurisprudence-Its American Prophets*", *Louisiana Law Review*, Vol. 12, 1952, pp. 531-535.
30. "Legal Education and Admissions to the Bar in Pennsylvania", *Temple Law Quarterly*, Vol. 25, Issue 3, January 1952, pp. 249-300.
31. "American Legal Philosophy at Mid-Century—A Review of Edwin W. Patterson's *Jurisprudence, Men and Ideas of the Law*", *Journal of Legal Education*, Vol. 6, Issue 4, 1954, pp. 457-485.
32. "Panel Discussion: The Role of the Lawyer in Labor Relations", *American Bar Association Journal*, Vol. 41, 1954, pp. 342-345.
33. "Some Reflections on Legal and Economic Freedoms—A Review of Robert L. Hale's *Freedom through Law*", *Columbia Law Review*, Vol. 54, Issue 1, January 1954, pp. 70-82.
34. "Freedom—A Suggested Analysis", *Harvard Law Review*, Vol. 68, Issue 8, June 1955, pp. 1305-1325.
35. "The Philosophy of Codes of Ethics", *Electrical Engineering*, Vol. 74, 1955, pp. 916-918.
36. "A Memorandum on the Teaching of Law", in *On the Teaching of Law in the Liberal Arts Curriculum*, edited by Harold J. Berman, Foundation Press, 1956.
37. "Professional Responsibility: Report of the Joint Conference", *American Bar Association Journal*, Vol. 44, December 1958, pp. 1159-1162.
38. "Positivism and Fidelity to Law—A Reply to Professor Hart", *Harvard Law Review*, Vol. 71, Issue 4, February 1958, pp. 630-672.
39. "Human Purpose and Natural Law", *Natural Law Forum*, Vol. 3, 1958, pp. 68-76.
40. "A Rejoinder to Professor Nagel", *Natural Law Forum*, Vol. 3, 1958, pp. 83-104.
41. "Governmental Secrecy and the Forms of Social Order", *American Society*

for Political and Legal Philosophy, Vol. 2, 1959, pp. 256-268.

42. "Adjudication and the Rule of Law", *American Society of International Law Proceedings*, Vol. 54, 1960, pp. 1-7.

43. "The Case for Nixon", *New York Herald Tribune*, October 2, 1960, Section 2, p. 3.

44. "The Academic Lawyer's House of Intellect", *Journal of Legal Education*, Vol. 14, Issue 1, 1961, pp. 125-174.

45. "The Adversary System", in *Talks on American Law*, edited by Harold J. Berman, Vintage Books, 1961.

46. "Collective Bargaining and the Arbitrator", *Wisconsin Law Review*, Vol. 3, Issue 1, January 1963, pp. 3-46.

47. "Comments on Approaches to Court Imposed Compromise—The Uses of Doubt and Reason", *Northwestern University Law Review*, Vol. 58, Issue 6, 1963, pp. 795-805.

48. "Irrigation and Tyranny", *Stanford Law Review*, Vol. 17, Issue 6, July 1965, pp. 1021-1042.

49. "A Reply to Professors Cohen and Dworkin", *Villanova Law Review*, Vol. 10, Issue 4, Summer 1965, pp. 655-666.

50. "Afterword: Science and the Judicial Process", *Harvard Law Review*, Vol. 79, Issue 8, June 1966, pp. 1604-1628.

51. "Oliver Wendell Holmes, Jr: The Path of the Law", in *American Primer*, edited by Daniel Boostin, University of Chicago Press, 1966.

52. "Some Observations on the Course in Contracts", *Journal of Legal Education*, Vol. 20, Issue 4, 1968, pp. 482-484.

53. "Freedom as a Problem of Allocating Choice", *Proceeding of the American Philosophical Socity*, Vol. 112, 1968, pp. 101-106.

54. "Some Unexplored Social Dimensions of the Law", in *Path of the Law from 1967*, edited by Arthur E. Sutherland, Harvard University

Press, 1968.
55. "Human Interaction and the Law", *American Journal of Jurisprudence*, Vol. 14, 1969, pp. 1-36.
56. "The Law's Precarious Hold on Life", *Georgia Law Review*, Vol. 3, Issue 3, Spring 1969, pp. 530-545.
57. "Two Principles of Human Association", *American Society for Political and Legal Philosophy*, Vol. 11, 1969, pp. 3-23.
58. "Mediation—Its Forms and Functions", *Southern California Law Review*, Vol. 44, Issue 2, Winter 1971, pp. 305-339.
59. "Book Review: *Society and the Legal Order*", *Harvard Law Review*, Vol. 85, Issue 2, December 1971, pp. 523-526.
60. "Law as an Instrument of Social Control and Law as a Facilitation of Human Interaction", *Brigham Young University Law Review*, Vol. 89, Issue 1, 1975, pp. 89-98.
61. "Some Presuppositions Shaping the Concept of 'Socialization' ", in *Law, Justice and the Individual in Society*, edited by June L. Tapp and Felice J. Levine, Rinehart and Winston, 1977.
62. "The Forms and Limits of Adjudication", *Harvard Law Review*, Vol. 92, Issue 2, December 1978, pp. 353-409.

二、研究富勒的相关作品

(一) 书籍类

1. Robert S. Summers, *Lon L. Fuller*, Stanford University Press, 1984.
2. Willem J. Witteveen and Wibren van der Burg (eds.), *Rediscovering Fuller: Essays on Implicit Law and Institutional Design*, Amsterdam University Press, 1999.

3. P. Cane (ed.), *The Hart-Fuller Debate in the Twenty-First Century*, Hart Publishing, 2010.

4. Kristen Rundle, *Forms Liberate: Reclaiming the Jurisprudence of Lon L. Fuller*, Hart Publishing, 2013.

（二）文章类

1. Myres S. McDougal, "Fuller v. the American Legal Realists: An Intervention", *Yale Law Journal*, Vol. 50, Issue 5, March 1941, pp. 827-840.

2. Charles L. Palms, "The Natural Law Philosophy of Lon L. Fuller", *Catholic Lawyer*, Vol. 11, Issue 2, Spring 1965, pp. 94-117.

3. Robert S. Summers, "Professor Fuller on Morality and Law", *Journal of Legal Education*, Vol. 18, Issue 1, 1965, pp. 1-27.

4. Ronald Dworkin, "Philosophy Morality and Law—Observations Prompted by Professor Fuller's Novel Claim", *University of Pennsylvania Law Review*, Vol. 113, Issue 5, March 1965, pp. 668-690.

5. George Anastaplo, "Natural Right and the American Lawyer: An Appreciation of Professor Fuller", *Wisconsin Law Review*, Vol. 322, Issue 2, Spring 1965, pp. 322-343.

6. Marshall Cohen, "Law, Morality and Purpose", *Villanova Law Review*, Vol. 10, Issue 4, Summer 1965, pp. 640-654.

7. B. E. King, "The Concept, the Idea, and the Morality of Law—An Essay in Jurisprudence", *Cambridge Law Journal*, Vol. 24, Issue 1, April 1966, pp. 106-128.

8. Douglas Sturm, "Lon Fuller's Multidimensional Natural Law Theory", *Stanford Law Review*, Vol. 18, Issue 3, February 1966, pp. 612-639.

9. Douglas Sturm, "Three Contexts of Law", *The Journal of Religion*, Vol. 47, Issue 2, 1967, pp. 127-145.

10. Peter P. Nicholson, "The Internal Morality of Law: Fuller and His Critics", *Ethics*, Vol. 84, 1974, pp. 307-326.
11. K. E. Dawkins, "The Legal Philosophy of Lon L. Fuller: A Natural Law Perspective", *Otago Law Review*, Vol. 4, Issue 1, 1977, pp. 66-86.
12. Albert M. Sacks, "Lon Luvois Fuller", *Harvard Law Review*, Vol. 92, Issue 2, December 1978, pp. 349-350.
13. Erwin N. Griswold, "Lon Luvois Fuller—1902-1978", *Harvard Law Review*, Vol. 92, Issue 2, December 1978, pp. 351-352.
14. Melvin Aron Eisenberg, "Participation, Responsiveness, and the Consultative Process: An Essay for Lon Fuller", *Harvard Law Review*, Vol. 92, Issue 2, December 1978, pp. 410-432.
15. Robert S. Summers, "Professor Fulle's Jurisprudence and America's Dominant Philosophy of Law", *Harvard Law Review*, Vol. 92, Issue 2, December 1978, pp. 433-449.
16. Owen M. Fiss, "The Supreme Court, 1978 Term", *Harvard Law Review*, Vol. 93, 1979, pp. 1-281.
17. Philip Selznick, "Lon L. Fuller 1902-1978", *Law & Society Review*, Vol. 12, Issue 2, Winter 1978, p. 187.
18. Alfred S. Konefsky, Elizabeth B. Mensch, and John Henry Schlegel, "In Memoriam: The Intellectual Legacy of Lon Fuller", *Buffalo Law Review*, Vol. 30, Issue 2, Spring 1981, pp. 263-264.
19. Robert C. L. Moffat, "Lon Fuller: Natural Lawyer after All", *American Journal of Jurisprudence*, Vol. 26, 1981, pp. 190-201.
20. Anthony D'Amato, "Lon Fuller and Substantive Natural Law", *American Journal of Jurisprudence*, Vol. 26, 1981, pp. 202-218.
21. Ian R. Macneil, "Lon Fuller: Nexusist", *American Journal of Jurisprudence*, Vol. 26, 1981, pp. 219-227.
22. Robert E. Hudec, "Restating the Reliance Interest", *Cornell Law Review*,

Vol. 67, Issue 4, 1981, pp. 704-734.

23. Kenneth Campbell, "Fuller on Legal Fictions", *Law and Philosophy*, Vol. 2, 1983, pp. 339-370.

24. P. S. Atiyah, "Book Review: *The Principles of Social Order: Selected Essays of Lon L. Fuller*, edited with an Introduction by Kenneth I. Winston", *Duke Law Journal*, Vol. 32, No. 3, 1983, pp. 669-694.

25. Robert S. Summers, "Lon L. Fuller's Jurisprudence and the Possibility: It was Much Influenced by G. W. F. Hegel", *Cornell Law Forum*, Vol. 10, Issue 1, June 1983, pp. 9-13.

26. Robert S. Summers, "Fuller on Legal Education", *Journal of Legal Education*, Vol. 34, Issue 1, 1984, pp. 8-21.

27. W. J. Wagner, "A Polish Critique of Lon L. Fuller", *The Polish Review*, Vol. 30, Issue 3, 1985, pp. 301-304.

28. William Powers, Jr, "Lon L. Fuller. By Robert Summer", *Duke Law Journal*, Vol. 43, No. 1, 1985, pp. 231-236.

29. Paul A. LeBel, "Blame This Messenger: Summers on Fuller", *Michigan Law Review*, Vol. 83, Issue 4, February 1985, pp. 717-771.

30. Daniel E. Wueste, "Fuller's Processual Philosophy of Law", *Cornell Law Review*, Vol. 71, Issue 6, 1986, pp. 1205-1230.

31. Peter Read Teachout, "The Soul of the Fugue: An Essay on Reading Fuller", *Minnesota Law Review*, Vol. 70, Issue 5, June 1986, pp. 1073-1148.

32. Jamie Cassels, "Lon Fuller Liberalism and the Limits of Law", *The University of Toronto Law Journal*, Vol. 36, Issue 3, 1986, pp. 318-341.

33. Robert S. Summers, "Summers's Primer on Fuller's Jurisprudence—A Wholly Disinterested Assessment of the Reviews by Professors Wueste and LeBel", *Cornell Law Review*, Vol. 71, Issue 6, 1986, pp. 1231-1251.

34. Kenneth I. Winston, "The Ideal Element in a Definition of Law", *Law*

and *Philosophy*, Vol. 5, 1986, pp. 89-111.

35. Daniel E. Wueste, "Morality and the Legal Enterprise—A Reply to Professor Summers", *Cornell Law Revie*, Vol. 71, Issue 6, 1986, pp. 1252-1264.

36. Paul A. LeBel, "An Interested Response to a Wholly Disinterested Assessment", *Michigan Law Review*, Vol. 85, Issue 8, August 1987, pp. 1914-1924.

37. Kenneth I. Winston, "Is/Ought Redux: The Pragmatist Context of Lon Fuller's Conception of Law", *Oxford Journal of Legal Studies*, Vol. 8, Issue 3, 1988, pp. 329-349.

38. Avery Katz, "Reflections on Fuller and Perdue's the Reliance Interest in Contract Damages: A Positive Economic Framework", *University of Michigan Journal of Law Reform*, Vol. 21, Issue 4, Summer 1988, pp. 541-560.

39. Charles Covellin, "Lon L. Fuller and the Defence of Natural Law", in *The Defence of Natural Law*, Palgrave Macmillan, 1992, pp. 30-70.

40. James Boyle, "Legal Realism and the Social Contract: Fuller's Public Jurisprudence of Form Private Jurisprudence of Substance", *Cornell Law Review*, Vol. 78, Issue 3, 1993, pp. 371-400.

41. J. W. F. Allison, "Fuller's Analysis of Polycentric Disputes and the Limits of Adjudication", *Cambridge Law Journal*, Vol. 53, Issue 2, July 1994, pp. 367-383.

42. Jeremy Waldron, "Why Law—Efficacy, Freedom, or Fidelity?", *Law and Philosophy*, Vol. 13, 1994, pp. 259-284.

43. Frederick Schauer, "Fuller's Internal Point Of View", *Law and Philosophy*, Vol. 13, 1994, pp. 285-312.

44. Stanley L. Paulson, "Lon L. Fuller, Gustav Radbruch, and the 'Positivist' Theses", *Law and Philosophy*, Vol. 13, 1994, pp. 313-359.

45. Gerald J. Postema, "Implicit Law", *Law and Philosophy*, Vol. 13, 1994, pp. 361-387.
46. Kenneth I. Winston, "Legislators and Liberty", *Law and Philosophy*, Vol. 13, 1994, pp. 389-418.
47. James Allan, "A Post-Speluncean Dialogue", *Journal of Legal Education*, Vol. 44, Issue 4, December 1994, pp. 519-530.
48. Robert G. Bone, "Lon Fuller's Theory of Adjudication and the False Dichotomy between Dispute Resolution and Public Law Models of Litigation", *Boston University Law Review*, Vol. 75, Issue 5, November 1995, pp. 1273-1324.
49. John DiPippa, "Lon Fuller, the Model Code, and the Model Rules", *South Texas Law Review*, Vol. 37, Issue 2, March 1996, pp. 303-364.
50. Matthew Kramer, "Scrupulousness Without Scruples: A Critique of Lon Fuller and His Defenders", *Oxford Journal of Legal Studies*, Vol. 18, 1998, pp. 235-263.
51. David Luban, "Rediscovering Fuller's Legal Ethics", *Georgetown Journal of Legal Ethics*, Vol. 11, Issue 4, Summer 1998, pp. 801-830.
52. Joseph Mendola, "Hart, Fuller, Dworkin, and Fragile Norms", *SMU Law Review*, Vol. 52, Issue 1, Winter 1999, pp. 111-134.
53. Richard Craswell, "Against Fuller and Perdue", *University of Chicago Law Review*, Vol. 67, Issue 1, Winter 2000, pp. 99-162.
54. Duncan Kennedy, "From the Will Theory to the Principle of Private Autonomy: Lon Fuller's Consideration and Form", *Columbia Law Review*, Vol. 100, Issue 1, January 2000, pp. 94-175.
55. Varn Chandola, "A Unified Definition of Natural Law", *Kansas Journal of Law & Public Policy*, Vol. 11, Issue 1, 2001, pp. 195-200.
56. David Luban, "Natural Law as Professional Ethics: A Reading of Fuller", *Social Philosophy and Policy*, Vol. 18, Issue 1, Winter 2001, pp. 176-205.

57. W. David Slawson, "Why Expectation Damages for Breach of Contract Must Be the Norm: A Refutation of the Fuller and Perdue Three Interests Thesis", *Nebraska Law Review*, Vol. 81, Issue 3, 2003, pp. 839-867.

58. James C. Ketchen, "Revisiting Fuller's Critique of Hart-Mangerial Control and the Pathology of Legal Systems: The Hart-Weber Nexus", *University of Toronto Law Journal*, Vol. 53, Issue 1, 2003, pp. 1-36.

59. Jaye Ellis and Alison Fitz Gerald, "The Precautionary Principle in International Law Lessons From Fuller's Internal Morality", *McGill Law Journal*, Vol. 49, Issue 3, 2004, pp. 779-802.

60. Howard Goldfarb, "The Undocumented Worker: Fuller, Holmes, and the Bush Proposal within Immigration and Labor Law Jurisprudence", *University of Florida Journal of Law and Public Policy*, Vol. 16, Issue 1, April 2005, pp. 179-202.

61. Colleen Murphy, "Lon Fuller and the Moral Value of the Rule of Law", *Law and Philosophy*, Vol. 24, 2005, pp. 239-262.

62. William E. Conklin, "Lon Fuller's Phenomenology of Language", *International Journal for the Semiotics of Law*, Vol. 19, 2006, pp. 93-125.

63. S. Viner, "Fuller's Concept of Law and its Cosmopolitan Aims", *Law and Philosophy*, Vol. 26, 2007, pp. 1-30.

64. Jennifer Nadler, "Hart, Fuller and the Connection Between Law and Justice", *Law and Philosophy*, Vol. 27, 2007, pp. 1-34.

65. Nicola Lacey, "Philosophy, Political Morality, and History: Explaining the Enduring Resonance of the Hart-Fuller Debate", *New York University Law Review*, Vol. 83, Issue 4, October 2008, pp. 1059-1087.

66. Iason Isbell, "Revisiting Fuller's Cave: A Spelunker And His Lawyers", *New Series*, Vol. 10, 2009, pp. 169-195.

67. David Luban, "The Rule of Law and Human Dignity: Re-examining Fuller's Canons", *Hague Journal on the Rule of Law*, Vol. 2, 2010, pp. 29-47.

68. Desmond Manderson, "H. L. A Hart, Lon Fuller and the Ghosts of Legal Interpretation", *Windsor Yearbook of Access to Justice*, Vol. 28, Issue 1, 2010, pp. 81-110.

69. Mark J. Bennett, "Hart and Raz on the Non-instrumental Moral Value of the Rule of Law: A Reconsideration", *Law and Philosophy*, Vol. 30, 2011, pp. 603-635.

70. Brian Flanagan, "A Fullerian Challenge to Legal Intentionalism?", *Ratio Juris*, Vol. 24, Issue 3, September 2011, pp. 330-334.

71. Helen H. L. Cheng, "Beyond Forms, Functions and Limits: The Interactionism of Lon L. Fuller and Its Implications for Alternative Dispute Resolution", *Canadian Journal of Law and Jurisprudence*, Vol. 26, Issue 2, July 2013, pp. 257-292.

72. Maris Köpcke Tinturé, "Concept and Purpose in Legal Theory: How to 'Reclaim' Fuller", *American Journal of Jurisprudence*, Vol. 58, Issue 1, 2013, pp. 75-96.

73. Dan Priel, "Reconstructing Fuller's Argument against Legal Positivism", *Canadian Journal of Law and Jurisprudence*, Vol. 26, Issue 2, July 2013, pp. 399-414.

74. Dan Priel, "Lon Fuller's Political Jurisprudence of Freedom", *Jerusalem Review of Legal Studies*, Vol. 10, 2014, pp. 18-45.

75. Wibren van der Burg, "The Work of Lon Fuller: A Promising Direction for Jurisprudence in the Twenty-First Century", *University of Toronto Law Journal*, Vol. 64, Issue 5, Fall 2014, pp. 736-752.

76. Stefano Bertea, "Legal Form and Agency: Variations on Two Central Themes in Fuller's Legal Theory", *Jurisprudence*, Vol. 5, Issue 1, July 2014, pp. 96-108.

77. Kristen Rundle, "Legal Subjects and Juridical Persons: Developing Public Legal Theory through Fuller and Arendt", *Netherlands Journal of Legal*

Philosophy, Vol. 43, Issue 3, 2014, pp. 212-239.

78. Jonathan Crowe, "Between Morality and Efficacy: Reclaiming the Natural Law Theory of Lon Fuller", *Jurisprudence*, Vol. 5, Issue 1, July 2014, pp. 109-118.

79. Pavlos Eleftheriadis, "Legality and Reciprocity: A Discussion of Lon Fuller's The Morality of Law", *Jerusalem Review of Legal Studies*, Vol. 10, 2014, pp. 1-17.

80. Kristen Rundle, "Gardner on Fuller: A Response to the Supposed Formality of the Rule of Law", *Jurisprudence*, Vol. 6, Issue 3, 2015, pp. 580-587.

81. Joseph Asomah, "The Importance of Social Activism to a Fuller Concept of Law", *Western Journal of Legal Studies*, Vol. 6, Issue 1, 2015, pp. 1-15.

82. David Campbell, "Better than Fuller: A Two Interests Model of Remedies for Breach of Contract", *Modern Law Review*, Vol. 78, Issue 2, 2015, pp. 296-323.

83. Timothy Stosad, "An Unobeyable Law Is Not the Law: Lon Fuller's Desiderata Reconsidered", *Drexel Law Review*, Vol. 7, Issue 2, Spring 2015, pp. 365-400.

84. Kristen Rundle, "Fuller's Internal Morality of Law", *Philosophy Compass*, Vol. 11, 2016, pp. 499-506.

85. Frederick Schauer, "Fuller's Fairness: The Case of the Speluncean Explorers", *University of Queensland Law Journal*, Vol. 35, Issue 1, 2016, pp. 11-20.

86. Kristen Rundle, "Opening the Doors of Inquiry: Lon Fuller and the Natural Law Tradition", in *The Cambridge Companion to Natural Law Jurisprudence*, edited by George Duke and Robert P. George, Cambridge University Press, 2017.

87. Charles L. Barzun, "Jerome Frank, Lon Fuller, and a Romantic

Pragmatism", *Yale Journal of Law & The Humanities*, Vol. 29, Issue 2, Summer 2017, pp. 129-164.

88. Kevin Walton, "Lon L. Fuller on Political Obligation", *American Journal of Jurisprudence*, Vol. 63, Issue 2, December 2018, pp. 175-188.

89. Angela Vidal Gandra Martins, "On the 60th Anniversary of the Hart-Fuller Debate", *Persona & Derecho*, Vol. 78, 2018, pp. 323-334.

90. C. G. Bateman, "There Ought to Be a Law: Gustav Radbruch, Lon L. Fuller, and H. L. A. Hart on the Choice Between Natural Law and Legal Positivism", *Journal Jurisprudence*, Vol. 40, 2019, pp. 271-329.

91. David Sandomierski, "Catalytic Agents? Lon Fuller, James Milner, and the Lawyer as Social Architect, 1950-69", *University of Toronto Law Journal*, Vol. 71, 2021, pp. 91-125.

92. Kenneth I. Winston, " Good Order and Workable Arrangements: Lon Fuller's Critique of Legal Positivism", in *The Cambridge Companion to Legal Positivism*, edited by Torben Spaak, Cambridge University Press, 2021.

93. Reese Overholt, "Procedural Natural Law as an Encompassing Interpretive Approach", *Grove City College Journal of Law and Public Policy*, Vol. 12, 2021, pp. 125-148.

稿约和体例

宗旨

《法哲学与政治哲学评论》(以下简称《评论》)以纯粹的学术为根本。旨在译介西方经验、反思自我处境、重提价值问题。以开放和包容,促进汉语学界有关法哲学和政治哲学的讨论和研究。

投稿方式

一、《评论》采双向匿名审查制度,全部来稿均经初审及复审程序,审查结果将适时通知作者。

二、本刊辟"主题""研讨评论""经典文存""书评"等栏目。"主题"部分欢迎以专题形式投稿,有意应征者准备计划书(一页)以电子邮件寄交《评论》编辑部,计划书包含如下内容:

(一)专题名称(以中外法哲学和政治哲学论题为主题,此主题应具有开放出问题且引发思考之可能性)。

(二)专题构想(简短说明专题所包含的具体研究方向,说明本专题的学术意义或价值)。

(三)预备撰写论文人选与题目。提出4—5篇专题论文撰写者与论文(或译文)题目清单,另附加1—2篇专题书评之清单。

(四)预备投稿时间(本专题计划书经审查通过后,应能于半年内完成)。

三、凡在《评论》刊发之文章,其版权均属《评论》编辑委员会,基于任何形式与媒介的转载、翻译、结集出版均须事先取得《评论》编辑委员会的专门许可。

四、稿件一经刊登,即致薄酬。

五、来稿请提供电子档,电子邮件请寄交至下述地址:shenyanw@163.com。

体例

一、正文体例

(一)文稿请按题目、作者、正文、参考书目之次序撰写。节次或内容编号请按"一""二"……之顺序排列。

(二)正文每段第一行空两格。独立引文左缩进两格,以不同字体标志,上下各空一行,不必另加引号。

(三)请避免使用特殊字体、编辑方式或个人格式。

二、注释体例

(一)文章采用脚注,每页重新编号;编号序号依次为:①,②,③……

(二)统一基本规格(包括标点符号)

主要责任者(两人以上用顿号隔开;以下译者、校订者同)(编或主编):《文献名称》,译者,校订者,出版社与出版年,第×页。

(三)注释例

1. 著作类

邓正来:《规则·秩序·无知:关于哈耶克自由主义的研究》,生活·读书·新知三联书店2004年版,第371页。

康德:《实践理性批判》,邓晓芒译,杨祖陶校,人民出版社2003年版,第89—90页。

2. 论文类

邓晓芒:《康德论道德与法的关系》,《江苏社会科学》2009年第7期。

3. 报纸类

沈宗灵:《评"法律全球化"理论》,载《人民日报》,1999年12月11日第6版。

4. 文集和选集类

康德:《论通常的说法:这在理论上可能是正确的,但在实际上是行不通的》,载康德:《历史理性批判文集》,何兆武译,商务印书馆 1990 年版,第 202—203 页。

5. 英文类

(1)英文著作

John Rawls, *A Theory of Justice*, Cambridge, M. A.: Harvard University Press, 1971, pp. 13-15.

(2)文集中的论文

Niklas Luhmann, "Quod Omnes Tangit: Remarks on Jürgen Habermas's Legal Theory", trans. Mike Robert Horenstein, in *Habermas on Law and Democracy: Critical Exchanges*, Michael Rosenfeld and Andrew Arato (eds.), California: University of California Press, 1998, pp. 157-172.

(四)其他文种

从该文种注释体例或习惯。

(五)其他说明

1. 非引用原文,注释前加"参见"(英文为"See");如同时参见其他著述,则再加"又参见"。

2. 引用资料非原始出处,注明"转引自"。

3. 翻译作品注释规范保留原文体例。

著作权使用声明

本刊已许可中国知网等网络知识服务平台以数字化方式复制、汇编、发行、信息网络传播本刊全文。所有署名作者向本刊提交文章发表之行为视为同意上述声明。如有异议,请在投稿时说明,本刊将按作者说明处理。

图书在版编目(CIP)数据

富勒法哲学/吴彦主编.—北京:商务印书馆,
2023
(法哲学与政治哲学评论.第7辑)
ISBN 978-7-100-21907-5

Ⅰ.①富… Ⅱ.①吴… Ⅲ.①富勒—法哲学—文集
Ⅳ.① D903-53

中国版本图书馆 CIP 数据核字(2022)第 240961 号

本书得到同济大学
"中央高校基本科研业务费专项资金"资助

权利保留,侵权必究。

法哲学与政治哲学评论(第7辑)
富勒法哲学
吴 彦 主编

商 务 印 书 馆 出 版
(北京王府井大街36号 邮政编码100710)
商 务 印 书 馆 发 行
江苏凤凰数码印务有限公司印刷
ISBN 978-7-100-21907-5

2023年1月第1版　　开本 787×960　1/16
2023年1月第1次印刷　　印张 30
定价:148.00元